人文论丛 "礼学与制度" 特辑

中文社会科学引文索引（CSSCI）来源集刊

人文论丛

"礼学与制度"特辑

陈锋　主编

教育部人文社会科学重点研究基地
武汉大学中国传统文化研究中心　主办

武汉大学出版社

图书在版编目(CIP)数据

"礼学与制度"特辑/教育部人文社会科学重点研究基地,武汉大学中国传统文化研究中心主办 . —武汉:武汉大学出版社,2023. 12
人文论丛
ISBN 978-7-307-24231-9

Ⅰ.礼… Ⅱ.①教… ②武… Ⅲ. 礼仪—制度—研究—中国—古代 Ⅳ.K892.9

中国国家版本馆 CIP 数据核字(2023)第 244151 号

责任编辑:李 程　　　责任校对:李孟潇　　　版式设计:马 佳

出版发行:**武汉大学出版社** 　(430072　武昌　珞珈山)
　　　　(电子邮箱:cbs22@ whu.edu.cn 网址:www.wdp.com.cn)
印刷:武汉中科兴业印务有限公司
开本:787×1092　1/16　印张:18.5　字数:447 千字　　插页:2
版次:2023 年 12 月第 1 版　　2023 年 12 月第 1 次印刷
ISBN 978-7-307-24231-9　　　定价:76.00 元

目　　录

商末周初"戈"族贵族丧葬制度变迁考*

□ 邓国军

【摘要】"戈"族是晚商时期的一个雄族,活跃于殷商晚期政治舞台上,在殷商王朝统治中扮演着重要角色。从现有资料来看,安阳周边地区是晚商"戈"族活动的重点区域,在商周鼎革之际,"戈"族四处迁徙,分别迁到了陕西泾阳高家堡、河南洛邑北窑以及河北、山东等其他地区。在迁徙过程中,"戈"族一方面恪守祖制,在墓室形制、葬具、墓主头向等方面继承殷商旧制;另一方面受周文化影响,在墓室结构、葬式、随葬器物种类与组合方面予以变革。周初"戈"族丧葬制度变革又体现出了鲜明的地域特色,即洛阳地区"戈"族墓葬因靠近殷商旧地,表现出了浓厚的殷文化特征;泾阳高家堡"戈"族墓葬,因深入周人腹地,则周文化特征突出。揭示"戈"族丧葬制度的历史变迁,不仅弥补了礼书关于殷商贵族丧葬制度记载的不足,而且为了解殷遗民这一群体在周初迁徙、消亡轨迹提供了绝佳案例。

【关键词】商末周初;"戈"族;安阳辛店遗址;丧葬制度

甲骨卜辞显示,"戈"族是晚商时期的一个雄族,活跃于殷商晚期政治舞台上,在殷商王朝统治中扮演着重要角色。遗憾的是,如此重要的一个方国,在传世文献中仅有寥寥数语,让人难以据此来全面把握"戈"族的具体地望等相关内容。以往学者们关于"戈"族的研究,主要集中于探讨"戈"族的具体地望。① "戈"族贵族的墓室形制、葬式如何?随葬器物组合如何?在商周鼎革之际,"戈"族丧葬制度有何变化?以上诸问题,学者们论及者很少。近几十年来,"戈"族青铜器的不断发现,尤其是安阳辛店铸铜作坊

* 本文是国家社科青年项目"空间方位观念与商周社会秩序研究"(20CZS012)阶段性成果。

① 邹衡:《夏商周考古学论文集》,文物出版社,1980年,第321页。陈晓华:《戈器 戈国 戈人》,《人文杂志》1999年第4期。王长丰:《殷周"戈"族铜器整理与"戈"族地望探讨》,《中国国家博物馆馆刊》2011年第2期。韩瞳瞳:《商代甲骨卜辞中的"四戈"问题补议》,宋镇豪主编:《甲骨文与殷商史》新十辑,上海古籍出版社,2020年,第333~342页。严志斌:《商代青铜器铭文研究》,上海古籍出版社,2017年,第280~281页。周舟:《由商代青铜"戈"斝说"戈"族》,中国社会科学网,2020年7月20日。

"戈"族墓地、泾阳高家堡"戈"族墓地以及洛阳北窑地区发现了数座随葬"戈"族青铜器的贵族墓葬，它们为我们了解"戈"族的地望乃至丧葬制度的变迁提供了丰富的资料。是故，本文拟在对比分析安阳辛店遗址"戈"族墓葬与泾阳高家堡、洛阳北窑"戈"族墓葬资料基础上，考察商末周初"戈"族贵族丧葬制度及其沿革，以期推进学界关于殷遗民的相关研究。

一、"戈"族在商代的活动及其地望

《左传·襄公四年》云："少康灭浇于过，后杼灭豷于戈。"《左传·哀公元年》又云："使女艾谍浇，使季杼诱豷，遂灭过戈。复禹之绩，祀夏配天。"《史记·夏本纪》再云："太史公曰：'禹为姒姓，其后分封，用国为姓，故有夏后氏、有扈氏、有男氏、斟寻氏……斟戈氏。'"这些材料所述虽为东周时人忆夏初之事，但因《左传》所记多信而有据，素为史家所重视，加之这几则材料是讲到"戈"族情况的主要文献资料，故亦为古今学者每每引用。宋代郑樵《通志》曰："禹之后，分封以国为氏有夏后氏、有扈氏、有男氏、斟寻氏……斟氏、戈氏。"① 郑樵认为《夏本纪》中的斟戈氏为斟氏、戈氏两个氏族。郑樵的这一意见为后世学者所沿袭，以至于中华书局点校本《史记》中在"斟戈氏"之"斟"字后加"（氏）"，认为应是两氏名即斟氏、戈氏。② 以上这些内容共同指向了戈族在夏代已经存在，戈族为禹的后代，以国为姓，其姓为姒。从现有卜辞来看，商汤灭夏以后，戈族臣服于商王朝。

"戈"族，在甲骨文中被称为戈人、戈方或戈，是殷商王朝的一个重要方国。卜辞中有标识戈族身分的"子戈"一词，如：

（1）壬子贞：子戈亡祸。（《合集》32779）

"子戈"之"子"学界素有争议，主要有"王室贵族成员说"③"爵称说"④"族长说"⑤三种不同的说法。这一争议表面上看是关于"子"字的不同解释，实际上却关系着卜辞中"戈"族的族属问题。支持"王室贵族成员说"的朱凤瀚认为"戈氏属于商族，而且是商王的同姓亲族"，但他又指出辞（1）中的"子戈"应是戈氏的族长。⑥ 显然朱氏的认识与《左传》等传世文献中"戈"族为姒姓就矛盾了。岛邦男认为"子"不是指"王室贵族成员"而应指"被封于多方，是后世子爵之爵名的渊源"。⑦ 岛氏这里默认卜辞中

---

① 郑樵：《通志》卷三《三王纪》，中华书局，1987年，第41页。
② 王长丰：《殷周"戈"族铜器整理与"戈"族地望探讨》，《中国国家博物馆馆刊》2011年第2期。
③ 该说始于董作宾、张光直、李学勤、杨升南、曹定云、朱凤瀚等学者持类似的观点。
④ 该说始于岛邦男、林沄、裘锡圭、宋镇豪、葛英会、张懋镕等学者持类似的观点。
⑤ 陈絜、黄国辉持类似的观点。黄国辉认为子某，有些与商王室存在亲缘关系，有些则是其他族裔的首领。
⑥ 朱凤瀚：《商周青铜器铭文中的复合氏名》，《南开学报》1983年第3期。
⑦ 岛邦男：《殷墟卜辞研究》，濮矛左、顾伟良译，上海古籍出版社，2006年，第875、881页。

的 "戈" 族为禹的后代，为姒姓。与 "王室贵族成员说" "爵称说" 相比，"族长说" 显然是一种折中的认识，它既可以回避前两说的争论，又不妨碍卜辞辞义的理解，是故，笔者赞成此说。从卜辞来看，"戈" 族是殷商王朝依靠的一支重要军事力量，经常参与殷商王朝的军事征伐活动，如：

  （2）贞：戈牵羌，得。（《合集》504）
  （3）□戌卜，宾贞：戈牵亘。（《合集》6951 反）
  （4）叀戈人射。兹〔用〕（《合集》33002）

羌方、亘方与商王朝为敌对关系。商王朝经常命令戈人牵伐羌方、亘方。牵，胡厚宣认为就是执，意为追捕之称。① 于省吾认为，牵为萠的本字，萠为后起的代字。牵的引申义为钳制、胁迫、夹击或夹取。② 辞（2）"戈牵羌" 意思是贞问戈族追捕羌人是否能成功。辞（3）"戈牵亘" 意即贞问戈族是否要追捕亘方。从上揭卜辞来看，"戈" 族经常受商王之命，参与追捕羌方、亘方等军事活动。除了直接参加军事活动之外，戈人还担任武官——射手的职务，辞（4）在贞问，让戈人担任统领射手的武官可以吗？

  除了参与军事活动之外，戈人还随同商王参与田猎活动，如：

  （5）王其呼戈擒虎。（《合集》33378）

意思是在田猎中，商王命令戈人来擒虎。戈方不仅臣服于商朝，听命于商王，随商王田猎，还与商王室存在着贡赋关系，即戈方还有向商王纳贡的义务，如：

  （6）己丑卜，宾贞：翌庚寅令入戈人。一（《合集》8398 正）
  （7）庚寅…令入戈人步。（《合集》8399）

入，屈万里先生谓为贡献也。③ 于省吾先生指出，入，与古 "内" 字同用，内字即古 "纳" 字。"入戈多少步" 大意就是说 "令进纳戈人使之步挽辇车"。"步戈人" 就是指叫戈人步行挽辇。④ "入" 是纳贡之意，"令入戈人" 就是命令戈人向商王纳贡若干戈人，以服事王事。从卜辞来看，戈族向商王朝的纳贡之物不仅仅是人力，还有物力，如：

  （8）取羊于戈……（《合集》3521 反）

"取羊于戈" 意即戈族需要向商王进贡贡品羊。此外，商王亦关注戈国农业与年成，如：

---

 ① 胡厚宣：《甲骨文所见殷代奴隶的反压迫斗争》，《考古学报》1966 年第 1 期。
 ② 于省吾：《甲骨文字释林》，中华书局，2009 年，第 315 页。
 ③ 屈万里：《殷墟文字甲编考释》，台湾 "中央研究院" 历史语言研究所，1961 年，第 384 页。
 ④ 于省吾：《殷代的交通工具与驲传制度》，《东北人民大学人文科学学报》1995 年第 2 期。

  (9) □寅卜：壬王叀戈田省，亡灾。(《合集》29379)

  (10) 庚申卜：王其省戈田，〔于〕辛屯日亡灾。(《小屯南》1013)

  (11) 癸亥卜，王：戈受年。十二月。一二(《合集》8984)

"省"意即巡视、视察。辞 (9)、(10) 中的"戈田省""省戈田"即商王亲自视察戈地的农业生产。辞 (11) 中的"戈受年"即商王亲自占卜贞问戈地年成的好坏。商王对戈国农业十分重视，也暗示了戈方向商王朝纳农业产品。商王不仅"省戈田"，还亲自占卜"戈受年"，显然这是受经济利益的驱使，有商一代，政治上集权于王廷，经济上则需要诸侯国的财力支持。

  "戈"族与殷商王朝关系密切，活跃于殷商晚期，可以说戈族是晚商时期的一个雄族。那么，在殷商王朝政治统治中扮演着重要角色的戈族，其具体地望在哪里呢？钟柏生认为戈地在今河南嵩县西南。① 郑杰祥认为戈地在今河南杞县东北。② 邹衡根据"戈"族青铜器推测商代晚期和西周早期"戈"族的居住地主要有：陕西泾阳和河南安阳。③ 笔者拟在前人研究的基础上，综合甲骨卜辞、传世文献以及最新考古资料对"戈"族的地望予以探赜。

1. 从甲骨卜辞看"戈"族地望

  甲骨卜辞中，与"戈"族地望相关的线索有两条：一是与"戈"族发生冲突的方国的地望；二是与晚商殷都的距离。先来看第一条线索，据上揭卜辞 (2)、(3) 可知，与"戈"族发生战争的方国主要有亘方、羌方等。亘方地望，陈梦家定在山西垣曲西二十里。④ 岛邦男定在晋陕交界。⑤ 孙亚冰、林欢赞同岛邦的意见。⑥ 羌方，陈梦家认为在晋南地区⑦，岛邦男认为在旱方以南⑧。尽管诸家关于亘方、羌方的具体地方还有争议，但是亘方、羌方在殷王朝以西，晋陕交界一带，诸家意见大体一致。这样，"戈"方与亘、羌方经常发生冲突，三者应当临近，"戈"方的地望也当位于安阳以西，晋陕交界附近。其次来看第二条线索，据辞 (9)、(10) 可知，商王能够亲临"戈"田巡视，说明"戈"地离殷都安阳殷墟不会太远。综合以上两条线索来看，"戈"地地望位于殷西晋南附近一带当是可能的。此外，卜辞中还有一条材料与"戈"族地望有关，即"八月辛亥允伐戈二千六百五十六人，在梦，九月"(《合集》07771)。遗憾的是，学者们关于"梦"地所处位置尚一无所知，而且对于该辞尚有不同的解释，是故，笔者先将材料搁置于此，以待学者们进一步研究。

———————————

① 钟柏生：《殷商卜辞地理论丛》，艺文印书馆，1989 年，第 208 页。

② 郑杰祥：《商代地理概论》，中州古籍出版社，1994 年，第 250 页。

③ 邹衡：《夏商周考古学论文集》，文物出版社，1980 年，第 321 页。

④ 陈梦家：《殷虚卜辞综述》，中华书局，1988 年，第 276 页。

⑤ 岛邦男：《殷墟卜辞研究》，濮茅左、顾伟良译，上海古籍出版社，2006 年，第 815 页插图。

⑥ 孙亚冰、林欢：《商代地理与方国》，中国社会科学出版社，2010 年，第 307~308 页。

⑦ 陈梦家：《殷虚卜辞综述》，中华书局，1988 年，第 281~283 页。

⑧ 岛邦男认为旱方大约在陕西北部或河套地区。详见岛邦男：《殷墟卜辞研究》，濮茅左、顾伟良译，上海古籍出版社，2006 年，第 734 页。

2. 从传世文献看"戈"族地望

《左传·哀公十二年》云："宋郑之间有隙地焉，曰：弥作、顷丘、玉畅、嵒、戈、锡……宋平元之族自萧奔郑，郑人为之城嵒、戈、锡。"宋在今商丘一带，郑在今新郑一带，"戈"地位于其间。宋代郑樵《通志》曰："戈氏，夏时诸侯鄫之国也，少康灭之。其地在宋郑之间，子孙以国为氏。"① 杨伯峻指出："据《汇纂》，今河南杞县东北三十里有玉帐，或云古玉畅。杞县为春秋宋地，北与陈留接壤（陈留，旧县，今已废），传云'宋郑之间'，或即是也。锡音羊。其余五地皆在今杞县、通许县与陈留镇的三角地带。"② 以上地带刚好位于宋、郑之间，如果再参照殷墟的话，杞地之戈则位于殷墟的南部。

3. 借助族徽铭文看"戈"族地望

张懋镕指出"判定一个古老氏族最早的居住地，可以借助族徽铭文，看看有族徽铭文的器物最早在什么地方出土最多"③。**从戈族青铜器出土地的分布来看**，目前戈族青铜器数目众多，其中有明确出土地点的也为数不少，邹衡先生曾统计"戈"族青铜器 160余件，有明确出土地的 19 件④。其后，陈晓华⑤、何景成⑥、严志斌⑦等学者对此均做过统计。从最新的统计结果来看，目前出土商代"戈"族青铜器至少在 312 件以上，其中有明确出土地的 66 件。其中属于商代晚期的戈器中，出土于河南的器数最多为 14 件，其次是陕西 4 件，再次是湖南 2 件和湖北 2 件。时代属于西周早期的戈器中，出土数最多的省份是陕西 15 件，其次是河南 2 件与北京 2 件。⑧ 这些"戈"器分布于北京、河北、湖北、湖南、河南、陕西等 11 个省市。尽管"戈"族青铜器出土地众多，但其出土地明确且比较集中的仅有两处：一处是安阳辛店遗址，一处是泾阳高家堡戈族墓地。前者是2016 年发现的一处居、葬、生产合一的"戈"族聚落，后者是 20 世纪末发现的一处"戈"族墓地，前者时间属于殷代晚期，后者的时间属于西周早期。从时间的早晚关系来看，安阳辛店遗址的存在时间要早于泾阳高家堡，这样安阳辛店遗址是目前所能见到的关于"戈"族最早的居住区域。安阳辛店遗址位于晚商都城北部，与殷墟相距很近，直线距离不到 10 千米，虽然不能肯定辛店遗址就是卜辞中戈族的地望，但至少可以说是晚商"戈"族一支的居住区域。

综上，依据不同的材料得出的"戈"族具体地望也不尽相同，据甲骨文材料，"戈"族的地望在殷都以西晋南地区；就传世文献而言，"戈"族地望在杞县境内，位于殷都南

① 郑樵：《通志二十略·氏族略第二》，王树民点校，中华书局，1995 年，第 69 页。

② 杨伯峻：《春秋左传注》，中华书局，2009 年，第 1673 页。

③ 张懋镕：《高家堡出土青铜器研究》，《考古与文物》1997 年第 4 期。

④ 邹衡：《夏商周考古学论文集》，文物出版社，1980 年，第 321 页。

⑤ 陈晓华：《戈器 戈国 戈人》，《人文杂志》1999 年第 4 期。

⑥ 何景成：《商周青铜器族氏铭文研究》，吉林大学博士学位论文，2005 年，第 64 页。

⑦ 严志斌：《商代青铜器铭文研究》，上海古籍出版社，2017 年，第 280~281 页。

⑧ 韩瞳瞳：《商代甲骨卜辞中的"四戈"问题补议》，宋镇豪主编：《甲骨文与殷商史》新十辑，上海古籍出版社，2020 年，第 342 页。

部;从"戈"族青铜出土地来看,辛店铸铜作坊"戈"族墓地则位于殷都北部。即便"戈"族的具体地望还有待于进一步确认,但其地离殷都安阳不会太远,应是学界基本认可的结论。

二、安阳辛店铸铜作坊所见晚商"戈"族的丧葬制度

辛店遗址位于安阳市北部柏庄镇辛店集南部一带,2016 年发现该遗址。2016 年、2018—2019 年,安阳市文物考古研究所配合道路建设,对遗址进行了两次发掘,目前已发掘总面积约 5000 平方米。遗址的时代、文化内涵、布局等表明这是一处殷墟时期以"戈"为主体的"居、葬、生产合一"的超大型青铜铸造基地和大型聚落,是殷墟文化遗址的重要组成部分,遗址的发现展示了真实意义上的"大邑商"的范畴。遗址内发现商代晚期至西周时期的墓葬 90 余座,其中有 14 座墓葬出土青铜礼器,这 14 座墓葬中至少有 9 座出土带有"戈""戈齐""陶戈"等字铭文青铜器 20 余件,以及少量带有"天黾""天"字铭文青铜器。① "辛店遗址主体族邑应该就是'戈'族,这一族邑从辛店遗址的二期延续到四期,是该遗址的实际控制者。辛店遗址'戈'族的发现,对研究这一支族邑的迁徙、分布、职业等提供了新的资料。"② 辛店遗址 14 座青铜器墓葬的详细资料,虽然尚未完全发表,不过,从发掘者已发表的相关报道中,可获悉 M11、M21、M24、M26、M41、M49 共 6 座墓葬的形制、葬式葬具以及随葬品等信息。③ 根据随葬青铜器的族氏铭文来看,以上 6 座墓可划分为"戈"族和"天"族两个族群,具体而言,M11、M21、M24、M41、M49 属于"戈"族,M26 属于"天"族。

1. 辛店遗址墓葬资料所见"戈"族丧葬制度

就墓室形制而言,以上 5 座"戈"族墓葬均为长方形竖穴土坑墓,墓室面积大致相同(3.20 米×1.90 米),约为 6~7 平方米,墓葬深浅不一,最深者 M24,墓底距离地面为 5.90 米,最浅者 M11,墓底距离地面为 3.32 米。就墓室结构来看,墓底四周皆有经夯打的熟土二层台,墓底中央均有腰坑,腰坑中皆发现有殉牲,头向朝西。此外,M21 墓室西

---

① 2016 年,清理墓葬 48 座,其中商代晚期墓葬 40 座,出土青铜礼器墓葬 5 座;2018—2019 年,发现与铸铜作坊相关的商周墓葬 46 座,出土青铜礼器墓 9 座,其中带有"戈"字铭文青铜器墓葬共 7 座。详见安阳市考古文物所:《河南安阳辛店商代晚期铸铜遗址 2016 年发掘简报》,《文物》2021 年第 4 期。孔德铭、孔维鹏:《论安阳辛店商代晚期铸铜作坊的布局》,《南方文物》2020 年第 4 期。

② 孔德铭:《安阳辛店铸铜遗址的年代、性质和布局探讨》,《南方文物》2019 年第 5 期。

③ 孔德铭:《安阳辛店商代晚期铸铜遗址的发现与发掘》,《大众考古》2017 年第 6 期。孔德铭:《河南安阳辛店发现商代晚期聚落和大型铸铜遗址》,《中国文物报》,2017 年 8 月 11 日,第 8 版。孔德铭:《安阳辛店铸铜遗址的年代、性质和布局探讨》,《南方文物》2019 年第 5 期。孔德铭等:《河南省安阳市辛店商代铸铜遗址发掘及学术意义》,王巍主编:《三代考古》第七辑,科学出版社,2017 年,第 52 页。孔德铭、孔维鹏:《殷墟漆器的发现与研究——以辛店遗址出土漆器为例》,《中原文物》2020 年第 3 期。安阳市考古文物所:《河南安阳辛店商代晚期铸铜遗址 2016 年发掘简报》,《文物》2021 年第 4 期。安阳市考古文物所、河南省文物考古研究院、安阳师范学院:《河南安阳市辛店遗址商代晚期墓 M11》,《考古》2022 年第 12 期。安阳市考古文物所、安阳师范学院:《河南安阳市辛店遗址商代晚期墓》,《考古》2023 年第 6 期。

壁北侧有一半圆形壁龛,其余诸墓皆未见壁龛。就墓向而言,M21 墓向为 4°,M41 墓向为 5°,其余 3 座墓主头向亦皆为北向(具体度数不清楚)。就葬具和葬式而言,葬具皆为一棺一椁,其中 M11 墓主骨骼保存较差,呈粉末状,仅可判断为单人葬,M21 大致可判断为俯身直肢葬,M24 墓主人骨腐朽,呈粉末状,大致可判断为直肢葬,M41 仅存额骨、牙齿、盆骨等,无法判断其葬式,M49 椁室内东西并排放置两具木棺,东侧木棺内有人骨1 具,应为墓主,仅残存头骨及少量上肢骨碎片;西侧木棺内有 1 人骨,头骨呈碎片状,俯身直肢,头向北,经体质人类学鉴定,为女性,年龄 16~20 岁。就随葬器物而言,以上 5 座墓随葬器物主要有青铜器、陶器、玉器、漆器、骨器、石器等各类器物,具体到每座墓葬,随葬器物的种类、数量以及组合又有细微的差别,详见表 1。

表 1　　　　　　　　辛店"戈"族墓葬主要随葬品一览表①

墓葬序号	青铜礼器组合	陶器组合	玉器组合	其他
M11	方鼎 1、圆鼎 1、簋 1、甗 1、尊 1、罍 1、斝 1、觯 1、觚 2、爵 2	陶鬲 1、陶簋 1、陶罐 4		案或者俎 1
M21	鼎 1、簋 1、觚 1、爵 1	陶鬲 1		漆罍 1、漆豆 1
M41	鼎 1、簋 1、觚 2、爵 2		玉管 1、玉饰 1、玉环 1	漆觚 1、爵 1、豆 1
M24	鼎 1、簋 1、尊 1、彝 1、觚 3、爵 2	陶鬲 1	玉器 1	漆觚 1
M49	鼎 1、簋 1、尊 1、彝 1、爵 2、觚 2			漆案 1、漆觚 1、爵 1

就随葬青铜礼器而言,其基本组合形式有 3 组,分别是:

(1) 方鼎、圆鼎、簋、甗、尊、罍、斝、觚、爵、觯;

(2) (圆) 鼎、簋、觚、爵;

(3) (圆) 鼎、簋、觚、爵、尊、彝。

"戈"族墓以"鼎、簋、觚、爵"为基本组合,再配以甗、尊、罍、斝、觯或尊、彝组成新组合。以上诸墓随葬的漆器觚、爵与青铜器觚、爵相配共同构成了完整的礼制组合,即各墓觚、爵数量相等。② 从随葬器物的用途而言,以上诸墓随葬器物主要是食器和酒器,其中酒器觚、爵、尊、彝等的数量多于食器鼎、簋、甗,体现出了该"戈"族墓地流行"重酒"的礼俗。随葬青铜器除礼器之外,各墓葬还随葬有数量不一的青铜兵器(铜戈、铜矛、铜镈)、青铜生产工具(铜锛、铲、铜凿、铜刀)、青铜乐器(铜铃)等。

———————————

① 孔德铭:《安阳辛店商代晚期铸铜遗址的发现与发掘》,《大众考古》2017 年第 6 期。安阳市考古文物所、河南省文物考古研究院、安阳师范学院:《河南安阳市辛店遗址商代晚期墓 M11》,《考古》2022 年第 12 期。安阳市考古文物所、安阳师范学院:《河南安阳市辛店遗址商代晚期墓》,《考古》2023 年第 6 期。

② 孔德铭、孔维鹏:《殷墟漆器的发现与研究——以辛店遗址出土漆器为例》,《中原文物》2020 年第 3 期。

再者，此墓地 4 座墓中陶器与青铜器并出，而且陶器主要有陶鬲、陶簋、陶罐，其中陶鬲为基本的随葬器物。

2. 辛店铸铜作坊遗址所见"天"族丧葬制度

M26 随葬青铜礼器铜爵、铜觚上皆有族氏铭文"天"，其中"天"分别位于铜爵鋬下腹部、铜觚圈足内壁，皆为阴文。① 据此，我们判断该墓葬墓主人属于"天"族。M26 为"天"族墓葬，与"戈"族墓葬共存于辛店铸铜作坊内。M26 的具体墓葬资料如下：墓葬形制为长方形竖穴土坑墓，墓口长 3、宽 1.56、深 2.2 米。墓底四周有经夯打的熟土二层台，墓地中部有一长方形腰坑。腰坑内有 1 殉狗，头向西。墓向为东向，具体为95°。葬具为一棺一椁，墓主骨架腐朽严重，较散乱，可辨为俯身直肢葬，性别、年龄不详。随葬器物 5 件，分别是椁盖板东北角出土 1 件陶簋，椁内出土 1 件铜爵，棺西南出土1 件青铜觚，墓主左手处出土一件铜戈，口含 1 件玉器残片。

综合比较"戈"族和"天"族的墓葬信息可知，辛店遗址内"戈"族与"天"族在墓葬形制、墓室结构、葬式葬具方面是相同的，均为长方形土坑竖穴墓，墓底四周均有熟土二层台，有腰坑，均为一椁一棺，葬式明确者为俯身直肢葬；二者在墓向和随葬器物方面又存在巨大差异，"戈"族墓主的头向尚北，随葬器物种类丰富、数量较多，青铜礼器组合以鼎、簋、觚、爵为主。"天"族墓主头向尚东，随葬器物种类较少，青铜礼器组合为觚、爵。由此说明，该墓地中"戈"族与"天"族的葬制有所融合，但也保留有自己独特的内容。

三、泾阳高家堡墓地所见西周早期"戈"族的丧葬习俗

泾阳高家堡墓地是一处西周早期的墓葬，1971—1991 年先后发掘了 6 座墓葬，其中出土成组青铜礼器的墓葬 M1~M4，排列有序，方向一致，由此可以判断其为一处家族墓地。结合出土青铜器来看，多数青铜器带有"戈"族族徽，发掘者认为该墓地为戈族墓地。② 该墓地虽经扰动，但基本完整地保留了墓葬的信息，我们从中可窥见"戈"族的墓葬制度。

就墓室形制而言，M1~M6 皆为长方形竖穴土坑墓，其中 M1~M4 形制相若，墓室面积大致相同（3.30 米×1.70 米），约为 5~7 平方米；M5、M6 形制相对较小，墓室面积不足 3 平方米。各墓深浅不一，最深者（M2）为 2.26 米，最浅者（M6）为 1.32 米。**就墓室结构而言**，墓底四周均有二层台，不过 M1~M4 墓底四周为熟土二层台，M5、M6 墓底四周为生土二层台。M1~M5 墓底中央有腰坑，腰坑形状不一，有正方形、平行四边形等形状，腰坑内皆未发现动物的遗骸。M6 墓底无腰坑。**就墓向而言**，M1~M5 墓向相同，皆为北向，具体在 344°~348°之间，M6 墓向为东西向，由头颅所在位置可判断墓主头向朝西。**就葬具和葬式而言**，M1~M4 葬皆为一椁一棺，有竹席、帷帐，棺椁都经过髹漆处

① 安阳市考古文物所：《河南安阳辛店商代晚期铸铜遗址 2016 年发掘简报》，《文物》2021 年第 4 期。

② 陕西省考古研究所编：《高家堡戈国墓》，三秦出版社，1995 年，第 113~121 页。

理，棺底铺有朱砂；M5 葬具有棺无椁，棺木经髹漆；M6 无葬具。M1~M5 经墓主残存骨骼来看，均为仰身直肢葬，M6 墓主仅存头颅，无法判断其葬式。**就随葬品而言**，M1~M4随葬品丰富，除青铜礼器之外，还随葬玉石器、麻布、梅果实等东西，参见表 2。M5 随葬品除 1 件青铜戈之外，大部分为陶器、石器，具体为陶鬲、陶簋、陶罐、蚌泡、贝壳、石片。M6 仅在头骨下旁随葬 2 枚残破的蚌壳。其中 M1~M4 随葬品亦不一致，从随葬青铜礼器组合来看，共有 4 组不同的组合形式，分别是：

（1）甗、圆鼎、簋、尊、卣、觯、盉、爵、盘；

（2）甗、圆鼎、鬲鼎、簋、尊、卣、觯；

（3）甗、方鼎、圆鼎、簋、卣；

（4）甗、方鼎、圆鼎、簋、罍、瓿、尊、卣、盉、盘、觚、爵、觯、斝。

表 2　　　　　　　泾阳高家堡 "戈" 族墓地主要随葬器物一览表①

墓葬序号	青铜礼器组合	陶器组合	玉器组合	其他
M1	甗 1、鼎 1、簋 2、尊 1、卣 2、盉 1、爵 2、觯 1、盘 1	陶罐	璜、柄形饰	
M2	甗 1、圆鼎 1、鬲鼎 1、簋 1、卣 1、尊 1、觯 1		玉串饰	
M3	甗 1、方鼎 1、圆鼎 1、簋 2、卣 1			
M4	甗 1、鼎 3、簋 1、罍 1、瓿 1、尊 1、卣 2、盉 1、盘 1、觚 2、爵 2、斝 1		柄形饰、虎头形佩饰、串饰 3 枚、玉泡 1 枚	

以上 4 座 "戈" 族贵族墓葬的随葬青铜器以 "甗、鼎、簋、卣" 为基本组合，配以尊、觯、爵、盉、盘或尊、卣、觯或罍、瓿、尊、盉、盘、觚、爵、觯、斝等构成新的组合。M1、M4 随葬物齐全，既有食器，也有酒器，还有水器。M2、M3 随葬器物只有食器和酒器。从数量而言，以上诸墓的食器数量多于酒器和水器，体现出了明显的 "重食"的礼俗。此外，部分墓葬（M1、M4）随葬青铜兵器，而且以上诸墓很少随葬陶器，仅有M1 随葬陶罐 1 件。

此外，就墓地的整体布局（参见图 1）而言，M1、M2、M3、M4 布局整齐，其中 M1单独一排，M2、M3、M4 并列一排，它们皆位于墓地的核心区域。M5、M6 位于 M1、M2、M3、M4 的西北方向，并与 M1、M2、M3、M4 之间用空白地带隔开，展现了它们之间的尊卑亲疏远近。

综上，依据墓葬形制、随葬器物、葬具与葬式以及墓地布局等因素来看，泾阳高家堡戈族墓地 6 座墓葬中，M1~M4 等级明显高于 M5、M6。诚如发掘者所言，M1~M4 的墓主

① 陕西省考古研究所编：《高家堡戈国墓》，三秦出版社，1995 年。

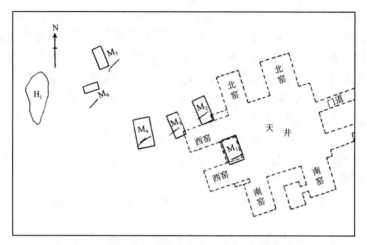

图 1　高家堡墓葬分布示意图①

人应是戈族贵族，M5 的墓主人是该墓地的守卫者，M6 的墓主人不是奴隶就是战俘。② 这样，真正能反映周初"戈"族丧葬制度的是 M1～M4。M1～M4 墓葬形制基本相同，长方形竖穴土坑墓，墓室面积在 5～9 平方米之间。墓底四周均有熟土二层台，墓底中央皆有腰坑，腰坑皆未见殉葬动物的骨骸。葬具皆为一椁一棺，棺木经髹漆，棺木周围有竹席、帷帐，棺底铺有朱砂。葬式由墓主骨骸痕迹可知皆为仰身直肢，头向朝北，遵循着"死者北首"的特征。随葬器物中青铜礼器以"甗、鼎、簋、卣"为基本组合，体现出了"重食"的倾向。

四、洛阳地区殷遗民墓葬所见西周早期"戈"族的丧葬制度

洛阳地区亦是"戈"族青铜器集中出现的地方之一，目前洛阳地区出土"戈"族青铜器至少在 4 件以上。其中出土地点明确的仅有 1 件，即戈父己铜爵，该铜爵则出自洛阳北窑 M120。发掘者根据墓葬的形制、随葬青铜器的纹饰以及酒器比重较大等因素，认为该墓年代为西周前期。③ 有学者根据该墓所出青铜器的特征，判断该墓的年代为周初成王时期。④

M120 墓葬形制为长方形土圹竖穴墓，长 3.18、宽 1.24、深 5.90 米。墓室四壁垂直，没有熟土或生土二层台。墓底中央有一腰坑，坑内有狗骨架一具，骨架头向北。墓室中间有木椁，已朽，椁下有一层红色朱砂，椁内没有发现棺木痕迹，只有一具人骨架，已朽成粉末，葬式为仰身直肢，头向北，墓向 353°。⑤ 随葬器物主要有青铜器、陶器、玉石器以及蚌、贝等。随葬青铜器共 10 件，其中青铜礼器 9 件，分别是爵 2 件，鼎、簋、尊、卣、

① 陕西省考古研究所编：《高家堡戈国墓》，三秦出版社，1995 年，第 11 页。
② 陕西省考古研究所编：《高家堡戈国墓》，三秦出版社，1995 年，第 119～120 页。
③ 洛阳博物馆：《洛阳北瑶西周墓清理记》，《考古》1972 年第 2 期。
④ 陈新、献本：《洛阳北窑 M120 墓主人的身份及相关问题》，《中原文物》1995 年第 2 期。
⑤ 洛阳博物馆：《洛阳北瑶西周墓清理记》，《考古》1972 年第 2 期。

斝、觚、觯各1件，青铜生产工具铜锛1件；随葬陶罐1件。此外，随葬弧形戈状玉器1件，蚌泡5件，贝12枚，小铜块4块。这些器物均有秩序地排列在椁内北端。

上述铜器中共有7件带有铭文，其中卣、尊、斝、觚、爵（之一）的铭文相同，均作"登作尊彝"。由此推测，"登"当是此墓主的名字。另外两件铜器带有不同铭文，其中铜爵的鋬内有"戈父己"三字，铜觯的腹底部有一"**木**"形铭文，笔体细瘦，乍反书。"戈"为族徽，"戈父己"爵当是戈族的登为其父己铸作的祭器。洛阳M120葬于铸铜作坊附近，无疑为判断其身分提供了有力的证据，墓主登可能生前就职于铸铜作坊，属于作坊管理人员。①

叙述于斯，我们不禁联想到了安阳辛店铸铜作坊遗址中的"戈"族，"戈"族的一支在殷商时期掌握着青铜铸造技术，为殷商王朝铸造青铜器。洛阳北窑M120的墓主登，无论是其族属还是职业身分都提示了其与安阳辛店铸铜作坊遗址中"戈"族应存在千丝万缕的联系。从时间早晚而言，洛阳北窑M120墓葬时间在周初，安阳辛店铸铜作坊遗址中"戈"族墓葬存在时间多为殷商晚期，洛阳北窑地区的"戈"族很可能是从安阳地区迁过去的。《左传·定公四年》中有周初将殷移民分封给周室贵族的记载，其文云："分康叔以……殷民七族，陶氏、施氏、繁氏、锜氏、樊氏、饥氏、终葵氏。"此虽东周时人忆周初之事，但因《左传》所记多言而有据，素为史家所重。有学者考证这些殷移民氏族多与从事某种手工业生产相关，例如陶氏是陶工、施氏是旗工、繁氏是马缨工、樊氏是篱笆工等。② 虽然康叔所分殷民七族中没有从事铸铜手工业的"戈"族，但至少为"戈"族在周初出现在洛阳地区提供了一种解释路径。周翦商以后，登等一批"戈"人因其掌握高超的铸铜技艺，被俘至王室中心洛阳，以家族为单位赏赐给像康叔这样的贵族，并为这些王公大臣铸造铜器，他们死后又埋葬在铸铜作坊周围。在洛阳北窑铸铜作坊内还发现了数量众多的墓葬，这些墓葬的形制、随葬器物等方面的特征，与北窑周人贵族墓地差异明显，有学者指出，该处遗址的墓葬流行腰坑殉狗，也发现有殉人，随葬铜器中有很多酒器，这些都说明其族属为殷移民。③

综上，戈人登虽然生活在周初，但其死后却遵循着"戈"族故有的丧葬制度，墓室形制选择竖穴土坑墓，墓底有腰坑，腰坑内有殉狗，青铜器用日名。葬式为仰身直肢葬，墓主头向朝北。随葬物以青铜礼器为主，礼基本组合为"鼎、簋、尊、卣、斝、觚、觯、爵"。

五、结语：商末周初"戈"族丧葬制度的沿革

"戈"族活跃于殷商晚期，在殷商王朝政治统治中扮演着重要角色，不仅经常参与殷商王朝的军事征伐活动，还随同商王进行田猎活动，并与商王存在着贡赋关系，甚至"戈"族军队也听从商王调遣。从传世文献、甲骨卜辞以及青铜铭文来看，安阳周边地区是晚商"戈"族活动的重点区域，目前在安阳周边地区不仅发现了"戈"族墓地，而且出土了大量的"戈"族青铜器。在商周鼎革之际，曾经实力强盛的"戈"族被迫进行了

① 陈新、献本：《洛阳北窑M120墓主人的身份及相关问题》，《中原文物》1995年第2期。
② 肖楠：《试论卜辞中的"工"与"百工"》，《考古》1981年第3期。
③ 张剑：《洛阳西周墓葬形制的分类》，《考古与文物》增刊（先秦考古），2002年。

迁徙，其中一部分迁徙到了泾阳高家堡附近，还有一部分因其掌握铸铜技术而被赏赐给了周王室贵族，后随封至洛邑地区，当然也有一部分迁徙到了河北、山东等地区。在两周之际迁徙过程中，"戈"族的丧葬制度具体发生了怎样的变化呢？鉴于传世文献记载的缺失，该问题的解决只能依赖于"戈"族的墓葬资料，因为墓葬是丧葬制度的物质载体，墓葬中保留有墓主所在族群的原始丧葬因素。由前文可知，"戈"器有明确出土地者众多，但有些随葬"戈"器的墓葬，其墓主族属并非"戈"族，如咸阳旬邑下魏洛西周早期墓 M1 除了随葬"戈"器之外，还随葬鸟族、鱼族等族徽的青铜器①；滕州前掌大商周墓地 M21 随葬青铜器的族徽既有戈族，也有史族，考虑到该墓地共有 17 座墓出土"史"氏族徽的青铜器，其墓主应为"史"族无疑②；宝鸡市竹园沟 M13 随葬青铜器涉及族氏有"史""戈""覃"等，但其墓主为"弓魚氏"③，显然这些虽随葬"戈"器但墓主族属并非"戈"族的墓葬，他们的墓葬信息并不能反映"戈"族的丧葬制度。目前可以确定的随葬"戈"器且墓主族属为"戈"族的墓葬，只有安阳辛店铸铜作坊、洛阳北窑铸铜作坊以及泾阳高家堡"戈"族墓葬。其中安阳辛店铸铜作坊为晚商时期"戈"族墓地，后两者为西周早期的"戈"族墓葬，通过对比以上三处"戈"族墓葬在墓葬制度和随葬器物方面的异同，大致可勾勒出商末周初"戈"族丧葬制度的沿革轨迹。

1. 商末周初"戈"族墓葬制度的沿革轨迹

从墓室形制来看，无论是安阳辛店遗址"戈"族墓葬，还是泾阳高家堡"戈"族墓葬，抑或是洛阳北窑"戈"族墓葬，均为长方形竖穴土坑墓，其中前两者的墓室面积相若，为 5~9 平方米，后者的墓室面积最小，约为 4 平方米。**就墓室结构而言**，安阳辛店遗址、泾阳高家堡的"戈"族墓葬的墓底均带有熟土二层台，墓底中央有腰坑，腰坑内有动物遗骸；洛阳北窑"戈"族墓葬没有熟土二层台，在墓底中央有一腰坑，坑内有狗骨架一具。**据葬具、葬式与墓向可悉**，安阳辛店遗址"戈"族墓葬均有棺椁，大部分为一棺一椁，亦有一椁两棺，葬式清楚者为俯身直肢葬，头向朝北；泾阳高家堡"戈"族墓葬皆为一椁一棺，棺木经髹漆，棺木周围有竹席、帷帐，棺底铺有朱砂，葬式清楚者皆为仰身直肢葬，头向朝北。洛阳北窑"戈"族墓葬，有椁未见棺，葬式为仰身直肢葬，头向朝北。以上内容清楚地显示"戈"族墓葬制度在商末周初的沿革轨迹，"戈"族贵族一方面恪守着祖制，在墓向方面遵循着"死者北首"，在墓室形制上遵循着长方形竖穴土坑墓底带"腰坑"的传统葬俗，另一方面在墓室结构、葬式方面则有所损益，即殷商晚期安阳辛店遗址"戈"族墓葬墓底设有的熟土二层台，在西周早期洛阳地区"戈"墓中消失，殷商晚期的俯身直肢葬到西周早期演变为仰身直肢葬。

2. 商末周初"戈"族墓葬随葬器物方面的沿革轨迹

从随葬器物种类来看，安阳辛店遗址"戈"族墓葬随葬有青铜器、陶器、玉器以及漆器；泾阳高家堡"戈"族墓葬、洛阳北窑"戈"族墓葬皆随葬青铜器、陶器、玉器，

---

①　咸阳市文物考古研究所等：《陕西旬邑下魏洛西周早期墓发掘简报》，《文物》2006 年第 8 期。

②　中国社会科学院考古研究所编：《滕州前掌大墓地》，文物出版社，2005 年，第 513、588、591 页。

③　卢连成、胡智生：《宝鸡弓魚国墓地》，文物出版社，1988 年，第 413 页。

未见漆器,其中青铜礼器皆为"戈"族墓葬主要的随葬品。晚商"戈"族墓葬多数随葬陶器,陶器类型丰富,周初随葬陶器减少,仅泾阳高家堡"戈"族墓地 M1、洛阳北窑 M120 随葬 1 件陶罐。此外,晚商"戈"族墓葬皆随葬不同数量的青铜兵器,周初泾阳高家堡"戈"族墓地仅有等级较高的两座墓葬以及墓地守卫者的墓葬中随葬青铜兵器,洛阳北窑"戈"族墓葬随葬青铜器中并未发现有青铜兵器,由此可知,在两周沿革之际,"戈"族逐渐由"崇兵尚武"转向了"偃兵息武"。**就青铜礼器组合而言**,安阳辛店遗址"戈"族墓葬随葬青铜礼器的基本组合为"鼎、簋、觚、爵",随葬酒器的数量多于或等于食器,体现出了浓厚的"重酒"的特征;泾阳高家堡"戈"族墓葬随葬青铜礼器的基本组合为"瓿、鼎、簋、卣",随葬食器的数量要多于酒器,体现出了浓厚的"重食"倾向。洛阳北窑"戈"族墓葬随葬青铜礼器组合为"鼎、簋、尊、卣、斝、觚、觯、爵",随葬酒器的数量多于食器,亦体现出了"重酒"的特征。**据随葬青铜礼器数量可悉**,安阳辛店"戈"族墓葬随葬青铜礼器,除觚、爵之外,其余数量均为 1 件。其中(圆)鼎、簋数量皆为 1 鼎 1 簋;漆器觚、爵与青铜器觚、爵相配共同构成了完整的礼制组合,各墓觚、爵数量相等。泾阳高家堡"戈"族墓葬,瓿的数量均为 1 件;但鼎、簋数量并不一致,出现了 2 鼎(圆鼎)2 簋、1 鼎 1 簋、1 鼎 2 簋、2 鼎 1 簋四种不同组合;觚、爵并不是必需的随葬品。洛阳北窑"戈"族墓葬,随葬鼎、簋数量皆为 1 件。虽随葬觚、爵,但二者数量不相等,为 1 觚 2 爵。以上内容提示了"戈"族墓葬的随葬器物在商末周初体现出了如下演变特征:"戈"族墓葬随葬器物种类由商末并重青铜器、陶器、漆器向周初重视青铜器转变;"戈"族墓葬的随葬器物由商末的"重酒"特征向周初"重食"和"重酒"的不同地域特色转变;"戈"族墓葬随葬礼器数量由商末的"1 鼎 1 簋"与"觚爵数量相同"向周初的"多鼎多簋"与"觚爵不同数"转变。

综上,"戈"族的丧葬制度在商末周初的演变轨迹整体上表现为继承和变革的"双重"特征,在迁徙过程中,"戈"族一方面恪守祖制,在墓室形制、葬具、墓主头向等方面继承殷商旧制;另一方面受周文化影响,在墓室结构、葬式、随葬器物种类与组合方面予以变革。周初"戈"族丧葬制度的变革体现出了鲜明的地域特色,即洛阳地区"戈"族墓葬因靠近殷商旧地,受殷文化影响较大,"戈"族丧葬制度仅在二层台、葬式以及觚爵数量方面稍有变化;泾阳高家堡"戈"族墓葬,因深入周人腹地,受周文化影响较重,在葬式和随葬器物方面变化巨大,尤其是随葬青铜礼器由"重酒"组合向"重食"组合转变。总之,对传世文献、卜辞材料以及墓葬资料的综合研究,将散乱的"戈"族相关史料串联了起来,大致可勾勒出"戈"族兴衰、消亡的历史:"戈"族在夏时已经存在,商汤灭夏以后,戈族臣服于商王朝,并成为晚商时期的一个雄族,在殷商王朝政治统治中扮演着重要角色。进入周初,"戈"族被周人统治者四处迁置,慢慢与迁置地的周人融合,最终失去了本民族的文化,被周文化同化。对"戈"族的兴衰及其丧葬制度变迁历史的揭示,不仅弥补了礼书关于殷商贵族丧葬制度记载的不足,而且为了解殷遗民这一群体在周初迁徙、消亡轨迹提供了绝佳案例。

(作者单位:湖南大学岳麓书院)

制器尚象：圣人制作与礼器的神圣出身*

□ 李志刚

【摘要】上古之世，圣王效仿天地而制作，为器物制作蒙上了神圣的外衣。世间器物经圣人手造而自带神性。器物制作叙事，除君臣模式外，还有始祖模式。黄帝与帝俊分别是制作者的两位重要的始祖。制器者尚其象，圣王在其间发挥的作用是效仿天地，让万事万物得以显象。制作而成的礼器，效仿了天地万物，构成了一个小宇宙。小宇宙与天地大宇宙是同构一体的。但是最初的圣王模仿天地而制作，不可避免地加入了人类的"巧思"与"作伪"，甚至本质上是对"天地的僭越"。于是天人之间开始走向分割。祭祀成为礼器制作中不可少的环节。对"制器尚象"等叙事模式的探讨，为理解早期华夏文明或有助益。

【关键词】礼器；圣人制作；制器尚象；献祭；神圣出身

20 世纪以来，因受西方哲学观念的影响，国人注重心性哲理与"内向超越之路"，忽视外在礼容之表现与礼器之展陈，① 几目之为繁文缛节而鄙弃之。"仁"与"义"等抽象理念对"礼"的决裂被当作哲学的突破，大加提倡。加之传统中本有"君子不器"与思孟心性学派为儒学主流，在后世思想脉络中，钟鼓玉帛等礼器的价值渐退居次要地位。但是诚敬之心能否脱离玉帛、钟鼓而独立？器物是否仅为礼义的附庸？② 这些仍然是需要再

---

* 本文系国家社科基金重大项目"中国传统礼仪文化通史研究"（18ZDA021）、山东社科基金项目"泰山礼制研究"（16DLSJ05）阶段性成果。

① 余英时：《古代知识阶层的兴起与发展》《道统与政统之间——中国知识分子的原始形态》，《士与中国文化》，上海人民出版社，2003 年，第 21、83 页。

② 关于礼器的研究，大致有五种研究的路数。一是汉唐经学家的经学研究。经学家的随文解经，通经致用，奠定了礼器研究的最初规模。二是传统的金石学研究。宋代金石学诞生后，礼器逐渐成为学者研究的对象。历经千年，积累丰厚，但此类研究，要么是文雅的赏玩雅好，要么是经史之学的附庸。三是"二重证据法"研究。王国维《古礼器略说》开创礼器研究的新时代。四是考古学研究，偏向器物类型、用器制度、铭文制度等方面，如俞伟超、高明周代用鼎制度研究，吴十洲两周礼器研究，杨文胜青铜乐器制度研究，张闻捷楚国青铜礼器研究。五是文献文学研究。陈英杰详尽梳理青铜器"作器"类铭文。闫月珍发表系列论文，论述仪式中的器物承载社会意识形态和历史叙事，非仅是静止的存在。这是对礼器意义的重要阐述成果。汉学家普鸣就早期中国对创新和技艺问题的研究。具体到某研究成果，有可能会综合运用多种研究方法与路数，略有偏重而已。早在民国时期，顾颉刚、胡适、齐思和就圣人制器尚象的典故有过讨论。

思考的问题。

《周礼·考工记》载："烁金以为刃，凝土以为器，作车以行陆，作舟以行水，此皆圣人之所作也。"刀剑、陶器、车舆、舟船，皆被认为源自圣人的制作。《周易·系辞》载："天生神物，圣人则之。天地变化，圣人效之。天垂象，见吉凶，圣人象之。河出图，洛出书，圣人则之。"圣人的制作，乃模范天地之神物，效仿天地之变化而成。① 因此，对礼器的研究，除要关注"哲学突破"后的抽象理念，也应重视在此之前，器物自身而足的神圣性。这样的礼器，不仅存在于宗教神话中，而且存在于具体仪式中。礼器的神圣性，表现在两个方面，即作器的神圣与用器的神圣。"作器"涉及制作人身分，制作材料以及制作工艺；"用器"涉及在时空限定下器物的展陈与用器目的，以及仪式中器物承载的社会意识形态和历史叙事。② 源自圣人制作的器，本身即是礼与道的体现。器以藏礼，器与礼并不能分开。本文先讨论"作器"问题。

一、神圣的出身：来自圣人的制作

在西方传统宗教与神话中，有一个超绝的造物主创造了世间万物。相对于西方，华夏文化传统中虽也有上帝观念存在③，但创世神话相对不发达，相关记载如"盘古开天辟地"出现相对较晚④。"内向超越"一直被认为是中华传统的主要特色。⑤ 但"世界诞生"之后的圣人制作，却很常见。伏羲、女娲、神农、黄帝、尧、舜、禹、周文武王等先圣先王及他们的臣子，均有制作的经历。综观先秦文献记载，世间万物的诞生，秩序的奠定，莫不源自圣人创造。"建大德，昭大物"的礼器，更是如此。《周易·系辞下》记载：

> 古者包牺氏之王天下也，仰则观象于天，俯则观法于地，观鸟兽之文，与地之宜，近取诸身，远取诸物，于是始作八卦，以通神明之德，以类万物之情。作结绳而为网罟，以佃以渔，盖取诸《离》。
>
> 包牺氏没，神农氏作，斲木为耜，揉木为耒。耒耨之利，以教天下。盖取诸《益》。日中为市，致天下之民，聚天下之货，交易而退，各得其所，盖取诸《噬嗑》。
>
> 神农氏没，黄帝、尧、舜氏作……刳木为舟，剡木为楫，舟楫之利，以济不通，

---

① 顾颉刚：《论易系辞传中观象制器的故事》，《顾颉刚古史论文集》卷一一，中华书局，2018年，第48页。

② 闫月珍：《作为仪式的器物——以中国早期文学为中心》，《中国社会科学》2017年第7期；《容器之喻——中国文学批评的一个特点》，《文学评论》2014年第4期；《器物之喻与中国文学批评——以〈文心雕龙〉为中心》，《中国文论》第1辑，上海古籍出版社，2014年，第38~54页；《物：中国文学研究的新途径》，《学术研究》2017年第6期。

③ 郭店简《太一生水》描述出以"太一"为起始的宇宙生成论，太一是最初的力量，它生出了水，然后生出了天、地、神明、阴阳、四时，甚至万物等。太一是万物之母，是万物之经。

④ 袁珂：《盘古与盘瓠》，《中国神话通论》，四川人民出版社，2019年，第78页。

⑤ 余英时：《结局：内向超越》，《论天人之际——中国古代思想起源试探》，中华书局，2014年，第196~227页。

致远以利天下。①

　　从伏羲开始，圣人们效法天地万象，援取人身情态，首创八卦，再据八卦至六十四卦以至无穷的演绎，逐渐制作捕鱼的罗网、耕地的耒耜、远行的舟船、服牛马的车舆、居住的宫室、丧葬的棺椁等世间万物。在《说卦》中详细记载了每一卦对应的人间事物。通过卦象，模拟出一个庞大的系统，天地间万物囊括其中。例如：乾卦所象有天、父、君、马、手、圜、玉、金、寒、冰、大赤、良马、老马、瘠马、驳马、木果。坤卦所象有地、牛、腹、母、布、釜、吝啬、均、子母牛、大舆、文、众、柄、黑。震卦所象有龙、足、长男、雷、玄黄、旉、大塗、长子、决躁、苍筤竹、雚苇、马鸣足、马的颡、马作足、稼反生、蕃鲜。"圣人有以见天下赜，而拟诸其形容，象其物宜，是故谓之象。"② 世间万物的出现，是圣人观察天下事物运行，模拟制作的结果。

　　圣人效法天地而制作，甚至也创造了人。传说中女娲有两大功绩，造人与补天。③《风俗通义》记载有女娲抟土造人故事。④ 山东嘉祥武梁祠屋顶画像中，伏羲以右手举矩，女娲以左手举规，相向而立，蛇尾则交缠在一起，一个小孩悬挂其间。榜题曰："伏羲仓精，初造王业，画卦结绳，以理海内。"⑤ 规矩是画方圆的基本工具⑥，伏羲女娲手持规矩代表他们可以沟通、模拟、效法天地⑦。这个小孩可能就是他们效法天地而创造的成果。巫鸿说："这两个半人半兽的虚幻人物处于神界和人界之间，他们的结合诞生了人类第一婴孩。"⑧ 伏羲女娲创造了人，那他俩又由谁造出？屈原也发出"女娲有体，孰制匠之"的"天问"。⑨ 伏羲与女娲不具有西方创世神话中"神"的至高属性，本质上还是人间的圣王。山东沂南北寨村汉墓与嘉祥花林村汉墓均有一个更大的神左右拥立手持规矩的伏羲、女娲画像出土。这个天神，有人认为是帝俊或太一，⑩ 位阶必是高于伏羲与女娲。或许就是伏羲与女娲的创造者。

　　《世本·作篇》集中记载了古圣王的各类制作。最早者如"造火者燧人"，燧人氏钻

---

　　① 《周易正义》卷八《系辞下》，阮元校刻：《十三经注疏》，中华书局，2009 年，第 179～180 页。

　　② 《周易正义》卷七《系辞上》，阮元校刻：《十三经注疏》，中华书局，2009 年，第 163 页。

　　③ 袁珂：《女娲的功绩》，《中国神话通论》，四川人民出版社，2019 年，第 81 页。

　　④ 《风俗通义·佚文·辨惑》："俗说：天地开辟，未有人民，女娲抟黄土作人，务剧力不暇供，乃引绳于泥中，举以为人。故富贵者黄土人也，贫贱者绳人也。"参见王利器校注：《风俗通义校注》，中华书局，1981 年，第 601 页。

　　⑤ 朱锡禄编著：《武氏祠汉画像石》，山东美术出版社，1986 年，第 103 页。

　　⑥ 冯时：《失落的规矩》，《读书》2019 年第 12 期。

　　⑦ 张光直：《商代的巫与巫术》，《中国青铜时代》，生活·读书·新知三联书店，1999 年，第 259 页。

　　⑧ 巫鸿：《武梁祠——中国古代画像艺术的思想性》，柳扬、岑河译，生活·读书·新知三联书店，2006 年，第 238 页。

　　⑨ 裘锡圭：《"登立为帝，孰道尚之"解》，《古代文史研究新探》，江苏古籍出版社，1992 年，第 148 页。

　　⑩ 冯时：《文明以止：上古的天文、思想与制度》，中国社会科学出版社，2018 年，第 543 页；庞政：《汉代太一手拥伏羲、女娲图像及相关问题》，《南方文物》2020 年第 1 期。

木取火。庖牺氏作瑟与五十弦，能使人精洁于心与纯于行。伏羲氏制俪皮之礼，有了婚姻嫁娶。神农作琴及和药济人。

黄帝是有关器物制作叙事中最重要的圣王。除了亲自制作火食、旒、冕外，还指使其大臣建立众多制度与制作大量器物。比如使羲和占日、常仪占月、臾区占星气、伶伦造律吕、大桡作甲子、隶首作算数、容成作调历、沮诵与仓颉作书、史皇作图、胡曹作冕、伯余作衣裳、共鼓与货狄作舟、倕作钟、挥作弓、牟夷作矢、雍父作杵臼、胲作服牛等。① 天文历法、文字算数、日用器物、交通工具等，均与黄帝有关。黄帝者，生而神灵，长而敦敏、成而聪明，顺天地之气，继天立极，开物成务，属于奇异神圣类人物。② 有学者认为黄帝是古代中国"族统""政统""神统""道统"的最高代表，是百物的造主。③《国语·鲁语上》："黄帝能成命百物，以明民共财。"④ 经过其手造或指导下创造的器物，自然也获得了神圣的出身。

黄帝君臣创造大量器物，与黄帝对立的蚩尤，也是器物的制作者。⑤《世本·作篇》："蚩尤作五兵，戈、矛、戟、酋矛、夷矛。黄帝诛之涿鹿之野。"⑥ 黄帝与蚩尤之战是传说时代最著名的战争。《尚书·吕刑》："若古有训，蚩尤惟始作乱，延及于平民。罔不寇贼，鸱义奸宄，夺攘矫虔。苗民弗用灵，制以刑。惟作五虐之刑曰法，杀戮无辜。"⑦ 蚩尤制作五刑，残暴对付平民。《管子·地数》载："葛庐之山发而出水，金从之，蚩尤受而制之，以为剑铠矛戟。是岁相兼者诸侯九。雍狐之山发而出水，金从之，蚩尤受而制之，以为雍狐之戟、芮戈。是岁相兼者诸侯十二。"⑧ 蚩尤用葛庐之山和雍狐之山的金制成兵器，战力强盛，兼并二十一路诸侯。

蚩尤是五兵与五刑的制作者，也是破坏力的象征。《逸周书·尝麦》载"昔天之初，□作二后，乃设建典"。在最初的时候，天下建立秩序，赤帝与蚩尤各有分工。但"蚩尤乃逐帝，争于涿鹿之河，九隅无遗"，率先破坏秩序。赤帝不得已，乃请黄帝"执蚩尤，杀之中冀"。黄帝"顺天思序，纪于大帝"，重新恢复秩序。⑨ 黄帝用"甲兵释怒"征服蚩尤，以武力征服武力。黄帝的破坏力慑服了蚩尤的破坏力。清华简《五纪》载黄帝杀掉蚩尤后，将其肢解，其器官化为"五芒"，如蚩尤的须发、眉目、口鼻化为韭、蒿、菊、葱等植物，骸、臂、胸、耳则变为殳、桴、鼓、箙等工具。⑩ 这也是关于世界万物如

① 宋衷注，秦嘉谟等辑：《世本八种》，中华书局，2008 年，第 355~359 页。

② 齐思和认为："黄帝最初本为天神之称，以后逐渐成为传说中之人王。黄帝之成为人王也，虽时代较晚，而后来居上，其声势之显赫，传说之复杂，则为三皇、五帝之最。古史传说，至战国末年，既集中于黄帝，其制器故事，自亦较其他传说中之帝王为多。"参见齐思和：《黄帝的制器故事》，《中国史探研》，河北教育出版社，2000 年，第 385 页。

③ 杜贵晨：《黄帝形象对中国"大一统"历史的贡献》，《文史哲》2019 年第 3 期。

④ 徐元诰：《国语集解（修订本）》，王树民、沈长云点校，中华书局，2002 年，第 156 页。

⑤ 最新公布的清华简十一《五纪》记载了大量黄帝与蚩尤的故事，其中认为蚩尤为黄帝之子。这是传世文献所不见的。

⑥ 宋衷注，秦嘉谟等辑：《世本八种》，中华书局，2008 年，第 359 页。

⑦ 《尚书正义》卷一九《吕刑》，阮元校刻：《十三经注疏》，中华书局，2009 年，第 526 页。

⑧ 黎翔凤：《管子校注》，中华书局，2004 年，第 1355 页。

⑨ 黄怀信等：《逸周书汇校集注》，上海古籍出版社，2007 年，第 732 页。

⑩ 程浩：《清华简〈五纪〉中的黄帝故事》，《文物》2021 年第 9 期，第 92 页。

何出现的一种叙事。虽如此，作为兵器和五刑的制作者，蚩尤在战国以降，逐渐演变为兵神或战神。君王出兵征战，往往举蚩尤而祭祀之，甚至图画其象于旗帜。①

除黄帝与蚩尤外，《世本·作篇》尚能见到大量"制作"的记载。乐器制作有：女娲作簧、随作笙与竽、巫咸作鼓、无句作磬、舜作箫、垂作钟与铫、夔作乐、叔作磬、夷作鼓、暴辛公作埙、苏成公作篪；衣冠服饰制作有：伯余作衣裳、胡曹作衣与冕、于则作扉履、纣作玉床、武王作翠、鲁昭公作弁等；宫室制作有：鲧作城与郭、伯益作井；兵器刑法制作有：挥作弓、夷牟作矢、陶制五刑、杼作甲与矛、逢蒙作射；食饮制作有后稷作耕稼、仪狄始作酒醪、少康造酒、少康作秫酒、夙沙作煮盐；车马制作有胲作服牛、共鼓与货狄作舟、奚仲作车、卫叔文子作輗轴、韩哀作御等。从日用器物到天文历法，均来自这些贤圣之人的制作。

《吕氏春秋·勿躬》也提到与《作篇》类似的"二十官"制作。② 其中大部雷同，也有差异之处。比如《作篇》载"胲作服牛"，《勿躬》则认为是"王冰作服牛"。此乃传说故事记载过程中的变异与错讹，无足为奇。即使《作篇》内部也存在同类器物由不同人制作的现象。针对此类现象，章太炎解释了三个理由，一是古器纯朴，后制丽则；二是遗器坠失，光复旧物；三是闭门创造，眇与他会，"三者非始作，然皆可以作者称之"。③ 陈登原也讲道："黄帝时始有钟，黄帝之孙又造钟。伏羲时已有琴，至舜又更作琴，此言后人修复。"④ 一事物始创时简略，后人进一步改进，续有创造，也是情理之中。当然历史传说过程的错讹、变异，导致矛盾丛生，也是个中缘由。

重要的是《勿躬》认为："此二十官者，圣人之所以治天下也。圣王不能二十官之事，然而使二十官尽其巧，毕其能，圣王在上故也。圣王之所不能也，所以能之也；所不知也，所以知之也。养其神、修其德而化矣，岂必劳形愁弊耳目哉！"⑤ 圣王治天下不能事必躬亲，而以二十官协助之。二十官能极尽其巧制作此类器物，因有圣王在上养神修德而化之的缘故。

是则在《勿躬》看来，二十官所效者为圣王也。二十官效仿圣人，圣人效法天地。二十官所制之器，故也应浸染了圣王的神与德。这与《系辞》所载众圣人制作效八卦，而八卦出自伏羲观天地万象，是类似的。又《周礼·考工记》："知者创物，巧者述之。守之世，谓之工。百工之事，皆圣人之作也。"⑥ 则二十官或为"巧者"，尽其巧述圣人之事。圣人是真正的"创物者"。此圣人或圣王在《作篇》与《勿躬》中可能指的就是黄帝。⑦

关于器物制作叙事，除上述君臣模式外，还有始祖模式。《山海经·海内经》："炎帝

---

① 孙作云：《中国古代神话传说研究》，河南大学出版社，2003 年，第 188 页。

② 《吕氏春秋·勿躬》："大桡作甲子，黔如作虏首，容成作历，羲和作占日，尚仪作占月，后益作占岁，胡曹作衣，夷羿作弓，祝融作市，仪狄作酒，高元作室，虞姁作舟，伯益作井，赤冀作臼，乘雅作驾，寒哀作御，王冰作服牛，史皇作图，巫彭作医，巫咸作筮。"

③ 章太炎：《检论·尊史》，《章太炎全集》第 1 辑，上海人民出版社，2014 年，第 426 页。

④ 陈登原：《古史创造甄微》，《国史旧闻（一）》，中华书局，2000 年，第 13 页。

⑤ 许维遹：《吕氏春秋集释》，梁运华整理，中华书局，2017 年，第 451 页。

⑥ 《周礼注疏》卷三九《考工记》，阮元校刻：《十三经注疏》，中华书局，2009 年，第 1958 页。

⑦ 齐思和认为，史籍中次第皆成为黄帝作器者，就有二十八类之多。齐思和：《黄帝的制器故事》，《中国史探研》，河北教育出版社，2000 年，第 391 页。

之孙伯陵，伯陵同吴权之妻阿女缘妇，缘妇孕三年，是生鼓、延、殳，始为侯。鼓、延是始为钟，为乐风。"炎帝虽不是钟鼓的直接制作者，但是制作者的始祖。帝俊的后代也特别能制作。"帝俊生禺号，禺号生淫梁，淫梁生番禺，是始为舟。番禺生奚仲，奚仲生吉光，吉光是始以木为车。少嗥生般，般是始为弓矢。"①番禺是最早造舟者，吉光是最早以木造车者，与《作篇》记载有异。《海内经》里奚仲虽不造车，却生了吉光。追根溯源，造舟与造车者都可以进一步追溯到帝俊。

帝俊是制作者的始祖。还有如"帝俊生晏龙，晏龙是始为琴瑟"，帝俊是琴瑟制作者之父；"帝俊有子八人，是始为歌舞"，帝俊是歌舞制作者之父；"帝俊生三身，三身生义均。义均是始为巧倕，是始作下民百巧"，帝俊为制百巧者之祖。类似记载，《山海经》里还能找到不少。这里所谓"生"是否一定就是血缘意义上的生育？有学者认为这是"采用的是拟人化的手法，把事情的发展过程编排成氏族繁衍的谱系"②。作为一种神话传说叙述的模式，也为每位制作者寻找了一位神圣的始祖。从君臣谱系追溯到最初的圣王，与从父子谱系追溯到最初的圣王，异曲同工，均溯源至与天地具有密切联系最初最早的制作者。

器物源自圣人的制作。仪式中礼器的神圣价值，一定程度上沾染了圣人作器的光环。更具"开辟"意义最初的圣王制器以象天，③ 效法天地，后世圣王或以君臣或父子模式，递相模拟，逐渐制作出世间万物。伏羲、黄帝、炎帝、帝俊，就是传说中最初的圣王，是追根溯源的制作者始祖，是最初秩序的奠定者。即使在制作谱系中出现了"扰乱者"，也会有更大的制作，更强的力量，重归秩序。蚩尤、共工、鲧等是也。器物出自圣人之手造，当然获得神圣的出身。

二、求备万物：制作的材料

《世本·作篇》等文献有禹父鲧作城郭的记载，但鲧更著名的经历是"不待帝命"④，窃息壤治水失败⑤。鲧既是"制作者"，又因不遵帝旨而遭殛灭，也是秩序的破坏者。重建秩序落到禹的头上。⑥ 幽公盨铭文："天命禹敷山、堕土、浚川，乃畴方、设征。"大禹平定下土和四方，使世界重归于秩序。⑦ 禹治水以疏代堵，"布定九州"，天下重归太平，于是功成而铸鼎。关于禹铸九鼎的记载杂乱繁多，顾颉刚曾有详细的梳理。⑧ 所铸九鼎，《左传·宣公三年》王孙满说：

---

① 郝懿行：《山海经笺疏》，齐鲁书社，2010年，第5030~5031页。

② 李炳海：《部族文化与先秦文学》，高等教育出版社，1995年，第440页。

③ 秦始皇认为自己功过五帝，开辟了新纪元，叫"作始"。《史记》卷六《秦始皇本纪》："维二十八年，皇帝作始。端平法度，万物之纪……功盖五帝。"（中华书局，1982年，第245页）

④ 《山海经·海内经》："洪水滔天，鲧窃帝之息壤以堙洪水，不待帝命，帝令祝融杀鲧于羽郊。鲧复生禹。帝乃命禹卒布土以定九州。"（中华书局，1982年，第245页）

⑤ 吴晓东：《鲧窃息壤神话考》，《中原文化研究》2015年第6期。

⑥ 李道和：《〈天问〉鲧禹神话考论》，《文学遗产》2019年第1期。

⑦ 陈英杰：《西周金文作器用途铭辞研究》，线装书局，2008年，第588页。

⑧ 顾颉刚：《九鼎》，《史林杂识初编》，中华书局，1963年，第153~162页。

昔夏之方有德也，远方图物，贡金九牧，铸鼎象物，百物而为之备，使民知神奸。①

所谓"铸鼎象物"的"物"，现代学者解释为图腾、族徽、符号或动物崇拜。②《说文》："物，万物也。牛为大物，天地之数起于牵牛，故从牛。"《左传·宣公十二年》"百官象物而动"，杜预注："物犹类也"，孔颖达疏："类谓旌旗画物类也。"③是则"物"在最初所指可能非常具体，后世才慢慢抽象出"类"的概念，演变为万物万类。④ 所谓"象物"就是对来自天下万物的模拟、总结与抽象化。象征融九州于九鼎，集天下于一身。九鼎成为象征天下且有生命的神物。

除了圣王大禹铸造这一基本要素外，"九州"的广泛性与"金"作为材料的特殊性，也是九鼎神圣性的两个基本保障。

九州之牧各贡其州之金，铸成九鼎。九州备物之多，致使所铸之鼎具有广泛的代表性。求备万物，万物的广泛来源，天然是神圣的。在古代中国思维中，天地与万物密不可分。⑤ 天地承载万物，甚至天地就是万物。《管子·宙合》："天地，万物之橐也。"⑥ 定州汉简《文子》："天地者，万物之谓也。"向秀、郭象《庄子注》说："天地者，万物之总名也。天地以万物为体。"⑦ 天地与万物所指，具有一定程度的重叠性。

备物之多，具有特别的礼制含义，在文献中很是常见。《礼记·礼器》："三牲、鱼腊，四海九州之美味也。笾豆之荐，四时之和气也。内金，示和也。束帛加璧，尊德也。龟为前列，先知也。金次之，见情也。丹漆、丝纩、竹箭，与众共财也。其余无常货，各以其国之所有，则致远物也。"⑧ 王国维《洛诰解》说："是享之物本多，周公欲成王知天下归心与否，故使之不观其物，而观其仪也。"⑨ 享用物之多已是神圣的。《易传·彖》："至哉坤元，万物资生，乃顺承天。坤厚载物，德合无疆。含弘光大，品物咸亨。"⑩ 物多、物大备，就是盛德。

甚至于人，生时享用物多，死后鬼魂也强盛。《左传·昭公七年》载郑国伯有闹鬼之事。伯有死而无子孙祭祀，成为厉鬼作祸。子产重新立伯有的儿子为后乃止。子大叔不解而问子产，子产答曰："鬼有所归，乃不为厉，吾为之归也。"人死有后可归依乃不为厉鬼。子产后至晋国，赵景子就此事发问。子产回答说：

---

① 《春秋左传正义》卷二一《宣公十二年》，阮元校刻：《十三经注疏》，中华书局，2009 年，第4079 页。

② 巫鸿：《九鼎传说与中国古代的"纪念碑性"》，《中国古代艺术与建筑中的"纪念碑性"》，李清泉、郑岩等译，上海人民出版社，2009 年，第 6 页。

③ 《春秋左传正义》卷二一《宣公三年》，阮元校刻：《十三经注疏》，中华书局，2009 年，第4056 页。

④ 章太炎：《说物》，《章太炎全集》第 1 辑《太炎文录初编》，上海人民出版社，2014 年，第 31 页。

⑤ 李锐：《中国古代宇宙生成论的类型》，《江淮论坛》2020 年第 1 期。

⑥ 黎翔凤：《管子校注》，梁运华整理，中华书局，2004 年，第 235 页。

⑦ 郭庆藩：《庄子集释》，中华书局，2012 年，第 20 页。

⑧ 《礼记正义》卷二四《礼器》，阮元校刻：《十三经注疏》，中华书局，2009 年，第 3122 页。

⑨ 王国维：《观堂集林》，《王国维全集》第八卷，浙江教育出版社，2009 年，第 9 页。

⑩ 《周易正义》卷一，阮元校刻：《十三经注疏》，中华书局，2009 年，第 31 页。

况良霄，我先君穆公之胄，子良之孙，子耳之子……其用物也弘矣，其取精也多矣，其族又大，所凭厚矣，而强死，能为鬼，不亦宜乎？①

人死魂魄的强度与其生时用物多寡丰俭密切相关。用物之多寡又与其族裔之贵盛强弱大小密切相关。伯有源出郑穆公，父祖又为郑国显贵，正所谓"所凭厚矣"。伯有生时享物多，凭靠厚，故死后为鬼也强。《礼记·祭义》也提到，人死之后骨肉毙于野土，气化为神明。鬼神的源头就是人生时摄取的百物之精。生时摄取百物精华多，生命力强盛，死后凭依方才厚实。

周王室派周公阅到鲁国使聘，鲁国以昌蒲菹、熬稻、熬黍和虎形盐巴招待他，周公阅推辞说："备物之飨，以象其德。"这场朝聘礼仪式上的招待之物，蕴藏"万物皆备于我"观念的礼制象征意义。具体说来，熬稻、熬黍象征着文治，而虎形盐巴则象征着武功。为何求备万物，物具有广泛的来源和代表性，具有特别的价值呢？《国语·郑语》西周末年史伯对郑桓公说：

先王以土与金木水火杂，以成百物。是以和五味以调口，刚四支以调口，和六律以聪耳，正七体以役心，平八索以成人，建九纪以立纯德，合十数以训百体。出千品，具万方，计亿事，材兆物，收经入，行姟极。故王者居九畡之田，收经入以食兆民，周训而能用之，和乐如一。夫如是，和之至也。②

韦昭解说：四肢七窍五脏六腑以至百节合为一身，王者以百物而养其身，其身是天下的象征，可以推及万民，所以也必须受到天下万民的供养。杜正胜说，王者博采各种资源，乃能昭显各方风物，谐和各地民情，掺杂各种元素而成一物谓之"和"，如果只能单纯的一种元素构成之物则谓之"同"，和则协众，同乃有偏，"和而不同"才是治术的最高境界。③ 求备万物，获得多样性，聚天下于一身，已是不言而喻的神圣。

《汉书·郊祀志》载汉武帝于汾阴得宝鼎。有司议曰："闻昔泰帝兴神鼎一，一者一统，天地万物所系象也。黄帝作宝鼎三，象天地人。禹收九牧之金，铸九鼎，象九州。皆尝鬺享上帝鬼神。"④ 泰帝作宝鼎一，黄帝作宝鼎三，禹作宝鼎九，这与伏羲仰观天文、俯察地理后，由乾坤二卦，逐渐演变为八卦、六十四卦以至无穷，殊途同归。鼎为奇为阳，卦为偶为阴，些微差别而已。况且九鼎"百物而为之备"，也与八卦"以类万物之情"，殊途同归。

"铸鼎象物"是通天工具的制作，对铸鼎的原料即铜矿锡矿的掌握，也便是从根本上对通天工具的掌控。九鼎不但是通天权力的象征，而且是制作通天工具的原料与技术独占

---

① 《春秋左传正义》卷四四《昭公七年》，阮元校刻：《十三经注疏》，中华书局，2009 年，第4452 页。

② 徐元诰：《国语集解（修订本）》，王树民、沈长云点校，中华书局，2002 年，第470~472 页。

③ 杜正胜：《从眉寿到长生——中国古代生命观念的转变》，台湾《"中央研究院"历史语言研究所集刊》第 66 本第 2 分，1995 年，第 422~430 页。

④ 《汉书》卷二五《郊祀志》，中华书局，1962 年，第 1225 页。

的象征。① 大禹铸九鼎，所用原料是来自天下九州的金。"九州"已具备空间上的神圣性。② 而"金"在传统时代，也具有材料上的神圣性。在文献中常有相关描述。例如：

《墨子·耕柱》：昔者夏后开使蜚廉折金于山川，而陶铸之于昆吾，是使翁难卜于白若之龟，曰："鼎成三足而方，不炊而自烹，不举而自臧，不迁而自行，以祭于昆吾之虚，上飨！"③ 由金铸成的九鼎是神圣神秘的，也成为夏商周政治权力的象征。拥有九鼎者，自然就占据权力的最高合法性。

《庄子·大宗师》："今大冶铸金，金踊跃曰：'我且以为镆铘！'大冶以为不祥之金。"④ 自告奋勇且能够说话，铸成镆铘宝剑的金，被大冶认为是不祥之物。制作圣物的原料，也有某种程度的神圣性。

《管子·地数》："上有丹砂者，下有黄金。上有磁石者，下有铜金。上有陵石者，下有铅锡赤铜。上有赭者，下有铁。此山之见荣者也。苟山之见其荣者，君谨封而祭之，距封十里而为一坛。是则使乘者下行，行者趋，若犯令者，罪死不赦。"⑤ 见有矿苗，需要封而祭祀之。原始的矿冶学，具有半技术、半神话色彩。人君要封"山有荣者"，要"封而祭之"，要十里一坛，将蕴藏金矿的山神秘化。

后世制作铜镜，也特别强调材料的来源。"汉有善铜出丹阳，和以银锡清且明""汉有善铜出丹阳，湅治银锡清而明，巧工刻之成文章"。⑥ 在浪漫主义地理学者看来，某些地方与另外一些地方总是不一样的，是圣地。自然在这样的圣地出产的物品也带有神圣的光环。

总之，禹为三代王权缔造者，铸九鼎模拟万物，天下重归秩序。此类"制作"所具备开辟意义，更是启动了后来者不断的模仿与僭越。九鼎逐渐神圣化为王权的象征，欲成王霸之业者莫不夺之以逞其欲。鼎在中国传统中也成了最为重要的礼器，"成为中国文化中一种古老的纪念碑性，以及一个叫做礼器的宏大、完整的艺术传统"⑦。九鼎之所以是神圣的，除前所言是禹等圣人制作之外，还因九鼎制作材料来自天下九州。九州是天下万物的象征，具有广泛的代表性和包容性。求得天下之物熔聚一炉，于熔炉中建构了一个小宇宙。小宇宙与大宇宙同体，圣不可言。制作九鼎的具体材料——金，也是稀缺与神圣的。材料本身的神圣与材料来源的神圣，铸就了鼎的神圣。

三、献祭：效法天地的冶炼

圣人遵循宇宙天地的秩序，描摹之，并据以规划建构人间的秩序。效仿天地而制作，

---

① 张光直：《中国古代艺术与政治——续论商周青铜器上的动物纹样》，《中国青铜时代》，生活·读书·新知三联书店，2013年，第481页。

② 段义孚：《空间与地方：经验的视角》，王志标译，中国人民大学出版社，2017年，第133~147页。

③ 吴毓江：《墨子校注》，孙启治点校，中华书局，2006年，第656页。

④ 郭庆藩：《庄子集释》，王孝鱼点校，中华书局，2012年。

⑤ 黎翔凤：《管子校注》，中华书局，2004年，第1355页。

⑥ 王士伦编著，王牧修订：《浙江出土铜镜（修订本）》，文物出版社，2006年，第48页。

⑦ 巫鸿：《九鼎传说与中国古代的"纪念碑性"》，《中国古代艺术与建筑中的"纪念碑性"》，李清泉、郑岩等译，上海人民出版社，2009年，第6页。

即所谓"制器象天"，但是却不可避免地走向了天人分离。特别是叛乱者的出现，更让天下秩序走向混乱。前者可以黄帝铸鼎成而升天概言之；后者则蚩尤、鲧是其典型代表。为何如此？追根究底，圣王也好，叛乱也好，效仿天地也好，扰乱天地也好，中国上古的制作者不是西方意义上的造物主，而是人类自身的制作。伏羲、黄帝本质上仍然是人间的圣王，非至高无上的神灵。这注定不能脱离人类的"巧"与"伪"。

世间器物经圣人手造而天生高贵，自带神性，但也为此付出沉重的代价。比如"仓颉作书而天雨粟，鬼夜哭"，文字经仓颉创造后获得神奇的力量。伯益作井后，龙登玄云，神栖昆仑。① 文字与井获得某种神奇力量，以致天鬼龙神，藏不住秘密，在世间再难栖身。《史记·封禅书》载，黄帝采首山之铜，在荆山下铸鼎。鼎成之后，有龙垂胡髯下迎，黄帝上骑飞升而去。龙是否为鼎召唤而来，不得而知。但鼎铸成之后，黄帝才飞升上天，可见经铸造的鼎必是他骑龙飞升的重要媒介。② 鼎是神圣的，但也不可避免地把黄帝带离了人间。

最初的圣王之后，天人分离已是必然趋势。正因如此，屈原才有"登立为帝，孰道尚之；女娲有体，孰制匠之"式的"天问"。③ 葛兰言认为"王者开始僭越自然，借此象征性地篡取自然力量"。汉学家普鸣也对比后稷的诞生与古希腊普罗米修斯盗火的故事。《诗经·生民》中，姜嫄欺骗帝而怀孕。"后稷是在一次僭越行为中诞生的，在这次行为中，帝的能力通过一次欺骗性的祭祀被占用了。"后稷的神力，源自对帝的僭越。赫西俄德《神谱》中，普罗米修斯欺骗宙斯。受到惩罚后，又从宙斯那里盗取火，送给了人类。"这次盗火行为无疑为人类从诸神那里赢得了自主性，但也付出了人神分离的悲惨代价。"④

"上帝不宁"之后，人类与神的和谐关系不再。人神走向分离。人类只有通过祭祀才能与神沟通。《礼记·乐记》："乐由天作，礼以地制。过制则乱，过作则暴。明于天地，然后能兴礼乐也。"⑤ 此后圣人、贤人或工匠的制作虽是神圣的，但也是艰难的，有时甚至是一件危险的事情。

人神分离后，仅模范天地是不够的，需要献祭以降神。一方面，祭祀之时，增设索神、降神等仪式，祈求神灵降临人间接受祭祀。⑥ 另一方面，"追忆往昔的岁月"，所谓报本返始，不忘其初者是也。《礼记·郊特牲》："万物本乎天，人本乎祖，此所以配上

---

① 《淮南子·本经训》："昔者，仓颉作书而天雨粟，鬼夜哭。伯益作井而龙登玄云，神栖昆仑。"

② 张光直：《商周青铜器上的动物纹样》，《中国青铜时代》，生活·读书·新知三联书店，2013年，第436页。

③ 裘锡圭：《"登立为帝，孰道尚之"解》，《古代文史研究新探》，江苏古籍出版社，1992年，第148页。

④ ［美］普鸣（Michael Puett）：《成神：早期中国的宇宙论、祭祀与自我神化》，张常煊、李健芸译，生活·读书·新知三联书店，2020年，第3页。

⑤ 《礼记正义》卷三七《乐记》，阮元校刻：《十三经注疏》，中华书局，2009年，第3317页。

⑥ 到了战国荀子的时候，逐渐发展出"制天命而用之"的积极观念，人不再是祭祷祈求天降神赐福，而是更加积极主动地用天。《荀子·天论》所言，与其"思天""颂天""待时""因物""思物"，不如"制之""用之""使之""化之""勿失之"。这是春秋战国以降，理性主义增强后的结果。参阅张志强：《〈荀子·天论〉"制天命而用之"重探》，《孔子研究》2022年第1期。

帝也。郊之祭也，大报本反始也。"①《礼记·祭义》："教民反古复始，不忘其所由生也。"② 三礼文献中，常见的"祭先"仪式，可见其大概。所谓"祭先"，即在每次进食之前，取少许食物，祭祀造就此物的先人。

人神分离后，祭祀成为沟通天人的重要媒介。宗教史家伊利亚德说，"创造即献祭"③。神需要获得人类的取悦、祈求、劝诱，甚至襄责。张光直说："神属于天，民属于地，二者之间的交通，要靠巫觋的祭祀，而在祭祀上'物'与'器'都是重要的工具；'民以物享'，于是'神降之嘉生'。商周的青铜彝器以及其他治疗的彝器如木漆玉石骨牙等器，都可以做巫觋的法器，它们上面的动物纹样便是巫觋的助手、使者。"④ 人类的制作更需要祭祀使得神力得以显现。不同统治者的祭祀能力与意愿，甚至成为天命获得与否的凭据。⑤ 商人不能很好地祭祀，天命就转移到善"典神天"的周人身上。

商王作邑，需要占卜，求得帝的佐佑与同意。"壬子卜，争，贞我其作邑，帝弗佐。若。三月。"（《合集》14206）。《尚书·召诰》："太保朝至于洛，卜宅。厥既得卜，则经营。"周人营建洛阳之前，需要经过占卜求得吉兆。所谓"经之营之"，人类的建构活动，需要与神力相谐和。⑥《诗经·周颂·天作》："天作高山，大王荒之。彼作矣，文王康之。"⑦《大雅·绵》："乃召司空，乃召司徒，俾立室家。其绳则直，所版以载，作庙翼翼……乃立皋门，皋门有伉。乃立应门，应门将将。乃立冢土，戎丑攸行。"⑧周人崛起如史诗般的豪迈，也化作宗庙祭祀中的首首颂歌。而一般贵族择其吉金⑨，制作礼器用享用孝，以祭祀祖先，更是在出土青铜器中不胜枚举⑩。与天地万物先祖的沟通，依靠的是祭祀礼仪与崇敬的内心。故后世君子只能"凡家造，祭器为先，牺赋为次，养器为后"（《礼记·曲礼下》），"祭器未成，不造燕器"（《礼记·王制》），"国之大事，惟祀与戎"（《左传·成公十三年》），祭祀成了第一要务。

即使到春秋时期，建设一个宫殿，铸造一个铜鼎，也要举行落成典礼，以牺牲献祭之。《礼记·杂记》载："成庙则衅之"，"路寝成，则考之而不衅。衅屋者，交神明之道也"。孔颖达疏："宗庙初成，则杀羊取血以衅之，尊而神之也。"⑪ 衅庙礼仪，《大戴礼

① 《礼记正义》卷二六《郊特牲》，阮元校刻：《十三经注疏》，中华书局，2009年，第3149页。

② 《礼记正义》卷四七《祭义》，阮元校刻：《十三经注疏》，中华书局，2009年，第3462页。

③ ［美］米尔恰·伊利亚德（Mircea Eliade）：《熔炉与坩埚：炼金术的起源和结构》，段恩锡、刘俐译，陕西师范大学出版社，2019年，第12页。

④ 张光直：《中国古代艺术与政治——续论商周青铜器上的动物纹样》，《中国青铜时代》，生活·读书·新知三联书店，2013年，第472页。

⑤ 《尚书·多方》比较了商周的差异，在于"乃惟尔商后王，逸厥逸，图厥政，不蠲烝，天惟降时丧"，"惟我周王，灵承于旅，克堪用德，惟典神天。天惟式教我用休，简畀殷命，尹尔多方"。

⑥ ［美］普鸣（Michael Puett）：《成神：早期中国的宇宙论、祭祀与自我神化》，张常煊、李健芸译，生活·读书·新知三联书店，2020年，第3页。

⑦ 《毛诗正义》卷一九，阮元校刻：《十三经注疏》，中华书局，2009年，第1262页。

⑧ 《毛诗正义》卷一六，阮元校刻：《十三经注疏》，中华书局，2009年，第1099页。

⑨ 张昌平：《"择其吉金"金文辞例与楚文化因素的形成与传播》，《中原文物》2006年第4期。

⑩ 陈英杰：《西周金文作器用途铭辞研究》，线装书局，2008年，第239～279页。

⑪ 《礼记正义》卷四三《杂记下》，阮元校刻：《十三经注疏》，中华书局，2009年，第3402页。

记·诸侯衅庙》有详细记载。用牲血涂抹、浇饰新成的宗庙，使具有神性。①

人神分离后，没有献祭的"制作"变得更加艰难，甚至不合法、不合礼，或者制作难以成功。

同样是铸器，黄帝铸成而升天，大禹铸成而百物为之备。铸造过程中虽也效法天地，未见有献祭出现。但到干将铸剑，不仅需要"百神临观"，天神降临，也需要献祭。以自己的生命力和天地万物的生命再次的融合，宝剑方才成功。

干将、莫邪宝剑名传千古。其制作历程，《吴越春秋》有过详细记载："干将作剑，采五山之精，六合之英。候天伺地，阴阳同光，百神临观，天气下降。"② 这个记载，比大禹铸九鼎的资源更丰富、神灵更庇护，更惊心动魄，但是"金铁之精不流"，铸剑不成。干将有高超的技艺和丰富的资源，却难以铸成如愿宝剑。莫邪提醒他"夫神物之化，须人而成。今夫子作剑，得无当得人而后成？"需要有"人"的加入，神物才能显现。干将想到他师父曾经铸剑的经历，"昔吾师之作冶也，金铁之类不销，夫妻俱入冶炉中"。莫邪说"先师亲烁身以成物，妾何难也"。于是，干将莫邪夫妻"断发剪指，投于炉中。使僮女三百人鼓橐装炭，金铁乃濡，遂以成剑"。干将的师父夫妻以身入炉为牺牲，方才铸成宝剑。莫邪"断发剪指"用身体的代替品为牺牲，献祭给了宝剑。发须爪蕴含神秘的能量，商汤祷于桑林，曾以自己的发须用于献祭。③ 学者也认为，这类故事的存在，反映了广泛存在于先秦青铜冶铸等诸多生产领域内以牺牲为主要表现形式的古老宗教文化习俗。④

《越绝书·越绝外传记宝剑》也记载："雨师扫洒，雷公击橐，蛟龙捧炉，天帝装炭。太一下观，天精下之。欧冶乃因天之精神，悉其伎巧"造成湛卢等五剑。⑤ 但所谓"群神不下，欧冶子即死"⑥，虽有倾城量金，珠玉竭河，难再得湛卢宝剑。"以物象物""以物召物"。没有神与人的合力，宝剑不出矣。是则可推论，最初的"制作"是圣王效法天地的结果，具备天然的神圣性。人神分离后，世间的制作仅效法天地是不够的，尚需要献祭以降神，祈求天地与人的再次合一。或许这就是人类为自己的"巧"而付出的代价。

除了刑杀，"金"所以能发挥作用，乃因它被制成金器。在制成的过程中，它通常需要被提炼、融合、模铸，乃克成物。"矿石带着神圣性被送进熔炉。随后，最困难和危险的冶炼活动来了。工匠代替大地母亲，加速和完善矿石的成长。可以说，熔炉犹如孕育矿石的新母体或人造子宫。"⑦ "金"由矿石转到金器，要经由大规模的变形过程，这种变形过程在其他自然元素之加工中较少遇到。冶炼的模态隐约之间与变形神话同化了。金的

① 杨华：《先秦血祭礼仪研究——中国古代用血制度研究之二》，《新出简帛与礼制研究》，台湾古籍出版有限公司2007年，第207~224页。

② 周生春：《吴越春秋辑校汇考》，中华书局，2019年，第195页。

③ 江绍原：《发须爪——关于它们的迷信》，中华书局，2007年；［日］高木智见：《先秦社会与思想——试论中国文化的核心》，何晓毅译，上海古籍出版社，2011年，第30~57页；刘志伟：《"胡须"：作为权力意志异化的象征符号——以魏晋"英雄"文化为研究中心》，《语文知识》2007年第1、2期。

④ 冯渝杰：《神物的终结：法剑信仰衰变异的历史考索》，四川人民出版社，2019年，第41页。

⑤ 李步嘉：《越绝书校释》，中华书局，2013年，第302页。

⑥ 周生春：《吴越春秋辑校汇考》，中华书局，2019年，第41页。

⑦ ［美］米尔恰·伊利亚德（Mircea Eliade）：《熔炉与坩埚：炼金术的起源和结构》，段恩锡、刘俐译，陕西师范大学出版社，2019年，第33页。

冶炼所以常伴随原型神话的题材，也常会带来特多神秘因素。① 类似冶炼和献祭的故事，人类学家伊利亚德在亚述、印度、非洲等地民族传说都有发现。应该是古代民俗普遍流传的故事模型。伊利亚德认为，"天体演化是他们的原初模型"，"无论是创造还是建设，人类都模仿了造物主的工作"。御火大师、萨满、铁匠、英雄、神圣国王组成的人物关系中，具有一体性。②

王充《论衡·乱龙》说："阳燧取火于天，五月丙午日中之时，消炼五石，铸以为器。"③ 制器的时间之选择也不能不慎重，工匠通常选在每年时令交错最具关键性的两个时间点：冬至子时与夏至午时，这两个时间点正是阴阳消长的转折点。杨儒宾说，冶炼是项艰巨非凡的工作，需要不同矿物的消解与融合。冶炼的过程需要身心全体融入，情意志一体融合地跃入，它活像另一种形态的宇宙创造。炼金因此变成了一出神圣庄严的事业。④

《三辅黄图》载汉高祖斩白蛇之剑来历：

> 太上皇微时佩一刀，长三尺，上有铭字难识，传云殷高宗伐鬼方时所作也。上皇游丰、沛山中，寓居穷谷，有人冶铸，上皇息其劳，问曰主何器，工者笑曰："为天子铸剑，慎勿言。"曰："得公佩剑杂而治之，即成神器，可克定天下。昴星精为辅佐，木衰火盛，此为异兆。"上皇解匕首投炉中，剑成，杀三牲以衅祭之。工问何时得此，上皇曰："秦昭襄王时，余行陌上，一野人授余，云是殷时灵物。"工即持剑授上皇，上皇以赐高祖。高祖佩之斩白蛇是也。及定天下，藏于宝库，守藏者见白气如云出户，状若龙蛇。吕后改库曰灵金藏。惠帝即位，以此库贮禁兵器，名曰灵金内府。⑤

此则故事具备两套神化汉高祖皇权来源叙事逻辑。一是历史的逻辑，宝剑源自历史上的古圣先王，殷高宗时铸造，秦昭襄王得之，宝剑已带上奋武戡乱，克定天下的神圣武功的光彩。至于宝剑直接来自野人的授予，我们应该记得晋文公外逃期间，野人授土的故事。在"天视自我民视，天听自我民听"的文化氛围中，天命的表达可能也会出现于野人的身上。二是工匠的铸造。工为天子铸剑的"玩笑语""木衰火盛"的异兆，以及杀三牲的祭祀。高祖斩白蛇的宝剑借助历史圣王和现实工匠的加持，不仅是威力无比的灵物，更成了权力的象征。

四、结　语

《周易》《世本》与《吕氏春秋》等文献，构建了一个关于"圣人制作"的思想模型。器物源自伏羲、神农、黄帝、尧、舜等圣王观象而后的制作。卦象则源自伏羲仰观天，俯

① 杨儒宾：《五行原论——先秦思想的太初存有论》，台湾联经出版事业股份有限公司，2018年，第236页。

② ［美］米尔恰·伊利亚德（Mircea Eliade）：《熔炉与坩埚：炼金术的起源和结构》，段恩锡、刘俐译，陕西师范大学出版社，2019年，第46、51、63页。

③ 黄晖：《论衡集释》，中华书局，1990年，第696页。

④ 杨儒宾：《五行原论——先秦思想的太初存有论》，台湾联经出版事业股份有限公司，2018年，第236页。

⑤ 何清谷：《三辅黄图校释》，中华书局，2005年，第346页。

看地与鸟兽之迹。器物的最终根源是天地，拥有一个神圣的出身。黄帝是器物制作中最为重要的圣王。除了亲自制作火食、旃、冕外，还指使其大臣建立众多制度与制作大量器物。世间器物经圣人手造而天生高贵，自带神性。器物制作叙事，除君臣模式外，还有始祖模式。炎帝与帝俊分别是制作者的两位重要的始祖。

圣王效仿天地而制作，带有强烈的神话传说色彩，为器物制作蒙上了神圣的外衣。圣王制作之后，又戳破天人间混沌的神秘。黄帝铸鼎后升天而去，伯益造井后神栖昆仑，颛顼之时重黎的绝地天通①；或神圣始祖的后代开始叛乱，扰动天下固有秩序，如术器作乱，共工作五刑，鲧窃息壤等②，均逐渐走向了天人分割③。《韩非子·五蠹》曾把圣人的制作分三世，即上古、中古与近古之世。上古之世为有巢氏与燧人氏；中古之世的鲧与禹，近古的桀纣与汤武。④ 人神分离后，民神异业，世间可能会经历一段时间的混乱，但再度兴起的圣王制作，仍然会走到模拟天地与世间万物的老路上。《尚书·吕刑》蚩尤被打败后，"伯夷降典""禹平水土""稷降播种"，天下重归秩序。甚至《管子·五行》载蚩尤后明于天道，臣服于黄帝，辅助黄帝治理天下。这也是一种秩序重归的叙述。

制器者尚其象，圣王在其间发挥的作用是效仿天地，让万事万物得以显象。制作而成的礼器，效仿了天地万物，构成了一个小宇宙。贾谊《鵩鸟赋》讲"且夫天地为炉，造化为工；阴阳为炭，万物为铜，合散消息，安有常则？千变万化，未始有极"⑤。天地为一个巨大的冶炼炉。小宇宙内融聚着天下万物，与天地大宇宙同理同构。大禹铸九鼎，是其典型代表。最初的圣王模仿天地而制作，不可避免地加入了人类的"巧思"与"作伪"，本质上是对"天地的僭越"与对"神灵权力的篡夺"。最初的圣王制作之后，所谓"过制则乱，过作则暴"，人类为巧思付出了代价。天人之间走向分割，神离开了人间。后世的制作需要以献祭求得神灵下降，祭祀成为礼器制作中必不可少的环节。天人合一逐渐成为人类追求与修炼的结果与境界，而非自在自然的存在。

总之，面对神秘且复杂的自然世界与人类社会，如何解释其源起、发展、兴盛与衰亡，几乎每一个古老文明都会产生属于自己的解释体系，形成独特的叙事模式，以塑造其文明传统与特色。这个解释体系或叙事模式，或以神话与传说的形式，或以历史与哲学的形式，表现出来，但本质上仍是古人认识自然与社会的思想观念。如前所论，"制器尚像"也形成了一套这样的叙事模式，在文献记载与历史书写中，虚虚实实，表现得神奇，甚至怪异，但为理解早期华夏文明或有所助益。

（作者单位：湖北师范大学历史文化学院）

---

① 张光直：《巫觋与政治》，《美术、神话与祭祀》，生活·读书·新知三联书店，2013 年，第 34 页；陈来：《古代宗教与伦理：儒家思想的根源》，北京大学出版社，2017 年，第 22 页。

② 顾颉刚：《息壤考》，《文史哲》1957 年第 10 期。

③ 尹玲玲：《江陵"息壤"与鲧禹治水》，《历史研究》2019 年第 4 期。

④ 《韩非子·五蠹》："上古之世，人民少而禽兽众，人民不胜禽兽虫蛇。有圣人作，构木为巢以避群害，而民悦之，使王天下，号曰有巢氏。民食果蓏蚌蛤，腥臊恶臭而伤害腹胃，民多疾病。有圣人作，钻燧取火以化腥臊，而民说之，使王天下，号之曰燧人氏。中古之世，天下大水，而鲧禹决渎。近古之世，桀纣暴乱，而汤武征伐。"

⑤ 王先谦：《汉书补注》，上海师范大学古籍研究所整理、上海古籍出版社，2012 年，第 3647 页。

裼袭礼考论

□ 田 访

【摘要】先秦古礼中有裼袭礼，郑玄注三礼时有提及，但其内容有存疑之处。至南北朝时，学者已不甚知其义，唐人贾公彦、孔颖达之说亦不同。其实，裼即袒开上衣露出裼衣之左袖，袭即穿好上衣，掩盖裼衣之左袖，裼袭正是一对相反的概念。裼袭礼在聘礼、丧礼等场合中有所显现。袒露或掩盖裼衣的意义，一在于行礼时对不同的对象表达不同程度的敬意，一在于裼袭交替，表达崇尚变化的礼义。

【关键词】裼袭；服制；敬意；质文

先秦古礼中的裼袭礼，在行聘、吊丧等场合中十分常见。如今，从《仪礼·聘礼》《礼记·玉藻》《礼记·表记》《礼记·檀弓》《礼记·曲礼》以及《论语》等文献中可窥探到一些蛛丝马迹。后世礼制变迁，后人对先秦古礼的实施方式以及相关服饰的认识已经淆然不清。郑玄注三礼时虽然对裼袭有所说明，但从南北朝时雷次宗等人开始，到唐代孔颖达、贾公彦，到元代吴澄，再到清代江永等，对此礼的理解都不尽相同。当代学者之中，有人认为裼礼指的是开正服前襟而见裼衣，① 又有人认为是袒露左右两袖，② 其实这些解释已与郑玄的理解相去甚远。因为与服制密切相关，所以裼袭礼又涉及裼衣如何穿着的问题，于是产生了衣二层说、衣三层说。本文不揣浅陋，对裼袭礼的内容及意义进行再探讨，以求教于方家。

一、"裼""袭"之原意

裼袭礼首先见于《仪礼·聘礼》。《仪礼·聘礼》在叙述某国宾、介到他国，对受聘国的国君进行正式外交访问时，有"聘"和"享"两个关键仪节。其"聘"的仪节如下：

> 贾人东面坐，启椟，取圭垂缫，不起而授上介。上介不袭，执圭屈缫，授宾。宾

---

① 杨天宇：《仪礼译注》，上海古籍出版社，2016 年，第 256 页。

② 吕梁：《裼袭礼研究》，南京师范大学硕士学位论文，2019 年，第 28 页。

袭，执圭。摈者入告，出辞玉。纳宾，宾入门左。介皆入门左，北面西上。三揖，至
于阶，三让。公升二等。宾升，西楹西，东面。摈者退中庭。宾致命。公左还，北
乡。摈者进。公当楣再拜。宾三退，负序。公侧袭，受玉于中堂与东楹之间。摈者
退，负东塾而立。宾降，介逆出。宾出。公侧授宰玉，裼，降立。摈者出请。宾裼，
奉束帛加璧享。①

这一仪节包含若干个动作，即，贾人取圭，"垂缫"（使圭垫上的丝带下垂）交给上介，上
介"不袭""屈缫"（将圭垫上的丝带握在手中），将圭授予宾，此时宾的穿着是"袭"。
然后，宾入门升阶登堂，将圭授予受聘国君主，此时受聘国君主亦是"袭"。最后，受聘
国君主在宾下堂、出庙门之后，将圭授予自己的宰，并"裼"而下堂。宾在庙门外亦
"裼"，准备进行下一个仪式——享。

　　针对此授圭行聘的环节，郑玄注于贾人处云："授圭不起，贱不与为礼也。不言裼袭
者，贱不裼也"；于上介"不袭"处注云："不袭者，以盛礼不在于己也"；于宾"袭"
执圭处注云："执圭盛礼而又尽饰，为其相蔽敬也"；于君"裼降立"处注云"裼者免上
衣，见裼衣。凡当盛礼者以充美为敬，非盛礼者以见美为敬，礼尚相变也"，"凡禫裼者
左"。②

　　结合郑注可知，"聘"这一仪节的高潮部分是宾向受聘国国君献圭，因此这一环节是
"盛礼"。但在此之前，有若干铺垫，即贾人取圭授上介、上介将圭授予宾。在贾人取圭
授上介这一过程中，贾人因为地位低而不裼。接着，上介以屈缫的方式将圭授予宾。在此
过程中，上介裼，而宾袭。因这一环节不是最盛之礼，所以上介要裼，是为了将裼衣之美
展露出来。然后，宾才能进入受聘国的庙门，升阶上堂，将圭授予受聘国国君。在此过程
中，宾袭，君亦袭。之所以二人要袭，是因为这一环节礼仪最盛，宾主双方都需要表达对
圭的庄敬之情。最后，宾下堂、出庙；君将圭交给宰后，裼而下堂；宾在堂下亦裼，准备
进入下一个仪节——以束帛和璧享君。整个过程，贾人不裼，上介裼，宾先袭后裼，君主
亦先袭后裼。

　　那么，裼与袭究竟指什么？郑注说："裼者免上衣，见裼衣"，又云"凡禫裼者左"，
正好指出了裼的两个要点：第一，"裼"是解开上衣，露出裼衣，第二，"裼"最终只是
袒露出裼衣的左袖。免上衣、见裼衣、袒左袖，当是"裼"这一礼仪的连贯动作状态。
袭与裼正相反，是穿好上衣、掩盖裼衣左袖的意思。裼特指露出裼衣左袖，在郑玄注
《礼记·檀弓上》时亦有显现。《檀弓上》云："鹿裘衡、长、袪，袪，裼之可也。"郑玄
注云："裼表裘也，有袪而裼之，备饰也。"③ 裼衣是覆盖裘衣的，有袪即是有袖，露出
裼衣之袖即是裼。对于"袭"，郑玄亦有解释。《礼记·玉藻》云："服之袭也，充美
也"，郑玄注云："充犹覆也"。因此，袭为穿好上衣，掩盖左袖裸露的裼衣，当无疑义。
在古人的表述中，裼既是指裸露左袖这一动作，也可指穿在上衣内部、裘外部的裼衣。同

　　① 郑玄注，贾公彦疏，彭林整理：《仪礼注疏》，北京大学出版社，2000年，第450~456页。引
用时标点有所改动，下同。
　　② 郑玄注，贾公彦疏，彭林整理：《仪礼注疏》，北京大学出版社，2000年，第450~456页。
　　③ 郑玄注，孔颖达疏，龚抗云整理：《礼记正义》，北京大学出版社，2000年，第286页。

理，袭既指穿好上衣、掩盖裼衣，也可指掩盖裼衣的上衣。由此亦可知，裼衣之内是裘，裼衣之外有上衣，如此裼袭礼才能实行。

唐代孔颖达秉承郑玄之意，准确地把握了裼是指露出裼衣且只露出裼衣左袖这两个要点。他在为《曲礼》作疏时说："掩而不开则谓之为袭，若开此皮弁及中衣，左袒出其裼衣，谓之为裼。故郑注《聘礼》云裼者左袒也。"① 虽然孔氏心知裼是指袒露裼衣之左袖，但他在表述时也并不时时都提及"左袖"一词。例如在解释《礼记·乐记》"升降上下，周还裼袭，礼之文也"一句时，他说"裼谓袒上衣而露裼也，袭谓掩上衣也"。可见，裼袭的对象是裼衣左袖，这在他的认知中已经是常识。但时代稍后的贾公彦在注释《聘礼》中这一仪式时却认为郑注所谓的"见裼衣"者，是"袒衿前上服见裼衣也"。若据贾说，则裼就只是敞开上衣，露出裼衣而已。显然，贾公彦只取郑注的前一句而遗漏了后一句，致使裼袭礼的内容从露左袖变成了露前衿。

实际上，南朝学者雷次宗《五经要义》的说法已经有所偏重。《五经要义》(唐徐坚《初学记》所引，作者一说为刘向)曰："古者着裘于内而以缯衣覆之，乃加以朝服，会之时袒其朝服见裘里。覆衣谓之裼，裼之言露，可见之辞，所以示美呈好而为饰。加以朝服谓之袭，袒谓之裼。"雷氏认为，覆盖于裘衣表面的就是裼衣，裼衣上还有朝服。敞开朝服、袒露裘里就是裼，穿好朝服即为袭。因为雷氏也赞同裘外是裼衣，裼衣之外是朝服，所以雷氏所谓"袒其朝服见裘里"应该是偶误，其真实意思应该是露出裼衣，但并未提到袒左袖。可见雷氏已经没能准确抓住裼、袭之要点。贾公彦"袒衿前上服见裼衣也"的说法或许是对雷说的进一步推衍。

由此可见，至少唐人对此裼袭古礼的内容已经不甚了解，"裼"也只保留了基本的"裸露"之意，与"袒"无别。《史记》云："山东之士被甲蒙胄以会战，秦人捐甲徒裼以趋敌。"司马贞《索隐》注云："裼，袒也，谓袒而见肉也。"② 又如《汉书》："后昭信谓去曰：'前画工画望卿舍，望卿祖裼傅粉其傍。'"著名学者颜师古注云："祖裼，脱衣露其肩背也。"③ 这些解释都已经不是经典中裼袭礼的原意。唯南唐徐锴《说文系传》云："裼，袒，从衣易声。臣锴曰：礼有裼袭。裼，裎衣见内也。"④ 徐锴知礼中有裼袭，并说裼是袒衣而露出内衣，只说了个大概。

宋人对裼袭礼的理解同样混乱。北宋陈祥道说："郑氏、崔灵恩之徒以为袒而有衣曰裼。若然，裘之上有裼衣，裼衣之上又有正服，则是裼、袭在衣不在裘，而经言裼裘、袭裘，何邪?"⑤ 陈氏认为裼裘应是露出裘，否则不能叫"裼裘""袭裘"。本应是露出裘衣表面的裼衣，却变成了露出裘，这种理解便完全错误了。陈氏提出这样的质疑自有其价值，但实际上这并不符合经典原意。

---

① 《礼记·曲礼下》"执玉，其有藉者则裼，无藉者则袭"之孔疏。郑玄注，孔颖达疏，龚抗云整理：《礼记正义》，北京大学出版社，2000年，第124页。

② 《史记》卷七〇《张仪列传》，中华书局，1959年，第2293~2294页。

③ 《汉书》卷五三《景十三王传》，中华书局，1962年，第2429页。

④ 徐锴：《说文解字系传》，《景印文渊阁四库全书》第223册，上海古籍出版社，1987年，第597页。

⑤ 陈祥道：《礼书》卷一二，《北京图书馆古籍珍本丛刊·3·经部》，书目文献出版社，2000年，第56页。

宋代卫湜《礼记集说》又载南宋名臣胡铨之说云："郑氏谓裼袭指执玉之人，非也。经意盖谓玉有藻以藉者，以袒裼而露见其美，无藻以承者，则以物覆袭之，不暴露也，岂谓人自裼袭？"① 则是说裼袭的对象不是衣服，而是用物将所授之圭玉覆盖，这也是一大胆新见了。元代吴澄《礼记纂言》卷四云："裼裘者，裼衣外之上服，直其领而露出裼衣也。袭裘者，裼衣外之上服，曲其领而掩蔽裼衣也。"② 吴氏将裼袭的重点放在直领、曲领而露裼衣之上，大概是沿袭贾疏而来，亦不得要领。

至清，礼学大师江永首先对裼袭礼进行了全面的探讨，集中见于《乡党图考》的《执圭行聘考》《兼考君臣诸裼裘制》《考袒裼裘之异》等文章中。其中《考袒裼裘之异》所论最为集中，其云：

> 按：古人有袒袖之礼。行礼时开出上服前衿袒出左袖，丧礼插诸面之右（《士丧礼》主人左袒，扱诸面之右，扱即插字），吉礼亦当以左袖插诸前衿之右也。凡经传单言袒者，袒而无衣，肉袒也。言裼或连言禮裼者，袒而有衣也。……凡与袭对者皆是袒左袖、露裼衣，袭则掩其上服不袒袖，别无所谓袭也。郑注《玉藻》"袒而有衣曰裼"，合之此注"凡禮裼者左"，可知袒裼之义矣。知裼则知袭矣。后人不知裼袭之礼，虽草庐吴氏犹云"直其领而露裼衣谓之裼，曲其领而掩蔽裼衣谓之袭"。经义之难明如此，况后世讲章时文家何能由注疏以通经乎？解经亦有知左袒之说者，又以《诗》"禮裼暴虎"、《孟子》"袒裼裸裎"为疑。不知古礼与今人情不合者多，倘谓古人不以袒袖行礼，则《内则》所谓"在父母舅姑之所，不有敬事，不敢袒裼"者又何以说乎？裼衣上便是上服，更无袭衣，此疏说是。③

据江说可知，裼即是解开上服前衿露出左袖的裼衣，袭即是穿好上服，不露出左袖的裼衣，此论极为准确。江氏批评吴澄的直领、曲领之说，可谓有扫清邪说、正本清源之功。吴廷华《仪礼章句》卷八注"宾袭"云："裼者，袒外服见裼衣，尚文饰也。袭则掩之。"④ 胡培翚《仪礼正义》云："上衣即上服，谓行礼时所服于外者如皮弁、朝服之类是也。裼与袭对，袒去上服，以露裼衣，谓之裼。掩其上服，不露裼衣，谓之袭。"⑤ 可见，清人对裼袭礼的内容已经有一致的、较为准确的认知。

另外，经传中不仅有"裼"，也有"袒"。对于后者，清代学者仍有不同意见。按照上述江永所论，袒与裼的区别就在于，单言"袒"是指肉袒，单言"裼"或者"禮裼"

① 卫湜：《礼记集说》卷一〇所引，《通志堂经解》第 12 册，江苏广陵古籍刻印社，1996 年，第397 页。

② 吴澄：《礼记纂言》卷四，《景印文渊阁四库全书》第 121 册，上海古籍出版社，1987 年，第112 页。

③ 江永：《乡党图考》卷六，《景印文渊阁四库全书》第 210 册，上海古籍出版社，1987 年，第845~846 页。

④ 吴廷华：《仪礼章句》卷八，《景印文渊阁四库全书》第 109 册，上海古籍出版社，1987 年，第 374 页。

⑤ 胡培翚：《仪礼正义》卷一六，《儒藏》（精华编四七），北京大学出版社，2016 年，第 760~761 页。

连言是指袒而有衣。此后，段玉裁在其《说文解字注》中论述"裼"时说：

> 考诸经传，凡中衣之外上衣，裘则有裼衣，裼衣之外上衣。《玉藻》："裘之裼
> 也，见美也"，"服之袭也，充美也"。郑曰："裼者，免上衣，见裼衣。凡当盛礼者
> 以充美为敬，非盛礼者以见美为敬，礼尚相变也。"按：覆裘之衣曰裼，行礼袒其上
> 衣，见裼衣谓之裼，不露裼衣谓之袭。郑注《玉藻》曰："袒而有衣曰裼"，以别于
> 无衣曰袒也。经传凡单言裼者，谓免上衣也。凡单言袒者，谓免衣肉袒也。肉袒或谓
> 之袒裼，《释言》《毛传》皆曰：袒裼，肉袒也是也。①

段氏认为，行礼时解开上衣袒露裼衣即为"裼"，解上衣露出皮肉即为"袒"，此与江永
之说相同，但段氏认为"袒裼"连言是指肉袒。此后，追慕江永、戴震的凌廷堪在其
《礼经释例·器服之例下》对"袒""裼"之别有更进一步的考证：

> 凡袒裼皆左，在衣谓之袒，在裘谓之裼。案《乡射礼》："司射适堂西，袒、决、
> 遂。"注："袒，左免衣也。"疏云："凡事无问吉凶，皆袒左。"《大射仪》："司射适
> 次，袒、决、遂。"注同。《聘礼》受玉毕，"裼，降立"。注："凡禮（禮、袒通）
> 裼者左。"疏云："言吉凶皆袒左也。《士丧礼》：主人'左袒'。《檀弓》云：'吴季
> 札左袒，右还其封。'《大射》亦左袒。"《觐礼》注："凡以礼事者左袒。"是凡袒裼
> 皆左也。在衣谓之袒者，如《乡射记》："大夫与士射，袒纁襦。"又云："君袒朱襦
> 以射。"《大射仪》："小臣正赞袒，公袒朱襦"是也。在裘谓之裼者，如《玉藻》：
> "君衣狐白裘，锦衣以裼之。"又云："君子狐青裘豹褎，玄绡衣以裼之。麛裘青豻
> 褎，绞衣以裼之。羔裘豹饰，缁衣以裼之。狐裘，黄衣以裼之"是也。士射，经虽
> 不云袒何襦，其实当亦有衣，不肉袒，但不必定以纁襦、朱襦，故不言耳。说者或以
> 为肉袒，非也。若肉袒及右袒，则经必特言之，如《乡射记》："君在，大夫射，则
> 肉袒。"《觐礼》："乃右肉袒于庙门之东"是也。……又案，不袒裼则谓之袭，凡衣
> 皆有之，不独裘也。②

凌氏认为，凡是袒或裼都是指解开上衣的外衣，露出左袖。如果是右袒，经传必然会特别
指出是右袒。但无论袒或裼，都不是肉袒，而是仍有内衣。单言袒是针对一般衣物而言，
单言裼是针对裘衣而言，因为只有冬天才穿裘。如果是袒而露肉，经传必然会特别说明是
肉袒。如果不袒不裼，就是袭。凌氏考证堪称精良，他对"袒"的理解可补江永之缺，
值得注意。此后胡培翚总结道：

> 案：《说文》"但，裼也"，"裼，但也"，二字转相训，则或言袒，或言裼，或
> 连言袒裼，其义正同，不必过为区别。惟有见体之袒裼，《诗》"袒裼暴虎"及《孟子》

---

① 段玉裁：《说文解字注》，上海古籍出版社，1981年，第396页。
② 凌廷堪著，邓声国、刘蓓然点校：《礼经释例》，江西人民出版社，2017年，第254~255页。

"袒裼裸裎"是也；有见衣之袒裼，《内则》"不有敬事，不敢袒裼"是也。①

胡氏认为袒、裼和袒裼皆是去衣，或为见裼衣，或为肉袒，不必将"袒裼"仅仅理解为见裼衣，或者仅仅理解为肉袒。无论如何，他们对裼是指去上衣、露左袖这一理解都相同。

以上围绕《聘礼》中"裼""袭"的意义，梳理了自汉代郑玄、唐代孔颖达、贾公彦一直到清代凌廷堪等的具有代表性的看法。从中可知，清人考证精细，江永率先将经传与郑玄注中有关裼袭及袒之材料做了细致的搜寻、对比，因此准确地把握了裼袭的含义及裼袭礼的内容。裼即解开上衣，露出左袖的裼衣；袭即穿好上衣，掩盖左袖的裼衣。裼袭并不是裸露两袖以展现裼衣，也不是跟直领、曲领有关。杨向奎先生赞同江永对裼袭的定义，认为他解决了裼袭礼的问题，并盛赞江永考证"细密周到，开创徽派汉学之先河"，而开苏派风气的惠栋和后来的徽派戴震的弟子段玉裁均未能理解袒裼的真实意义，是很有见地的。②

二、裼袭礼之服制

古人行裼袭礼需要袒露出裼衣的左袖，那么就涉及服制问题。《聘礼》"公侧授宰玉，裼降立"之下，贾公彦疏云：

> 凡服四时不同，假令冬有裘，傥身裈衫，又有襦袴，襦袴之上有裘，裘上有裼衣，裼衣之上又有上服，皮弁、祭服之等。若夏则以絺绤，絺绤之上则有中衣，中衣之上复有上服，皮弁、祭服之等。若春秋二时，则衣袷褶，袷褶之上加以中衣，中衣之上加以上服也。③

据此可知，服装分季节而有所不同：冬季，由内到外依次是裈衫、襦袴、裘、裼衣、上服（皮弁、祭服等）；夏季，由内到外依次是裈衫、絺绤、中衣、上服；春秋两季，由内到外依次是裈衫、袷褶、中衣、上服。就贾疏来看，裘上是裼衣，裼衣上只有一层外衣，即朝服或祭服，则裘上有两层衣。

但孔颖达又有异说。其《礼记·曲礼下》"执玉，其有藉者则裼，无藉者则袭"云："裼所以异于袭者，凡衣近体有袍襗之属，其外有裘，夏月则衣葛。其上有裼衣，裼衣上有袭衣，袭衣之上有常着之服，则皮弁之属也。"④ 其《玉藻》"袭裘不入公门"疏亦云："《檀弓》云'裼裘'、'袭裘'……皆谓裘上有裼衣，裼衣之上有袭衣，袭衣之上有正

① 胡培翚：《仪礼正义》卷一六，《儒藏》（精华编四七），北京大学出版社，2016年，第763页。
② 杨向奎：《裼袭礼与"礼不下庶人"》，《杨向奎学术文集》，人民出版社，2000年，第68~78页。
③ 郑玄注，贾公彦疏，彭林整理：《仪礼注疏》，北京大学出版社，2000年，第454页。
④ 郑玄注，孔颖达疏，龚抗云整理：《礼记正义》，北京大学出版社，2000年，第124页。

服。"① 则孔氏认为服装由内到外依次为袍襌、裘(夏季为葛)、裼衣、袭衣、上服。也就是说,裘外有三层衣。但其《礼记·丧大记》"吊者袭裘"疏却说:"若未小敛之前来吊者,裘上有裼衣,裼衣上有朝服,开朝服露裼衣。今小敛之后吊者,以上朝服揜袭裘上裼衣。"② 又其《左传》"袒裘不释剑而食"疏云:"礼,裘上有衣谓之裼。《玉藻》云:'君衣狐白裘,锦衣以裼之',如此之类,皆是裘上之裼衣也,裼衣之上乃有朝祭正服。裘上有两衣也,如此,两衣袭则二衣皆重之,裼则袒正服露裼衣。"③ 这两条疏文似乎又认为裘上只有两层衣,因此孔疏自相矛盾。

孔氏的裘上有衣三层之说误导了一些学者。如卫湜《礼记集说》引严陵方悫曰:"夫裘之上有裼衣,裼衣之上有袭衣,袭衣之上有正服。则所谓裼者,未尝无袭,由露其裼衣故谓之裼尔。所谓袭者,未尝无裼,由揜以袭衣故谓之袭尔。"④ 但细读经传,则知裼衣之上便是上服,并无袭衣。因此上述江永批评孔颖达云:"裼衣上便是上服,更无袭衣",又批评其《曲礼》疏说:"此谓裼衣上有一重袭衣又为中衣,与贾疏异,非是。"⑤

后世直接以朝祭之服为"袭衣"。如朱熹《朱子语类》卷第八十七云:"裘似今之袄子,裼衣似今背子,袭衣似今凉衫公服。袭裘者,冒之不使外见;裼裘者,袒其半而以襌衣衬出之。'缁衣羔裘,素衣麑裘,黄衣狐裘。'缁衣、素衣、黄衣即裼衣(自注:襌衣也),欲其相称也。"⑥ 朱子谓解开一半上衣而露出襌衣即是裼裘,襌衣即裼衣。缁衣、素衣、黄衣都是裘表之裼衣,裼衣与裘色相称。裼衣之上是袭衣,袭衣即是上服。又如元代许谦《读论语丛说》云:"裘以皮为衣,冬服也。凡服内有袍襌之属,然后加裘,又以衣蒙之,谓之裼,此所谓衣裼衣也,裼之色必与裘之色类。裼上加袭,袭则朝祭之服也。"⑦ 则裘之上仍是两层衣。

另外,除了裼衣与裘色、上服的内外层次问题,还有裼衣的材质和颜色问题。《礼记·玉藻》云:"君衣狐白裘,锦衣以裼之。君之右虎裘,厥左狼裘。士不衣狐白。君子狐青裘豹褎,玄绡衣以裼之;麑裘青豻褎,绞衣以裼之;羔裘豹饰,缁衣以裼之;狐裘,黄衣以裼之。"⑧ 这里清楚地说明了裼衣与裘的搭配:狐白裘搭配白色锦衣,狐青裘搭配玄色绡衣,麑裘搭配苍黄色绞衣,羔裘搭配缁衣,狐裘搭配黄衣。关于绡衣,郑玄认为是"绮属也",则锦衣、绡衣、绞衣、缁衣等都应是丝绸类的衣服。

关于裼衣的颜色,《论语·乡党》有"缁衣羔裘",汉代孔安国之注已经说得很明确:

---

① 郑玄注,孔颖达疏,龚抗云整理:《礼记正义》,北京大学出版社,2000年,第1046页。

② 郑玄注,孔颖达疏,龚抗云整理:《礼记正义》,北京大学出版社,2000年,第1452页。

③ 杜预注,孔颖达疏,浦卫忠等整理:《左传正义》,北京大学出版社,2000年,第1952~1953页。

④ 卫湜:《礼记集说》卷七五,《通志堂经解》第13册,江苏广陵古籍刻印社,1996年,第112页。

⑤ 江永:《乡党图考》卷六《考袒裼裘之异》,《景印文渊阁四库全书》第210册,上海古籍出版社,1987年,第845、846页。

⑥ 黎靖德编:《朱子语类(六)》,中华书局,1986年,第2233页。

⑦ 许谦:《读论语丛说》中,宛委别藏本,江苏古籍出版社,1988年,第140页。

⑧ 郑玄注,孔颖达疏,龚抗云整理:《礼记正义》,北京大学出版社,2000年,第1048~1049页。

"服皆中外之色相称也。"① 郑玄注"君衣狐白裘，锦衣以裼之"云："君衣狐白毛之裘，则以素锦为衣覆之，使可裼也。袒而有衣曰裼。必覆之者，裘袭也。《诗》云：'衣锦絅衣，裳锦絅裳。'然则锦衣复有上衣明矣。天子狐白之上衣，皮弁服与？凡裼衣象裘色也。"② 天子狐裘是白色，覆盖此狐裘的裼衣是素锦，即白色锦衣，郑玄由此推断其上服是白色的皮弁服（朝服），因为裼衣与裘颜色相同是先秦服装的一条重要标准。

郑玄只是做了一个推断，所以用了"与"这个表疑问的词，但孔颖达更进一步说道：

> 必知狐白上加皮弁服者，以狐白既白，皮弁服亦白，锦衣亦白，三者相称，皆为白也。云凡"裼衣象裘色也"者，狐白裘用锦衣为裼，狐青裘用玄衣为裼，羔裘用缁衣为裼，是裼衣与裘色相近也。③

则说得十分肯定了。后世学者基本上沿袭了裼衣与裘同色的观点。如宋人邢昺为《论语·乡党》"缁衣羔裘"作疏时说："凡服必中外之色相称。羔裘，黑羊裘也，故用缁衣以裼之。麑裘，鹿子皮以为裘也，故用素衣以裼之。狐裘黄，故用黄衣以裼之。"④ 朱熹亦作此论，见上文所引《朱子语类》。至江永，又有进一步的考证：

> 按，古人服制衣与冠同色（缁衣则元冠，素衣则皮弁，黄衣则黄冠），欲其上体称也。屦与裳同色（素裳者素屦，元裳者黑屦，黄裳者纁屦），欲其下体称也。带亦象衣（缁带素带）。韠韨亦象裳（冕服纁裳赤韨爵弁服纁裳，韎韐皮弁服素积朝服素裳皆素韠，元端元裳三等皆用爵韠）。故裼衣必象上服，使内外称。⑤

江氏认为，古人穿衣的原则是上衣与帽子同色，欲其上体相称；鞋与下裳同色，欲其下体相称。因此裼衣必像上服，那么裘、裼衣、上服均当是同一种颜色。

值得注意的是，裘为何必以裼衣覆盖？郑玄给出的解释是："必覆之者，裘袭也。"也就是说，裘是私服，不可只穿裘出门。江永又补充说："尝闻之程栗也，太史云今人服裘或以毛向外，古人正是如此，故有'皮之不存，毛将安傅'之说。又有'虞人反裘而负薪'之喻。"⑥彼时贵族对器物、衣物等精美度的追求已经达到很高的层次，再加上裘是毛向外穿的衣物，所以用丝绸之衣将裘遮盖起来，也是出于日常实用和装饰审美的需要。又，由于裘是冬天所穿，春秋穿袷褶，夏季穿葛，袷褶及葛是私服，其外仍有中衣及上服，所以亦可行裼袭礼。

---

① 何晏注，邢昺疏，朱汉民整理：《论语注疏》，北京大学出版社，2000 年，第 147 页。
② 郑玄注，孔颖达疏，龚抗云整理：《礼记正义》，北京大学出版社，2000 年，第 1048 页。
③ 郑玄注，孔颖达疏，龚抗云整理：《礼记正义》，北京大学出版社，2000 年，第 1048 页。
④ 何晏注，邢昺疏，朱汉民整理：《论语注疏》，北京大学出版社，2000 年，第 147 页。
⑤ 江永：《乡党图考》卷六《通考服色相称》，《景印文渊阁四库全书》第 210 册，上海古籍出版社，1987 年，第 840 页。
⑥ 江永：《乡党图考》卷六《兼考君臣诸裼裘制》，《景印文渊阁四库全书》第 210 册，上海古籍出版社，1987 年，第 842 页。

三、实施裼袭礼之场合、原则与作用

裼袭礼之应用场合，大致分为以下几种。

一是外交行聘礼的场合。已如上文所述。

二是丧礼吊丧的场合。《礼记·檀弓》记载："曾子袭裘而吊，子游裼裘而吊。曾子指子游而示人曰：夫夫也，为习于礼者如之何，其裼裘而吊也。主人既小敛，袒括发，子游趋而出，袭裘带绖而入。曾子曰：我过矣，我过矣，夫夫是也。"① 据郑注，子游当时以习于礼而知名，但在为刚去世的朋友吊丧的时候，却裼裘而往。曾子认为应该袭裘而吊，故见到裼裘的子游，感到不可思议，认为他其实并不懂礼。但当丧事进行到小敛以后，子游却快速出去，再次进来时服装已经换成了袭裘带绖。此时曾子才恍然大悟，感叹错的是自己，子游才是正确的。这一事例说明，在小敛之前来吊丧应裼裘，小敛之后来吊丧应袭裘。《礼记·丧大记》："吊者袭裘，加武带绖，与主人拾踊。"此亦是小敛之后来吊丧应袭裘之意。

三是在君所。《礼记·玉藻》："振絺绤不入公门，表裘不入公门，袭裘不入公门。"《左传·哀公十七年》："十七年春，卫侯为虎幄于藉圃。成，求令名者而与之始食焉。大子请使良夫。良夫乘衷甸两牡，紫衣狐裘，至，袒裘不释剑而食。"② 据此知，在君所当裼。郑之良夫紫衣狐裘去见卫侯，紫衣即裘外裼衣。

四是在家。《礼记·内则》："在父母舅姑之所……寒不敢袭，痒不敢搔，不有敬事，不敢袒裼。"据此知，在家有敬事时当裼，但这些敬事究竟是什么呢？礼书并未讲明，或许就是吊丧等事。

裼袭礼的原则及作用在《礼记·玉藻》中有比较清楚的说明。其云："锦衣狐裘，诸侯之服也。犬羊之裘不裼。不文饰也，不裼。裘之饰也，见美也。吊则袭，不尽饰也。君在则裼，尽饰也。服之袭也，充美也。是故尸袭，执玉龟袭。无事则裼，弗敢充也。"郑玄解释说："裼，主于有文饰之事"，"君子于事，以见美为敬"，"所敬不主于君则袭"，"丧非所以见美"，"重宝瑞也"。③ 根据郑说，裼衣本是一种用文采装饰的衣物，体现贵族衣物的美好。而在裼袭礼中展现或者掩盖这种美好，最终是为了表现对对方的敬重之意。例如，在君所则裼，是为了敬君；若有比君更重要的对象如玉龟、尸等，则需要通过掩盖这些美好的衣物来表现敬意，即是袭。

综合来看，裼袭礼有如下几个作用。第一，体现身分地位。使用裼袭礼的都是级别最高的贵族，身分地位低贱的人无需行此礼。一般而言，天子、诸侯、大夫、士等贵族才身穿裘、裼衣与上服，才能够实行裼袭礼。庶人所穿裘是犬羊之裘，质朴而没有花纹装饰，即郑注谓"质略，亦庶人无文饰"，因此"犬羊之裘不裼"。在聘礼中，有资格执行裼袭礼的人是 A 国上介、宾及 B 国君主。A 国贾人不裼，因此郑注谓贾人"授圭不起，贱不与为礼也。不言裼袭者，贱不裼也"。

---

① 郑玄注，孔颖达疏，龚抗云整理：《礼记正义》，北京大学出版社，2000 年，第 252 页。

② 杨伯峻：《春秋左传注》修订本，中华书局，1981 年，第 1706 页。

③ 郑玄注，孔颖达疏，龚抗云整理：《礼记正义》，北京大学出版社，2000 年，第 1049~1052 页。

　　第二，体现有差别的敬意。虽然同是表现敬重，但敬重的程度随着场合、对象的不同而有所差别，所以通过裼或袭来加以区别。如聘时用圭，宾与国君皆袭，而享时用璧，宾与国君皆裼，这是因为相对而言，聘的环节更重于享。而在聘这一环节当中，上介将圭授予宾时，上介裼而宾袭，也是因为上介的身分地位低于宾。可见，越是等级高的礼，就越庄重，就越需要使用贵重的礼器服饰和体现敬重的仪式动作。郑注云："或以裼为敬，或以袭为敬。礼盛者以袭为敬，执玉龟之属也；礼不盛者以裼为敬，受享是也。"① 相对而言，裼适用礼仪的等级与敬重程度比袭略低一等。

　　第三，体现文质。《礼记·曲礼下》："执玉，其有藉者则裼，无藉者则袭。"郑注："藉，藻也。裼袭，文质相变耳。有藻为文，裼见美亦文。无藻为质，袭充美亦质。圭璋特而袭，璧琮加束帛而裼，亦是也。"② 在聘礼的执玉行礼的过程中，裼是展示服饰之美，是文；袭是掩盖服饰之美，是质。不仅如此，行享礼时既有璧琮又有束帛，是文；行聘礼时仅有圭璋，没有束帛，是质。因此，行享礼时当裼，行聘礼时当袭，这是文与文相对应，质与质相对应。

　　第四，体现质文变化、不相因。《礼记·表记》引孔子之语说："裼袭之不相因，欲民之毋相渎也。"孔颖达疏："若始末恒裼袭，是相因也。其行礼之时，或初袭而后裼，或初裼而后袭。所以然者，欲使人民无相亵渎，使礼相变革也。"③ 除文质相对应外，还须文质不相因，即，聘袭，而此后的享裼。又，在聘礼之中，上介裼而宾袭，亦是不相因。由此可知，行礼时须一裼一袭有所变化，不能一裼到底，或一袭到底。江永认为："按，裼袭所以分别文质，质事用袭，文事用裼。质又有三，一是礼盛为质，一是轻略为质，一是父党无容为质。又按，见美充美，惟据冬月有裘言之，余三时无裘亦行裼袭之仪，但取质文相变以为敬耳。"④ 故江永以为这样质文相变也是为了表现敬意。

四、结　论

　　裼袭礼是先秦礼制中非常重要的一种，表现为裼和袭两种动作及状态。裼即解开朝服、祭服等上服而露出裼衣的左袖，袭即穿好上服掩盖裼衣的左袖。这一礼仪在聘礼、吊丧礼中显得尤为重要，《仪礼·聘礼》《礼记·檀弓》有直接的描述，在《礼记·玉藻》《礼记·曲礼下》《论语·乡党》等文献中也有与之相关的描述。

　　裼是为了通过显露裼衣文饰的精美从而体现对某一对象的敬意，而袭是为了通过掩盖这种精美从而体现对某一对象的敬意。因此，裼袭礼本质上是一种体现不同程度的敬意的礼仪，袭比裼体现更多的敬意。一般而言，贵族至君所当裼，但在遇到比君更尊贵的对象，如龟玉等时则当袭。而且，裼袭需交替实行，如此才能体现出文质的变化。只有贵族才有资格使用此礼，一般庶民则无需行此礼。与行裼袭礼相配套，贵族的服饰也需符合裼

---

① 郑玄注，孔颖达疏，龚抗云整理：《礼记正义》，北京大学出版社，2000年，第1714页。
② 郑玄注，孔颖达疏，龚抗云整理：《礼记正义》，北京大学出版社，2000年，第120~121页。
③ 郑玄注，孔颖达疏，龚抗云整理：《礼记正义》，北京大学出版社，2000年，第1714页。
④ 江永《乡党图考》卷六《考裼袭质文相变之异》，《景印文渊阁四库全书》第210册，上海古籍出版社，1987年，第848页。

（葛或袷裼）、裼衣、上服这一由内到外的次序，而且一年四季均需按场合实行裼袭礼。

虽然后世学者对此礼有过许多讨论，也提出过裼是"露前衿""露两袖"等说法，或者裘之上有衣三层或二层之说，但这些都不如郑玄之说准确。经过清人江永、凌廷堪、胡培翚等的辨析，此礼的内容、意义已经相当明确。

（作者单位：湖南大学岳麓书院）

二戴《礼记》中"孔门传记"文献的分类与《论语》的二次成书*

——兼论《论语》的辑纂方法与选篇原则

□ 徐 渊

【摘要】根据大小戴《礼记》以及郭店简、上博简、清华简、安大简、王家咀简相关篇目与《论语》各篇的互涉关系，考察《论语》的成书过程。二戴《礼记》中的"孔门传记"文献可以区分为"孔门事语"类、《论语》类、"七十子所论"三类文献。《论语》中高度简练的孔子言行记述裁剪自小戴《仲尼燕居》、《孔子闲居》、《哀公问》、上博三《仲弓》一类的"孔门事语"文献。这类"事语"文献经过孔子后学的提炼选编，形成不同样式单篇流传的记录孔子及其弟子言行的《论语》类篇目。战国时代单篇流传的《论语》类文献篇目繁多，其中代表性文献有单篇流传的《缁衣》（小戴《记》本、郭店本、上博本）、《表记》、《坊记》、《中庸》、安大二《仲尼曰》等，有成组流传的王家咀楚简《孔子曰》等。今本《论语》二十篇、《齐论》的《问玉》《知道》两篇以及二戴《记》中的《论语》类篇目，大多是围绕不同主题辑纂的，是孔子言行的专题汇录，在《论语》成书之前已经广泛流传于各国之间，得到儒家各派的认可和传习。这些篇目后经某位战国儒生之手，择选其中影响力较大的组成《论语》，并加以教授和推广，最终形成西汉时代定型的《论语》面貌。

【关键词】《论语》；《礼记》；孔子；七十子；二次成书

　　关于《论语》结集成书的过程，众说纷纭。《史记·孔子世家》及《仲尼弟子列传》均未载《论语》成书的事迹。《仲尼弟子列传》结尾太史公云："余以弟子姓名文字悉取《论语》弟子问并次为篇，疑者阙焉。"司马迁使用《论语》为孔子及七十子立传时，并未特别措意于推求《论语》是如何由弟子们结集成书的，而仅将其作为追寻孔子及其弟子生平的信史来使用。刘向《别录》云："《鲁论语》二十篇皆孔子弟子记诸善言也。"刘歆《七略》云："《论语》者，孔子应答弟子时人及弟子相与言而接闻于夫子之语也。

---

　　* 本文为国家社科基金重大项目"中国经典诠释学基本文献整理与基本问题研究"（21&ZD055）阶段性成果，复旦大学古文字工程规划项目"出土文献学科建设与中国古典学的当代转型"（G2607）阶段性成果。

当时弟子各有所记。夫子既卒,门人相与辑而论纂,故谓之《论语》。"《汉书·艺文志》(以下简称《汉志》)因循其说。北宋邢昺《论语注疏解经序》引郑玄云:"仲弓、子游、子夏等撰定。"南朝梁刘勰《文心雕龙·论说篇》云:"昔仲尼微言,门人追记,故仰其经目,称为《论语》。"其说与《汉志》略同。《文选·辩命论》注引傅子云"昔仲尼既殁,仲弓之徒追论夫子之言,谓之《论语》",认为《论语》由仲弓的门徒追记而成。隋唐时期陆德明《经典释文·叙录》云:"夫子既终,微言已绝。弟子恐离居已后,各生异见,而圣言永灭,故相与论撰,因辑时贤与古明王之语,合成一法,谓之《论语》。"以上罗列诸说是文献史上关于《论语》成书的经典记载,无论《汉志》说"相与辑而论纂",还是《释文·叙录》言"相与论撰",都失之笼统,使得后人无法确知《论语》的成书实况。试图对此加以探究者,代有其人。

一、《论语》辑纂成书诸说

按照《论语》单篇所录孔子及其弟子言论的时间来看,《论语》二十篇中最晚的篇目写成大概在战国初期。今本《论语·泰伯第八》记载:

> 曾子有疾,孟敬子问之。曾子言曰:"鸟之将死,其鸣也哀;人之将死,其言也善。君子所贵乎道者三:动容貌,斯远暴慢矣;正颜色,斯近信矣;出辞气,斯远鄙倍矣。笾豆之事,则有司存。"

柳宗元《论语辩》云:

> 或问曰:"儒者称《论语》,孔子弟子所记。信乎?"曰:"未然也。孔子弟子,曾参最少,少孔子四十六岁,曾子老而死,是书记曾子之死,则去孔子也远矣。"①

柳宗元依据《泰伯》此章的记载,认为《论语》的编定在曾子卒后,颇具说服力,也就是说《论语》成书的时间上限不当早于曾子卒年。《史记·仲尼弟子列传》记曾子事迹云:

> 曾参,南武城人,字子舆。少孔子四十六岁。孔子以为能通孝道,故授之业。作《孝经》,死于鲁。

柳宗元说曾参是孔子弟子中最少的,恐怕不实。《仲尼弟子列传》中孔子弟子录有年名及受业闻见于书传的有三十五人,其中少于曾参的即有五人,颛孙师(子张)少孔子四十八岁,冉孺(子鲁)少孔子五十岁,曹卹(子循)少孔子五十岁,伯虔(子析)少孔子五十岁,公孙龙(子石)少孔子五十岁(其名见于王家咀楚简《孔子曰》)。其余不知年岁并不见于书传的还有四十二人,这些弟子中一定还有一些年纪小于曾子者。清孔继汾编著《阙里文献考》卷四十二述曾参"初仕于莒,其后齐迎以相,楚迎以令尹,晋迎以上

---

① 柳宗元:《论语辩》,《柳宗元集》,中华书局,1979年,第110页。

卿。年七十学，名闻天下"①，其说出于《韩诗外传》及《颜氏家训》。《韩诗外传》卷一载曾子"曾子仕于莒，得粟三秉……亲没之后，齐迎以相，楚迎以令尹，晋迎以上卿"，唐颜之推《颜氏家训·文章第九》载"曾子七十乃学，名闻天下"，据此则曾参之年寿当过七十。不过清人黄叔琳已明辨其非，称此不足为据。曾子实际的卒年不可确考。即便如此，曾子少于孔子四十六岁，孔子卒时曾参年仅二十六岁上下，后在莒国、齐国、楚国、晋国出仕，食禄丰厚，权位颇高，其卒年必在壮年之后，因此至少距孔子卒年三十年以上。《论语》的成书当在此之后。

柳宗元《论语辩》云："曾子死，孔子弟子略无存者矣。吾意曾子弟子之为之也。何哉？且是书载弟子必以字，独曾子、有子不然。"② 又说："今所记独曾子最后死，余是以知之。盖乐正子春、子思之徒，与为之尔。或曰：孔子弟子尝杂记其言，然而卒成其书者，曾氏之徒也。"③ 柳氏主《论语》成于曾氏之徒说。刘宝楠《论语正义》（以下简称《正义》）云："《论语》之作不出一人，故语多重见，而编辑成书，则由仲弓、子游、子夏为商定。……仲弓等搜集诸弟子所记，勒为此编。"④ 则《正义》主仲弓编辑说。不论如何，前代学者已经认识到，《论语》并非一人所作，其成书出乎多人之手，此书如何编成，由何人编成，则莫衷一是。

民国以降，文献与古史的层累形成观念深入人心，在此基础上讨论《论语》成书的学者不乏其人。由于相关研究众多，下面仅举数家具有代表性的看法。杨伯峻认为"孔子的言论，当时弟子各有记载，后来才汇集成书，因此《论语》一书绝不能看成某一个人的著作"；"《论语》的篇章不但出自孔子不同学生之手，还出自他不同的再传弟子之手"；"成于很多人之手"⑤，《论语》"着笔当开始于春秋末期，而编辑成书则在战国初期"⑥。赵纪彬认为"孔丘死后，游、夏等七十子之徒，可能各出所记孔丘应答时人及弟子之语相与论撰；嗣后曾参、有若之门人亦似更有追记"，"《论语》撰定非一人，成书非一时，而是经过集体努力，长期积累的一部古代著作"⑦。王铁认为"《论语》结集于曾子门下，它的最后编定是在孔子之卒半个多世纪之后"⑧。杨朝明认为"说《论语》是子思主持完成更为合理"⑨。黄怀信认为"今本《论语》二十篇并非杂手所成，而是有统一编辑思想的个人或数人编著"⑩。李零认为"《论语》一书，是战国时期编成"，"但战国时期的《论语》不一定就是现在这个样子，有些话可能在今本之内，有些话可能在今本之外，而且有好多不同的传本"⑪ 这些说法多持《论语》整体成书的成见。无论认为《论语》成

① 孔继汾：《阙里文献考》第四二卷，山东友谊书社，1989年，第1083~1084页。
② 柳宗元：《论语辩》，《柳宗元集》，中华书局，1979年，第110页。
③ 柳宗元：《论语辩》，《柳宗元集》，中华书局，1979年，第110页。
④ 刘宝楠：《论语正义》，中华书局，1990年，第793页。
⑤ 杨伯峻：《论语译注·导言》，中华书局，1958年，第27~29页。
⑥ 杨伯峻：《论语译注·导言》，中华书局，1958年，第29~30页。
⑦ 赵纪彬：《论语新探·绪论》，人民出版社，1976年，第1页。
⑧ 王铁：《试论〈论语〉的结集与版本变迁诸问题》，《孔子研究》1989年第3期，第65页。
⑨ 杨朝明：《新出竹书与〈论语〉成书问题再认识》，《中国哲学史》2003年第3期，第36页。
⑩ 黄怀信：《从内容与结构看〈论语〉成书》，《中国典籍与文化》2006年第4期，第8页。
⑪ 李零：《丧家狗——我读〈论语〉》，山西人民出版社，2007年，第28~29页。

于一人一手，还是持长年累成之说，论者都不怀疑《论语》自诞生之日起即是一个整体。本文以为这样的认识与传世文献及近年出土简牍所反映的事实颇有距离，下面试申说之。

二、《论语》篇目与章节的重出现象

今本《论语》共计二十篇，分别是《学而》《为政》《八佾》《里仁》《公冶长》《雍也》《述而》《泰伯》《子罕》《乡党》《先进》《颜渊》《子路》《宪问》《卫灵公》《季氏》《阳货》《微子》《子张》《尧曰》。根据《汉志》，西汉时期《论语》主要的传本有古文《论语》二十一篇（以下简称《古论》）、《齐论语》二十二篇（以下简称《齐论》）、《鲁论语》二十篇（以下简称《鲁论》）。《古论》为鲁恭王坏孔子宅所得，多《子张问》一篇（分《尧曰》第二章以下为另一篇）。《齐论》比今本《论语》多《问玉》①《知道》两篇。《鲁论》篇目与今本相同，有《传》十九篇，《传》已亡佚。《齐论》《鲁论》都属于今文系统，在西汉时代传习广泛。《齐论》有《齐说》二十九篇，王吉所说。《鲁论》有《鲁夏侯说》二十一篇、《鲁安昌侯说》二十一篇、《鲁王骏说》二十篇。《鲁夏侯说》为夏侯胜所说；《鲁安昌侯说》为安昌侯张禹所说，可能即张侯《论语》的前身；《鲁王骏说》为王吉子王骏所说。另有一种《论语》说之《燕传说》，不知属于哪一系统。《汉书》卷八十一《匡张孔马传》载张禹生平，云：

> 初，禹为师，以上难数对己问经，为《论语章句》献之。始鲁扶卿及夏侯胜、王阳、萧望之、韦玄成皆说《论语》，篇第或异。禹先事王阳，后从庸生，采获所安，最后出而尊贵。诸儒为之语曰："欲为《论》，念张文。"由是学者多从张氏，余家寖微。

《汉志》中《论语》类小序亦说"张氏最后而行于世"，陆德明《经典释文·叙录》说："安昌侯张禹受《鲁论》于夏侯建，又从庸生、王吉受《齐论》，择善而从，号《张侯论》。最后而行于汉世，禹以授成帝。"张禹本《论语》流行得最晚，但是最为通行，吸收了《古论》《齐论》《鲁论》的优点，与今本关系最为密切。皇侃《论语义疏》对《古论》《齐论》《鲁论》三者的关系有详细的申说：

> 至汉时合壁所得及口以传授，遂有三本。一曰《古论》，二曰《齐论》，三曰《鲁论》。既有三本，而篇章亦异。《古论》分《尧曰》下章"子张问"更为一篇，合二十一篇。篇次以《乡党》为第二篇，《雍也》为第三篇。内倒错不可具说。《齐论》题目与《鲁论》大体不殊，而长有《问王》《知道》二篇，合二十二篇，篇内亦

---

① 今传本《汉志》"问王"实为"问玉"之误，王应麟《汉书艺文志考证》卷四"齐二十二篇"云："《说文》：《逸论语》曰：'玉粲之璬兮，其璀猛也'，'如玉之莹'。又曰：'璠玙，鲁之宝玉也。'孔子曰：'美哉璠玙，远而望之奂若也，近而睨之瑟若也。一则理胜，二则孚胜。'《初学记》亦谓《逸论语》之文。愚谓《问王》疑即《问玉》也，篆文相似。"实际上，战国齐文字"玉"正写作"王"，春秋晚期齐国器洹子孟姜壶（《殷周金文集成》9730）中的"玉"字作"王"，是典型的齐文字作风。《齐论》"问玉"讹为"问王"，实由齐文字的特点造成。参见王应麟：《汉书艺文志考证》，《二十五史艺文经籍志考补萃编》第1卷，清华大学出版社，2014年，第104页。

微有异。《鲁论》有二十篇，即今日所讲者是也。

按照皇侃的说法，《张禹论》脱胎于《鲁论》，因而与《鲁论》篇目相同而内容略异。《隋书·经籍志》（以下简称《隋志》）云："张禹本受《鲁论》，晚讲《齐论》，后遂合而考之，删其繁惑，除去《齐论·问王》《知道》二篇，从《鲁论》二十篇为定。"晁公武《郡斋读书志》"论语类·《何晏注论语》十卷"条云："按汉时《论语》凡有三，而《齐论》有《问王》《知道》两篇，详其名，当是必论内圣之道、外王之业，未必非夫子之最致意者，不知何说，而张禹独遗之。"马端临《文献通考》云："《齐论》多于《鲁论》二篇，曰《问王》《知道》。史称为张禹所删，以此遂无传。""然《古论语》与《古文尚书》同自孔壁出者，章句与《鲁论》不异，惟分《尧曰》'子张问'以下为一篇，共二十一篇。则《问王》《知道》二篇亦孔壁中所无，度必后儒依仿而作，非圣经之本真。此所以不传，非禹所能删也。"

马端临说《问玉》《知道》二篇为后儒"依仿而作，非圣经之本真"，暂且置之不论。诸家对《古论》《齐论》《鲁论》三者篇目组成的认识是基本一致的，《古论》比《鲁论》多出一篇，《古论》将今本《尧曰》第二章开始的"子张问"单独分为一篇，因此有二十一篇，而内容与《鲁论》大体无异。而《齐论》比《古论》《鲁论》多出《问玉》《知道》二篇。另外，《古论》与《鲁论》的篇次也不相同，《古论》中《乡党》为第二篇，今本在第十一篇；《雍也》为第三篇，今本在第六篇。从《古论》与《鲁论》的篇次差异来看，西汉初期《论语》的篇次尚未完全定型。这与西汉时代《仪礼》的流传颇为相似，高堂生所传之《礼》与戴德、戴胜所传之《礼》的篇目均为十七篇，而篇次颇有不同。

《论语》各历史传本中除了篇目、篇次的问题，篇章之间章节重出的现象也值得关注。此一现象历史上早有学者注意到，表1依据今本《论语》序加以罗列，共计十例（相同或近似内容加着重号，后文同）：

表1

《学而》第三章	《阳货》第十七章
子曰："巧言令色，鲜矣仁！"	子曰："巧言令色，鲜矣仁。"
《学而》第八章	《子罕》第二十五章
子曰："君子不重则不威，学则不固。主忠信，无友不如己者，过则勿惮改。"	子曰："主忠信，毋友不如己者，过则勿惮改。"
《学而》第十一章	《里仁》第二十章
子曰："父在，观其志；父没，观其行；三年无改于父之道，可谓孝矣。"	子曰："三年无改于父之道，可谓孝矣。"
《八佾》第十五章	《乡党》第十五章
子入大庙，每事问。或曰："孰谓鄹人之子知礼乎？入大庙，每事问。"子闻之曰："是礼也。"	入大庙，每事问。

续表

《雍也》第三章	《先进》第七章
哀公问："弟子孰为好学?"孔子对曰："有颜回者好学,不迁怒,不贰过。不幸短命死矣!今也则亡,未闻好学者也。"	季康子问："弟子孰为好学?"孔子对曰："有颜回者好学,不幸短命死矣!今也则亡。"
《雍也》第二十七章	《颜渊》第十五章
子曰："君子博学于文,约之以礼,亦可以弗畔矣夫!"	子曰："君子博学于文,约之以礼,亦可以弗畔矣夫!"
《子罕》第十八章	《卫灵公》第十三章
子曰："吾未见好德如好色者也。"	子曰："已矣乎!吾未见好德如好色者也。"
《子罕》第二十九章	《宪问》第二十八章
子曰："知者不惑,仁者不忧,勇者不惧。"	子曰："君子道者三,我无能焉:仁者不忧,知者不惑,勇者不惧。"子贡曰："夫子自道也。"
《泰伯》第十四章	《宪问》第二十六章
子曰："不在其位,不谋其政。"	子曰："不在其位,不谋其政。"曾子曰："君子思不出其位。"
《颜渊》第二章	《卫灵公》第二十四章
仲弓问仁。子曰："出门如见大宾,使民如承大祭。己所不欲,勿施于人。在邦无怨,在家无怨。"仲弓曰："雍虽不敏,请事斯语矣。"	子贡问曰："有一言而可以终身行之者乎?"子曰:"其恕乎!己所不欲,勿施于人。"

上举诸例中,第五例与第十例问者不同,孔子所答内容部分相同。其余八例未见上下文,而孔子所述全部或大部分相同。《论语》之作,如果按照《汉志》之说"夫子既卒,门人相与辑而论纂,故谓之《论语》",则这样的重复现象显得颇为突兀。《论语》若成于孔子弟子的一次汇纂编辑,不应当出现诸多重复之语。第二例"子曰:'君子博学于文,约之以礼,亦可以弗畔矣夫!'"《雍也》《颜渊》两章字句全同,《雍也》既然已经收录,则《颜渊》不当重出。此一现象或许透露了《论语》成书的重要信息。

三、大、小戴《礼记》与《论语》互涉章节①

先秦传世文献与出土文献出现《论语》章节的情况复杂。其中一部分文献晚于《论

---

① 吴国武认为"《论语》《礼记》两书在成书性质、思想内容和文体书例上有着极为紧密的联系,相近的字词句式、对话记事和义理观念随处可见","全面、系统地利用《礼记》文本来解读《论语》文句还有拓展的空间"。又说"以往学界对于《论语》《礼记》的关系有过一些讨论,但专题的研究并不多见"。说见吴国武:《〈礼记〉〈论语〉文本对读刍议——以〈乐记〉篇为例》,谢维扬、赵争主编:《出土文献与古书成书问题研究——"古史史料学研究的新视野研讨会"论文集》,中西书局,2015 年,第296、297 页。吴氏曾在 2008 年、2010 年等多次会议上提倡"以礼解《论语》""以礼说《论语》"的诠释路向,见同页注 1。该文与本文关于《礼记》《论语》关系的认识颇有相合之处,可以参看。

语》成书，则其中相关章节为征引《论语》无疑。顾炎武《日知录》卷七云："《孟子》书引孔子之言凡二十有九，其载于《论语》者有八。"① 除此八条之外，还有二十一条不见于今本《论语》。刘光胜认为"在《论语》之外，社会上还流行着大量的孔子语录"②。这类流行于战国的孔子语录今日得见者，主要即大、小戴《礼记》篇目，小戴《礼记》含有以 "子曰""孔子曰""夫子曰""子云""子言之""仲尼曰" 等引孔子语的篇目共计二十六篇：《檀弓上》、《檀弓下》（含 "仲尼曰" 三条）、《曾子问》、《文王世子》（其第二篇，"仲尼曰" 一条）、《礼运》、《礼器》、《郊特牲》、《玉藻》、《乐记》（其第九篇）、《杂记上》、《杂记下》、《祭义》、《经解》、《哀公问》、《仲尼燕居》、《孔子闲居》、《坊记》（除第一条以 "子言之" 为首，其余皆以 "子云" 引出孔子语）、《中庸》（含 "仲尼曰" 一条）、《表记》（含 "子言之" 八条）、《缁衣》、《儒行》、《大学》、《三年问》、《乡饮酒义》、《射义》、《聘义》。大戴《礼记》中含有 "孔子曰""子曰" 引孔子语的篇目共计十八篇③：《主言》、《哀公问五义》、《哀公问于孔子》（与小戴《礼记》《哀公问》重出）、《礼察》、《曾子立孝》、《曾子大孝》、《卫将军文子》、《五帝德》、《劝学》（即《荀子·劝学》）、《子张问入官》、《千乘》、《四代》、《虞帝德》、《诰志》、《小辨》、《用兵》、《少闲》、《易本命》。以上这些篇目中，小戴《礼记》的《檀弓上》《檀弓下》原为一篇，《杂记上》《杂记下》原亦为一篇，故小戴《礼记》总计篇目为二十四篇。大戴《礼记》的《哀公问于孔子》与小戴《礼记》的《哀公问》内容相同，不必重复分析。以上这些篇目根据《汉书·景十三王传》"皆经、传、说、记、七十子之徒所论"，后文将其合称为 "孔门传记" 文献。

　　"孔门传记" 所录孔子言行的形式大致可以分为三类，第一类是孔子长篇发论以及弟子提问孔子长篇回答的篇目，包括小戴《礼记》的《文王世子》（其第二篇）、《礼运》、《乐记》（其第九篇）、《哀公问》、《仲尼燕居》、《孔子闲居》、《儒行》、《聘义》（末章），大戴《礼记》的《主言》《哀公问五义》《哀公问于孔子》《五帝德》《子张问入官》《千乘》《四代》《虞帝德》《诰志》《小辨》《用兵》《少闲》。其中大戴《礼记》的《千乘》《四代》《虞帝德》《诰志》《小辨》《用兵》《少闲》七篇，即《汉志》所记的《孔子三朝记》，记录的是鲁哀公与孔子的问答。《汉志》"孔子三朝记" 条目颜师古注云："今《大戴礼》有其一篇，概孔子对哀公语也。三朝见公，故曰'三朝'。"④在刘向编写《别录》之前，戴德将《孔子三朝记》编入大戴《礼记》。到刘歆编定《七略》的时候，则将《乐记》编入《乐》类，将《孔子三朝记》编入《论语》类。故班固《汉志》因循其分类，亦将《孔子三朝记》编入《论语》类，而没有跟从戴德将其编入《礼》类类目。

　　此类篇目的特点是孔子的论述篇幅较长，义理丰赡，与《论语》短小精悍的文体不类。其中有些论述掺杂后世的史事和观念，被认为是孔子后学伪托孔子之口所作。如《礼运》有 "天下为公，选贤与能""书同文，行同伦" 等看来出现较晚的观念。然而细辨《礼运》的体式，不难发现其仍然属于言偃向孔子问学、孔子述礼之原则的长篇宏论。

---

① 顾炎武：《日知录》，《顾炎武全集》第 18 册，上海古籍出版社，2011 年，第 335 页。
② 刘光胜：《〈论语〉成书新证及其方法论反思》，《中原文化研究》2022 年第 6 期，第 109 页。
③ 大戴《礼记》无以 "子言之""子云""仲尼曰" 引孔子语者。
④ 《汉书》卷三〇《艺文志》，中华书局，1962 年，第 1717 页。

这一类文本的主体内容和来源可能较早，后经战国儒生的改写，窜入较晚的内容。类似变化可以比照郭店简《老子》到马王堆《老子》之间的变化。产生于春秋战国之际的文本，经过战国时代的传写，掺入战国的思想观念，是先秦至秦汉文本转换过程中较为常见的现象。除了《礼记》中的以上篇目，《孝经》大概也能视作这第一类文献的一种，记录了曾子问孔子答，关于"孝道"的长篇论述。后文将这第一类文献称为"孔门事语"类文献。

"孔门传记"的第二类是孔子一人陈述、孔子与弟子问答或记录孔子事迹的汇编文献。这类篇目占"孔门传记"文献篇幅较多，包括小戴《礼记》的《檀弓》《曾子问》《坊记》《中庸》《表记》《缁衣》；大戴《礼记》的《卫将军文子》。它们共同的特点是与《论语》的体式非常接近，所录均为孔子及其弟子的言行汇编，章节短小，内容精练。从这些文本的成书时间和地域分布来看，无法确认这些文献的产生一定早于或晚于《论语》诸篇，它们与《论语》各章节有相同或者相似的语句，无法表明是这些篇目袭用了《论语》，还是《论语》袭用了这些篇目。后文将这第一类文献称为《论语》类文献。

"孔门传记"的第三类为引用孔子语以辅助其论说者，如小戴《礼记》的《礼器》、《玉藻》、《祭义》、《经解》（末章）、《三年问》、《大学》、《乡饮酒义》、《射义》；大戴《礼记》的《礼察》、《曾子立孝》、《曾子大孝》、《劝学》、《易本命》。这一类篇目与《孟子》属性相同，以"七十子之徒所论"文献为主。如大戴《礼记》的《劝学》篇，本为荀子所作，是今本《荀子》的首篇。这些篇目的成书一定在《论语》或所谓"孔子语录"流行之后，所征引的孔子言语未必都出于《论语》，而应是各有所本。后文将这第一类文献称为"七十子之徒所论"类（以下简称"七十子所论"类）文献。

《隋志》云："至刘向考校经籍，检得一百三十篇，向因第而叙之。又得《明堂阴阳记》三十三篇、《孔子三朝记》七篇、《王史氏记》二十一篇、《乐记》二十三篇，凡五种，合二百十四篇。"由此可知"古文记"二百十四篇正由《汉志》所录"《记》一百三十篇"与《明堂阴阳记》三十三篇、《孔子三朝记》七篇、《王史氏记》二十一篇、《乐记》二十三篇组合而成。大、小戴《礼记》诸篇则出于"古文记"二百十四篇。① 依据《汉志》的分类，前述谈及的大、小戴《礼记》记录孔子言语的各篇，来源大致可以分为三部分，其一源出于河间献王所献《记》一百三十一篇，《汉志》归于《礼》类；其二源出于《乐记》二十三篇（小戴《礼记》中《乐记》十一篇），《汉志》归于乐类；其三源出于《孔子三朝记》七篇（即大戴《礼记》中《千乘》《四代》《虞帝德》《诰志》《小辨》《用兵》《少闲》七篇），《汉志》归于《论语》类。②

王应麟《汉艺文志考证》"《记》一百三十"条下云："今逸篇之名可见者，有《三正记》《别名记》《亲属记》《明堂记》《曾子记》《礼运记》《五帝记》《王度记》《王霸记》《瑞命记》《辨名记》《孔子三朝记》《月令记》《大学记》《杂记》。"③ 其中《明堂记》《曾子记》《礼

① 徐渊：《两汉今古文〈孝经〉流变所反映的〈礼记〉属性问题》"第四章"，《经学文献研究集刊》2022年第2辑，上海书店出版社，2022年，第89~100页。

② 《汉书》卷三〇《艺文志》云："及《明堂阴阳》《王史氏记》所见，多天子、诸侯、卿、大夫之制，虽不能备，犹瘉仓等推《士礼》而致于天子之说。"（中华书局，1962年，第1710页）若《汉志》所记不误，《王史氏记》与《明堂阴阳》的内容相类，所录非孔子与七十子问答之语，故未将上述篇目归于《王史氏记》下。

③ 王应麟：《汉艺文志考证》，中华书局，2011年，第156页。

运记》《五帝记》《月令记》《大学记》《杂记》等与今本二戴《礼记》篇名关系紧密，《明堂记》疑即小戴《明堂位》，《曾子记》疑即小戴《曾子问》，《礼运记》疑即小戴《礼运》，《五帝记》疑即大戴《五帝德》，《月令记》疑即小戴《月令》，《大学记》疑即小戴《大学》，《杂记》疑即小戴《杂记》。《汉书·景十三王传》云："献王所得书皆古文先秦旧书，《周官》《尚书》《礼》《礼记》《孟子》《老子》之属，皆经、传、说、记、七十子之徒所论。"其中《礼记》即此《记》一百三十一篇。"孔门传记"下"孔门事语"类、《论语》类、"七十子所论"类三类篇章，大多出于河间献王所献之《记》。

《汉志》所录《论语》类文献计有《论语》古二十一篇（两《子张》），《齐（论）》二十二篇（多《问玉》《知道》），《鲁（论）》二十篇，《传》十九篇；《齐说》二十九篇（王吉说），《鲁夏侯说》二十一篇，《鲁安昌侯说》二十一篇，《鲁王骏说》二十篇；《燕传说》三卷。《奏议》十八篇（即《石渠论》），《孔子家语》二十七篇；《孔子三朝记》七篇，《孔子徒人图法》二卷。关于《古论》《齐论》《鲁论》以及诸《说》本文首节已有分析。《汉志》所录《论语》类文献成书于战国或更早的，除了今本《论语》二十篇、《齐论》的《问玉》《知道》二篇外，只有《孔子三朝记》《孔子徒人图法》。① 而《孔子徒人图法》可能是图像类文献，与"孔门传记"不类。将《孔子三朝记》归于《论语》类说明了刘向、刘歆、班固等汉代学者对《孔子三朝记》性质的认识。由此可以推论，与《孔子三朝记》体式类似的上述第一类"孔门事语"类文献《文王世子》（其第二篇）、《礼运》、《乐记》（其第九篇）、《哀公问》、《仲尼燕居》、《孔子闲居》、《儒行》、《聘义》（末章）（以上入于小戴《礼记》），《主言》《哀公问五义》《哀公问于孔子》《五帝德》《子张问入官》《千乘》《四代》《虞帝德》《诰志》《小辨》《用兵》《少闲》（以上入于大戴《礼记》）等，在时人眼中也与《孔子三朝记》的性质相近似。

与《论语》各篇有重出章节相类似，小戴《礼记》各篇与《论语》也有重出的章节，罗列于表2，共计十五例（依《论语》章序排列）：

表2

《八佾》第九章	《礼运》
子曰："夏礼，吾能言之，杞不足征也；殷礼，吾能言之，宋不足征也。文献不足故也。足，则吾能征之矣。"	孔子曰："我欲观夏道，是故之杞，而不足征也。吾得《夏时》焉。我欲观殷道，是故之宋，而不足征也。吾得《坤乾》焉。《坤乾》之义，《夏时》之等，吾以是观之。"
《中庸》	
子曰："吾说夏礼，杞不足征也。吾学殷礼，有宋存焉。吾学周礼，今用之，吾从周。"	

---

① 一般认为今本《孔子家语》即使非王肃所辑，亦当是由汉人取各类文献中记录孔子言行的条目编纂而成，其中大多数条目见于今存传世文献。《家语》是经过秦火汉代文献定型以后编辑汇纂而成的文献，并非直接成书于战国时代。

《八佾》第十一章	《仲尼燕居》
或问禘之说。子曰:"不知也。知其说者之于天下也,其如示诸斯乎!"指其掌。	子曰:"明乎郊社之义、尝禘之礼,治国其如指诸掌而已乎!"
《里仁》第二章	《表记》
子曰:"不仁者不可以久处约,不可以长处乐。仁者安仁,知者利仁。"	子曰:"仁有三,与仁同功而异情。与仁同功,其仁未可知也。与仁同过,然后其仁可知也。仁者安仁,知者利仁,畏罪者强仁。"
《里仁》第十八章	《坊记》
子曰:"事父母几谏,见志不从,又敬不违,劳而不怨。"	子云:"从命不忿,微谏不倦,劳而不怨,可谓孝矣。《诗》云:'孝子不匮。'"
《雍也》第二十九章	《中庸》
子曰:"中庸之为德也,其至矣乎!民鲜久矣。"	子曰:"中庸其至矣乎!民鲜能久矣。"
《子罕》第十八章	《坊记》
子曰:"吾未见好德如好色者也。"	子云:"好德如好色,诸侯不下渔色,故君子远色,以为民纪。"
《乡党》第五章	《闲传》
君子不以绀緅饰,红紫不以为亵服。当暑,袗絺绤,必表而出之。缁衣,羔裘;素衣,麑裘;黄衣,狐裘。亵裘长,短右袂。必有寝衣,长一身有半。狐貉之厚以居。去丧,无所不佩。非帷裳,必杀之。羔裘、玄冠,不以吊。吉月,必朝服而朝。齐,必有明衣,布。	中月而禫,禫而纤,无所不佩。
	《檀弓上》
	夫子曰:"始死,羔裘、玄冠者,易之而已。"羔裘、玄冠,夫子不以吊。
	《玉藻》
	孔子曰:"朝服而朝,卒朔然后服之。"
《乡党》第十九章	《玉藻》
见齐衰者,虽狎,必变。见冕者与瞽者,虽亵,必以貌。凶服者式之。式负版者。有盛馔,必变色而作。迅雷、风烈,必变。	若有疾风、迅雷、甚雨,则必变。
《先进》第十九章	《仲尼燕居》
子贡问:"师与商也孰贤?"子曰:"师也过,商也不及。"曰:"然则师愈与?"子曰:"过犹不及。"	子曰:"师,尔过,而商也不及。子产犹众人之母也,能食之,不能教也。"子贡越席而对曰:"敢问将何以为此中者也。"子曰:"礼乎礼!夫礼所以制中也。"

《颜渊》第二章	《中庸》
仲弓问仁。子曰："出门如见大宾，使民如承大祭。己所不欲，勿施于人。在邦无怨，在家无怨。"仲弓曰："雍虽不敏，请事斯语矣。"	子曰："……忠恕违道不远，施诸己而不愿，亦勿施于人。"
《宪问》第三十六章	
子曰："其恕乎！己所不欲，勿施于人。"	
《颜渊》第十七章	《哀公问》
季康子问政于孔子。孔子对曰："政者，正也。子帅以正，孰敢不正？"	公曰："敢问何谓为政？"孔子对曰："政者，正也。君为正，则百姓从政矣。君之所为，百姓之所从也。君所不为，百姓何从？"
《子路》第二十二章	《缁衣》
子曰："南人有言曰：'人而无恒，不可以作巫医。'善夫！'不恒其德，或承之羞。'"	子曰："南人有言曰：'人而无恒，不可以为卜筮。'古之遗言与？龟筮犹不能知也，而况于人乎？《易》曰：'不恒其德，或承之羞。'"
《宪问》第三十四章	《表记》
或曰："以德报怨，何如？"子曰："何以报德？以直报怨，以德报德。"	子曰："以德报德，则民有所劝；以怨报怨，则民有所惩。《诗》曰：'无言不雠，无德不报。'《大甲》曰：'民非后，无能胥以宁。后非民，无以辟四方。'"
《宪问》第三十六章	《中庸》
子曰："不怨天，不尤人，下学而上达，知我者其天乎！"	子曰："……上不怨天，下不尤人。故君子居易以俟命，小人行险以徼幸。"

大戴《礼记》各篇与《论语》也有重出的章节，罗列于表3，共计四例（依《论语》章序排列）：

表3

《为政》第十章	《文王官人》
子曰："视其所以，观其所由，察其所安。人焉廋哉？人焉廋哉？"	听其声，处其气，考其所为，观其所由，察其所安。
《公冶长》第十章	《五帝德》
子曰："始吾于人也，听其言而信其行；今吾于人也，听其言而观其行。于予与改是。"	孔子曰："吾欲以颜色取人，于灭明邪改之；吾欲以语言取人，于予邪改之；吾欲以容貌取人，于师邪改之。"
《颜渊》第十三章	《礼察》
子曰："听讼，吾犹人也。必也使无讼乎！"	然如曰礼云礼云，贵绝恶于未萌而起信于微眇，使民日从善远罪而不自知也。孔子曰"听讼，吾犹人也，必也使无讼乎"，此之谓也。

续表

《季氏》第十一章	《曾子立事》
孔子曰："见善如不及，见不善如探汤。吾见其人矣，吾闻其语矣。隐居以求其志，行义以达其道。吾闻其语矣，未见其人也。"	君子祸之为患，辱之为畏，见善恐不得与焉，见不善恐其及己也，是故君子疑以终身。

以上诸例中，小戴《记》中的《中庸》与《雍也》第二十九章、《宪问》第三十六章，《缁衣》与《子路》第二十二章的内容尤为接近。《中庸》《缁衣》属于上述分类中的第二类《论语》类文献，与《论语》体式非常接近。《中庸》一篇的主题较为集中，是集中汇录孔子关于"中庸"言论的文献，而《论语》各篇论述"中庸"的章节仅见于《雍也》第二十九章。

1993 年在湖北荆门市郭店村发掘的郭店一号楚墓中发现的楚简有《缁衣》一篇，上海博物馆藏战国楚竹书中亦有《缁衣》一篇，虽然二者与今本小戴《礼记》之《缁衣》内容有异，但可以肯定它们是今本《缁衣》的早期传本。《缁衣》单独成篇提示我们二戴《礼记》的诸多篇目在战国时期也是单篇或另外成组流传的，这些单篇流传的篇目与《论语》二十篇的关系是平行的，属于不同地域或者不同儒家学派的文献，未必具有直接互相承袭的关系。因此，可以将《论语》视作较早形成组类关系的单篇文献的结集，① 而同样性质的《檀弓》《曾子问》《坊记》《中庸》《表记》《缁衣》；大戴《礼记》的《卫将军文子》等篇目要迟至西汉中后期方由大、小戴编辑集成为《礼记》之后才作为一个整体流传。

四、从出土战国文献看《论语》的形成

《郭店楚墓竹简》发表于 1998 年，其中有《缁衣》一篇，整理者说："本篇简文的内容与《礼记》的《缁衣》篇大体相合，二者应是同一篇书的不同传本。简本无今本的第一及第十六两章"②，整理者还推断说"今本第一章想是在《缁衣》定名后添加上去的"。郭店简本《缁衣》的章序与今本有很大不同，文字也不尽相同，表 2 所引与《论语·子路》第二十二章相同者，郭店简《缁衣》在最后一章，其文如下（见表 4）：

表 4

《子路》第二十二章	郭店楚简《缁衣》
子曰："南人有言曰：'人而无恒，不可以为卜筮。'古之遗言与？龟筮犹不能知也，而况于人乎？《易》曰：'不恒其德，或承之羞。'"	■子曰："宋人有言曰：'人而无恒，不可为45卜筮也。'其古之遗言与？龟筮犹弗知，而况于人乎？《诗》云：'我龟既厌，46不我告犹。'"47③

① 同样的例子是包含《千乘》《四代》《虞帝德》《诰志》《小辨》《用兵》《少闲》七篇的《孔子三朝记》，可能也是在战国已经形成组类的文献。后文介绍的王家咀楚简《孔子曰》包含不同篇题的篇目，可以视作出土实物的例证。

② 荆门市博物馆编：《郭店楚墓竹简》，文物出版社，1998 年，第 129 页。

③ 以下出土文献释文皆采取宽式隶定。

今本《论语》、小戴《记·缁衣》均引《易·恒卦》，而郭店简本《缁衣》则引《诗·小旻》。除《缁衣》此章外，郭店简《语丛三》有两章与《论语》略同，见表5：

表5

《述而》第六章	郭店楚简《语丛三》
子曰："志于道，据于德，依于仁，游于艺。"	志于道，狎于悳（德），傍于仁，游于艺。51
《子罕》第四章	郭店楚简《语丛三》
子绝四：毋意，毋必，毋固，毋我。	毋意，毋固，64上毋我，毋必。64下

《语丛三》"志于道"章与《述而》第六章内容基本相同，《语丛三》"毋意"章与《子罕》第四章的内容一致，但语序不同，亦没有标明是孔子的态度。《语丛三》中的语句多与儒家的主张相合，《郭店楚墓竹简》整理者在为《语丛一》《语丛二》所加的按语说《语丛》的内容皆为类似格言的文句。① 刘钊认为《语丛三》"内容涉及君、臣、父、子、孝、悌、仁、义、损益、德等儒家学说，还有关于丧礼和宾礼的一些句子，应该属于儒家著作"②，因此《语丛三》可以视作儒家语录的一种选辑本。郭店简《尊德义》中还有一句可与《泰伯》第六章相对照（见表6）：

表6

《泰伯》第六章	郭店楚简《尊德义》
子曰："民可使由之，不可使知之。"	民可使道21之，而不可使知之。民可道也，而不可强也。22

《尊德义》是一篇完整的政论文，产生时间大致要晚于孔子时代，刘光胜认为郭店简《尊德义》此句"抄撮、化用的是《泰伯》篇"③，因此可以视《尊德义》此章为第三类"七十子所论"类文献。郭店简中还有一篇《鲁穆公问子思》，此篇虽非记录孔子与弟子的问答，其体式却与《论语》类文献接近，其性质可以与大戴《礼记》的《卫将军文子》相比照。

《上海博物馆藏战国楚竹书(一)》中《缁衣》一篇前文已经有列论，下面将其简文与今本《论语》对照，逐录如下（见表7）：

---

① 荆门市博物馆编：《郭店楚墓竹简》，文物出版社，1998年，第193、203页。
② 刘钊整理：《郭店楚简校释》，福建人民出版社，2005年，第208页。
③ 刘光胜：《〈论语〉成书新证及其方法论反思》，《中原文化研究》2022年第6期，第109页。

表 7

《子路》第二十二章	上博简一《缁衣》
子曰："南人有言曰：'人而无恒，不可以为卜筮。'古之遗言与？龟筮犹不能知也，而况于人乎？《易》曰：'不恒其德，或承之羞。'"	■子曰：宋人有言曰：人而亡恒……23云："我龟既厌，不我告猷。"24

上博简一《缁衣》与郭店简《缁衣》同引《诗·小旻》，与今本《论语》、小戴《记·缁衣》引《易·恒卦》不同。

除上博简一《缁衣》之外，上博简二《从政》一篇，与《论语》诸章的内容多有联系；上博三《仲弓》一篇"为政之始"一段又见于《论语·子路》；上博五《君子为礼》"非礼勿视"一段又见于《论语·颜渊》，《弟子问》"巧言令色"一段又见于《论语》的《学而》《阳货》篇。以下对其中引用《论语》的相关章节做了整理，以上博简发表时间序逐录如下（见表8至表10）：

表 8

《子路》第二十五章	上博简二《从政》
子曰："君子易事而难说也：说之不以道，不说也；及其使人也，器之。小人难事而易说也：说之虽不以道，说也；及其使人也，求备焉。"	〔君子先〕人则启道之，后人则奉相之，是以曰君子难得而易使也，其使人，器之；小人先人则壐御之，〔后人〕甲17则毚毁之，是以曰小人易得而难使也，其使人，必求备焉。……甲18

《尧曰》第二章	上博简二《从政》
子张曰："何谓四恶？"子曰："不教而杀谓之虐，不戒视成谓之暴，慢令致期谓之贼，犹之与人也，出纳之吝，谓之有司。"	毋暴、毋虐、毋贼、毋贪。不修不武，谓之必成则暴，不教而杀则虐，命无时，事必有期则贼，为利枉甲15事则贪。甲5

周凤五认为《从政》是"儒家学者传习《论语》或《论语》原始材料的纪录"，"《从政》甲、乙篇可能与《论语》有关，其内容可能是'七十子之徒'或其后学阐述《论语》或相关材料的纪录"。① 陈伟认为"简书也许属于今传《论语》的祖本系统，或者是与之并行的另外一系"②，陈剑则认为"可以肯定《从政》此处解释阐发《论语》之文，其所据不同于今传《论语》。后文要引到的简文'四毋'，也是跟今传《论语》相涉之文

──────────

① 周凤五：《读上博楚竹书〈从政〉（甲篇）札记》，简帛研究网（http：//www. jianbo. org/Wssf/2003/zhoufengwu01. htm），2003 年 1 月 10 日。后收入《上博馆藏战国楚竹书研究续编》，上海书店出版社，2004 年，第 181~195 页。

② 陈伟：《上海博物馆藏楚竹书〈从政〉校读》，简帛研究网（http：//www. jianbo. org/Wssf/2003/chenwei01. htm），2003 年 1 月 10 日。

有密切联系但又并不完全相同"①。

上博简三《仲弓》与《子路》第二章的联系非常紧密，从文本来看《仲弓》篇非常接近于本文所言第一类"孔门事语"类文献，是孔子关于为政的长篇论述，其文见下（见表9）：

表9

《子路》第二章	上博三《仲弓》
仲弓为季氏宰，问政。子曰："先有司，赦小过，举贤才。"曰："焉知贤才而举之？"曰："举尔所知，尔所不知，人其舍诸？"	季桓子使仲弓为宰，仲弓以告孔子，曰："季氏……**1**仲弓曰："敢问为政何先？……**5**……老老慈幼，先有司，举贤才，宥过赦罪**7**罪，政之始也。"仲弓曰："若夫老老慈幼，既闻命矣。夫先有司，为之如何？"仲尼曰："夫民安旧而重迁**8**……有成，是故有司不可不先也。"仲弓曰："雍也不敏，虽有贤才，弗知举也。敢问举才**9**如之何？"仲尼曰："夫贤才不可掩也。举而所知。而所不知，人其舍之诸？"**10**

通过比对可知，《子路》第二章的内容明显是上博简三《仲弓》篇的一部分，《仲弓》的论述更为详细周密。很难说《仲弓》是依托《子路》第二章敷衍出来的一篇"孔门事语"类文献，而《子路》第二章作为《仲弓》一文节录的可能性更大。李零认为："《论语》是从类似《仲弓》或《礼》大、小戴《记》的一些篇章摘录，还是后者从前者演义，甚至两种情况都有。我认为，至少不能排除，很多是前一种情况。它们很可能是从一些谈话和对话中摘抄下来的。"② 上博简三《仲弓》篇的启示是《论语》中不少孔子与弟子的简短问答，可能是从这一类长篇问答文本中精简而来的，类似的关系可以与《八佾》第九章取自《礼运》，《八佾》第十一章取自《仲尼燕居》，《先进》第十九章取自《孔子闲居》，《颜渊》第十七章取自《哀公问》等诸例类比。《子路》第二章取自《仲弓》，而《仲弓》的成篇很可能在《子路》成篇之前，当然也在《论语》成书之前。

上博简五《君子为礼》《弟子职》整理者张光裕说："本篇与下一篇《弟子职》简文内在性质相类，多属孔门弟子与夫子之问答"，《弟子职》"包括孔子与宰我、颜回答问，以及颜回与子由，子羽与子贡之对答等"。黄人二认为"还是应将两篇合看，因为在竹简形制、字体方面，两篇均相当接近，内容则同为孔子与门弟子，弟子之间，弟子与时人之问答"③。黄说近是，《君子为礼》与《弟子职》实乃一篇与《论语》体式类似的文献，属于典型的第二类《论语》类文献。《君子为礼》与《颜渊》第一章、《弟子问》与《学而》第三章、《阳货》第十七章关系密切，其文迻录如下（见表10）：

———————

① 陈剑：《上海博物馆藏战国楚竹书〈从政〉篇研究（三题）》，复旦古文字中心网站（http://www.fdgwz.org.cn/Web/Show/360），2008 年 2 月 28 日。

② 李零：《简帛古书与学术流源》，生活·读书·新知三联书店，2004 年，第 299 页。

③ 黄人二：《上博藏简（五）〈君子为礼〉与〈弟子问〉试释——兼论本篇篇名为〈论语弟子问〉与〈论语〉之形成和主要编辑时间》，《中国国家博物馆馆刊》2011 年第 6 期，第 65 页。

表 10

《颜渊》第一章	上博简五《君子为礼》
颜渊问仁。子曰："克己复礼为仁。一日克己复礼，天下归仁焉。为仁由己，而由人乎哉?"颜渊曰："请问其目。"子曰："非礼勿视，非礼勿听，非礼勿言，非礼勿动。"颜渊曰："回虽不敏，请事斯语矣。"	颜渊侍于夫子。夫子曰："回，君子为礼，以依于仁。"颜渊作而答曰："回不敏，弗能少居也。"夫子曰："坐! 吾语汝。言之而不义，**1**口勿言也；视之而不义，目勿视也；听之而不义，耳勿听也；动而不义，身毋动安焉。"颜渊退，数日不出。□〔□问〕**2**之曰："吾子何其瘠也?"曰："肰（然），吾亲闻言于夫子，欲行之不能，欲去之而不可，吾是以瘠也。"**3**
《学而》第三章	上博简五《弟子问》
子曰："巧言令色，鲜矣仁!"	曰：巧言令色，未可谓仁也。□者其言? 而不可……**附简**
《阳货》第十七章	
子曰："巧言令色，鲜矣仁。"	

《君子为礼》《弟子问》这类文献在战国时期单独成篇流传，是证明《论语》及孔子语录早期单篇流传的很好例证。

上博简中还有一些"孔门传记"文献但是没有包含《论语》相同或相似章节的篇目。如上博简二《民之父母》，其内容见于今本小戴《礼记·孔子闲居》，记载了子夏向孔子请教的五个问题，内容紧扣"民之父母"；上博简二《子羔》简文记述孔子答子羔所问尧、舜、禹、契及后稷之事；上博简二《鲁邦大旱》记录鲁哀公十五年时发生大旱，哀公以此就教孔子御旱之策；上博简五《季康子问于孔子》记载季康子向孔子问政，孔子作长篇答复的事迹；上博简六《孔子见季桓子》记述了孔子与季桓子讨论如何治国理政的长篇对话；上博简八《颜渊问于孔子》记录了孔子为颜回提出的"内事""内教""至明"三个问题所作的长篇答复；上博简九《史蒥问于夫子》记载了史官蒥向孔子问为官之道的对话。这些篇目属于记载孔子长篇言论的"孔门事语"这一类文献。另外，上博简一《孔子诗论》皆以"孔子曰"起首，可以视作孔子论《诗》主题言论的专题汇编，属于第二类《论语》类文献。

以上是《上海博物馆藏战国楚简》中与今本《论语》相涉的大致情况。截至本文定稿之时所见已发表的《清华大学藏战国竹简》中尚无直接记录孔子与七十子问答的文献，因此与《论语》相涉的条目较少。唯清华简九《治政之道》中关于君民教化关系的一段与《论语·颜渊》相关，迻录如下（见表 11）：

表 11

《颜渊》第十九章	清华简九《治政之道》
季康子问政于孔子曰："如杀无道，以就有道，何如?"孔子对曰："子为政，焉用杀? 子欲善而民善矣。君子之德风，小人之德草。草上之风，必偃。"	上风，下草。上之所好，下亦好之；上之所恶，下亦恶之。**3**

刘光胜认为"清华简《治政之道》也是简化、摘抄《颜渊》而成的"①。则清华简九《治政之道》亦可归为第三类"七十子所论"类的文献。

《安徽大学藏战国竹书》2022 年发表的第二辑收录了《仲尼曰》一篇。《仲尼曰》一篇与今本《论语》相同的条目达到七条②，占全部二十六条孔子语录中的四分之一左右，下面按今本《论语》序逐录如下（见表 12）：

表 12

《里仁》第五章	《仲尼曰》第四章
子曰："富与贵，是人之所欲也，不以其道得之，不处也。贫与贱，是人之所恶也，不以其道得之，不去也。君子去仁，恶乎成名？君子无终食之间违仁，造次必于是，颠沛必于是。"	仲尼曰："去仁，恶乎成名？造次、颠沛必于此。"2
《里仁》第十七章	《仲尼曰》第十五章
子曰："见贤思齐焉，见不贤而内自省也。"	仲尼曰："君子见善以思，见不善以戒。"8
《公冶长》第十八章	《仲尼曰》第十二章
子曰："晏平仲善与人交，久而敬之。"	仲尼6曰："晏平仲善交哉！久狎而长敬。"7
《雍也》第十一章	《仲尼曰》第二十章
子曰："贤哉回也。一箪食，一瓢饮，在陋巷，人不堪其忧，回也不改其乐。贤哉回也！"	仲尼曰："一箪食，一勺浆，人不胜其忧，己不胜其乐，吾不如回也。"10
《宪问》第二十四章	《仲尼曰》第十三章
子曰："古之学者为己，今之学者为人。"	仲尼曰："古之学者自为，今之学〔者〕为人。"7
《卫灵公》第六章	《仲尼曰》第五章
子曰："直哉，史鱼！邦有道，如矢；邦无道，如矢。君子哉蘧伯玉！邦有道，则仕；邦无道，则可卷而怀之。"	仲尼曰："直2哉，史鱼！邦有道，如矢；邦无道，如矢。"3
《季氏》第十一章	《仲尼曰》第二十一章
孔子曰："见善如不及，见不善如探汤。吾见其人矣，吾闻其语矣。隐居以求其志，行义以达其道。吾闻其语矣，未见其人也。"	仲尼曰："见善10如弗及，见不善如袭。仅以避难静居，以成其志。伯夷、叔齐死于首阳，手足不弇，必夫人之谓乎？"11

安大简二《仲尼曰》与今本《论语》的承袭关系并不十分清楚，《仲尼曰》中还有不少与二戴《礼记》关系密切的章节，如第一章与《大戴礼记·曾子疾病》，第二章、第三章与《礼记·缁衣》，第七章与《礼记·中庸》，第十章与《礼记·大学》。依此来看

---

① 刘光胜：《〈论语〉成书新证及其方法论反思》，《中原文化研究》2022 年第 6 期，第 109 页。

② 整理者将《仲尼曰》第十九章归入与《论语》相同的条目，但是认为"文字出入较大"，本文认为二者没有直接联系，故减去一条。

《仲尼曰》是与《论语》体式相同的单篇流传的孔子言论汇编,与《论语》有不少重复的章节,关系密切。

2019 年至 2021 年荆州市博物馆对湖北省荆州市荆州区纪南镇洪圣村的王家咀墓地进行了发掘,编号为 M798 的一座战国楚墓中出土了一批竹简。其中主要有三种竹简,其中一种为孔子语录文献,整理者拟题为"孔子曰"。这篇竹简室内揭取约 1000 个编号,比较完整的约有 110 支,其数量大大超过安大简二《仲尼曰》。《孔子曰》的内容及文体与《论语》极为相似,全文分为多篇,部分简背有篇题,均不见于今本《论语》。篇题有"居川上之下""智(知)之乐之""可智(知)也之下"。篇中分章以"孔子曰"开始,部分内容较长的章又分为若干节。分章及分节均用"■"间隔表示,这与郭店简《缁衣》的作风相同。其简文与安大简二《仲尼曰》的情况相似,仅部分章节见于今本《论语》,并且文字并不全同,有相异之处。部分章节不见于今本《论语》,而见于《礼记》《孟子》等典籍,还有一些章节不见于传世典籍。荆州市博物馆披露了编号为第 738、771、843、852 的四支简。其中简 738、771 所录的内容见于今本《论语》,迻录如下(见表 13):

表 13

《先进》第十七章	王家咀楚简《孔子曰》
季氏富于周公,而求也为之聚敛而附益之。子曰:"非吾徒也。小子鸣鼓而攻之,可也。"	子路为季氏宰,孔子曰:"由也为季氏宰,无能改738于其德,其布粟倍他日矣。由也,弗吾徒也已,小子鸣鼓而攻之,可矣。"771

《先进》第十七章里孔子批评的是冉求,而王家咀楚简《孔子曰》则将孔子批评的对象记录为子路,这种出入在《孔子家语》与其他传世文献的对读中颇为常见。介绍发布的王家咀楚简《孔子曰》843、852 两支简所记录的是孔子与其弟子公夏乘、公孙石的一段对话,这段对话和事迹不见于传世文献。①

王家咀楚简《孔子曰》的性质与《仲尼曰》近似,应该是与《论语》同时流传的孔子言论汇编,其文体与《论语》高度相似。《孔子曰》与其他同类出土文献所不同之处在于其数量多达百余支。按已经披露的释文,单简按三十字左右计算,通篇至少在 3000 字上下。简背的篇题说明这些篇目已经按一定次序组成一部古书,而这部古书是作为一个整体一起流传的,这与之前所见的单篇流传或者偶然抄录在一卷竹简上的不同篇目的形式完全不同,为战国竹书的篇章形态提供了新的例证。

五、出土西汉简牍与《论语》的定型

西汉的《论语》已经趋于定型,前文梳理了《汉志》所录的西汉主流《论语》传本的基本情况。近年考古发现的两汉时期竹木简本《论语》有定州汉墓竹简、海昏侯汉墓

---

① 荆州博物馆:《湖北"六大"终评项目——荆州王家咀 798 号战国楚墓》,江汉考古微信公众号(https://mp.weixin.qq.com/s/6E9Er8MxbK_ QFfxoLHwekg),2022 年 5 月 10 日。

竹简、肩水金关汉简、悬泉置汉简、朝鲜平壤贞柏洞汉墓竹简五种。其中河北定州西汉中山怀王刘脩墓出土的《论语》初步认定有 620 枚简（残简居多）。刘脩死于汉宣帝五凤三年（前 55 年），是西汉中后期的《论语》文本。此种竹简录成释文共计 7576 字，不足今本《论语》的二分之一，残损严重。通过校勘此种《论语》与今本的异文，不同之处多达 700 余处，占释文的十分之一。原简未发现篇题，整理者整理时未注意原简背面的划痕情况，根据今本《论语》补加了篇题，并按今本《论语》的顺序调整了简序。① 可以确定的是，此种《论语》与前述战国孔子言语汇编类的《论语》类竹简性质不同，是已经趋于稳定的经典《论语》写本，分篇与今本一致，所不同的主要体现在篇序、分章和异文上。由于定州汉简《论语·尧曰》一篇与《子张问》并没有分为两篇，也没有不见于今本《论语》以外的章节，因此可以排除是《古论》或《齐论》的可能性，应该是属于《鲁论》系统或者其他非学官系统的《论语》传本。②

2015 年江西南昌西汉海昏侯刘贺墓出土的《论语》简初步确定有 500 多枚，大部分有残阙。每简 24 字，简背有斜向划痕。各篇首简完整的，简背都题有篇题。陈侃理推测，此书原来很可能是每篇独立成卷的。③ 篇中分章抄写，每章另起一简，未见分章符号。此种竹简保存状况不佳，完整简少，残阙严重，可以释读的文字约为今本的三分之一。简背中有题名为"智（知）道"的篇题，以及一些不见于今本的简文。杨军等发掘者认为，海昏《论语》简背所书"智道"，就是《汉书·艺文志》所载《齐论语》第二十二篇的篇题"知道"④。海昏简《知道》篇首章的内容为：

> 孔子知道之易也。易易云者三日。子曰："此道之美也。"

其内容与《肩水金关简》简 73EJT22：6 可以互证⑤。《海昏竹书〈论语〉初论》说：

> 由于海昏简《论语》中发现一枚简，背面靠近简首处写有"起智道廿一"，说明此本《知道》篇的篇序为二十一而非二十二。翻检海昏简《论语》的初步释文，没有发现可以确定属于《问玉》的文句。⑥

---

① 刘来成：《定州西汉中山怀王墓竹简〈论语〉介绍》，《文物》1997 年第 5 期，第 58 页。

② 《海昏简牍初论》第九章《海昏竹书〈论语〉初论》撰写者陈侃理认为"它（海昏简《论语》）不是齐、鲁、古三种《论语》中的任何一种或其变形，而是三《论》特征和区分确立以前的一种古本《论语》。本文谓之'非官学系统的《论语》传本'"。陈侃理：《海昏竹书〈论语〉初论》，朱凤瀚主编：《海昏简牍初论》，北京大学出版社，2021 年，第 149 页。

③ 陈侃理：《海昏竹书〈论语〉初论》，朱凤瀚主编：《海昏简牍初论》，北京大学出版社，2021 年，第 143 页。

④ 杨军、王楚宁、徐长青：《西汉海昏侯刘贺墓出土〈论语·知道〉简初探》，《文物》2016 年第 12 期。

⑤ 甘肃简牍博物馆、甘肃省文物考古研究所、甘肃省博物馆、中国文化遗产研究院古文献研究室、中国社会科学院简帛研究中心编：《肩水金关汉简（贰）》，中西书局，2012 年，第 94 页。

⑥ 陈侃理：《海昏竹书〈论语〉初论》，朱凤瀚主编：《海昏简牍初论》，北京大学出版社，2021 年，第 147 页。

因此陈侃理推定海昏简《论语》不包含《问玉》篇，是个二十一篇本。

与海昏简《论语》同出的还有小戴《记》中《中庸》《祭义》以及大戴《记》中《曾子大孝》相关的内容，其单简字数、书体、简长以及简的性质与《论语》简一致。考虑到海昏简的时间略早于大、小戴编定《礼记》的时代，海昏侯生存时期前后的汉代人将《中庸》《祭义》《曾子立孝》等"孔门传记"类文献与《论语》进行统一抄写，代表着当时人对这类文献性质的认识。杨博认为"似说明《礼记》类、《论语》类诸文献迟至西汉宣帝时期仍处于'单篇别行'的状态"①。

肩水金关是汉代张掖郡肩水都尉所辖的一处出入关卡遗址，位于甘肃省金塔县北部，从中出土汉简一万余枚。整理单位甘肃省博物馆从 2011 年至 2016 年陆续发表了《肩水金关汉简》（壹）至（伍），其中包含多支《论语》简，分散在各册之中。根据肩水金关遗址出土的纪年简来看，最早为汉昭帝时代，最晚到新莽时期②，因此肩水金关《论语》简的时代大致与定州简《论语》、海昏简《论语》相前后。肩水金关《论语》简牍，包括今本《论语》中《雍也》《泰伯》《卫灵公》《阳货》的内容，除此之外还有《齐论》第二十二篇《知道》的首章。据王楚宁等的整理，其中见于今本《论语》的残简有五支，不见于今本《论语》的残简有八支。③ 杨博认为"肩水金关《论语》残简中'子贡曰：'九变复贯，知言之篆'（《金关》73EJC：608）、子曰：'自爱，仁之至也；自敬，知之至也。'（《金关》73EJT31：139）诸句，均可由海昏简本互证为《齐论·知道》篇章句"④。由于海昏简《论语》主体尚未披露，肩水金关未见于今本《论语》的八支简是否能遽然论定为《齐论》之《知道》篇，尚存疑问。

悬泉置遗址位于甘肃河西走廊瓜州与敦煌两县市交界处瓜敦公路南侧 1.5 千米的戈壁滩上。1990 年甘肃省文物考古研究所进行抢救性发掘，至 1992 年年底发掘完毕。该遗址是一处汉晋邮驿机构。遗址出土两汉简牍 3.5 万余枚，其中有字者 2.3 万余枚，简牍以木质为主，竹质极少。这些简中有明确纪年的有 2100 余枚，最早的纪年为西汉武帝元鼎六年（前 111 年），最晚为东汉安帝永初元年（107 年）。⑤ 悬泉汉简含《论语》木简二枚，简上抄录三章《论语·子张》残文，章与章之间用墨点隔开。编号为 V92DXT1812②：119 的木简简文为：

> ……乎张也，难与并而为仁矣。·曾子曰："吾闻诸子，人未有自致也者，必也亲丧乎。"·曾子曰："吾闻诸子，孟庄子之孝，其他可能也，其不改父之臣与父

① 杨博：《出土文献视野下的〈论语〉文本形态演进》，《出土文献与典籍文本形成会议论文集》，上海大学历史系，2022 年，第 226 页。

② 杨博：《出土文献视野下的〈论语〉文本形态演进》，《出土文献与典籍文本形成会议论文集》，上海大学历史系，2022 年，第 227 页。

③ 王楚宁、张予正、张楚蒙：《肩水金关汉简〈齐论语〉研究》，《文化遗产与公众考古》第四辑，北京联合大学文化遗产保护协会，2017 年，第 66~74 页。

④ 杨博：《出土文献视野下的〈论语〉文本形态演进》，《出土文献与典籍文本形成会议论文集》，上海大学历史系，2022 年，第 225 页。

⑤ 郝树声、张德芳：《悬泉汉简研究》，甘肃文化出版社，2009 年，第 10~13 页。

之……①

今本《论语·子张》中此三章内容为：

> 曾子曰："堂堂乎张也，难与并为仁矣。"曾子曰："吾闻诸夫子：人未有自致者也，必也亲丧乎！"曾子曰："吾闻诸夫子：孟庄子之孝也，其他可能也，其不改父之臣与父之政，是难能也。"

编号为 V92DXT1812②：215 的木简简文为：

> ……子张曰："执德不弘，通道不笃，焉能为有，焉能为亡?"·子夏之门人问交于子张，子张曰……

今本《论语·子张》中此两章内容为：

> 子张曰："执德不弘，通道不笃，焉能为有，焉能为亡?"子夏之门人问交于子张。子张曰："子夏云何?"对曰："子夏曰：'可者与之，其不可者拒之。'"子张曰："乎吾所闻。君子尊贤而容众，嘉善而矜不能。我之大贤与，于人何所不容；我之不贤与，人将拒我，如之何其拒人也?'"

可见悬泉汉简的内容与传世本《论语》仅有小异，应当是定本《论语·子张》篇的残卷。

朝鲜平壤乐浪地区在 20 世纪 90 年代发掘了贞柏洞 364 号汉墓，出土了约 120 枚《论语》竹简。据估计此墓墓主应该是汉元帝初元四年（前 45 年）或之后不久下葬的乐浪郡属吏。贞柏洞《论语》简的年代比之定州简《论语》和海昏简《论语》要稍晚一些。这些简并未公布，目前所知已经披露的 39 支简中，有属于《先进》篇的 31 枚，十七章 557 字；属于《颜渊》篇的 8 枚，七章 144 字。根据相关学者的介绍，尚未发表的其他简也都属于这两篇。②

目前出土五种两汉《论语》简的情况说明汉代《论语》已经趋于定型，与战国《论语》类文献的存在形式及分布情况已经大为不同。

六、结语：《论语》在战国的二次成书

以上对各时期《论语》类文献形态及文本互涉情况的讨论，为探究《论语》在战国时期的流变提供了新的可能性。纵观战国时代三类"孔门传记"文献的流变，可以重塑《论语》的成书图景，以下提出本文对于《论语》成书过程的一些新的认识：

---

① 郝树声、张德芳：《悬泉汉简研究》，甘肃文化出版社，2009 年，第 268 页。

② 李成市、尹九龙、金庆浩：《平壤贞柏洞 364 号墓出土竹简〈论语〉》，《出土文献研究》第十辑，中华书局，2011 年，第 174~206 页。

第一，作为《论语》主体的孔子及其弟子的语录与对话，并非孔子弟子及其再传弟子直接回忆的产物，而是从"孔门事语"一类的文献中摘抄或者节录而来的。这类文献的代表包括小戴《礼记》的《文王世子》（其第二篇）、《礼运》①、《乐记》（其第九篇）、《哀公问》、《仲尼燕居》、《孔子闲居》、《儒行》、《聘义》（末章），大戴《礼记》的《主言》《哀公问五义》《哀公问于孔子》《五帝德》《子张问入官》《千乘》《四代》《虞帝德》《诰志》《小辨》《用兵》《少闲》，单篇流传的《孝经》，上博简二《民之父母》《子羔》《鲁邦大旱》，上博简五《季康子问于孔子》，上博简六《孔子见季桓子》，上博简八《颜渊问于孔子》，上博简九《史蒥问于夫子》等。王锷《〈礼记〉成书考》将小戴《礼记》中《哀公问》《仲尼燕居》《孔子闲居》《儒行》列为春秋末期至战国前期的文献，认为这些篇目在《礼记》诸篇中成书最早，是很有见地的。② 前论已经说明，上博简三《仲弓》的体式与此类《礼记》篇目非常接近，根据《仲弓》简文与《论语·子路》第二章对比可知，《仲弓》不太可能是由《子路》第二章敷衍而得，而是先有单篇流传的《仲弓》，后又摘抄为《论语·子路》的"仲弓为季氏宰问政"章。根据本文第二节的列表，可将《八佾》第十一章、《先进》第十九章、《颜渊》第十七章视为同类的例子。这些例子都说明，《论语》中格言式语录是通过对"孔门事语"类文献的裁剪选炼而来的，这是《论语》各篇形成的主要辑纂方法。据此，"孔门事语"类文献的成书要早于《论语》诸篇成书时代就无可怀疑了。

第二，传世文献或者出土文献中有不少与《论语》体式完全相同或者大致相似的篇目。这些篇目包括小戴《礼记》的《檀弓》《曾子问》《坊记》《中庸》《表记》《缁衣》等，大戴《礼记》的《卫将军文子》，郭店简《缁衣》，上博简五《君子为礼》《弟子问》（两篇当属于同一篇），安大简二《仲尼曰》，王家咀简《孔子曰》等。《隋书·音乐志》引南朝梁沈约云"《中庸》《坊记》《表记》《缁衣》皆出于《子思子》"，而这四篇的体式都与《论语》相类似。考虑到前述"孔门传记"文献所涉及的孔门弟子多在孔子之孙孔伋（子思）之前，子思从这些较为原始的文献中辑录孔子的言语编为《论语》式样的格言汇编不足为怪。迟至郭店楚墓的时代，《缁衣》篇仍是单篇流传的，并且其后《缁衣》篇仍有改写。③ 由此可以推测，《坊记》《中庸》《表记》《缁衣》四篇在战国时代应该也是单篇流传的，这些篇目与《论语》未结集之前的篇目都是孔门不同弟子在各个地域辑纂而成的。这四篇由于是子思所编，因此影响大，传习广，一直单篇流传，直至西汉中晚期方由戴德、戴胜编入《礼记》之中。而属于今本《论语》的二十篇，产生时间可能与子思四篇相前后，在战国早期至中期单篇流传，在战国中期至晚期被编为《论语》一书，作为一个整体在各国间流传。

第三，《论语》诸篇的编纂分篇无疑都是围绕着一定的主题展开的。黄怀信认为："今本《论语》各篇内容皆有一定的主旨。"④ 今本《论语》二十篇各篇内容各自比较集

---

① 根据第三节的分析，本文仍将《礼运》列入可能成书于《论语》之前的"孔门事语"类文献。

② 王锷：《〈礼记〉成书考》，中华书局，2003 年，第 25~65 页。

③ 整理者认为今本《缁衣》第一章为后人所加，故"缁衣"的篇名来自《缁衣》第二章，说见本文第四节开篇。

④ 黄怀信：《从内容与结构看〈论语〉成书》，《中国典籍与文化》2006 年第 4 期，第 8 页。

中，同篇目内孔子的言论主题相对接近，某些篇目展现出较强的统一性，这种特点为厘清《论语》各篇成篇时的辑纂原则提供了线索。孔门后学在初步编辑《论语》各篇时所遵循的原则是将主题比较接近的孔子言行辑录在一起，形成一篇完整的言行汇编。《论语》篇目中较为典型的有，第三篇题名"八佾"，"可以代表礼乐"；第四篇题名"里仁"，"论修德，以仁为主"；第五篇题名"公冶长"，"多为孔子臧否人物之言，以论弟子者居多"；第六篇题名"雍也"，"主要论孔门弟子及君子德行"；第七篇题名"述而"，"综论孔子品行、为人、思想、教学，以至体貌、坐姿，多借孔子自言"；第十篇题名"乡党"，"总记孔子言谈举止、行为容仪及衣着、饮食等"，旧为一章；第十一篇题名"先进"，"主要论诸弟子行为志向及孔子对诸弟子的评价"；第十九篇题名"子张"，"杂记子张、子夏、子游、曾子、子贡之语"①；第二十篇题名"尧曰"，旧为三章，第一章记古圣王言行，第二章记子张向孔子问政，第三章为孔子语录。今本《论语》最后一篇，《古论》分为两篇，将第二章以下的部分另别一篇，题名"子张问"，从内容看是很合理的。《尧曰》篇战国时代第一章《尧曰》和第二、三章《子张问》可能就是分开别行的，后来由于传抄的关系合为一篇。

以上篇目在主旨上的差别，往往给熟读《论语》者留下深刻印象。这样的主题集中、形式统一并不是偶然形成的，而是《论语》单篇的辑纂者从"孔门传记"文献中撮抄孔子及弟子嘉言懿行时有意为之的结果。今本《论语》二十篇之中，体例比较特别的是《乡党》与《尧曰》。《乡党》通篇皆论曲礼。《尧曰》（不计后面《子张问》篇）则与《尚书》语式比较接近，应该是西周时代《尚书》类文献的遗子。这两篇掺杂在《论语》二十篇中，显得颇为突兀。《乡党》和《尧曰》的存在，从侧面展示了《论语》单篇流传时期的丰富形态。单篇主旨越明确，所选录的孔子言行越精当，则此篇在天下流传的范围就会越广。

与《论语》诸多单篇同时流传于战国时代的还有子思四篇。由于《中庸》篇集中辑录的是孔子关于"中庸"的言论，《表记》篇集中辑录儒家君子的各种行为表率，《坊记》篇集中辑录孔子关于"防范违礼"的言论，在战国时期都颇为流行。子思四篇中《缁衣》篇反而内容相对松散，但并不妨碍《缁衣》同样被广泛传习。可见主旨的集中并不是《论语》单篇广泛流传的必要条件，《论语》中一些章节间联系较为松散的篇章，由于经过著名儒家学者之手的编辑和推广，同样能四处流布。可以想见，与《论语》二十篇的这些单篇同时流传的篇目还有很多，由于《论语》诸篇内容精审、义理最胜，在传播过程中影响力不断加大，传习者越来越多，逐步形成了稳定的文本，并在传抄过程中确立了公认的篇题。这为其后《论语》的最终成书奠定了基础。

第四，《论语》二十篇（《齐论》二十二篇）的结集当在战国中晚期。朱维铮《〈论语〉结集脞说》说：

> 古怪的是，自那以后到西元前二世纪中后期，即西汉景、武之际，至少有两个半世纪之久，这部原始结集本在文献中一直不见踪影。可能是曾参三传弟子的孟轲，可

① 以上各篇内容概括，参见上引黄怀信：《从内容与结构看〈论语〉成书》，《中国典籍与文化》2006 年第 4 期，第 1~6 页。

能是仲弓直系传人的荀况，都以孔门正宗自居，时时称引孔子的言行，也时时称引《诗》《书》《春秋》诸经，但都没有直接称引过《论语》①，好象这部书对他们来说并不存在。战国其他子书也是如此。②

朱氏提出的问题颇为尖锐，历代学者对此问题并无令人信服的解释。另外，迟至南朝梁皇侃的《论语义疏》，已经致力于说明编辑《论语》成书时各篇顺序的学理关系，后世接续其业者不乏其人。不过正因为《论语》各篇间存在体式差别较大的篇目，这项工作至今没能形成共识。

从前述的分析来看，《论语》二十篇成书时，各篇的内容已经基本定型，各篇的篇题可能业已确定。王家咀楚简《孔子曰》提供了将不同篇题的《论语》类孔子言行汇集在同一批竹简之上的实例。③ 这些篇题虽不见于今本《论语》或其他传世文献，但提示我们《论语》的篇题可能在战国时期已经形成。如果今本《论语》诸篇在战国时代有较长单篇流传的历史的话，则这些篇目各自具备篇名是顺理成章的。《论语》的结集是在这些篇目广泛流传并被各地儒生充分认可和传习的基础上完成的。如果将这些篇目汇编为一部书确是出自一时一人之手的话，则《论语》篇目间的顺序完全可能是根据编者的某种理念编定的。不过从《仪礼》这部书的成书过程来看，其从西汉初年确立篇目范围，到郑玄时代最终确定十七篇的篇序，经历了漫长的岁月。战国时代的古书是否已经有了稳定的篇序观念，以及如何保障某位学者确立的篇序能够稳定地传承，以目前的认识来看还无法确论。本文认为《论语》篇序的确定比《鲁论》《齐论》确定其篇目范围的时代要晚④，目前西汉所见的几种出土《论语》简中，海昏简《论语》写有篇序相关文字"起智道廿一"，说明西汉中期《论语》的篇序已经确立。

第五，从传世文献中《论语》的传习关系来看，《论语》在西汉早期业已定型。所不同者，官学只有《鲁论》《齐论》之异，后来发现的《古论》与前二者没有篇目上的重大差异。从出土的河北定州中山怀王刘脩墓《论语》简、江西南昌海昏侯刘贺墓《论语》简、悬泉置汉代《论语》简、肩水金关汉代《论语》简、朝鲜平壤贞柏洞汉墓《论语》简来看，迟至西汉中晚期《论语》已经完全定型。这些《论语》简牍中除了今天所不传的《齐论》之《问玉》《知道》篇外，未有逸出今本《论语》的章节，仅仅在分章与文字方面存在差别。西汉初期《论语》的定型提示我们，《论语》的成书时代应该在秦火之前，《论语》最终确定篇目范围的时间不会晚于战国晚期。考虑到《论语》作为一部完整的著作被接受需要一定的传播时间，因此不会迟至战国晚期才形成主要的定本。否则经过秦火之后，不会很快为汉初学者所接受。"论语"这一书名的产生也应该在《论语》确定篇目范围之后，西汉初年《论语》定型之前。

---

① 传世古书中唯《坊记》录有《论语》之名，《坊记》此章作："子云：'君子弛其亲之过而敬其美。《论语》曰："三年无改于父之道，可谓孝矣。"《高宗》云："三年其惟不言，言乃讙。"'"根据《坊记》的体例，"君子"至"言乃讙"一段文字当都是"子云"的内容，孔子自引《论语》当然是不可能的，此章明显经后人的误改，不足为证。

② 朱维铮：《〈论语〉结集脞说》，《孔子研究》1986 年第 1 期，第 43 页。

③ 王家咀楚简《孔子曰》各篇是否抄写在同一卷竹简之上，还有待整理者的进一步研究和披露。

④ 前文已经述及《古论》与《鲁论》的篇次不同，说明汉初《论语》篇次可能尚未定型。

以上分述了《论语》在战国时期的"二次成书"过程与《论语》各篇的辑纂方法和选篇原则。《论语》各篇的产生始于孔门诸弟子及再传弟子从"孔门事语"类文献中辑录孔子及其弟子言行，依照特定的主题汇编成单篇《论语》类文献，经过一个时期的流传与定型，形成较为固定的篇名与内容。再经某位儒生将其中影响力较大、流传广泛的篇目编定在一起，并加以教授和推广，最终在西汉初年确立为《论语》这部经典。

（作者单位：同济大学中文系、复旦大学出土文献与古文字研究中心"古文字与中华文明传承发展工程"协同攻关创新平台）

胡家草场汉简《朝律》初读[*]

□ 杨 勇

【摘要】《荆州胡家草场西汉简牍选粹》所公布的两枚《朝律》简，是讨论西汉朝礼的重要材料。仅据现有材料尚不清楚胡家草场《朝律》所记载的内容是属于十月朝仪还是正月朝仪。整理者所释"末宾"无误，"宾"当读为"摈"，"末宾"即"末摈"，指位次最末之摈，其执掌是导引宾客，执赞礼仪。简文中"至末宾"三字不属典客胪传的内容，原整理者的断读需要调整。

【关键词】 胡家草场汉简；《朝律》

2018 年 10 月至 2019 年 3 月，荆州博物馆在胡家草场墓地发掘了一批古墓，其中 M12 汉墓出土有竹木简 4642 枚。发掘者综合出土器物形制和竹简记载指出 M12 应为汉文帝时期墓葬，下葬年代不早于汉文帝后元元年（前 163 年）。据整理者介绍，这批简牍大致可分为岁纪、律令、历日、日书、医杂方、簿籍、遣册等七大类。律令类简牍包含律典 3 卷，第 1 卷主要有告、盗、贼、亡、捕、囚、具、复、兴、关市、杂、钱、厩、效等，"凡十四律"。第 2 卷自题"旁律甲"，包括朝、田、户、置吏、赐、市贩、置后、秩、均输、仓、爵、徭、行书、金布、傅、尉卒、奔命等，"凡十八律"。第 3 卷自题"旁律乙"，包括腊、祠、司空、治水、工作课、传食、外乐、葬、蛮夷复除、蛮夷士、蛮夷、蛮夷杂、上郡蛮夷间等，"凡十三律"。① 本文所要讨论的《朝律》正属于自题为"旁律甲"的第 2 卷中的第一篇律文。

文物出版社 2021 年 8 月出版了由荆州博物馆和武汉大学简帛研究中心共同主编的《荆州胡家草场西汉简牍选粹》（以下简称《选粹》），公布了部分简牍图版和释文，引起了学界的高度重视。《选粹》中包含了 2 枚属于《朝律》的简文，为便于讨论，先列举于下：

> 再拜，返位。郎中举璧。典客胪传："中二千石进。"大行拜如将军。典客胪传曰："诸侯王 380 使者进。"至末宾，末宾出，引使者，使者趋，随入，并跪末宾左。

---

* 本文是国家社科基金重大项目"中国传统礼仪文化通史研究"（18ZDA021）阶段性成果。

① 荆州博物馆：《湖北荆州市胡家草场墓地 M12 发掘简报》，《考古》2020 年第 2 期，第 20 页。李志芳、蒋鲁敬：《湖北荆州市胡家草场西汉墓 M12 出土简牍概述》，《考古》2020 年第 2 期。

典客复胪传如初。大行左出，使379①

两枚竹简形制一致，文意贯通，整理者将之系联是有道理的。简文所涉及的内容是西汉早期朝贺的仪节，从简文来看，参与者至少包含了皇帝、郎中、典客、大行、将军、诸侯王使者，等等。其中可讨论者有二：

第一，关于朝贺时间问题。西汉初期的朝贺时间在十月。汉承秦制，汉初至武帝颁布太初历之前，皆以十月为岁首，以一月称正月。《史记·秦始皇本纪》："改年始，朝贺皆自十月朔。"②《汉书·张周赵任申屠传》："以高祖十月始至霸上，故因秦时本十月为岁首，不革。"③ 有学者认为汉文帝时期出现正月朝贺。新出肩水金关汉简 73EJT37：1573 有如下简文："乐府卿言：斋□后殿中□□以不行……迫时入行亲以为□常。诸侯王谒拜，正月朝贺及上计，饬钟张虡，从乐人及兴卒。制曰：可。孝文皇帝七年九月乙未下。"④ 张英梅先生指出，孝文帝于后元七年（前 157 年）六月己亥崩于未央宫，简文中的"七年九月乙未"是指汉文帝前元七年九月，据此认为在西汉文帝前元七年就已将汉初十月朝贺之制改为正月朝贺。⑤ 彭浩先生根据《西周（共和）至西汉历谱》指出汉文帝前元七年九月无乙未，后元七年九月乙未是九月二十九日，认为令文由汉景帝颁布，时间应是文帝后元七年九月乙未。⑥ 此说可从。西汉帝王即位后逾年改元，后元七年七月至九月仍属于文帝纪年。彭浩先生还指出，上引令文中的"正月"应属上读，如此则文帝时代出现了正月朝和岁朝（大朝会）两种类型的"朝"，而不是改十月朝贺之制为正月朝贺。⑦ 西汉是否在文帝时便出现了上述变化尚值得进一步探究。检索《史记》《汉书》等传世文献，在武帝元封七年（前 104 年）五月改历之前，仅见十月朝贺，而不见正月朝贺，十月朝贺当是常制，即便在武帝改历的前夕也是在十月朝见诸侯。如，元鼎二年（前 115 年）长沙定王子建成侯拾，"坐使行人奉璧皮荐，贺元年十月不会，免"⑧。建成侯拾正是因为未亲自参与十月朝贺而被免。而在改历之后，《汉书》频见正月朝贺，而不再见十月朝贺的记载。如《汉书》记载，天汉四年正月、后元二年正月武帝均在甘泉宫朝诸侯，⑨ 此后西汉诸帝延续了此制。结合上述文帝后元七年的诏令可知，正月朝似乎也是汉代文帝时期十月朝之外的一种重要的朝见制度。汉武帝太初改历之后，专以正月为朝请，十月朝则不复存在。发掘者推断 M12 下葬年代不早于汉文帝后元元年（前 163 年），在可能存在的后元七年朝仪改革发生之前。由于目前《选粹》所公布的胡家草场《朝律》

———————————

① 荆州博物馆、武汉大学简帛研究中心编著：《荆州胡家草场西汉简牍选粹》，文物出版社，2021年，第 194 页。为便于讨论，释文从宽。

② 《史记》卷六《秦始皇本纪》，中华书局，1959 年，第 237 页。

③ 《汉书》卷四二《张周赵任申屠传》，中华书局，1962 年，第 2099 页。

④ 甘肃简牍博物馆：《肩水金关汉简（肆）》上册，中西书局，2015 年，第 244 页。

⑤ 张英梅：《汉文帝七年〈朝仪〉诏书研究》，《敦煌学辑刊》2018 年第 1 期，第 124 页。张英梅：《汉文帝七年〈朝仪〉诏书补考——以〈肩水金关汉简〉（四）》，《敦煌研究》2019 年第 3 期。

⑥ 彭浩：《肩水金关汉简所见汉景帝初年的一条令文》，《出土文献》2021 年第 2 期，第 87 页。

⑦ 彭浩：《肩水金关汉简所见汉景帝初年的一条令文》，《出土文献》2021 年第 2 期，第 87 页。

⑧ 《汉书》卷一五《王子侯表》，中华书局，1962 年，第 458～459 页。

⑨ 《汉书》卷六《武帝纪第六》，中华书局，1962 年，第 205、211 页。

信息太少，尚不足以判断这批简牍中记载的朝贺仪式应当是在十月举行还是在正月举行，也不能简单根据简文中出现"诸侯王"便认为属于正月朝仪。

第二，朝仪用九宾之礼。简文中两次出现"末宾"，彭浩先生指出，整理者释文的"末宾"应是"来宾"之误，并根据出土汉代简帛中"来""末"字形进行了分析和说明。他认为，来宾为接引宾客者，于朝贺时根据典客的指示导引诸侯王使者行礼。① 章菁认同彭浩的改释。② 汉简中"来""末"二字写法极为相近，很难说此处的"末宾"即是"来宾"之误。从字形看，原整理者的释文似可从。江陵张家山 336 号汉墓也出土有《朝律》③，胡平生先生曾将《朝律》简 26 释读为："王使者进至来▢宾▢出"④，与上引简 379 部分内容可对读，此处释文中"来宾"恐当也改释为"末宾"。我们认为，"末宾"当读作"末摈"。"摈"是在礼典中导引宾客，执赞礼仪之人，周制已有传摈之设。《周礼·小行人》："凡四方之使者，大客则摈。"郑注："摈而见之王，使得亲言也。"⑤ 对于较为重要的来使亦即"大客"，己国之君会安排专门的摈者进行导引。《周礼》中还有"摈相"之说，《周礼·司仪》："掌九仪之宾客摈相之礼，以诏仪容、辞令、揖让之节。"郑注："出接宾曰摈，入赞礼曰相。"⑥根据郑注，"摈"重在接宾，"相"重在赞礼，简文中的"末宾"要出门接引诸侯王使者，正好符合"摈"的身分与执掌。礼典级别越高，设摈越多。《礼记·聘义》："卿为上摈，大夫为承摈，士为绍摈"⑦，设有三摈，且有身分尊贵的卿、大夫亲自参与。《仪礼·觐礼》设有"四传摈"⑧。传世文献中"九宾"多见，秦朝仪已用九宾之礼。《史记·廉颇蔺相如列传》："赵王送璧时，斋戒五日，今大王亦宜斋戒五日，设九宾于廷，臣乃敢上璧。"⑨《史记·刺客列传》："秦王闻之，大喜，乃朝服，设九宾，见燕使者咸阳宫。"⑩ 陈戍国先生指出，九宾之设始于秦，"九宾"即"九摈"。⑪

汉代朝仪也设有九摈。《汉书·叔孙通传》记载叔孙通所定之十月朝仪："大行设九

① 彭浩：《读胡家草场汉简札记两则》，简帛网（http://www.bsm.org.cn/? hanjian/8462.html），2021 年 10 月 17 日。

② 章菁：《读胡家草场〈朝律〉札记》，简帛网（http://www.bsm.org.cn/? hanjian/8479.html），2021 年 11 月 1 日。

③ 荆州博物馆：《湖北江陵张家山 M336 出土西汉竹简概述》，《文物》2022 年第 9 期，第 72 页。

④ 胡平生：《中国湖北江陵张家山汉墓出土竹简概述》，［日］大庭修编辑：《汉简研究的现状与展望：汉简研究国际シンポジウム'92 报告书》，关西大学出版社，1993 年，第 273 页。

⑤ 孙诒让著，王文锦、陈玉霞点校：《周礼正义》，中华书局，1987 年，第 2997~2998 页。

⑥ 孙诒让著，王文锦、陈玉霞点校：《周礼正义》，中华书局，1987 年，第 3009 页。

⑦ 《礼记正义》卷六三《聘义》，阮元校刻：《十三经注疏》，中华书局，1980 年，第 1692 页。

⑧ 《仪礼注疏》卷二七《觐礼》，阮元校刻：《十三经注疏》，中华书局，1980 年，第 1093 页。

⑨ 《史记》卷八二《廉颇蔺相如列传》，中华书局，1959 年，第 2440~2441 页。关于此条中的"九宾"，三家《注》意见不一，但以"九仪""九服"解之均不甚贴切。黎虎先生认为，汉初的"九宾"是诸侯与朝臣的二元组合。参见黎虎：《汉代典客、大行、鸿胪递嬗与朝会司仪》，《东岳论坛》2010 年第 10 期。

⑩ 《史记》卷八六《刺客列传》，中华书局，1959 年，第 2534 页。

⑪ 陈戍国：《中国礼制史·秦汉卷》，湖南教育出版社，2002 年，第 225~226 页。

宾，胪句传。"① 王先谦《补注》引刘攽之说认为"九宾"即"九摈"，"九宾，摈者九人掌胪句传也"。② 吴恂：《汉书注商》引《汉旧仪》所记大祫礼"大鸿胪、大行令、九摈，传曰起复位"，也以"九摈"解"九宾"。③ 汉代朝律设九摈于出土文献也有所见。江陵张家山 336 号汉墓《朝律》简 30 也出现"九宾"："后五步、北上，谒者一人立东陛者南面。立定，典客言具，谒者以闻。皇帝出房，宾九宾及朝者"④，此处的"九宾"似也应理解为"九摈"。再回过头看胡家草场汉简中的"末摈"，则应理解为九摈中位次最末之摈，其主要执掌是导引和胪传。受材料所限，其具体位次尚不明确。

需要指出的是上引简文中的"至末宾"三字不应属于典客胪传的内容。简 379 明确记载，诸侯王使者先后接受摈和大行的导引，大行导引之前"典客复胪传如初"，所谓"如初"当即指重复前次传辞，而在即将到来的大行导引环节并未有摈者参与，所以典客胪传的传辞之中当不包含"至末宾"三字。如然，则整理者的断读当改为："典客胪传曰：'诸侯王使者进。'至末宾"，诸侯王使者进至末摈之位次再进行下一个礼仪动作。

以上对新公布胡家草场汉简《朝律》两枚释文进行了简要讨论，结论如下：其一，根据现有材料尚不清楚胡家草场《朝律》所记载的内容是属于十月朝仪还是正月朝仪；其二，周制已有传摈之设，其执掌是导引宾客，执赞礼仪。九摈之制始于秦，叔孙通制定汉朝仪沿袭了秦九摈之制，至文帝时期还在沿用。胡家草场汉简中的"末宾"即"末摈"，指九摈中位次最末之摈。

附记：本文是提交给 2022 年 7 月 9 日武汉大学举办的"礼学与制度"青年学者工作坊会议论文。其后相关《朝律》简文陆续刊布。学界同仁及本人皆参与讨论。为保持文章原貌，此次收录《人文论丛·"礼学与制度"特辑》时不作修改。

（作者单位：湖南大学岳麓书院"古文字与中华文明传承发展工程"协同创新平台）

① 《汉书》卷四三《郦陆朱刘叔孙传》，中华书局，1962 年，第 2127~2128 页。
② 王先谦：《汉书补注》第 7 册，上海古籍出版社，2012 年，第 3513 页。
③ 吴恂：《汉书注商》，上海古籍出版社，1983 年，第 111 页。
④ 胡平生：《中国湖北江陵张家山汉墓出土竹简概述》，[日] 大庭修编辑：《汉简研究の现状と展望：汉简研究国际シンポジウム'92 报告书》，关西大学出版社，1993 年，第 273 页。

两汉三《礼》礼义演进梗概

□ 郭超颖

【摘要】三《礼》文本经典化的过程，多线交叠并最终融通。贾谊、司马迁在早期所作贡献非常重要，为后来的张本做好了理论挂靠。郑玄融会今古，实际上就有"三礼"学范畴下的三《礼》文本的经典化问题。
【关键词】贾谊；司马迁；白虎通；郑玄；礼义

西汉初年的儒家经典诠释，是以贾谊"子学"为代表的儒家经义学说，延续着荀子学派重视礼义的特点，贾子《新书》不仅保存有《仪礼》等礼学文献的经义阐释，而且这种阐释非常重视礼义法则与情理依据的探讨。

向、歆校书之前，先秦文章多散篇传世，《新书》中述"礼"的内容最大可能就是来源于这些说"礼"的散篇，与二戴之《记》互补，如其论君臣尊卑之礼，云：

> 礼，天子适诸侯之宫，诸侯不敢自阼阶。**阼阶者，主之阶。**天子适诸侯，诸侯不敢有宫，**不敢为主人礼也。**①（《新书·礼》）

> 天子四海之内无客礼，莫敢为主焉。故君适其臣，升自阼阶，即位于堂，示民不敢有其室也。②（《礼记·坊记》）
> 天子无客礼，莫敢为主焉。君适其臣，升自阼阶，不敢有其室也。③（《礼记·郊特牲》）

这三段文字，大体意涵相同。但《新书》在解经上有其风格意义，它首先展现出分析论说的风貌，同时在解析时注意到礼义法则语言的撮要与总结。孤立来看，这种意味，或不明显，但若与郑玄《礼》注对比，就会发现其中端倪。而我们知道，"注者，主解"（《文心雕龙》），贾谊的"礼"论部分显然不是散篇"礼"文献的抄录，而当是一种近乎注释解释的文体风格。

---

① 方向东集解：《贾谊〈新书〉集解》，河海大学出版社，1994年，第241页。
② 《礼记正义》卷五一，阮元校刻：《十三经注疏》，中华书局，1980年，第1621页。
③ 《礼记正义》卷二五，阮元校刻：《十三经注疏》，中华书局，1980年，第1447页。

事实上，郑玄很大限度地吸收与运用了贾子的这些"礼"论思想。如《新书》云：

> 礼者，臣下所以承其上也。故《诗》云："一发五豝，吁嗟乎驺虞。"驺者，天子之圃也；虞者，圃之司兽者也。天子佐舆十乘，以**明贵**也。贰牲而食，以**优饱**也。虞人翼五豝以待一发，所以**复中**也。人臣于其所尊敬，**不敢以节待**，敬之至也。①

这里面的"明贵""优饱""复中"，都是"不敢以节待"这个原因的具体体现，这个表述及思想在郑玄《仪礼注》有很丰富的展现。

例如，《乡射礼》《大射仪》三耦拾取矢时，是上、下射交替取矢，以上耦为例，二人分别走到楅的左右两边，上射在西边面朝东，下射在东边面朝西，上射先近前取一支矢，然后返回楅西侧原位，接着下射再近前取一支退回，如此直至二人取够四支矢。但当士与大夫匹耦时，士取矢却不是与大夫交替拾取，而是一次性取完四支。事实上，在取矢委楅阶段，乡射中的大夫，及大射中的宾、诸公、卿、大夫的矢皆已用茅草将四支束在一起。

> 《仪礼·乡射礼》曰："司马袒、决，执弓升，命取矢，如初。获者许诺，以旌负侯，如初。司马降，释弓，反位。弟子委矢，如初。**大夫之矢，则兼束之以茅，上握焉。**"
> 郑玄注云："兼束大夫矢，优之，是以不拾也。"②
> 《仪礼·大射仪》曰："司马袒执弓，升，命取矢如初。负侯许诺，以旌负侯如初。司马降，释弓如初。小臣委矢于楅，如初。**宾、诸公、卿、大夫之矢，皆异束之以茅。**卒，正坐，左右抚之，进束，反位。"
> 郑玄注云："异束大夫矢，尊殊之也。'正'，司马正也。进，前也。又言'束'，整结之，示亲也。"③

从《乡射礼》《大射仪》来看，诸公、卿大夫之矢用茅草捆束，是对尊者的优待，表示可不一一拾取。

又如《大射仪》宾与君射箭，经曰："公既发，大射正受弓而俟，拾发以将乘矢。"郑玄注云："公，下射也，而先发，不留尊也。"④ 宾与公组成一耦，宾为上射，公为下射，第二番射三耦射毕，宾侍公开始射箭。公每射一矢，大射正就过来接弓，等待君再射，如此轮流直到射完四只矢。郑玄指出公作为下射，但先射箭，宾作为上射而后射，这是因为尊卑一起行事，不敢搁置尊者。同样，司射请释获时，曰："中离维纲，扬触，梱复，公则释获，众则不与。唯公所中，中三侯皆获。"矢过纲，或维；矢中他物，扬而触侯；至侯，不著而还，如果是君就算射中，其他人则否。郑玄注云："公则释获，优君

---

① 方向东集解：《贾谊〈新书〉集解》，河海大学出版社，1994 年，第 242 页。
② 《仪礼注疏》卷一二，阮元校刻：《十三经注疏》，中华书局，1980 年，第 1002 页。
③ 《仪礼注疏》卷一八，阮元校刻：《十三经注疏》，中华书局，1980 年，第 1039 页。
④ 《仪礼注疏》卷一八，阮元校刻：《十三经注疏》，中华书局，1980 年，第 1039 页。

也。"① 郑玄解释的这些礼仪精神是与贾子相通的。而这在贾、郑之间的现存文献记载来看，则并不多见。

虽然贾谊善于发挥礼义原则的精神，但贾子这类学说尚未得以发扬，西汉经学即进入了武帝朝开辟的"新经学"时代，《仪礼》文本的经义阐发也随之发生了变化。这是因为当时的汉王朝需要更大体量的主体学说参与意识形态塑造，而这些政治纲目的伦理法则是"百家"保留的经义资源所无法承担的。在这样的背景下，礼学文献经义诠释一方面呈现出今文经说下的风貌，这主要指政治伦理哲学占据显性地位；相应的，事理逻辑与礼学原则探讨减弱。如此一来，六艺的礼义精神实质上得以融贯性再铸，而礼义原则的取义在内容与范式上得到空前的提升。这就为礼学的体系化，铺垫了基础。事实上，从郑玄《礼》注来看，他不仅非常高妙地领悟到《春秋》所包含的事理逻辑，并且善于概括总结，形成具有稳定性表述的语汇原则。郑玄的《仪礼注》特别吸收了"三传"解经的路径和方式方法。六艺内部经义的相互造就是非常细密且融贯的，这并非一种机械的印证。如《左传·桓公六年》记载：

> 北戎伐齐，齐使乞师于郑。郑大子忽帅师救齐。六月，大败戎师，获其二帅大良、少良，甲首三百，以献于齐。于是诸侯之大夫戍齐，齐人馈之饩，使鲁为其班，后郑。郑忽以其有功也，怒，故有郎之师。②

桓公六年，山戎攻打齐国，齐僖公向郑国求援，郑国太子忽帅兵救齐，六月大败山戎军队。齐国为了犒劳前来帮其守边的各国大夫，请懂礼的鲁国代为安排各国的次序，结果鲁国按照周王分封的爵位等级为序，把有主要功劳的郑国排在了其他爵位较高的诸侯后面。此事因此惹怒了公子忽，并酿成了桓公十年联合齐国、卫国攻鲁的战争。这里的事理逻辑在于尊卑与贡献之间的平衡。

"先事后得"（《论语》），《白虎通》："士者，事也。任事之称也。"③ 关于这个问题，在郑玄的礼学注释体系里，已搭建完善。这包括：尊者宜逸，而卑者宜劳；卑者因事得献，近事得申；尊者推辞礼遇安逸，则为敬，等等。特别是重事的直接参与者，因事而得到特殊礼遇。如士冠醴宾以赞者为介。主人举行子弟加冠礼会邀请自己的僚友一起参加，并会在众宾中占筮一位正宾为子弟加冠，同时择取一位作为赞冠者辅助宾；如果宾和主人是上士，则赞冠者选中士，即赞冠者降一等。

> 《仪礼·士冠礼》曰："赞者皆与，赞冠者为介。"
> 郑玄注云："介，宾之辅，以赞为之，尊之。饮酒之礼，贤者为宾，其次为介。"④

加冠仪式完成以后，主人为感谢宾勤劳冠事特举行醴礼，前来的众宾一起参与，作为

---

① 《仪礼注疏》卷一七，阮元校刻：《十三经注疏》，中华书局，1980年，第1036页。
② 《春秋左传正义》卷六，阮元校刻：《十三经注疏》，中华书局，1980年，第1750页。
③ 陈立：《白虎通疏证》卷一，中华书局，1994年，第18页。
④ 《仪礼注疏》卷二，阮元校刻：《十三经注疏》，中华书局，1980年，第953页。

饮酒礼的众宾，以宾的赞冠者为次宾。

　　郑玄对以赞冠者为介之仪的解释是：饮酒礼中，以贤者为正宾，其次为介，其他为众宾。在冠礼主人醴酬答谢宾的饮酒礼中，以赞冠者作为宾之辅，而不是众宾中与宾相同身分的贤者居任，则是为了突出对赞冠者的尊敬。典礼中赞冠者作为宾的助手因为具体负责加冠之事，所以在以酬谢勤劳为主题的饮酒礼中，他受到的礼敬更多。即使他本身的地位身分可能在众宾中并不足以匹敌次宾这一位置。

　　在汉初《春秋》主体贡献政治哲学伦理的过程中，还有相对隐性的一面，即礼学经义原则研究固有传统的保留与开拓，而这一努力首推司马迁。司马迁《史记》的存在为后来的今文经说与古文经说的交融作出了突出贡献。有学者指出，司马迁是"经学领域的普适主义者"①，并借助《史记·儒林列传》叙事法的考察，认为其义在"昌私学而抑官学"②。

　　从《太史公自序》来看，司马迁对六艺之"礼"的认识，似乎更侧重论述"礼"的"行"与"节"，其云"《礼》经纪人伦，故长于行"，这与《荀子》"礼言行""法之大分，类之纲纪"的观点一致，但这与袭取《荀子》尚有差别；同时司马迁引孔子论六艺之言，云"《礼》以节人"，这一点同于董仲舒"《礼》制节"之论。贾子认为"礼者，体德理而为之节文，成人事，故曰'礼者，此之体者也。'"司马迁对于礼之"体"的认识，就很好地体现于《史记·礼书》。"书者，五经六籍总名也"（《索隐》），《礼书》为《史记》"八书"第一，"此之八书，记国家大体"③。

　　司马迁明确提出了制礼的情理依据，礼"缘人情而制礼，依人性而作仪"（《礼书》），"人情""人性"有常，而时事有变，"维三代之礼，所损益各殊务，然要以近性情，通王道，故礼因人质为之节文，略协古今之变"（《太史公自序》），故"礼义"就是平衡这两者的关键。

　　"《春秋》，礼义之大宗"（《太史公自序》），司马迁的《史记》创作深受《春秋》学精神的感召与影响，《史记》文本也在多个维度吸收着《春秋》蕴藉礼义的笔法。《史记·周本纪》："九年，武王上祭于毕。东观兵，至于盟津。为文王木主，载以车，中军。武王自称太子发，言奉文王以伐，**不敢自专**。"④ "不敢自专"这一礼义精神用于解释尊卑阶级之系属，为《白虎通》所吸收，《白虎通》云："世子上受爵命，衣士服何？**谦不敢自专也**。"⑤ 郑玄在这样的基础上，把"谦不敢自专"继承下来，用于《礼》注，并把它探源挂靠于"卑统于尊"之下。

　　《礼记·曲礼》："客若降等，则就主人之阶。"郑玄注云："谓大夫于君，士于大

　　① 韩大伟：《中国经学史·秦汉魏晋卷：经与传》，黄笑译，社会科学文献出版社，2019年，第121页。
　　② 韩大伟：《中国经学史·秦汉魏晋卷：经与传》，黄笑译，社会科学文献出版社，2019年，第132页。
　　③ 《史记》卷二三《礼书》，中华书局，2014年，第1371页。
　　④ 《史记》卷四《周本纪》，中华书局，2014年，第156页。
　　⑤ 陈立：《白虎通疏证》卷一，中华书局，1994年，第32页。

夫也，不敢辄由其阶，卑统于尊，不敢自专。"①

《礼记·曲礼》："大夫私行，出疆必请，反必有献。士私行，出疆必请，反必告。"郑玄注云："臣不敢自专也。"②

《礼记·曲礼》："支子不祭，祭必告于宗子。"郑玄注："不敢自专，谓宗子有故，支子当摄而祭者也，五宗皆然。"③

《仪礼·聘礼》："既将公事，宾请归。"郑玄注云："谓已问大夫，事毕请归，不敢自专，谦也。"④

而且，"不敢自专"的这一礼义精神及表述亦被《公》《穀》注吸收，进一步阐释《春秋》经义。

《公羊传》："闰月不告月，犹朝于庙。"注云："受于庙者，孝子归美先君，不敢自专也。"⑤

《公羊传》："无君命，不敢卒大夫。公至，曰：'吾固许之反为大夫。'然后卒之。"注云："善其不敢自专。"⑥

《穀梁传》："闰月不告月，犹朝于庙。"注："礼，天子以十二月朔政班告于诸侯，诸侯受于祢庙，孝子尊事先君，不敢自专也。"⑦

由此可以窥见，郑玄《礼》注对于前汉这些内容的吸收。

郑玄赋予《礼》文本新意涵，其充分重视这些丰厚的资源，进而上溯至先秦子学所保存下来的经义学说，接续刘歆古文经学对宗周礼乐的理论建构，完成两汉以来经义的整合与调整。

我们在此试举一例，卜筮在庙门外。凌廷堪《礼经释例》云："凡卜筮皆于庙门，唯将葬则于兆南。"⑧《白虎通》引《逸礼》云："皮弁素积，筮于庙门之外。"⑨ 郑玄对庙门卜筮的礼义揭示，很好地交代出了这样行事背后的情理依据。

《仪礼·士冠礼》曰："筮于庙门。"⑩

郑玄注云："筮者，以著问日吉凶于《易》也。冠必筮日于庙门者，重以成人之

---

① 《礼记正义》卷二，阮元校刻：《十三经注疏》，中华书局，1980年，第1238页。

② 《礼记正义》卷四，阮元校刻：《十三经注疏》，中华书局，1980年，第1259页。

③ 《礼记正义》卷五，阮元校刻：《十三经注疏》，中华书局，1980年，第1269页。

④ 《仪礼注疏》卷二四，阮元校刻：《十三经注疏》，中华书局，1980年，第1075页。

⑤ 《春秋公羊传注疏》卷一三，阮元校刻：《十三经注疏》，中华书局，1980年，第2268页。

⑥ 《春秋公羊传注疏》卷一八，阮元校刻：《十三经注疏》，中华书局，1980年，第2298~2299页。

⑦ 《春秋穀梁传注疏》卷一〇，阮元校刻：《十三经注疏》，中华书局，1980年，第2406页。

⑧ 凌廷堪：《礼经释例》卷一三，北京大学出版社，2012年，第332页。

⑨ 陈立：《白虎通疏证》卷七，中华书局，1994年，第331页。

⑩ 《仪礼注疏》卷一，阮元校刻：《十三经注疏》，中华书局，1980年，第945页。

礼成子孙也。庙，谓祢庙。不于堂者，嫌著之灵由庙神。"

贾公彦疏云："云'不于堂者，嫌著龟之灵由庙神'者，此据经冠在庙堂，此著筮在门外，不同处，故以庙决堂。以著自有灵，知吉凶不假庙神，故云嫌著龟之灵由庙神也。"

举行冠礼前，先要在宗庙大门外占筮确定加冠的日期。在先人之庙的地界进行，而不是选择如寝门这样的地方，表现了冠礼的重要。但为何不像加冠时那样在庙堂，却仅是在庙门外呢？郑玄对此解释：占筮是用蓍草来卜问吉凶，蓍龟皆自有神性，若在接近庙神的庙堂占卦，那所得结果是蓍草预示的，还是自家庙神预示的呢？为避免构成蓍草之灵是从庙神处获得的嫌疑，所以筮日仅在大门外，而不像加冠在庙堂举行。如此既表达对冠事的重视，又不至于为事行礼尊主不明。

从《礼记》的《冠义》篇，及《白虎通》现存文字来看，重事重先祖是解释的重点。郑玄对"筮于庙门"的解释，体现了经义细密与原则确立的过程。郑玄的阐释虽然有"重先祖"的意涵，但突出了重"成人之礼"，而且最明显的差别在于，郑玄进一步展开在"门"而不在"堂"，区分了庙神与蓍龟之灵，其凶吉得于蓍龟之灵与归于先祖则成为不同的礼义范畴。

> 重冠，故行之于庙。行之于庙者，所以尊重事。尊重事而不敢擅重事，不敢擅重事，所以自卑而尊先祖也。① (《礼记·冠义》)
>
> 筮画卦所以必于庙何？托义归智于先祖至尊，故因先祖而问之也。② (《白虎通》)

郑玄的这一思想，也是融贯了《周礼》之学的。《周礼·天府》郑注："凡卜筮实问于鬼神，龟筮能出其卦兆之占耳。"孔颖达疏云：

> 云"凡卜筮实问于鬼神，龟筮能出其卦兆之占耳"者，案《易·系辞》云："精气为物，游魂为变，是故知鬼神之情状与天地相似。"注云"精气谓七八，游魂谓九六。"则筮之神自有七八九六成数之鬼神。《春秋左氏传》云"龟象筮数"，则龟自有一二三四五生数之鬼神。则知吉凶者，自是生成鬼神，龟筮直能出外兆之占耳。案：《易》系蓍龟神物，《士冠礼》注云"筮不以庙堂者，嫌著之灵由庙神"，若然，著龟亦自有神，而云出卦兆者，但所礼者礼生成之鬼神，神之尊者，无妨蓍龟亦自有神也。

后世礼制沿袭此义，如《开元礼·序例》：

> 国有小祀应筮日者，及诸王冠婚、公主降嫁等并筮日于<u>太庙南门之外</u>。将筮前一

---

① 《礼记正义》卷六一，阮元校刻：《十三经注疏》，中华书局，1980 年，第 1680 页。
② 陈立：《白虎通疏证》卷七，中华书局，1994 年，第 330 页。

日，右校扫除太庙南门之外。守宫设太卜令以下次于门外之东，皆西向。其日平明，太卜令、卜正、占者俱就次，各服公服。守宫布筮席于闑西阈外，西向。①

以上就是卜筮中的尊主分明问题。卜筮主蓍灵，不杂庙神，是不同时并敬两个尊主对象。

胡培翚《仪礼正义》云："凡庙有室、有堂、有庭、有门。礼有行于庙之室者，祭祀阴厌之属是也。有行于庙之堂者，傧尸之属是也。有行于庙之庭者，纳牲之类是也。有行于庙之门者，此筮日之类是也。"② 曹元弼《礼经校释》云："凡卜筮皆于庙门，所以然者，嫌蓍龟之灵由庙神，尊蓍龟也。以三隅反之，则亦嫌有蓍龟而无庙神，尊庙神也，故不于堂而于门也。"③

郑玄的厘定规整，一方面吸纳《春秋》文本处理原则，一方面整合三《礼》义。郑玄的《仪礼》今古文厘定，还是一个三《礼》文本会通性的过程。今古文厘定，自然有语言文字层面的规范，同时经学、经义规范也是一端。这里面有两个问题，其一，《仪礼》不仅今文系统内自有差别，郑玄所据之古文亦非一本，故王国维言"汉时古文经皆有别本甚明"④。其二，郑玄的今古文记录未必是全然性的校勘。郑玄的塑造有最本质的目的是使得《仪礼》成为含三《礼》礼义法则的仪节程式文本。可见，郑玄注释三《礼》的次序是一个宏观的学术问题，"先注《周官》，次《礼记》，次《礼经》"，《仪礼》居后绝非因为前无所承之故。从《周礼》古注来看，其经义体系的建立也有一套逻辑。如《周礼·射人》："若王大射，则以狸步张三侯。"郑司农云："狸步，谓一举足为一步，于今为半步。"郑玄注云："狸，善搏者也，行则止而拟度焉，其发必获，是以量侯道法之也。"⑤ 郑玄《仪礼注》云："狸之伺物，每举足者，止视远近，为发必中也。是以量侯道取象焉。"⑥ 毋庸置疑的是，通过郑玄的记录与裁定，我们可以观察其参与构建文本经典化的过程。也就是说，校勘学、训诂学等背后蕴含着的经学思想与义理值得进一步细化与深入。

（作者单位：山东大学儒学高等研究院）

---

① 杜佑：《通典》卷一〇六，王文锦等点校，中华书局，1988年，第2765页。

② 胡培翚：《仪礼正义》卷一，江苏古籍出版社，1993年，第8页。

③ 曹元弼：《礼经校释》卷一，《续修四库全书》经部第94册，上海古籍出版社，2002年，第117页。

④ 《王国维手定观堂集林》卷七，浙江教育出版社，2014年，第176页。

⑤ 孙诒让：《周礼正义》卷五八，中华书局，第2434页。

⑥ 《仪礼注疏》卷一六，阮元校刻：《十三经注疏》，中华书局，1980年，第1028页。

司马彪的"错误"与"行事":
《续汉书·礼仪志》养老礼辨正*

□ 覃力维

【摘要】司马彪《续汉书·礼仪志》载东汉明帝辟雍养老礼仪,其中所行诸礼的搭配、行礼时间以及用牲,明显不甚合理,易引人误解。通过考察东汉时人对辟雍礼仪的认识,可知燕饮射飨诸礼往往与养老相关,又与"祀圣师"(晋时称"释奠")同属于"天子视学"的礼仪序列,其背后的经典依据则来源于《礼记》。魏晋时期,天子视学诸礼日益分化,至西晋时形成辟雍乡饮大射、太学讲经释奠的二分格局,已无养老之名,且主导者渐变为皇太子。在此背景下,司马彪《续汉书·礼仪志》通过"月令"模式部分还原汉世天子视学养老礼,有与现实礼制实践互动的用心;参诸其对《礼仪志》《祭祀志》态度的细微差别以及政治观念的表述,又不无玄学思潮的影响蕴藏其间。

【关键词】辟雍;养老;大射;乡饮酒;释奠

司马彪《续汉书·礼仪志》多记"施行威仪",其中"养三老、五更之仪"前载汉明帝永平二年(59年)三月养老、大射、乡饮酒、祀圣师诸事,同归于"养老"礼目之下:

> 明帝永平二年三月,上始帅群臣躬养三老、五更于辟雍。行大射之礼。郡、县、道行乡饮酒于学校,皆祀圣师周公、孔子,牲以犬。于是七郊礼乐三雍之义备矣。①

司马氏此记分梳辟雍与地方学校养老之礼甚明,即大射、乡饮酒上下对应。但参诸史传以及经注,诸礼并未混融于一时。卜德(Derk Bodde)、陈成国等已注意到这一问题,但只是对司马彪将各礼同归三月解释为"错误"或"必有一误",② 并未继续探究司马氏

---

* 本文是国家社科基金重大项目"中国传统礼仪文化通史研究"(18ZDA021)阶段性成果。

① 《后汉书志》第四《礼仪志上》,中华书局,1965年,第3108页。

② [美]德克·卜德:《古代中国的节日:汉代(公元前206—公元220年)的新年和其他年庆活动》,吴格非、蒋栋元等译,学苑出版社,2017年,第387~389页。陈成国:《中国礼制史(秦汉卷)》,湖南教育出版社,2002年,第388~389页。

"错误"形成的原因。游自勇将此记杂糅养老、大射、乡饮酒三礼，归诸司马彪"编排上的杂乱"；顾涛又从晋代辟雍行乡饮酒礼的实践，论证司马彪乃是受到现实礼制的影响。① 其间，养老与乡饮酒诸礼的关系与历史演变，是诸家关注的核心话题，但较少关注"祀圣师"所彰显的汉晋学礼变迁。而学礼研究诸家，多据此文推论"释奠礼"曾推行于汉世，但与汉人观念不合。② 司马彪在混融养老诸礼的同时，还特别标示"祀圣师周公、孔子"，实与各礼在汉晋间的分合演化有关，蕴藏着司马氏与当世礼制实践互动的现实诉求。

一、司马彪的"错误"

司马彪《续汉书·礼仪志》的编排，尤其是前两部分借助了《礼记·月令》的模式。而《礼仪志》《祭祀志》的并存，又延续了《史记·礼书》《封禅书》、《汉书·礼乐志》《郊祀志》并置的模型。在"养老"目下，司马彪所记之不合理，主要有时间与用牲两点，前者将养老、大射、乡饮酒礼同列于三月，与史实不合（参见表1）；后者以犬牲续于"皆祀圣师周公、孔子"之后，更是异于常见祭仪，极易造成误解。

表1　　　　　　　　　汉明帝二年三月、十月行礼表③

	三月	十月
《东观汉记》	上初临辟雍，行大射礼	上幸辟雍，初行养老礼
《续汉志》	三月，上始帅群臣躬养三老、五更于辟雍。行大射之礼。郡、县、道行乡饮酒于学校，皆祀圣师周公、孔子，牲以犬。于是七郊礼乐三雍之义备矣	

① 游自勇：《汉唐时期"乡饮酒"礼制化考论》，《汉学研究》2004年第2期。顾涛：《礼制史上的鹊巢鸠占——乡礼的礼义及其历史演变》，《文史哲》2022年第2期；《汉唐礼制因革谱》，上海书店出版社，2018年，第187~189页。另参［日］小南一郎：《饮酒礼と裸礼》，小南一郎编：《中国の礼制と礼学》，朋友书店，2001年，第65~99页。余嘉锡：《晋辟雍碑考证》，《余嘉锡论学杂著》，中华书局，2007年，第133~173页。童岭：《晋初礼制与司马氏帝室——〈大晋龙兴皇帝三临辟雍碑〉胜义蠡测》，《学术月刊》2013年第10期。另汉代养老研究成果较多，不再赘述。与司马彪此文相关者，参阅杨英：《祈望和谐：周秦两汉王朝祭礼的演进及其规律》，商务印书馆，2009年，第578~581页。吴丽娱：《论中古养老礼仪式的继承与兴衰——兼析上古宾礼之遗存废弃与皇帝的礼仪地位》，《文史》2013年第4辑。

② 高明士：《东亚教育圈形成史论》，上海古籍出版社，2003年，第30~31、64~67页。盖金伟：《汉唐官学学礼研究》，华东师范大学博士学位论文，2007年，第53~58页。亦有学者注意到作为专门礼名的"释奠礼"，实际上形成于魏晋时期（笔者更倾向定名于西晋）。［日］古胜隆一：《魏晋南北朝之释奠》，《汉唐注疏写本研究》，社会科学文献出版社，2021年，第115~117页。朱溢：《事邦国之神祇：唐至北宋吉礼变迁研究》，上海古籍出版社，2014年，第267页。古胜隆一、朱溢诸先生并举松浦千春《释奠礼仪についての觉え书き——その一：释奠礼仪の形成》《魏·西晋の释奠》《魏晋南北朝の帝位继承と释奠礼仪》诸文，未得寓目。

③ 《东观汉记校注》卷二《明帝纪》，中州古籍出版社，1987年，第56页。《后汉纪》卷九《明帝纪》，张烈点校，中华书局，2002年，第167页。《后汉书》卷二《明帝纪》，中华书局，1965年，第102页。

续表

	三月	十月
《后汉纪》	上初礼于学,临辟雍,行大射礼,使天下郡国行乡饮酒礼于学校	壬子,上临辟雍,初养三老五更。于是士效礼乐,三雍仪制备矣
《后汉书》	临辟雍,初行大射礼	壬子,幸辟雍,初行养老礼

(一)三月与十月

对比《东观汉记》《后汉纪》《后汉书》的相关记载,三月大射诸家记载一致,袁宏记乡饮酒与司马彪同,养老则应发生于十月无疑。司马彪于"三月"下,首言辟雍养老之事,明显不合常理。乡饮酒礼的时间,据《白虎通·乡射》"十月行乡饮酒之礼"、郑注《仪礼·乡饮酒礼》"今郡国十月行此饮酒礼",也应在十月,即养老与乡饮酒正是天子—辟雍、郡国—学校上下配套的礼仪。同时,郑玄也注意到汉代郡国饮酒礼重正齿位之义的凸显。又袁宏所书"士效礼乐",当是司马彪"七郊礼乐"之讹。刘勰赞允司马彪《续汉书》之"详实"(《文心雕龙·史传》),为当时"发源《东观》"的诸家后汉史著中的佳作。① 司马彪之书又影响了袁宏、范晔史书的修撰。今虽不可见司马彪如何编纂相应纪传,但如果《东观汉记》《后汉纪》《后汉书》不误或少误,唯独自诩"良史"的司马彪有误,也难称合理。

东汉时诸礼的时间与搭配,郑玄礼注也可提供佐证(参见表2),但有明显的建构色彩。《仪礼·乡饮酒礼》郑注已明确十月郡国行乡饮酒礼,《燕礼》郑注又言"今辟雍十月行此燕礼",正可上下对应;《乡射礼》郑注亦明言"今郡国行此礼以季春",只《大射仪》注不言何时行礼。《礼记·月令》郑注更加明了,其注季春"大合乐"言"其礼亡,今天子以大射、郡国以乡射礼代之",注孟冬"大饮烝"言"其礼亡,今天子以燕礼、郡国以乡饮酒礼代之"。郑氏所言"代之",正可呈现诸礼的时空演变之迹。但郑说过于整齐,当是其遍注三礼经典、统合诸项礼仪进而主张兴用"周礼"的结果。② 且征诸史实,郑注以十月燕礼代养老,反不如司马彪混融之说更为贴合汉人观念。

表2   **郑注三月、十月行礼表**

	季春三月	孟冬十月
月令	大合乐 郑注:大合乐者,所以助阳达物,风化天下也	大饮烝 郑注:十月农功毕,天子诸侯与其群臣饮酒于太学,以正齿位,谓之大饮

---

① 参阅周天游:《评司马彪的史学成就》,《陈直先生纪念文集》,西北大学出版社,1992年,第229~241页。宋志英:《司马彪〈续汉书〉考辨》,《史学史研究》2005年第2期。

② 陈苏镇:《郑玄的使命和贡献——以东汉魏晋政治文化演进为背景》,《两汉魏晋南北朝史探幽》,北京大学出版社,2013年,第365~372页。高瑞杰:《重建"周礼":郑玄"周礼"观与会通三礼之探析》,《经学文献研究集刊》第26辑,上海书店出版社,2021年,第80~101页。有关郑玄以汉制解经的分析,参阅车行健:《礼仪、谶纬与经义——郑玄经学思想及其解经方法》,台湾辅仁大学博士学位论文,1996年,第46~53页。另参甘怀真:《"制礼"观念的探析》,《皇权、礼仪与经典诠释:中国古代政治史研究》,华东师范大学出版社,2008年,第60~74页。

续表

		季春三月	孟冬十月
汉	天子	天子以大射 "春而大射以顺阳气"（《汉书·五行志》）， "春日载阳，合射辟雍"（《东京赋》）	天子以燕礼 郑注：玄冠而衣皮弁服，与礼异也 "执鸾刀以袒割，奉觞豆于国叟"（《东京赋》）
	郡国	郡国以乡射礼 郑注：皮弁服，与礼为异	郡国以乡饮酒礼 郑注：然此篇无正齿位之事焉。玄端而衣皮弁服，与礼异 "十月行乡饮酒之礼"（《白虎通·乡射》）

　　大射、养老确为东京盛事，堪称明帝朝的礼制典范。典籍中亦多并称，如曹充"受诏议立七郊、三雍、大射、养老礼仪"（《后汉书·曹褒传》）、桓荣"每大射、养老礼毕，上辄引荣及弟子升堂，执经自为下说"（《东观汉记·桓荣传》）、太常卿"大射、养老、大丧，皆奏其礼仪"（《续汉志·百官志》），可见二礼为当时所重。郑玄以燕礼、乡饮酒礼当养老，应取自"凡养老，有虞氏以燕礼，夏后氏以飨礼，殷人以食礼，周人修而兼用之"（《礼记·王制》《内则》）之义。《礼记·乡饮酒义》《射义》又皆言养老内涵，《白虎通·乡射》也合论天子亲射、射侯、射义、乡饮酒与养老，可见在汉人观念中，燕饮乡射与养老的联系十分紧密。① 汉世除三月、十月的王朝礼制实践外，典籍中又屡言"春秋乡射"（《汉书·礼乐志》《韩延寿传》）、"春秋飨射"（《后汉书·刘昆传》）、"春秋乡饮"（《后汉书·李忠传》），《史晨后碑》"钦曰春飨，导物嘉会"、《史晨前碑》"行秋飨，饮酒畔宫"，② 显与《白虎通》、郑注孟冬十月乡饮酒有异。另如《汉官仪》明言辟雍"三月、九月皆于中行乡射礼"（《后汉书·光武帝纪》注引）、"春三月，秋九月，习乡射礼"（《后汉书·儒林传》注引），故而刘善泽先生调和诸文，言"汉时乡饮酒礼，以十月亦以三月，盖一年两行之""汉时乡射礼固春秋两行之"，而郑注所言为"语不备也""词略不备耳"；又以周时行乡饮酒礼、乡射礼皆以正月（当汉时十一月），与汉代三月、十月行礼不同，乃是"时节与古异"。③ 不管是九月还是十月，同样可见在汉人观念中，乡射、飨射、饮酒有相通之处，合会养老当是其中最为重要的意涵之一。

---

　　① 邢义田认为汉代尊老、养老的施行，不能仅仅从功利和狭隘的角度去寻找根源（刘邦鸠鸟救命的传说），更应"从一个较大的文化传统去考虑"，即"自古以来，农业聚落'尚齿'的传统"，更注意到"时令之制在战国甚至更早即已存在"。邢义田：《从尹湾出土简牍看汉代的"种树"与"养老"》，《天下一家：皇帝、官僚与社会》，中华书局，2011 年，第 561~563 页。

　　② 董治安主编：《两汉全书》第 35 册《两汉石刻文献》，山东大学出版社，2009 年，第 19990、19992 页。毛远明编著：《汉魏六朝碑刻校注》，线装书局，2009 年，第 289、294 页。

　　③ 刘善泽：《三礼注汉制疏证》，岳麓书社，1997 年，第 391~392、394~395、479~481 页。另汉世边郡地区有"秋射"，屡见于汉简，为军事活动，与乡射有异，参阅薛英群：《居延汉简中的"秋射"与"署"》，《史林》1988 年第 1 期。刘丽琴：《居延汉简所见秋射制度》，《简牍学研究》第 4 辑，甘肃人民出版社，2004 年，第 100~106 页。焦天然：《两汉都试考——兼论汉简中的秋射》，《鲁东大学学报》（哲学社会科学版）2014 年第 1 期。刘鸣：《两汉的都试与秋射》，《简帛研究（二〇一九秋冬卷）》，广西师范大学出版社，2020 年，第 255~262 页。

郑玄将《仪礼》大射与乡射、燕与乡饮酒上下对应，试图在"养老"传统中抽离和突出各种适应等级结构、又与礼书经典相应的礼制，自是有其独特考量。而与郑玄欲离析"养老"诸礼不同，司马彪显然是想将诸礼回归于"养老"名义。至于其在时间与礼仪搭配上的"错误"，刘昭注"牲以犬"时明言"孟冬亦如之"，似尚未以司马彪此文有误，不知是否有阙文，还是因"月令"体例而故意为之。而晋时相关礼制实践与汉代差异较大，不仅天子于辟雍施行乡饮酒礼，其后皇太子又主导了学校诸仪。司马彪以史为鉴，当是不甚认同时制的（分析详下）。

（二）燕牲与祭牲

刘昭注司马彪"牲以犬"之文，特言"孟冬亦如之"，继而又引郑玄、服虔、应劭诸说，专言乡射、乡饮，即是以"牲以犬"说射饮诸礼；至于"祀圣师"，刘注无一语提及。唐人修《晋书》为避免误解，在追述汉制时，改文为"皆祠先圣先师周公、孔子，牲以太牢，孟冬亦如之"①。如是改动，彰显出"先圣先师"之祭在唐初的地位，已非司马彪所记"养老"礼的附庸。② 但观司马彪文辞，确实易生误会，如清人周寿昌便以孔祀用犬为"乡校春秋常祀"，并引《乙瑛碑》"犬酒"之文，言"此礼是随时祭，非特祭"。"特祭"指汉时帝王过鲁、幸鲁以太牢祀孔子事。清人黄山对周氏说辨析甚详：

> 考汉自高帝过鲁，祠孔子以太牢，后皆遵守，无用犬者。此碑既言由河南尹给牛羊豕，不用犬可知。古惟祀门用犬，不见于他祀。《乡饮酒礼》"其牲狗也"，敖继公云"用燕礼之牲"，明非祭祀之牲。周代乡饮原不祀先圣先师，汉溯礼所由起，因行释奠，例用酒脯。脯，肉干也，非牲。阙里祀孔尤与乡饮无涉，自不用犬。周氏以为时祭用犬，殆误。大酒当即大祀之酒，备五齐三酒耳。凡祭先酒，故释奠言酒脯。"犬酒"为文有同牛酒之槁，亦不类也。③

黄氏之说，以汉世太牢祀孔为定制，而犬牲为"燕礼之牲"，"非祭祀之牲"，皆无可疑；又说周代乡饮无祀圣师之礼，汉世乃"溯礼所由起"，则是未解当时辟雍养老礼之前有释奠仪节（此时还不能称作"释奠礼"）；其解《乙瑛碑》"犬酒"为"大祀之酒"，则可备一说。④ 要之，古时不论是学校祭孔，还是阙里祭孔，都无用犬牲之理。《仪礼·乡饮酒礼》《乡射礼》《燕礼》皆言"其牲狗也"，明非祭祀用牲，而是燕饮之食。郑注《礼记·月令》"大饮烝"，又特引《豳风·七月》"十月涤场，朋酒斯飨"诸文，言是

---

① 《晋书》卷二一《礼志下》，中华书局，1974年，第670页。

② 胡新生认为食犬牲并非周代乡饮酒礼和同类酒会通用礼制，《仪礼》所记当是鲁国或齐鲁地区地方特色的乡饮酒礼。胡先生进而认为司马彪所记"牲以犬"即乡饮酒礼所用，并注意到乡饮酒礼用犬牲到魏晋以后已被废弃，可从。但认为唐修《晋书》的修改"无意中透露出唐人讳食犬肉的心理"，似与文意不符。胡新生：《乡饮酒礼与食犬风俗》，《周代的礼制》，商务印书馆，2016年，第149~175页。

③ 王先谦：《后汉书集解》，中华书局影印民国四年虚受堂刊本，2006年，第1104页。

④ 《乙瑛碑》"犬酒"或"大酒"之文，毛远明以为当是"發"的省写。毛远明编著：《汉魏六朝碑刻校注》，线装书局，2009年，第180页。

"颂大饮之诗"。该诗毛传"飨者，乡人饮酒也。乡人以狗，大夫加以羔羊"，郑笺"十月民事男女俱毕，无饥寒之忧，国君闲于政事而飨群臣"，即说乡饮之食，与祭祀无关。司马彪的核心话题仍是围绕大射、乡饮的"养老"属性展开，即"养老"而"牲以犬"，"祀圣师"只是"养老"礼前的特定环节。这一礼仪序列的成立有明确的经学依据，其说详见《礼记》，尤其是《文王世子》篇。

今人引述司马氏此文亦多不辨此间歧义。如朱溢虽然注意到释奠礼与养老、乡饮酒礼有"很强的亲缘关系"，但在引述《乙瑛碑》"犬酒"、司马彪"牲以犬"之文后，径言"此时孔庙祭祀的牲牢是犬"，"表明东汉乡饮酒礼的祭孔部分也是以犬为牲的"，当是理解有误（《乙瑛碑》同时也言"河南尹给牛羊豕鸡□□各一"）。朱先生的逻辑，是以汉时释奠与养老、乡饮酒礼一样用犬，而魏晋释奠用太牢，便能"从一个侧面证明释奠礼仪确实是成型于魏晋时期"；且随着释奠礼与养老诸礼的逐渐疏远，释奠完成了由嘉礼而吉礼的转变。① 如此论证，稍显迂曲，实与礼书典制不符。

晋时"祀圣师"之礼已有"释奠"专名（元康初潘尼上《释奠颂》），② 专行于太学，并与皇位继承相关联，且有独立的仪注（《宋书·礼志》言"采晋故事，官有其注"）。此皆与汉时礼制相左（《晋书·礼志》言"汉世虽立学，斯礼无闻"）。司马彪在"养老"礼目下特别标示"祀圣师"，亦与当世释奠礼之兴异调。其间，"圣师周公、孔子"之说亦与魏晋时并祀孔子、颜回不同，但周、孔是否同祀，又是否有圣、师之分，皆有待进一步分梳，附辨如下。

（三）周孔与孔颜

司马彪以天子于辟雍大射、郡县道于学校乡饮酒时，"皆祀圣师周公、孔子"，不言正位、配享之别。魏晋祀孔则专以颜回配享。唐初释奠，先圣、先师又有周孔、孔颜之争。司马氏此说极易为唐初先圣、先师之争张本，如高明士、盖金伟等即以之为据，言先圣周公、先师孔子为两汉通制，但多推测之辞。③ 传世典籍之中，有"圣师"连言之例，如王充以孔子"俎豆之弄，为周圣师"（《论衡·本性》），夏侯湛以颜回"量同圣师"（《艺文类聚·人部》引《颜子赞》），再如《太平经》中亦有"圣师"称谓。汉碑中，辟雍祭孔或称"祠先圣师"（《乙瑛碑》），或称"先师"（《史晨前碑》），并无圣、师之分。东晋范坚明言"汉氏以来，释奠先师唯仲尼不及公旦"（《太平御览·释奠》），是周公、孔子又皆可称"先师"，可证圣师无别。

即使先圣、先师有别，考诸郑玄礼注，孔子尚不得为先师。《礼记·文王世子》中明言释奠"先圣先师"，郑注"先圣，周公若孔子"，解"先师"为"若汉，《礼》有高堂生，《乐》有制氏，《诗》有毛公，《书》有伏生"。郑玄以周公、孔子都是"先圣"，孔疏言"近周公处祭周公，近孔子处祭孔子"，相较范坚之言，只称谓不同而已；"先师"则代有不同。具体到王朝礼制实践，孔颜并祀才是定制。朱维铮主张汉唐间周孔"先圣"

---

① 朱溢：《事邦国之神祇：唐至北宋吉礼变迁研究》，上海古籍出版社，2014年，第285~288页。

② 《晋书》卷五五《潘尼传》，中华书局，1974年，第1510~1512页。

③ 高明士：《东亚教育圈形成史论》，上海古籍出版社，2003年，第30~31、64~67页。盖金伟：《汉唐官学学礼研究》，华东师范大学博士学位论文，2007年，第53~58页。

之争一直存在,主要依据是孔子在各时代的封号,如平帝时封"褒成宣尼公"是"古文派对付今文派的一个花招",因为公爵"否定了今文家所谓孔子是以《春秋》当一统的'素王'说",且认为"东晋南朝都沿袭晋制,称孔子为先师"。① 朱先生勇于按断,乃是出于评判儒家学术具有"学随术变"特征的立场。但所论并不符合史实,汉唐间以孔子为"圣人"的观念早为世人所接受,论说甚多,以西晋潘尼《释奠颂》为例,其中便明言"恂恂孔圣"。朱先生又以中古时期的周公崇拜是"把周公当作合法改朝换代的圣王典范"②,则可从。周公居摄与中古时期朝代鼎革之际的禅让套路若合符契,③ 自然受到官方推崇而地位甚高,如范宁曾议释奠孔子"依周公之庙,用王者仪"(《南齐书·礼志》)、许敬宗等以"周公践极,功比帝王"(《旧唐书·礼仪志》),同时因关乎皇权更迭实际上又长期隐而不彰。

辟雍、郡县学校周公之祀,在汉世及六朝颇可疑,范坚之言虽后起,即为明证。蜀地文翁石室东汉末年曾增筑周公礼殿,壁上有古圣帝贤臣、孔子及七十二弟子等图,但很难证明其时已有周孔并祀之举。且礼殿图所作之时间,也有异说。如《史记索隐》称《文翁孔庙图》,显系后起之名;而《历代名画记》称《益州学堂图》,言似东晋人撰。④ 笔者颇疑司马彪"圣师周公、孔子"说乃因当时习称所致,并非汉时通制,但不论如何,同样能显示出与时制并祀孔子、颜回的不同。通观司马彪所记"养老"条,与其他诸家后汉史书比较,只有司马氏之文存在不少漏洞,与"良史"不符;种种歧异,无不显示出与西晋礼制实践的不同之处。而诸礼分合之间,又说明汉晋间学礼正处于分化之中,尤其是唯独司马彪特别标示"祀圣师"之礼,表明学礼的核心环节正在从养老变为释奠。

二、汉代"辟雍礼"的组成

与周公之祀少见记载相比,汉时孔子祀于郡县学校虽亦鲜有记录,但祀于辟雍则无疑义:

> 备博士,广太学,而祀孔子焉,礼也。(《申鉴·时事》)⑤
> 故事,辟雍礼未行,祠先圣师。侍祠者,孔子子孙、大宰、大祝令各一人,皆

---

① 朱维铮:《中国经学史十讲》,复旦大学出版社,2002 年,第 17~18 页。
② 朱维铮:《帝制中国初期的儒术》,浙江大学出版社,2019 年,第 63 页。
③ 周公居摄称王与否,是经学史上聚讼纷纭的大公案。可参考元敏:《周公旦未曾成王考》,《尚书周诰十三篇义证》,台湾万卷楼图书股份有限公司,2017 年,第 117~193 页。吴仰湘:《黄彰健"周公受命问题"研究评析》,《中国文化》2020 年第 1 期。洪博昇:《推想的限度:论黄彰健先生的"周公受命义"及其相关问题》,《中国经学》第 22 辑,广西师范大学出版社,2018 年,第 167~182 页。
④ 有关汉世孔子及其弟子、周公画像的最新研究,可参缪哲:《孔子见老子》《周公辅成王》,《从灵光殿到武梁祠:两汉之交帝国艺术的遗影》,生活·读书·新知三联书店,2021 年,第 27~108 页。姜生:《受道书朝王母:汉画孔子拜老子所见的升仙仪轨》,《汉帝国的遗产:汉鬼考》,科学出版社,2016 年,第 438~483 页。二位先生所论颇不同,亦颇可怪。
⑤ 荀悦撰,黄省曾注,孙启治校补:《申鉴注校补》,中华书局,2012 年,第 95 页。

备爵。大常丞监祠，河南尹给牛羊豕鸡□□各一，大司农给米祠。(《乙瑛碑》)①

臣伏见**临辟雍日**，祠孔子以大牢，长吏备爵，所以尊先师重教化也。(《史晨前碑》)②

汉旧立孔子庙，褒成侯岁时奉祠。**辟雍行礼**，必祭先师，王家出谷，春秋祭祀。(《三国志·魏书·崔林传》"鲁相上言")③

所谓"辟雍礼未行""临辟雍日""辟雍行礼"，当即大射养老之事。而所谓"祠先圣师""祭先师"，与司马彪所称"祀圣师周公、孔子"未能尽合。更为重要的是，此祭礼书经典中即称"释奠"(尤其是《礼记·文王世子》)，但通观汉世辟雍孔祀，可知汉人并不以释奠为重，且未有"释奠"礼类之名(可能仅视作一个简单的动作或环节)。三礼中详言释奠者，莫过于《礼记·文王世子》。古胜隆一即以"释奠在经学上的根据乃《礼记·文王世子》篇"，"释奠礼，是出自《礼记·文王世子》篇的一种礼"。④《文王世子》又言"凡祭与养老乞言、合语之礼"，郑玄总括语意为"学以三老之威仪"，又解"合语"为"乡射、乡饮酒、大射、燕射之属"，即旅酬时"合会义理而语说"(孔疏语)。可见，郑玄将射乡燕饮诸礼关联养老之礼，且祭祀还在乞言、合语之先，但孔疏分别祭、养老乞言、合语为三事，稍有偏差。又如"凡大合乐，必遂养老"，郑解"大合乐"为"春入学舍菜合舞，秋颁学合声"，本自《周礼·春官·大胥》；参诸《礼记·月令》，孟春有"入学习舞"、仲春有"习舞释菜""入学习舞"、季春有"大合乐"，因郑玄以《月令》"官名时事多不合周法"(《三礼目录》)，故解释略有差别。郑玄以周代春秋"大合乐"时天子视学，显然是结合《文王世子》后文"天子视学"章的结果，并举乡饮酒、乡射礼"明日乃息司正"诸事为"养老之象类"。故而秦蕙田《五礼通考》论养老之礼亦言"《文王世子》尤为详备"，可知养老与释奠的主要经学依据皆在于此篇，且养老之礼可囊括射飨燕饮诸礼。

"天子视学"即史书所言"上临辟雍""上幸辟雍"，亦即《乙瑛碑》所称之"辟雍礼"。当然具体到现实礼制实践，肯定有所改易。史载曹充"建武中为博士，从巡狩岱宗，定封禅礼，还，受诏议立七郊、三雍、大射、养老礼仪"(《后汉书·曹褒传》)，即议礼在建武三十二年(56年)二月光武帝封禅后，次年光武帝去世，未来得及施行相关礼仪，明帝时方正式予以践行。其中议养老之根据，以其子曹褒曾传《礼记》四十九篇来看，很可能就是《礼记·文王世子》。汉明帝临幸辟雍之礼，在汉世即称典范，综合诸家所记诏书、仪节，不难发现其与《礼记·文王世子》的关联与区别(参见表3)。

① 毛远明编著：《汉魏六朝碑刻校注》，线装书局，2009年，第179页。

② 毛远明编著：《汉魏六朝碑刻校注》，线装书局，2009年，第289页。

③ 《三国志》卷二四《崔林传》，中华书局，1964年，第681页。

④ [日]古胜隆一：《魏晋南北朝之释奠》，《汉唐注疏写本研究》，社会科学文献出版社，2021年，第115、129页。古胜隆一先生另有《释奠礼と义疏学》《南齐の国学と释奠》诸文研究释奠礼与义疏学的关系(详参氏著：《中国中古の学术》，研文出版社，2006年)。

表3 　　　　　　　　《礼记》、汉明帝"养老"礼对照表

《礼记·文王世子》	《续汉书·礼仪志》	《后汉书·明帝纪》
	先吉日，司徒上太傅若讲师故三公人名……皆斋于太学讲堂	
天子视学，大昕鼓徵，所以警众也。众至，然后天子至，乃命有司行事，兴秩节，祭先师先圣焉。有司卒事反命，始之养也	其日，乘舆先到辟雍礼殿，御坐东厢 皆祀圣师周公、孔子	光武皇帝建三朝之礼，而未及临飨。眇眇小子，属当圣业。间暮春吉辰，初行大射；令月元日，复践辟雍
适东序，释奠于先老，遂设三老、五更、群老之席位焉。适馔省醴，养老之珍具，遂发咏焉，退修之以孝养也	遣使者安车迎三老、五更。天子迎于门屏，交礼，道自阼阶，三老升自宾阶。至阶，天子揖如礼三老升，东面，三公设几，九卿正履。天子亲袒割牲，执酱而馈，执爵而酳，祝鲠在前，祝饐在后 五更南面，公进供礼，亦如之	尊事三老，兄事五更，安车软轮，供绥执授。侯王设酱，公卿馔珍，朕亲袒割，执爵而酳。祝哽在前，祝噎在后
反，登歌《清庙》，既歌而语，以成之也。言父子、君臣、长幼之道，合德音之致，礼之大者也。下管《象》，舞《大武》，大合众以事，达有神，兴有德也。正君臣之位，贵贱之等焉，而上下之义行矣		升歌《鹿鸣》，下管《新宫》，八佾具修，万舞于庭 [每大射养老礼毕，帝辄引荣及弟子升堂，执经自为下说(《桓荣传》) 袒割辟雍之上，尊养三老五更。飨射礼毕，帝正坐自讲，诸儒执经问难于前，冠带缙绅之人，圜桥门而观听者盖亿万计(《儒林传》)]
有司告以乐阕，王乃命公侯伯子男及群吏曰"反养老幼于东序"，终之以仁也		其赐荣爵关内侯，食邑五千户。……有司其存耆耋，恤幼孤，惠鳏寡，称朕意焉
	明日，皆诣阙谢恩，以见礼遇大尊显故也	

　　史书所谓"袒割""执爵而酳"等，亦出自《礼记·乐记》《祭义》有关"食三老、五更于大学"的记载。明帝礼制与礼书之最大不同，是行礼结束之后，有讲经之举。这可能极大启发了魏晋时期皇帝、皇太子讲经释奠礼制的定型。而《礼记·文王世子》被刘向《别录》归类为"世子法"，也可能影响了中古时期释奠礼与皇位继承关系的认识。明帝临幸辟雍的礼仪，融祭祀、养老（形式有射飨燕饮称名的不同）、讲经于一体，而"观听者盖亿万计"，也达到了《文王世子》"古之人一举事而众皆知其德之备"的目的与效果。

　　其中，郑玄在离析与养老有关诸礼时，言汉制礼服与经典不同，颇可注意。《仪礼·乡饮酒礼》《乡射礼》《燕礼》皆言朝服，而汉世辟雍燕礼"玄冠而衣皮弁服"、郡国乡饮酒"玄端而衣皮弁"（《续汉志》刘昭注引郑说为"玄冠、衣皮弁服"）、乡射"皮弁服"，即皆服皮弁服。《续汉书·舆服志》载辟雍大射时，公卿诸侯大夫行礼者"冠委貌，

衣玄端素裳"、执事者"冠皮弁，衣缁麻衣，皂领袖，下素裳"，可与之相互佐证。如此，辟雍、郡国行礼之服同制。而汉时郡县"享射祭祀"，依服虔、应劭说乃是"皆假士礼而行之，乐县笙磬筵俎，皆如士制"（《续汉书·礼仪志》刘昭注引）。从辟雍、郡国同服皮弁服（冠则有异）到郡县行"士礼""士制"，呈现了一种君臣上下同服士服的礼制结构。这很可能是西晋辟雍行乡饮酒礼的经说与"故事"源起，而不仅仅是西晋人的别出心裁。①

汉代"辟雍礼"拥有一套系统仪式，单举某一项礼都不足以展示其全部过程与丰富意涵，与后世各礼单行尤其不同，如《开元礼》便分列吉礼"皇帝视学""释奠"（又分皇帝、太子、国学、诸州、诸县）与嘉礼"养老于太学""乡饮酒""正齿位"等。而司马彪正处于这一礼制分化的关键时期。因此，不论是三月与诸礼时间搭配不当，还是用牲与祭仪不合，如果《续汉志》文本在流传中并无疏漏讹误，司马彪在"养老"礼目中出现的明显"错误"（实际上多数符合汉代养老礼的观念与礼制设计），便是有意为之，而不能简单视作文本编排或司马氏理解有误。渡边义浩认为司马彪《续汉书》的目的和追求，除国家正统化的诉求之外，便是通过编纂史书、借鉴后汉"儒教国家"的制度，影响西晋"儒教国家"现实政策的制定。② 如此，司马彪《续汉书》的编纂，便不能仅仅视作征实考信之作，其中实际蕴含了司马氏欲与现实互动的深刻用心。

三、"校其行事，已与前汉颇不同矣"：司马彪的诉求

司马彪在编纂《续汉书·礼仪志》《祭祀志》时，除沿袭《史记》《汉书》既有志书结构外，其对二者的定位略有差别，志后之"赞曰"：

> 大礼虽简，鸿仪则容。天尊地卑，君庄臣恭。质文通变，哀敬交从。元序斯立，**家邦乃隆**。（《礼仪志》）
> 天地禋郊，宗庙享祀，咸秩无文，山川具止。**淫乃国蠹**，典惟皇纪。肇自盛敬，孰崖厥始？（《祭祀志》）

总体而言，司马彪比较认可《礼仪志》诸礼，除丧礼外，其以"月令"的形式铺排

---

① 童岭先生以西晋辟雍行乡饮酒诸礼，并用马、郑、王三家之义，乃是皇权为取得门阀士族支持、拉拢最广大层面的士大夫而为之，并将皇帝"士族化"。童岭：《晋初礼制与司马氏帝室——〈大晋龙兴皇帝三临辟雍碑〉胜义蠡测》，《学术月刊》2013 年第 10 期。另射礼内涵的研究，可参［日］小南一郎：《论射的礼仪化过程——以辟雍礼仪为中心》，秦晓丽译，宋镇豪、郭引强主编：《西周文明论集》，朝华出版社，2003 年，第 181~191 页。彭美玲：《古礼大射"将祭择士"说研探——兼及其与天子视学养老礼之关系》，《中国经学》第 24 辑，广西师范大学出版社，2019 年，第 155~182 页。袁俊杰：《两周射礼研究》，科学出版社，2013 年。

② ［日］渡边义浩：《司马彪の修史》，《西晋「儒教国家」と贵族制》，汲古书院，2010 年，第 481 页。渡边先生的"儒教国家"论有多种著述，形成了一个内容丰富的解释框架。

礼目，本身就具有较强的借鉴意义与指导性，同时也符合汉世重"月令"的治政传统。①但事实上，司马彪在其中设置了一些机巧，沈约在编纂《宋书》时就曾说"司马彪集后汉众注，以为《礼仪志》，校其行事，已与前汉颇不同矣"（《宋书·礼志》）。这种"不同"显然不能仅仅以"错误"视之，其背后应当蕴含着司马彪欲参与现实制礼作乐的意图，只是较为隐微。《祭祀志》诸礼同样有如此用意，但司马彪的态度更加直白，对封禅、六宗等礼有自己的批评，对应了"淫乃国紊"的判断。

据《晋书·司马彪传》记载，司马彪卒于惠帝（290—306年在位）末年，年六十余。其参与礼制实践，除《续汉志》梳理汉家故事外，今见于典籍者，只有晋武帝泰始（265—274年）初，上疏定议祠南郊之礼（其说不详）与六宗之祀"不应特立新礼"（《晋书·礼志上》）二事，当时皆从其议，但六宗之祀后因挚虞反对而复祀。司马炎"受命"之前，其父司马昭在咸熙元年（264年）三月封晋王后即已开始制礼活动；该年五月，司马昭奏复五等爵，七月又奏荀顗定礼仪、贾充正法律、裴秀议官制，并"始建五等爵"（《晋书·文帝纪》）。其中荀顗所定即所谓"新礼"，先后参与其事者又有羊祜、任恺、庾峻、应贞、孔颢、郑冲诸人。"新礼"成书百六十五篇（时间或在泰始初年），太康间（280—289年）又经挚虞"讨论"，减省篇幅。其结果并不如人意，元康元年（291年）上奏时"所陈惟明堂五帝、二社六宗及吉凶王公制度，凡十五篇"（《晋书·礼志上》），故又与傅咸缵续其事，终未得成功。可见，西晋"新礼"数十年间并未得到最有效、最广泛地施用，但也确立了基本的"五礼"结构。② 这正是司马彪留心礼制的现实背景，其与制礼诸家观念之分合，亦有迹可循。

参诸《晋书·礼志》，太康元年（280年），卫瓘、山涛、魏舒、刘寔、张华等皆以晋武帝可封禅，晋武帝未从，不知是否有司马彪的努力在其中。而六宗之祀，晋初从司马彪议罢祀，后又从挚虞议复祀。司马彪之议（见于《续汉志》刘昭注），对汉世以来今古文《尚书》说（安帝时从欧阳《尚书》说）、元始故事之《易》六子说、与《礼记·祭法》《孔丛子·论书》相通的孔安国说、本诸《周礼》的郑玄说都有不满，认为六宗（天地四时）"至大"，已囊括群神、百礼，不必再单独祭祀。③ 而挚虞之议（见于《晋书·礼志》），则是从"汉魏相仍，著为贵祀"故事角度，论证六宗当祀，并认同魏明帝时刘

———————

① 邢义田：《月令与西汉政治——从尹湾集簿中的"以春令成户"说起》《月令与西汉政治——重读尹湾牍"春种树"和"以春令成户"》，《治国安邦：法制、行政与军事》，中华书局，2011年，第125~179页。杨振红：《月令与秦汉政治再探讨——兼论月令源流》，《历史研究》2004年第3期；《月令与秦汉政治》，吴丽娱主编：《礼与中国古代社会·秦汉卷》，中国社会科学出版社，2016年，第156~191页。杨英：《祈望和谐：周秦两汉王朝祭礼的演进及其规律》，商务印书馆，2009年，第596~630页。薛梦潇：《早期中国的月令与"政治时间"》，上海古籍出版社，2018年。

② 邓国光先生以为《新礼》"乃行五等爵封建之礼"，似不尽然。参阅邓国光：《挚虞研究》，学衡出版社，1990年，第69页。梁满仓：《魏晋南北朝五礼制度考论》，社会科学文献出版社，2009年，第129~130、135~138页。杨英：《中古礼典、律典分流与西晋〈新礼〉的撰作》，《社会科学战线》2017年第8期。

③ 司马彪之驳议，未提及王肃之名。按照刘昭注文的顺序，本诸《礼记·祭法》的祭时、寒暑、日、月、星、水旱之说，乃是出自孔安国（今见于《尚书》伪孔传）。司马彪驳议中亦有"安国案"，但排序在驳郑玄后，笔者颇疑此处所驳当是王肃（《礼记·祭法》孔疏言"若王肃及先儒之意，以此为六宗"）。

邵"太极冲和之气，为六气之宗者也"之说。①

在是否当祀六宗的问题上，与挚虞重"故事"有别，司马彪并未因汉魏传统而判定六宗当祀，也未受到当时王学初兴的影响，② 并在经义取舍上有自己的诠解。而西晋礼制实践中，大射、乡饮、养老尚能合于一处（事实上已无养老之名），但圣师之祀已然独立，实际就是以"养老"礼的消隐为代价，而养老礼的缺席同样也影响射乡诸礼的后续实践频率。在《晋辟雍碑》未出土以前，对西晋学校礼制作详细梳理者，射乡之礼的记载都略有疏漏。如《五礼通考》中射礼无西晋事，乡饮酒有晋武帝泰始六年（270 年）、咸宁三年（277 年），晋惠帝元康九年（299 年）三条以及傅玄《辟雍乡饮酒赋》。③ 但民国时期《晋辟雍碑》的出土，完善了学界对西晋辟雍礼制的认识。《晋辟雍碑》立于咸宁四年（278 年）十月，碑首题"大晋龙兴皇帝三临辟雍皇大子又再莅之盛德隆熙之颂"，记载了泰始三年（267 年）十月、泰始六年（270 年）正月与十月、咸宁三年（277 年）十一月、咸宁四年（278 年）二月五次临辟雍之礼。其中，提及乡饮酒礼三次、乡射礼一次、大射礼两次。相关史实，余嘉锡先生《晋辟雍碑考证》一文尤为翔实。④ 至于列于"学礼"目下的视学养老，《五礼通考》所载亦无（但视学有一条，与泰始六年乡饮酒同时），另有晋惠帝永平元年（291 年）优老之礼一条。而释奠礼的频率与记载，远较乡饮、大射、养老为详。

其中，余先生特别强调"碑文中太子之莅雍，非释奠于太学之谓也"，申明"辟雍与太学分明两地，而释奠在太学，与乡饮行于辟雍者不同"。⑤ 东晋王彪之即言"释奠于太学，行飨于辟雍"（《太平御览·释奠》引《尚书大事》），可见时人分别辟雍、太学礼制甚明。另西晋首设国子学，是中古学校制度变局的开端，⑥ 但此时国子学地位尚不如太学，也未见施行何种大礼。西晋学礼的主要场所还是辟雍与太学（参见表 4），恰与东汉以来辟雍礼的分化合辙。如是分别，或与当时门阀士族与皇权的关系有关。如果说西晋时期辟雍行飨可能代表了皇帝"士族化"的倾向（参童岭说），太学释奠则是皇权对正统、文教更为直接的一种宣示。⑦

---

① 邓国光先生引挚虞《思游赋》"将远游于太初兮，鉴形魄之未分。四灵俨而为卫兮，六气纷以成群"证挚虞"以气释六宗"，并以之"渊源于前汉今文《书》说"，可从。邓国光：《挚虞研究》，学衡出版社，1990 年，第 77 页。又《晋书·礼志》六宗条以王肃主《易》六子说，与礼疏不同。

② 参阅刘柏宏：《开创与影响：王肃礼学义理及中古传播历程》，台湾稻乡出版社，2009 年，第 207~214 页。

③ 秦蕙田：《五礼通考》，方向东、王锷点校，中华书局，2020 年，第 5439~5440、7796、7872、8063、8282、8297 页。汪兆铺《晋会要》所录大致不出此范围，又释奠专录潘尼《释奠颂》。参阅汪兆铺：《稿本晋会要》，书目文献出版社，1988 年，第 57~58、84 页。

④ 余嘉锡：《晋辟雍碑考证》，《余嘉锡论学杂著》，中华书局，2007 年，第 133~173 页。毛远明编著：《汉魏六朝碑刻校注》，线装书局，2009 年，第 267~274 页。

⑤ 余嘉锡：《晋辟雍碑考证》，《余嘉锡论学杂著》，中华书局，2007 年，第 173 页。

⑥ 参阅高明士：《东亚教育圈形成史论》，上海古籍出版社，2003 年，第 43~47 页。

⑦ 东晋门阀政治中，释奠又成为门阀间竞争的对象，其间也有重振皇权的努力。参阅李磊：《四世纪的"崇圣"竞争与东晋太学、国学之兴废》，《孔子研究》2021 年第 1 期。

表 4   西晋太学、辟雍礼表

	立学	释奠—讲经（太学）	射乡（辟雍）
泰始三年（267 年）	廓开大学，广延群生。《晋辟雍碑》"并时集至，万有余人"时当司马昭平蜀封王（264 年三月）后	十一月，诏太学及鲁国四时备三牲以祀孔子（《宋书·礼志》《晋书·礼志》）	十月，**始行乡饮酒、乡射礼**。马郑王三家之义并时而施（《晋辟雍碑》皇帝一临辟雍）
泰始六年（270 年）	奉诏诣学，延博士，会学生，咨询说言。《晋辟雍碑》时当司马炎嗣晋王（265 年八月）后		正月，熹、溥等又**奏行大射礼**（《晋辟雍碑》"邦君之制，于是而显"皇帝二临辟雍，时或二月）十月，**行乡饮酒礼**。皇帝躬飨幸之（《晋辟雍碑》"班飨大燕"皇帝三临辟雍）十二月，帝临辟雍，行乡饮酒之礼。诏赐太常绢百匹，丞、博士及学生牛酒（《宋书·礼志》，当以碑为正）
泰始七年（271 年）	正月，皇太子冠（《晋书·武帝纪》）	**皇太子讲《孝经》通**。亲释奠于太学，太子进爵于先师，中庶子进爵于颜渊（《宋书·礼志》《晋书·礼志》）	
咸宁二年（276 年）	起国子学（《宋书·礼志》）		
咸宁三年（277 年）		**皇太子讲《诗》通**。（亲释奠）（《宋书·礼志》《晋书·礼志》）	段畅、崔豹讲肆大礼。十一月，**行乡饮酒礼**（《晋辟雍碑》"降储尊之贵，敦齿让之制"皇太子一莅辟雍）复行乡饮酒之礼《宋书·礼志》
咸宁四年（278 年）	初立国子学（《晋书·职官志》）		二月，**行大射礼于辟雍**（《晋辟雍碑》皇太子二莅辟雍）
太康三年（282 年）		**皇太子讲《礼记》通**（亲释奠）（《晋书·礼志》）	
太康五年（284 年）	修作明堂、辟雍、灵台（《宋书·礼志》）		
元康元年（291 年）	正月，皇太子冠（《晋书·惠帝纪》）	十二月，初命皇太子**讲《孝经》**于崇正殿（《晋书·潘尼传》）十二月，皇太子将释奠（《宋书·五行志》《晋书·五行志》作"八年"）	

续表

	立学	释奠—讲经（太学）	射乡（辟雍）
元康三年（293年）	始立国子学（《南齐书·礼志》）"二学儒官""学徒国子，咸来观礼"（《晋书·潘尼传》）	春闰月，**皇太子讲《论语》通**（亲释奠）《（宋书·礼志》、《晋书·礼志》《潘尼传》）	
元康九年（299年）			复行乡饮酒之礼（《宋书·礼志》）

汉代重要的学校礼仪多行于辟雍，尤其明帝初临辟雍行大射礼、初行养老礼的典范，屡为时人赞许。且汉晋人观念中，辟雍即是"乡射之宫"（《白虎通·辟雍》）、"行飨射，养国老"（《毛诗正义》引颖子容《春秋释例》）、"大射养孤之处"（《毛诗正义》引袁准《正论》），其中尤以"养老"之义最为时所重，王沈《辟雍颂》明言"唐虞三代，咸崇辟雍，养老之制也"（《北堂书钞·礼仪部》），故而司马彪将大射、乡饮皆纳于养老礼目下，而潘岳在《世祖武皇帝诔》中便以"胄子入学，辟雍宗礼，国老恂恂，贵游济济"（《艺文类聚·帝王部》）对应《晋辟雍碑》中皇帝三临辟雍之礼。但西晋辟雍行礼已经无有养老之名，三老五更自然也不见其人。至于天子辟雍行乡礼，余嘉锡先生以为"失礼之甚"，但亦有汉世故事的渊源（如前引《汉官仪》所述），童岭先生则认为晋武帝自有目的。①《晋辟雍碑》明言用马融、郑玄、王肃三家之义，恐怕都不会认为乡饮酒礼、乡射礼是天子当行之礼，故而才有二临辟雍时的"邦君之制，于是而显"（符合郑玄"天子以大射"的注解）。晋武帝三临辟雍时，有"班飨大燕"事，似亦是用郑玄"天子以燕礼"之义。此后两次临辟雍之礼，天子甚至不再参与其中（晋惠帝又曾亲临辟雍乡饮酒，则已是多事之秋），如此种种，都不甚符合司马彪对养老礼的期许。

更大的变数则是释奠礼的兴起。《晋书·礼志》言"汉世虽立学，斯礼无闻"，参诸《乙瑛碑》《史晨前碑》，当时辟雍祀孔确无"释奠"之名（郑注亦不视其为特殊礼类，更多的只是一个礼仪环节）。即以曹魏孔颜之祀论，其时亦无"释奠"礼名（陈寿《三国志》即不言"释奠"），但已经确立了基本的礼仪内容：一是与讲经结合，或是渊源于汉明帝大射养老后之讲经。二是孔颜搭配，颜子亚圣之名日显。又祭于辟雍，晋时改为祭于太学（但曹魏养老行于太学，晋则射乡于辟雍）。三是遣官致祭，符合《礼记·文王世子》有司之事，晋则提升规格，以皇太子主祭。因此，作为专名的"释奠礼"虽然奠基于曹魏，但正式定名很可能始于西晋。从汉代辟雍孔子祭祀来看，其与春秋飨射养老是固定搭配，符合《礼记·文王世子》对"天子视学"的记载。司马彪特别突出"皆祀圣师"的目的，也有说明当时"释奠礼"之所从出的用意。中古时期对"释奠礼"的定位，同样在两可之间。如《宋书·礼志》便两次记载了释奠礼，一是序于养老乡饮之后，一

---

① 余嘉锡：《晋辟雍碑考证》，《余嘉锡论学杂著》，中华书局，2007年，第136页。童岭：《晋初礼制与司马氏帝室——〈大晋龙兴皇帝三临辟雍碑〉胜义蠡测》，《学术月刊》2013年第10期。

是序于孔子祀之后。朱溢即认为释奠礼与时兴"五礼"的关联，有一个从嘉礼而吉礼的定位过程，① 也就是从附属养老向专祀孔子的转化。释奠礼独立、射飨诸礼各自分化之后，日益取代了学礼中养老的核心地位，自然不符合司马彪对"大礼"的定义。

司马彪论诸礼"淫乃国蠹""大礼虽简，鸿仪则容"，不仅合于晋武帝"大弘俭约"（《晋书·武帝纪》）的治政方针，而且显示出其有一套异于传统礼制兴作言说的价值观。② 其在《百官志》《舆服志》的赞语中，有"帝道渊默，冢帅修德"（"渊默"一词出自《庄子》）、"敬敬报情，尊尊下欲"的表述，不难看出其中玄学的影响。③ 司马彪将大射、乡饮、祀圣师同归于养老礼之下，同样有求"简"的意味，礼制的分化显然有悖于此。因此，司马氏《续汉书·礼仪志》养老礼目中所显示的"错误"，实际上隐含着对现实礼制实践的批评，也有时代风潮下特定价值观念的表达。

（作者单位：武汉大学文学院）

---

① 朱溢：《唐代孔庙释奠礼仪新探——以其功能和类别归属的讨论为中心》，《史学月刊》2011 年第 1 期。

② 阎步克先生在梳理《周礼》六冕礼制的兴衰变异时，有"复古""宗经"与"尊君""实用"的判分。范云飞先生在研究中古礼议时，也特别留意"经义"与"故事"的复杂纠葛。参阅阎步克：《服周之冕：〈周礼〉六冕礼制的兴衰变异》，中华书局，2009 年，第 13~31 页。范云飞：《南朝礼制因革中的王俭"故事学"》，《中国典籍与文化》2020 年第 2 期。

③ 司马彪还曾注《庄子》。参阅李毅婷：《西晋前期政治思想的玄学化——以司马彪为中心》，《东岳论丛》2012 年第 2 期。

论亲迎与成妇礼之意涵[*]
——以郑玄、何休论争为中心

□ 高瑞杰

【摘要】郑玄认为自天子以至于庶人娶妻，皆当亲迎，以示昏礼阳往阴来、合二姓之好、承嗣宗庙的重要性，其说与今文家说同，且天子亲迎礼当以诸侯礼推致而得。何休从实际层面出发，认为天子不亲迎，逆王后当使三公；诸侯当亲迎，但若娶天子之女，则以不亲迎为正。大夫无外娶义，夫人岁一归宁；若违礼外娶，亦不当亲迎，且夫人无大故不得归。士当亲迎，且可外娶。至于成妇节点，郑玄区分"成昏"与"成妇"，以为若舅姑存，当夕"成昏"，明日见舅姑后即可"成妇"，"成昏"与"成妇"同时；若舅姑没，"成昏"仍于亲迎当夕，而"成妇"于三月"庙见""奠菜"之后，"成昏"强调夫妻之实，"成妇"侧重"子妇"之义，二者有别。何休亦以"成妇礼"在庙见、祭祢之后，此或为两汉儒者关于成妇礼之共识。二人宗主不同，故立论有同异。

【关键词】亲迎礼；内娶；外娶；成昏；成妇

"亲迎礼"为昏礼之大节，诸阶层是否皆当亲迎，尤其天子是否当亲迎，为今古文经学争议之焦点，郑玄与何休对此问题之立场或同或异，反映了强烈的义理关切；另外，昏礼成昏与成妇是否有别，以何时为节点，经师对此亦众说纷纭，背后有其特殊的义理意涵。今以"异义"所论议题为中心，对此相关问题展开辨析。

一、士、大夫、诸侯亲迎之等差

《仪礼·士昏礼》所载主要为士之昏礼，六礼之中，以亲迎一节为重，可知士娶妻必当亲迎，并无疑议。又《士昏礼》云："异邦则赠丈夫送者以束锦。"既言异邦，则知士可于国外娶妇，① 并仍以亲迎为正。

---

* 本文为国家社科重大项目"中国经典诠释学基本文献整理与基本问题研究"（21&ZD055）、青年项目"东汉制礼困局下的今古文经学思想互动研究"（21CZX029）阶段性成果。

① 孔广森《春秋公羊经传通义》即云："若其士贱，可得外娶。"见氏撰《春秋公羊经传通义》，上海古籍出版社，2014年，第384页。又《公羊传》隐公三年何休注："士逾月，外姻至。"既有外姻，则外娶可知。

至于大夫娶妻是否亲迎，当与其是否外娶有关。其一，大夫当以内娶为正，夫人岁一归宁。其二，若大夫于国外娶妇，因人臣无境外私交之义，故不得越境逆女，且其夫人非大故不得归宁。如《春秋》庄公二十七年，冬，杞伯姬来。何休注："诸侯夫人尊重，既嫁，非有大故不得反。唯自大夫妻，虽无事，岁一归宁。"此述诸侯夫人无归宁礼，而大夫妻岁一归宁，此亦针对大夫内娶之正礼而言。又《仪礼·丧服》"齐衰三月章"载："大夫在外，其妻、长子为旧国君。"郑玄注："妻虽从夫而出，古者大夫不外娶，妇人归宗，往来犹民也。《春秋传》曰：'大夫越竟逆女非礼。'君臣有合离之义，长子去，可以无服。"可知以夫而言，大夫任重，当内娶妇；若外娶别国女，亦不可越境亲迎。以妻而言，妇人既有"嫁不逾竟"之礼，① 又有归宗之义，故一般亦内嫁而已。《春秋》宣公五年，冬，齐高固及子叔姬来。

> 《公羊传》：何言乎高固之来？言叔姬之来，而不言高固之来，则不可。
>
> 何休注："礼，大夫妻岁一归宗。叔姬属嫁而与高固来，如但言叔姬来，而不言高固来，则鲁负教戒重，不可言，故书高固，明失教戒重在固。言及者，犹公及夫人。"

此言齐大夫高固外娶鲁女，则其妻非有大故不得反，而此叔姬无故返母国，高固又越境与之偕行，非礼之甚，故《春秋》讥之。惠士奇云："何氏曰'大夫之妻虽无事，岁一归宗'，谓同国也。如大夫娶乎邻国则不可，鲁之子叔姬者，齐大夫高固之妻也，自齐来鲁，见讥于《春秋》，故知大夫之妻不得越国归宗，若此者所谓家之闲也。"② 此明大夫无论内娶否，其妻皆不得无故越境。《春秋》僖公二十五年，夏，宋荡伯姬来逆妇。此伯姬为鲁女嫁与宋大夫荡氏者，为其子逆妇而来，虽为变礼，亦当非之。③ 明妇人无出道，非大故不得越境。

另外，大夫不得外娶，亦本其职任为说。《春秋》庄公二十七年，莒庆来逆叔姬。《公羊传》："莒庆者何？莒大夫也。莒无大夫，此何以书？讥。何讥尔？大夫越竟逆女，非礼也。"何休注："礼，大夫任重，为越竟逆女，于政事有所损旷，故竟内乃得亲迎，所以屈私赴公也。"传注皆以"大夫越境逆女"为非礼，应与郑玄所论意同。此可知大夫以职事为重，不得外娶，以免损旷政事，且有里通外国之嫌；若违礼而外娶，亦不当越境

---

① 《穀梁传》庄公二年云："妇人既嫁不逾竟，逾竟，非正也。"庄公五年、庄公十九年，皆载此说；《公羊传》隐公二年、庄公二年何休注亦云："礼，妇人无外事。"可知妇人逾境赴外为非礼。

② 惠士奇：《春秋说》卷一，《景印文渊阁四库全书》第 178 册，台湾"商务印书馆"，1983 年，第 645 页。

③ 何休注："荡氏，宋世大夫。"又云："主书者，无出道也。"此又见僖公三十一年注。陈立疏："《繁露·玉英》云：'妇人无出境之事，经礼也；母为子逆妇、奔丧父母，变礼也。'按彼云《春秋》有经礼，有变礼，为如安性平心者，经礼也；于性虽不安于心，虽不平于道，无以易之，此变礼也，明乎经变之事，然后知轻重之分，可与适权矣。则何、董并无讥文，但《春秋》所不予耳。《通义》云：'主书者，讥娶母党，且姑无逆妇之礼。'按《白虎通·嫁娶篇》'外属小功以上，不得娶也。以《春秋传》讥娶母党也'，考三传皆无此语，此书荡伯姬来逆妇，侄其从姑，明其即讥娶母党。"见氏撰《公羊义疏》卷三四，中华书局，2017 年，第 1286 页。

亲迎，降婚姻之好，以全社稷之重，即"以王事辞家事"之义。以此而言，士贱，尊不及压、降，其情得升，故可外娶。

诸侯当亲迎，诸家亦无异议，①《公羊》尤其主张诸侯当亲迎。《春秋》隐公二年，九月，纪履緰来逆女。

> 《公羊传》：外逆女不书，此何以书？讥。何讥尔？讥始不亲迎也。
>
> 何休注："礼所以必亲迎者，所以示男先女也。于庙者，告本也。夏后氏逆于庭，殷人逆于堂。周人逆于户。《春秋》正夫妇之始也。夫妇正则父子亲，父子亲则君臣和，君臣和则天下治，故夫妇者，人道之始，王教之端。"

纪侯娶鲁女而未亲迎，《春秋》诸侯"不亲迎"昉于此，故《公羊》讥之，并强调夫妇之道为人道之始、政教之基，是五伦关系的发端，而亲迎礼表示夫妇之道始成，故当矜慎对待；而且夏商周三代新郎亲迎所逆位置逐渐深入，亦体现"亲亲"之义，与《白虎通》论亲迎"示亲之心"同。《春秋》庄公二十四年，夏，公如齐逆女。《公羊传》云："何以书？亲迎，礼也。"庄公如齐亲迎夫人哀姜，故传言"合礼"。《春秋》宣公元年，三月，遂以夫人妇姜至自齐。何休注："月者，公不亲迎，危录之例也。"由此可知，诸侯亲迎，当为今文家之共识，且当以越境亲迎为合礼。

此外，由于诸侯娶妻对象与其亲迎方式息息相关，故亦对此作一补充：首先，诸侯国君娶夫人需亲迎，而娶其余媵妾不必亲迎。《公羊传》庄公十九年载"诸侯娶一国，则二国往媵之，以侄娣从"，又言"诸侯壹聘九女，诸侯不再娶"，何休注："礼，君不求媵，二国自往媵夫人，所以一夫人之尊。"可知诸侯当娶异姓诸侯之女为夫人，另有二国诸侯之女自往媵之，且此异姓三国皆以侄娣配从，共为九女。由此可知，诸侯国君娶夫人当亲迎，而其余八位媵妾则需自往，不必亲迎。

其次，诸侯当以娶异姓诸侯之女为正，故不得内娶。据礼，君不臣妻之父母，国内子民皆为臣，故不得内娶。《春秋》文公七年，宋人杀其大夫。《公羊传》云："何以不名？宋三世无大夫，三世内娶也。"此说又见僖公二十五年，何休注："三世谓慈父、王臣、处臼也。内娶大夫女也。言无大夫者，礼，不臣妻之父母，国内皆臣，无娶道，故绝去大夫名，正其义也。外小恶正之者，宋以内娶，故公族以弱，妃党益强，威权下流，政分三门，卒生篡弑，亲亲出奔，疾其末，故正其本。"宋三世国君内娶大夫之女，如此则君臣之名淆乱，且威势下流，妃党争权，君权极易受到挑战，故《春秋》讥之，以为宋三世无大夫，可见诸侯不得内娶国中大夫之女。

再次，即使诸侯外娶，若娶别国大夫之女，以尊娶卑，《春秋》亦贬之。《春秋》文

---

① 《穀梁传》隐公二年云："逆女，亲者也。使大夫，非正也。"《春秋》桓公三年，夫人姜氏至自齐。《穀梁传》："其不言翚之以来，何也？公亲受之于齐侯也。子贡曰：'冕而亲迎，不已重乎？'孔子曰：'合二姓之好，以继万世之后，何谓已重乎！'"《春秋》庄公二十四年，夏，公如齐逆女。《公羊传》："亲迎，恒事也，不志，此其志何也？不正其亲迎于齐也。"《春秋》成公十四年，九月，侨如以夫人妇姜氏至自齐。《穀梁传》云："大夫不以夫人；以夫人，非正也。刺不亲迎也。侨如之挈，由上致之也。"

公四年，夏，逆妇姜于齐。《公羊传》云："其谓之逆妇姜于齐何？高子曰：'娶乎大夫者，略之也。'"《春秋》书嫁女，分"逆女"及"夫人至"两个步骤，以示夫妇结合之渐进状态，而此处合言为"逆妇"，是将两步简省为一步。何休注："贱，非所以奉宗庙，故略之。不书逆者主名，卑不为录使也。不言如齐者，大夫无国也。不称女者，方以妇姜见与至共文，重至也。不称夫人为致文者，贱不可奉宗庙也。"《公羊》既以"诸侯娶一国"为正，而大夫为家，不可称国，故以娶于大夫为非礼；且夫人尊重，需承宗庙，继后嗣，当择位尊德高者当之，而大夫之女卑贱，故《春秋》贬略之。

需指出，无论诸侯内娶抑或外娶大夫之女，皆属于非礼，本不应纳入诸侯是否亲迎的讨论之中。不过，《春秋》本据乱而作，非礼之例中亦当有褒贬善恶书法差异，如此才能结合现实际遇作出有效指导和规正。《春秋繁露·竹林篇》即云："(《春秋》)故盟不如不盟，然而有所谓善盟；战不如不战，然而有所谓善战。不义之中有义，义之中有不义；辞不能及，皆在于指，非精心达思者，其庸能知之!"也就是说，即使是非礼之例，亦当谨守基本的礼制规范，以使《春秋》所书事例兼顾现实与理念两个维度。据此，即使诸侯内娶或外娶大夫之女，亦当以亲迎为正礼。

最后，诸侯若娶天子之女，以不亲迎为正，即以越境逆女为非。《春秋》庄公元年，夏，单伯逆王姬。秋，筑王姬之馆于外。《公羊传》云："何以书？讥。何讥尔？筑之，礼也；于外，非礼也。"此言齐侯娶王姬，而使单伯迎之，《传》以改筑其馆舍为正礼，可知不主齐侯亲迎。《白虎通·嫁娶篇》云："不使同姓诸侯就京师主之何？诸侯亲迎入京师，当朝天子，为礼不兼。《春秋传》曰'筑王姬观于外'，明不往京师也。"是天子尊，其嫁女于诸侯，若径行甥舅之礼，恐伤君臣之义；且昏礼尚"合体同尊卑之义"，天子不忍以其尊加于诸侯，故使同姓诸侯主之于外，以全昏礼齐体交欢之意，施亲亲之恩。

二、天子是否亲迎之争议

关于天子是否亲迎，今古文家亦异说纷纭：

《异义》：《礼》戴说：天子亲迎。《春秋公羊》说：自天子至庶人娶，皆当亲迎。《左氏》说：天子至尊无敌，故无亲迎之礼。祭公逆王后，未致京师而称后，知天子不行而礼成也。诸侯有故，若疾病，则使上卿逆，上公临之。公子翚如齐逆女，《春秋》不讥，知诸侯有故得使卿迎。

谨案："高祖时，皇太子纳妃，叔孙通制礼，以为天子无亲迎。从《左氏》义。"

驳曰："太姒之家在洽之阳，在渭之涘，文王亲迎于渭，即天子亲迎明文矣。天子虽至尊，其于后犹夫妇也。夫妇判合，礼同一体，所谓无敌，岂施于此哉？《礼记·哀公问》曰：'寡人愿有言，然冕而亲迎，不已重乎？'孔子愀然作色而对曰：'合二姓之好，以继先圣之后，以为天地宗庙社稷之主，君何谓已重乎？'此言亲迎继先圣之后，为天地宗庙主，非天子则谁乎？"①

---

① 皮锡瑞：《驳五经异义疏证》，中华书局，2014年，第394~395页。

《礼》戴说、《公羊》说以为天子至庶人当亲迎。《左氏》说以为天子至尊，不当亲迎；又以诸侯亲迎为常礼，使上卿逆、上公临为变礼。许慎据汉制以为"天子无亲迎"之礼。郑玄驳与今文家立场一致，[①]据文王亲迎太姒于渭水，论证天子亦当亲迎，强调夫妇之道在整个政教体系中的核心地位，是王者政教秩序在伦常生活中的具体展开，具有开端性与典范性意义。

事实上，若谓今文家有亲迎之说，自无不可；但论天子必当亲迎，则今文家内部亦有异说。《春秋》桓公八年，冬，十月，祭公来，遂逆王后于纪。《公羊传》曰："祭公者何？天子之三公也。何以不称使？婚礼不称主人。遂者何？生事也。大夫无遂事，此其言遂何？成使乎我也。"此谓天子欲娶纪女为王后，使祭公请鲁侯为媒，得允之后顺便往纪迎娶王后。何休注："婚礼成于五，先纳采，问名，纳吉，纳徵，请期，然后亲迎。时王者遣祭公来，使鲁为媒，可，则因用鲁往迎之，不复成礼。疾王者不重妃匹，迎天下之母若迎婢妾，故讥之。"传注指出祭公此次因请媒之事而来鲁，事毕，当返告周天子，而后往纪国行亲迎王后之礼，此处主要讥王者数礼并行，"不重妃匹"，似对"三公逆王后"之事无讥弹。《春秋》襄公十五年，刘夏逆王后于齐。《公羊传》："刘夏者何？天子之大夫也。"何休注："礼，逆王后当使三公，故贬去大夫，明非礼也。"是其以为逆王后当使三公，而刘夏仅为下大夫，[②]故《春秋》贬之，此亦可证天子不必亲逆王后。但如此则与《公羊》说"天子亦当亲迎"礼违，故徐彦推测"盖有故之时"可使三公，即以天子使三公逆王后为变礼，但其说无据。或以为何休主张"天子不亲迎"，如此即与《左氏》说相合，而以《公羊》说所言为"章句家说，非何氏之意"。[③]但《白虎通·嫁娶篇》云："天子下至士，必亲迎授绥者何？以阳下阴也。欲得其欢心，示亲之心也。"[④]并亦引《诗·大雅·大明》"文定厥祥，亲迎于渭，造舟为梁"以证天子亲迎。《穀梁》家亦多尊郑玄"天子亲迎"之说，可知《异义》所载《公羊》说，当为今文家通说，[⑤]唯何休所论，或为溺于时势之言。

郑玄《驳异义》主张天子亲迎，其据《诗》《礼记》诸文，与今文说同。《左传》孔颖达疏驳之，以为文王迎妻时尚为诸侯，此可证诸侯当亲迎，不当引据为天子礼；且《礼记·哀公问》载孔子所论为鲁法，郑玄注亦以"先圣"为周公，与《驳异义》所论

---

① 其《穀梁释废疾》亦采此说，《春秋》桓公八年，冬，祭公来，遂逆王后于纪。《穀梁传》云："遂，继事之辞也。其曰'遂逆王后'，故略之也。或曰：'天子无外，王命之则成矣。'"何休《穀梁废疾》阙，郑玄《释废疾》与此同。皮锡瑞言："《诗》《礼》《左传》疏引作《驳异义》，据范注明引'郑君释'，则《释废疾》亦有此文，盖与《驳异义》两处并见也。"见皮锡瑞：《释废疾疏证》，吴仰湘编：《皮锡瑞全集》第四册，中华书局，2015年，第442页。

② 陈立："孙氏志祖《读书脞录》云：'《穀梁》疏云：《公羊》以刘夏为天子下大夫。'据此，则大夫之上疑脱'下'字。"见氏撰《公羊义疏》卷五八，中华书局，2017年，第2184页。

③ 《春秋公羊传注疏》卷二〇，阮元校刻：《十三经注疏》，中华书局，2009年，第5010页。

④ 陈立：《白虎通疏证》卷一〇，中华书局，1994年，第459页。

⑤ 不过，需要指出，无论《公羊传》还是《穀梁传》，本身确实并无显露"天子亲迎"之义，天子亲迎当为先师家法，但汉代经学往往以师说为圭臬，原不必拘泥本经传之有无。

"文王亲迎于渭"不伪，因此郑玄《驳异义》本为未定之说，① 不可据此反驳《左传》"天子不亲迎"说。杨士勋则以为文王其时虽为诸侯，但其为周受命之王，无妨周人以其制作为后王之法，② 此说亦可谓郑氏家法之流衍。事实上，《诗经》所载文王于诸侯时所行之礼，郑玄即多遵为后王之法。如《诗经·大雅·大明》："造舟为梁，不显其光。"郑玄笺："迎大姒而更为梁者，欲其昭著，示后世敬昏礼也。"孔颖达疏：

> 笺以此章言取大姒之事，皆文王身为主。孙毓云："昏礼不称主人，母在则命之。此时文王才十三四，孺子耳，王季尚在，岂得制定求昏之事？"如毓之言，非无理矣。郑必以文王之娶时实幼少，但圣人有作，动为模范，此诗歌之《大雅》，以为正法，主于文王之身，不复系之父母耳，非谓其时不是父母制之也。下所言"亲迎""造舟"，皆出文王之意，故得后世遵之，以为王者之礼。③

由此而言，因文王为贤圣，故其所行成为后王之表率，将其所行视为天子礼，并无不可。凡此将文王为诸侯时所行之举视为后代天子礼渊薮之例极多，④ 郑玄答张逸问云"文王以诸侯而有王者之化"，⑤ 即已揭橥此义。

事实上，郑玄解经往往善于随文释义，又颇擅推致之法（或谓"准况"），其或以鲁公当"冕而亲迎"而推知天子亦当亲迎，亦合情理。又即使《礼记》注以"先圣"为周公，而《驳异义》以"先圣"为天子，只是因为前者旨在劝服鲁侯当亲迎，故以鲁之太祖周公为先圣；后者则意在强调天子当亲迎，故以始受命王文王为先圣，其核心都是为论证亲迎礼在礼乐政教秩序中不可或缺的重要位置，实际上并无扞格。

不过，使若天子亲迎王后于诸侯之国，⑥ 则君臣之义与婚姻之好必有冲突，则所谓

---

① 孔颖达云："文王之迎大姒，身为公子，迎在殷世，未可据此以为天子礼也。孔子之对哀公，自论鲁国之法。鲁，周公之后，得郊祀上帝，故以先圣天地为言耳，其意非说天子礼也；且郑玄注《礼》，自以先圣为'周公'，及《驳异义》则以为'天子'，二三其说，自无定矣。"《春秋左传正义》卷七，阮元校刻：《十三经注疏》，中华书局，2009 年，第 3808 页。可见孔颖达以为即如郑玄，其所主张"天子亲迎"说亦未必是定见。

② 杨士勋疏："文王之逆大姒时为世子耳，得证天子之礼者，文王之为世子，而圣贤相配，宜为后王之法。故有'造舟为梁'，又入《大雅》，明天子之法；又且鲁不祭地，而云天地之主，是王者，亲逆之明文也。"《春秋穀梁传注疏》卷四，阮元校刻：《十三经注疏》，中华书局，2009 年，第 5156 页。

③ 《毛诗正义》卷一六，阮元校刻：《十三经注疏》，中华书局，2009 年，第 1092 页。

④ 如《诗经·大雅·绵》孔疏亦云："诸侯之法异于天子，文王为天子之法，不得同于大王……文王因其制度，增而长之，以为天子之制。"《毛诗正义》卷一六，阮元校刻：《十三经注疏》，中华书局，2009 年，第 1099 页。《诗经·大雅·文王》："文王在上，于昭于天。周虽旧邦，其命维新。"郑玄笺："文王初为西伯，有功于民，其德著见于天，故天命之以为王，使君天下也。大王聿来胥宇而国于周，王迹起矣，而未有天命。至文王而受命。"《易纬乾凿度》郑玄注亦云："（文王）受《洛书》，命为天子也。"参［日］安居香山、中村璋八辑：《纬书集成》，河北人民出版社，1994 年，第 40 页。也就是说，在郑玄看来，文王生前已然受天命，因此其举动亦可视为王法，为后世天子礼之雏形。

⑤ 《毛诗正义》序，阮元校刻：《十三经注疏》，中华书局，2009 年，第 559 页。

⑥ 按：率土之滨，莫非王臣。天子至尊，无可匹敌，因此娶王后皆为下娶，反而不必拘泥"以尊取卑"之义，原则上各个阶层皆有可能。

"天子亲迎"，必有折中之法。黄以周即言：

> 《左氏》说，天子聘后及嫁女，皆使同姓诸侯为主。祭公迎后，《传》云"礼
> 也"。刘夏迎后，讥卿不行，不讥王不亲迎。文王亲迎，本诸侯礼。然哀公
> 篇言"先圣""天地"，明属天子，究不得言不亲迎，顾未必若大夫士直逆女
> 家耳。胡氏宁曰："使同姓诸侯主其辞，命卿往迎，公监之，父母之国诸卿
> 皆送至京师，舍而止，然后天子亲迎而入。"此说可通。①

黄氏以为天子亲迎并非指天子需亲自赴女家迎娶王后，而当如胡宁言天子亲迎，使同姓诸侯为主，并令上卿往迎王后至京师外，天子于时亲迎以入；皮锡瑞则以为当亲迎于"馆中"②。此类意见既认同今文说"天子亲迎"礼，又兼合何休"天子亲迎使三公"说，颇有理据。

据此，上述所论郑玄、何休有关诸阶层亲迎之异同，亦可列表 1 如下：

	郑玄	何休	补证
天子	正礼：天子亲迎王后		变礼：若天子亲迎王后于诸侯之国：使同姓诸侯主辞，令上卿迎王后至于京师外，别筑馆舍，天子亲迎于城外馆中
		变礼：逆王后当使三公（盖有故之时）	
诸侯	正礼：诸侯亲迎夫人（外娶诸侯之女）其余媵妾需自往，不必亲迎		诸侯亲迎不以有父、无父而废
		变礼：娶天子之女（不亲迎，娶于馆舍）	
		非礼：内娶（亲迎）	
		外娶大夫之女（亲迎）	
大夫	正礼：内娶（亲迎）——夫人岁一归宁		妇人无外事
	非礼：外娶（不得亲迎）——夫人非大故不得越境归宁		
士	正礼：内外娶皆可（需亲迎）		

---

① 黄以周：《礼书通故》卷六，王文锦点校，中华书局，2007 年，第 254 页。

② 皮锡瑞言："大夫不得越境逆女，则天子、诸侯亦不得越境亲迎，可知天子诸侯亲迎，或当亲迎于馆中欤？"见氏撰《驳五经异义疏证》卷六，中华书局，2014 年，第 396~397 页。

三、成昏义与成妇时间之争锋

新郎亲迎之后，新妇何时"成妇"？何时"成妻"？二者区分有何义理意涵？此关涉宗法、昏礼、三传、《诗经》等诸多领域，而各种观点又彼此互异，故历代经学家对此问题亦聚讼不已，① 至今仍未有定论。本文对此问题无意作事实厘清，② 仅就郑玄、何休围绕此问题而产生的一系列经学问题，作一比较梳理，以略窥二者宗主背后之义理旨归。

《仪礼·士昏礼》言夫婿亲迎女妇当日，行同牢合卺之礼，行礼毕，夫脱妇之缨，③ 卧息成昏；明日，妇见舅姑、赞醴妇，此时当成妇礼，此为舅姑在世之常礼。《士昏礼》又言："若舅姑既没，则妇入三月乃奠菜。"此谓若舅姑去世，则新妇需待三月时祭前方始庙见舅姑，行祭菜（或"奠菜"）礼仪，可知"庙见"与"祭菜"名异实同。④ 又《士昏礼》复言："妇入三月，然后祭行。"郑玄注："入夫之室三月之后，于祭乃行，谓助祭也。"此谓新妇已成妇礼，故夫家时祭，女妇可入庙助祭。此论仅据常理而推，但围绕女妇"成妇"时间节点，⑤ 历代有亲迎当夕、明日见舅姑后、奠菜庙见后及三月祭行后等若干说法，亦有成昏与成妇有无区别等争议，由于论辩双方皆有经典依据，故聚讼不已。

首先有主张当夕成昏，明日妇见舅姑后即成妇，成昏与成妇几乎同时者。郑玄《驳异义》言："昏礼之暮，枕席相连。"可知其以为自天子以至于士，皆当夕成昏，尊卑无差。⑥ 又《仪礼·士昏礼》妇见舅姑后，即"赞醴妇"环节，郑玄注："赞礼妇者，以其妇道新成，亲厚之。"郑玄称此处"妇道新成"，显然是以妇见舅姑为成妇礼的完成，亦即此时新妇方正式成为夫家家族成员，因此舅姑醴妇，以表达亲厚接纳之意。需指出，郑

① 可参张寿安：《"成妇？成妻？"：清儒论婚姻之成立》，《十八世纪礼学考证的思想活力——礼教论争与礼秩重省》，北京大学出版社，2005 年，第 270~309 页。

② 对"事实"真相的讨论，可参看虞万里：《昏礼阶级异同平议——以〈士昏礼〉与〈春秋三传〉〈列女传〉为中心》，《中正汉学研究》2014 年第 1 期；《昏礼阶级异同平议之一——以〈士昏礼〉与〈昏义〉〈曾子问〉为中心》，《中国经学》第 16 辑，广西师范大学出版社，2015 年，第 53~75 页。

③ 《仪礼·士昏礼》："主人入，亲说妇之缨。"郑玄注："妇人十五许嫁，笄而礼之，因着缨，明有系也。"丈夫脱妇之缨，其寓意即妇已经托付于己之意。

④ 胡培翚云："奠菜，祭菜，杀于正祭，此所谓庙见也。妇人必舅姑授之室，使代己而后主祭祀。舅姑在则降阼阶时已受之舅姑，与祭可矣。若舅姑没，则无所受矣。故于时祭之先，行庙见之礼，以明其职之有所自受，然后可以助祭也。必三月者，时祭无过三月，故以久者言之，若昏期近于时祭，则不必三月矣。"见氏撰《仪礼正义》卷三，北京大学出版社，2017 年，第 660 页。其分殊舅姑在或舅姑没两种情形下妇当如何行礼，所论甚为明晰。

⑤ 需指出，此处所言"成妇"，主要指婚姻最终完成应在何时，与清人论证成妇于纳徵或者亲迎等讨论，立足点与出发点并不相同。参林秀富：《从曹元弼〈礼经校释〉"妻为夫"条谈婚礼的成礼》，《历史文献研究》第 48 辑，广陵书社，2022 年，第 177~187 页。

⑥ 孔颖达引熊氏云："如郑义，则从天子以下至于士，皆当夕成昏。"《礼记正义》卷一八，阮元校刻：《十三经注疏》，中华书局，2009 年，第 3015 页。

玄此说明显是以士礼而推致大夫、诸侯、天子礼,① 因此如果是诸侯、天子娶夫人、王后,其父一般皆已过世,因此女妇翌日便无法行妇见舅之礼,必待三月庙见后方成妇礼。可见此成妇礼必是由士礼推致诸侯、天子礼而得。

其次,又有主张以三月祭行为成妇节点者。《诗经·葛屦》孔疏言:"《易·归妹》注及郑《箴膏肓》皆引《士昏礼》云'妇入,三月而后祭行',然则虽见舅姑,犹未祭行,亦未成妇也。成妇虽待三月,其婚即当夕成矣。"② 孔疏似以为"成昏"在亲迎当夕,而"成妇"在祭行之后,若未祭行,则不得为成妇,即以三月祭行为成妇礼之节点。事实上,祭行当在三月庙见之后,新妇已成妇,必得时祭时助祭之,此为祭祀必经仪式,与成妇礼无关。胡培翚即云:"三月祭行,达礼也;三月祭菜,变礼也,不可混而为一。"③可见此说有将"祭行"与"祭菜"礼混淆之嫌。

再次,有主张以三月庙见、奠菜、祭祢为成妇节点者。《礼记·曾子问》云:"三月而庙见,称来妇也。择日而祭于祢,成妇之义也。"郑玄注:"谓舅姑没者也。必祭,成妇义者,妇有供养之礼,犹舅姑存时,盥馈特豚于室。"郑玄以此"三月庙见""祭祢"为舅姑没后之礼,祭祢后成妇礼,当与《士昏礼》所言"奠菜"合。《诗经·葛屦》云:"掺掺女手,可以缝裳?"郑玄笺:"言女手者,未三月未成为妇。"此亦就舅姑没后而言,未及三月庙见则未成妇礼,与《仪礼》《礼记》所论合。《礼记·曾子问》孔颖达疏:

> 此谓舅姑亡者,妇入三月之后,而于庙中以礼见于舅姑,其祝辞告神,称"来妇"也。谓选择吉日,妇亲自执馔,以祭于祢庙,以成就妇人盥馈之义。若舅姑存者,于当夕同牢之后,明日妇执枣栗腶脩见于舅姑。见讫,舅姑醴妇。醴妇讫,妇以特豚盥馈舅姑。盥馈讫,舅姑飨妇,更无三月庙见之事。此是《士昏礼》之文。若舅姑既没,虽昏夕同牢礼毕,明日无见舅姑盥馈之事,至三月乃奠菜于舅姑之庙,故《昏礼》云"舅姑既没,则妇入。三月乃奠菜"是也。昏礼奠菜之后,更无祭舅姑之事,此云"祭于祢"者,正谓奠菜也。则庙见、奠菜、祭祢是一事也。④

孔疏以"庙见""奠菜""祭祢"为一事,实则将新妇庙见礼毕视为成妇节点。结合《士昏礼》《曾子问》及郑注所言:可知大夫、士若舅姑存,当夕成昏,明日见舅姑后即成妇,成昏与成妇同时;若舅姑没,成昏仍于亲迎当夕,而成妇于三月庙见、奠菜之后,成昏强调夫妻之实,成妇侧重"子妇"之义,⑤ 二者有别。

又有经师以为尊卑等级有别,大夫以上礼法谨严,"成昏"与"成妇"为一,故无论舅姑存殁与否,皆当于三月庙见之后乃可成昏,行夫妇之礼,与第一种主张"当夕成昏"说不同。如《礼记正义》孔颖达疏:

① 事实上,"推致"之法本为今文学家法,《汉书·艺文志》即载今文家"(后)仓等推士礼而致于天子之说",郑玄对此法十分熟稔,详参高瑞杰:《重建"周礼":郑玄"周礼"观与会通三礼之探析》,《经学文献研究集刊》第 26 辑,上海书店出版社,2021 年,第 80~101 页。

② 《毛诗正义》卷五,阮元校刻:《十三经注疏》,中华书局,2009 年,第 757 页。

③ 胡培翚:《仪礼正义》卷三,北京大学出版社,2017 年,第 660 页。

④ 《礼记正义》卷一五,阮元校刻:《十三经注疏》,中华书局,2009 年,第 3015 页。

⑤ 参见张寿安:《"成妇? 成妻?":清儒论婚姻之成立》,北京大学出版社,2005 年,第 270~309 页。

熊氏云：如郑义，则从天子以下至于士，皆当夕成昏。舅姑没者，三月庙见，故成九年季文子如宋致女，郑云致之使孝，非是始致于夫妇也。又隐八年郑公子忽先配而后祖，郑以祖为祖道之祭，应先为祖道然后配合。今乃先为配合，而后乃为祖道之祭。如郑此言，是皆当夕成昏也。若贾、服之义，大夫以上，无问舅姑在否，皆三月见祖庙之后，乃始成昏，故讥郑公子忽先为配匹，乃见祖庙，故服虔注云"季文子如宋致女"，谓"成昏"，是三月始成昏，与郑义异也。①

据此可知，贾逵、服虔等《左氏》家以为大夫以上，三月庙见后始成昏，成昏与成妇为一；郑玄则以为二者当有分殊，且仅与舅姑存殁有关，而与尊卑无涉，此为二说分歧之关键。《左传·隐公八年》载："四月甲辰，郑公子忽如陈逆妇妫。辛亥，以妫氏归。甲寅，入于郑。陈鍼子送女，先配而后祖。鍼子曰：'是不为夫妇，诬其祖矣。非礼也，何以能育？'"所谓"先配而后祖"何意，先儒亦各持己见，贾逵、服虔以祖为祖庙之意，即讥刺郑公子忽先配为夫妇，而后三月庙见，违背"三月庙见而后配"之礼②，与熊氏所引义同；郑玄不承认三月庙见方成妇礼之说，遂改祖为"軷道之祭"，以此为讥讽公子忽"先为配匹而后祖道"，应先为祖道之祭而后成昏③。二者分歧，实因对大夫"成妇"认识不同所致。

《春秋》成公九年"二月，伯姬归于宋。夏，季孙行父如宋致女"。此述鲁伯姬嫁于宋，宋不亲迎，后鲁遣使致女。《礼记·曲礼下》郑玄注："纳女，犹致女也。婿不亲迎，则女之家遣人致之，此其辞也。"郑玄所论"致女"即此成公九年事，其以为宋不亲迎鲁女，故遣季孙行父赴宋致辞，其云"致之使孝"，与《礼记·曲礼下》所言"纳女，于国君曰备酒浆"亦合，即娘家人对己女反复叮咛，以笃婚姻之好。《礼记·坊记》："子云：昏礼，婿亲迎，见于舅姑，舅姑承子以授婿，恐事之违也。以此坊民妇，犹有不至者。"郑玄注："舅姑，妻之父母也。妻之父为外舅，妻之母为外姑。父戒女曰夙夜无违命，母戒女曰毋违宫事。不至，不亲夫以孝舅姑也。《春秋》成公九年春二月，伯姬归于宋，夏五月季孙行父如宋致女，是时宋共公不亲迎，**恐其有违而致之也**。"刘向宗《谷梁》，其《列女传》载此事亦云"伯姬以（宋）恭公不亲迎，故不肯听命"④，郑玄当采其说，故

---

① 《礼记正义》卷一五，阮元校刻：《十三经注疏》，中华书局，2009 年，第 3015 页。

② 贾逵语。转引《春秋左传正义》卷四，阮元校刻：《十三经注疏》，中华书局，2009 年，第 3763 页。

③ 参俞正燮：《癸巳类稿·先配后祖义》，商务印书馆，1957 年，第 53 页。

④ 《列女传·贞顺篇》云："伯姬者，鲁宣公之女，成公之妹也。其母曰缪姜，嫁伯姬于宋恭公。恭公不亲迎，伯姬迫于父母之命而行。既入宋，三月庙见，当行夫妇之道。伯姬以恭公不亲迎，故不肯听命。宋人告鲁，鲁使大夫季文子于宋，致命于伯姬。"又云："孟姬者，华氏之长女，齐孝公之夫人也。好礼贞壹，过时不嫁。齐中求之，礼不备，终不往。……齐国称其贞。孝公闻之，乃修礼亲迎于华氏之室。父母送孟姬不下堂，母醮房之中，结其衿缡，诫之曰：'必敬必戒，无违宫事。'父诫之东阶之上曰：'必夙兴夜寐，无违命。其有大妨于王命者，亦勿从也。'……孝公亲迎孟姬于其父母，三顾而出。亲迎之绥，自御轮三，曲顾姬与，遂纳于宫。三月庙见，而后行夫妇之道。"见王照圆：《列女传补注》卷四，华东师范大学出版社，2012 年，第 142、152 页。

其所谓"致之使孝",批评对象似乎为夫妇二人,且更倾向于伯姬①。《公羊传》成年九年载:

> 未有言致女者,此其言致女何?录伯姬也。
>
> 何休注:古者妇人三月而后庙见,称妇;择日而祭于祢,成妇之义也。父母使大夫操礼而致之。必三月者,取一时足以别贞信,贞信著,然后成妇礼。书者,与上纳币同义。所以彰其洁,且为父母安荣之。言女者,谦不敢自成礼。妇人未庙见而死,归葬于女氏之党。

宋伯姬在《春秋》三传中备极贤名,尤以《公羊》为甚。故《公羊传》以为此处三月"致女"本为常礼,因"录伯姬"而特笔褒之。何休又引《礼记·曾子问》,可知其认可"三月庙见而成妇",并点明三月庙见是为了"考察贞信",三月为一时,足以对女妇之德性、修养、贞信等有所察识。《公羊传》庄公二十四年何休注又云:"礼,诸侯既娶三月,然后夫人见宗庙;见宗庙,然后成妇礼。"明言"成妇礼"在庙见后,即以新妇三月庙见后成妇为常礼。《白虎通·嫁娶篇》亦言:"娶妻不先告庙者,示不必安也。昏礼请期,不敢必也。妇入三月然后祭行。舅姑既殁,亦妇入三月奠采于庙。三月一时,物有成者,人之善恶可得知也,然后可得事宗庙之礼。曾子曰:'女未庙见而死,归葬于女氏之党,示未成妇也。'"在今文家看来,"成妇"之前当有三月相互"观察期",② 三月毕,女妇得庙见而成妇礼;女家父母又遣使致命女妇,此既可考察夫妇贞信之德,又能沟通往来双方家族关系,且以一时为节点,亦有天道依据,可见古人对昏礼之事十分重视。若新妇未庙见,则未成妇,意味着此一婚姻并未完成,故此间女死,亦当归葬于母家之党。③ 何休以为此即三月成妇之意,与贾逵、服虔所论亦大体相似④,或可反映所谓三月庙见而成妇礼当为汉儒之主流认识⑤。

杜预此处所论亦大略同上文所言"三月成妇"说:"女嫁三月,又使大夫随加聘问,

---

① 杨士勋疏:"此《传》云详其事,贤伯姬也,则与《公羊》意同耳。徐邈云:'宋公不亲迎,故伯姬未顺为夫妇,故父母使卿致伯姬,使成夫妇之礼,以其责小礼违大节,故《传》曰:不与内称,谓不称夫人而称女。'案《传》称贤伯姬,而徐云责伯姬,是背《传》而解之。"可见《穀梁》家内部亦有歧见,这种批评伯姬之观点,或为一部分《穀梁》家所主张。参见《春秋穀梁传注疏》卷一四,中华书局,2009年,第5257页。

② 张寿安:《"成妇?成妻?":清儒论婚姻之成立》,北京大学出版社,2005年,第303页。

③ 需指出,宋明以后由于对"贞"观念的重视,经师对"三月庙见"前夫妇是否相配尤为聚讼,大多数人以为亲迎之后三月才成"妇礼"耗时太久,且夫妇若相配后三月不得庙见,而将妇遣送归宗,实在不合情理,故争讼不已。殊不知先秦并无后世女贞观点,其时男女婚配颇为通达开放,后世礼法愈峻,昏礼愈严,故对此一理念无法接受,此古今之变而已,实不必以今难古。

④ 皮锡瑞即言:"何君说《公羊》与贾、服说《左氏》同也。"皮锡瑞:《驳五经异义疏证》卷一〇,中华书局,2014年,第590页。

⑤ 不过,何休并未强调《左传》"先祖而后配"之意,即所谓"妇先庙见而后配匹"之礼,故贾服之说,也未必与何休义完全一致。

谓之致女。所以致成妇礼，笃昏姻之好。"① 甚至有人将此三月"致女"与三月"反马"礼结合起来，② 视为"成妇礼"的步骤之一。据《左传》，大夫以上妇至三月而有"反马礼"，而《公羊》家不从。

> 《春秋》宣公五年，冬，齐高固及子叔姬来。《左传》：来，反马也。
> 何休《左氏膏肓》：休以为礼无反马，而《左氏》以为得礼。礼，妇人谓嫁曰归，明无大故，不反于家。经书高固及子叔姬来，故讥乘行匹至也。
> 郑玄《箴膏肓》：《冠义》云"无大夫冠礼，而有其昏礼"，则昏礼者，天子、诸侯、大夫皆异也。《士昏礼》曰："主人爵弁，纁裳缁袘。从者毕玄端，乘墨车，从车二乘，执烛前马。妇车亦如之，有裧。"此妇乘夫家之车。《鹊巢》诗曰："之子于归，百两御之。"又曰："之子于归，百两将之。"将，送也。国君之礼，夫人始嫁，自乘其家之车也。《何彼襛矣》篇曰："曷不肃雍，王姬之车。"言齐侯嫁女，以其母王姬始嫁之车远送之，则天子、诸侯女嫁，留其车可知也。今高固，大夫，来反马，大夫亦留其车也。礼虽散亡，以《诗》之义论之，大夫以上至天子，有反马之礼。留车，妻之道；反马，婿之义。高固以秋九月逆叔姬，冬来反马，则妇入三月祭行，故行反马礼也。③

何休批评《左氏》"反马"违礼，今文家以为大夫职重，不得外娶；若非礼外娶，则其妻无归宗之义，非大故不返于家。此处齐大夫高固既外娶，又从妻归宁，非礼之甚，故书讥贬之。妇人无故不得反于家，而其父母亦有遣使致命之礼，则亦不必有"反马"礼。

郑玄支持《左氏》"反马"礼。首先分殊尊卑礼制等差，并据《仪礼·士昏礼》《诗经》诸多文献，以为大夫以上妇人始嫁，可自乘其家之车前往夫家，则妇三月祭行后，若无所过失，则当行反马礼，其车自留，以示谦；其马返回，示不复归，与之偕老之意，④ 如此恩义皆备。但反马礼遣使即可施行，不必亲往，而高固与妻同行反马，故书以讥之。⑤ 此处郑玄主要据《诗经》所论以补《礼》之阙漏，从而将《士昏礼》所阙载之大夫"反马礼"勾勒出来，以分殊天子、诸侯、大夫、士礼之别，与上文郑玄所论大夫

---

① 孔颖达以为桓公三年九月，夫人姜氏至自齐。冬，齐侯使其弟年来聘，《传》曰："齐仲年来聘，致夫人也。"此事亦当为"致女"之礼，与成公九年所论同。

② 刘毓崧云："致女者，妇家之礼：不亲迎，则必致女；亲迎，则不致女。反马者，夫家之礼：不亲迎，固当反马；亲迎，亦当反马。"其所论未必合于经典，但点出致女与反马之关联，颇有发覆。转引自陈立：《公羊义疏》卷五二，中华书局，2017年，第2010页。

③ 皮锡瑞：《箴膏肓疏证》，吴仰湘编：《皮锡瑞全集》第四册，中华书局，2015年，第397~398页。

④ 《春秋左传正义》孔颖达疏："礼，送女适于夫氏，留其所送之马，谦不敢自安于夫，若被出弃，则将乘之以归，故留之也。至三月庙见，夫妇之情既固，则夫家遣使，反其所留之马，以示与之偕老，不复归也。"《春秋左传正义》卷二二，阮元校刻：《十三经注疏》，中华书局，2009年，第4065页。

⑤ 杜预注："礼，送女留其送马，谦不敢自安，三月庙见，遣使反马。高固遂与叔姬俱宁，故经、传具见以示讥。"《春秋左传正义》卷二二，阮元校刻：《十三经注疏》，中华书局，2009年，第4065页。

成妇说相较，此处并无明日"妇见舅姑"而成妇情形，可见其学说之扞格。事实上，二说立论基础各不相同，上言尊卑皆当夕成昏，是使诸经与《士昏礼》所论合，亦强调亲迎礼在六礼中的核心地位；而"反马礼"强调尊卑有别，大夫以上娶妇必待三月方可反马，则是郑玄建立在对《诗经》《左传》的认知基础上所得出的判断，如此亦使夫妇结合过程中依然有两方宗族的沟通交流，使得恩义兼备。

不过，郑玄主张"反马"礼实际上相当于否定了明日妇见舅姑而成妇之说，可见其说之未定；亦反映出郑玄解经常常突出经典本身的合理性，而对实施层面的可操作性、融通性有所忽略的特点。何休承认三月庙见后"成妇"，而又反对"反马"礼，则似无所表征双方家族之交往；但其明确提到三月庙见后"父母使大夫操礼而致之"，与杜预"女嫁三月，又使大夫随加聘问"差似，因此并未丧失夫妇双方家族往来沟通之契机，既以"致女"为常礼，则"反马礼"可为赘疣矣。上所论亦可列表 2 于下：

表 2

大夫以上昏礼	舅姑存		舅姑没		是否有反马礼
	成昏	成妇	成昏	成妇	
郑玄	当夕成昏	明日见舅姑	当夕成昏	三月庙见、祭菜、祭祢	有（同《左传》杜预说）
何休	不论舅姑存殁				无（父母使大夫操礼而致之）
	三月庙见后成妇				

四、小　结

综上所述，郑玄认为自天子以至于庶人娶妻，皆当亲迎，以示昏礼阳往阴来、合二姓之好、承嗣宗庙的重要性，其说与今文家说同，且当以士礼推致天子礼之法而得出。何休以实际层面出发，认为天子不亲迎，逆王后当使三公；诸侯当亲迎，但若娶天子之女，则以不亲迎为正。大夫无外娶义，夫人岁一归宁；若违礼外娶，亦不当亲迎，且夫人无大故不得归。

至于成妇节点，观《士昏礼》本经，夫妇于当夕同寝，翌日见舅姑，当即成妇。郑玄亦以为若舅姑存，当夕成昏，明日见舅姑后即可成妇，成昏与成妇同时；若舅姑没，成昏仍于亲迎当夕，而成妇于三月庙见、奠菜之后，成昏强调夫妻之实，成妇侧重子妇之义，二者有别。何休亦以成妇礼在庙见、祭祢之后，此或为两汉儒者关于成妇礼之共识。另外，郑玄据《诗》以为大夫当有反马礼，二姓之好得以沟通，且亦体现尊卑有差，恩义兼备；何休以为大夫若非礼外娶，则其妻无故不得归宗，故必无反马礼，且女嫁三月父母当有遣使致女之礼，此亦有"结二姓之好"之用意，不必复有反马礼。

相较而言，郑玄解经强调经典系统内部的合理性，往往重视诸经纬之汇通与弥缝，甚至一经之中，亦特别强调上下结构的秩序性与条理性，通过比经推例、援经引纬，呈现出一种繁密而系统的经学美感，但经典往往多所扞格，过分重视敉平诸多差异，在实践层面上常常会产生顾此失彼、无所适从的难题，即操作性和实践性不强。而何休尊奉《公羊》，力图恢复和挺立今文大宗之地位，虽然亦有旁涉群经之处，但其今文立场极其坚定，故持论甚固；且今文学至何休已历四百余年，其政治实践性经验颇为丰富，亦深刻影响了何休的礼制主张。总之，二人经典宗主与解经方式多有不同，由此亲迎与成妇礼之争讼中，亦可见一斑。

（作者单位：上海师范大学哲学系）

读《樊敏碑》*

□ 薛梦潇

【摘要】本文从《樊府君碑》入手，解读樊敏先祖迁移史叙事及碑主仕宦经历，进而探讨东汉末年益州士人的尴尬心境。以往学者认为樊氏先祖由楚地入蜀，本文则认为石碑书写更倾向于樊氏由梁而来，并有意将樊敏塑造成系出中原著姓、承袭梁地经学的士人。在阳嘉新制约束下，益州士人察举不易，樊敏却脱颖而出，前往洛阳为郎，又为何进所辟，晚年回到益州任职。樊敏的一生与东汉中晚期历史交织在一起，他见证了党锢之祸、黄巾起义、马相叛乱、刘焉入蜀等一系列大事件。樊碑末尾的四言铭文透露出，作为益州本土士人，樊敏与外来的长官刘焉父子若即若离，既想对汉廷忠贞不贰，又不敢明目张胆得罪刘氏。樊敏晚年的处事或可反映东汉末年益州士人的普遍心态。

【关键词】樊府君碑；益州士人；东汉

樊敏其人不见于史传。在他去世两年后的深春，东汉建安十年（205年）三月，故旧亲朋为他刊勒石碑，篆额题曰"汉故领校巴郡太守樊府君碑"。石碑今仍存于四川省雅安市芦山县境内，碑前数米有扶壁式子母双阙及石兽雕像，应是墓上建筑和陈列。①《金石录》卷十八大段摘写碑文，碑文全篇则著录于南宋洪适《隶释》卷十一，《汉碑全集》《四川历代碑刻》《汉代石刻集成》《汉魏六朝碑刻校注》等，亦对此碑有介绍和释证。

撰碑人完整叙述了樊敏一生履历，辞章文质彬彬，几无空言。明清金石学家多对樊碑书法与拓本抒发议论，现代学者任乃强则率先详考石碑形制、位置与碑文内容。徐中舒研究巴蜀文化时多次论及樊碑，尤其对樊敏家族渊源和樊敏在巴蜀地区的身分，

* 本文为国家社会科学基金项目"早期中国西南区系文化互动与大一统帝国形成研究"（22BZS009）阶段性成果。

① 陶鸣宽、曹恒钧：《芦山县的东汉石刻》，《文物参考资料》1957年第10期。李军：《芦山的东汉石刻》，《四川文物》1994年第6期。高文、高成刚：《四川历代碑刻》，四川大学出版社，1990年，第73页。谢阁兰、奥古斯都·吉尔贝·德·瓦赞、让·拉尔蒂格：《汉代墓葬艺术》，秦臻、李海艳译，文物出版社，2020年，第138~139页。

提出独到见解。①

今细审碑文，发现前贤论述尚有可商之处，主要在两方面：一是樊敏祖先的迁移史叙事。按碑文记载，樊敏一族自先秦至汉代有过数场迁徙。拙文对樊氏迁徙路径的推测，与前贤学者的认识有些许不同。二是樊敏自身的仕宦经历。拙文对樊敏履历的若干细节，也与前辈学者的解释存在一点分歧。综观樊敏一生，在东汉中期生人，在汉魏之际寿终，极尽天年，是汉末诸多事件为数不多的亲历者。他的人生在东汉史上如何展开，又被时代潮流如何裹挟？简言之，这位西南边地老吏的一生如何与东汉历史交织在一起？关于这个问题，以往学者似乎也未曾太过留意。职是之故，下文将重考樊碑。

一、祖先迁移史叙事

樊敏碑的内容分三大部分：先溯樊氏族源，再述樊敏履历，最后是四言铭文。叙述碑主的先世流传，是东汉碑刻撰写的常见模式。已有学者指出，若按祖先时代分类，先世书写一般涉及先秦远祖、秦汉近世先祖及服内父祖三类，虚实相间，真伪参半。先秦远祖的书写往往较虚，撰写者倾向于附会高古而神圣的三代著姓以夸示碑主出身之高贵。而对于秦汉以来的近世祖先，基本写实。②

聚焦樊敏碑的族源书写，碑文起首曰：

> 君讳敏，字升达，肇祖宓戏，遗苗后稷，为尧种树，含潜于岐。天顾亶甫，乃萌昌发。周室衰微，霸伯匡弼。晋为韩魏，鲁分为扬。充曜封邑，厥土河东。③

撰写者将樊敏远祖直追宓戏、后稷。但显然，这两位远古圣祖并不能与"樊"这一姓氏产生直接关联。同为樊氏碑刻，《中常侍樊安碑》就直言"君讳安，字子仲，南阳湖阳人，厥祖曰仲山父"④。东汉光武帝外戚樊宏，范晔《后汉书》亦载："樊宏字靡卿，南阳湖阳人也，世祖元舅。其先周仲山甫，封于樊，因而氏焉。"⑤ 从樊敏碑来看，没有见到明确的樊姓祖先，不过仍可据文字推测樊敏附会的樊姓先祖为谁。

上古时期，樊氏枝流至少有四：

（1）"殷民七族"之樊。西周初康叔封卫，管理陶、施、繁、锜、樊、饥、终葵氏七族，樊氏位列其中。卫康叔"封畛土，略自武父以南及圃田之北竟"⑥，樊氏作为殷遗民，聚居于淇县附近。

---

① 任乃强：《樊敏碑考略》，收入《川大史学·任乃强卷》，四川大学出版社，2006 年，第 71～85 页。徐中舒：《论巴蜀文化》，四川人民出版社，2019 年，第 111～118 页。另参谢凌：《〈东汉巴郡太守樊敏碑〉考》，《四川文物》2000 年第 1 期。
② 沈刚：《虚实相间：东汉碑刻中的祖先书写》，《中国史研究》2020 年第 2 期。
③ 洪适：《隶释》卷一一，中华书局，1986 年，第 128 页。
④ 洪适：《隶释》卷六《中常侍樊安碑》，中华书局，1986 年，第 78 页。
⑤ 《后汉书》卷三二《樊宏阴识列传》，中华书局，1965 年，第 1119 页。
⑥ 《春秋左传正义》卷五四，阮元校刻：《十三经注疏》，中华书局，1980 年，第 2135 页。

（2）仲山甫之樊。《诗·烝民》郑笺云："仲山甫，樊侯也。"① 汉代碑石及《国语》韦昭注，皆谓仲山甫是周宣王卿士，"食采于樊"。② 《水经注》《元和姓纂》《元和郡县志》《太平御览》也都因袭仲山甫封樊之说。因此，史籍常称仲山甫为"樊仲""樊仲山"或"樊仲甫"。

但是，关于樊邑所在意见不一。《潜夫论·志氏姓》曰仲山甫"封于南阳，南阳者，在今河内"。《续汉书·郡国志》曰："修武，故南阳，秦始皇更名。有南阳城，阳樊、攒茅田。"刘昭注引服虔谓："樊仲山之所居，故名阳樊。"③ 而《水经注》与《元和郡县志》则认为是今湖北的樊城。④

已有学者指出，阳樊之说为胜。⑤ 一是因为此说出现时代更早，二是根据《左传》《国语》等记载，晋文公驻师阳樊而朝周王，周王不得不将阳樊、攒茅等地与之，"晋于是始起南阳"。事后，阳樊人不愿臣服，称其地乃"樊仲之官守，皆王之父兄甥舅"，"此谁非王之姻亲"。⑥ 仲山甫既然是周王亲戚，又是周王卿士，封地阳樊自然当属周邑，故阳樊之人不服晋侯。从这一点来看，仲山甫之樊不太可能远封至沔水流域的樊城，而更可能是阳樊，其地在今河南济源。此后，仲山甫后人以氏为姓，成为樊姓一大宗。

如前所述，这一枝渊源圣远，常被后世樊姓追附为祖。东汉一朝，樊为著姓。光武帝之母名曰樊娴都，娴都同父兄弟樊宏既为光武元舅，又娶刘秀族姊妹为妻。因双重外戚之故，樊宏兄弟子侄早在东汉初便受封五侯，后代族人据州典郡者亦众。建于光和年间的《西岳华山亭碑》《修华岳碑》《复华下民租田口算碑》所见太守河南樊毅，就来自外戚樊家，可知直至汉末樊氏仍能剖符弘农大郡。⑦ 对于族源，东汉时期家于湖阳的樊氏，无论封爵典郡，还是宦于王室，都自认为是樊仲山甫之后。此外，就地望而言，见于《杨震碑阴》的"河内樊公琦"，以及《冯焕残碑阴》的"兵曹令史河内樊晏世宁"⑧，也有可能自认为是樊仲甫后人。

（3）嬴樊。这一支系未见史载，但在出土铜器铭文中多次出现。《三代吉金文存》收

---

① 《毛诗正义》卷一八，阮元校刻：《十三经注疏》，中华书局，1980年，第568页。

② 徐元诰：《国语集解·周语上第一》，中华书局，2002年，第22页。

③ 王符著，汪继培笺，彭铎校正：《潜夫论笺校正》卷九，中华书局，1985年，第458页。《续汉书·郡国志一》，中华书局，1965年，第3395、3396页。不过，东汉的河内郡修武县在阳樊之东较远，而阳樊应在河内郡西缘，靠近洛阳。无论如何，仲山甫的阳樊都在汉代河内郡境中。

④ 《水经注》曰："沔水又迳平鲁城南，城鲁宗之所筑也，故城得厥名矣。东对樊城，樊仲山甫所封也。"（王先谦：《合校水经注》卷二八，中华书局，2009年，第423页）《元和郡县图志》卷二一《山南道·襄州》亦称临汉县"本汉邓县地，即古樊城，仲山甫之国也"（中华书局，1983年，第529页）。

⑤ 于豪亮：《论息国和樊国的铜器》，《江汉考古》1980年第2期，第9页。黄盛璋：《朴君述鼎国别、年代及其相关问题》，《江汉考古》1987年第1期，第93页。

⑥ 徐元诰：《国语集解·晋语四》，中华书局，2002年，第353页。《春秋左传正义》卷一六，阮元校刻：《十三经注疏》，中华书局，1980年，第1820~1821页。

⑦ 三碑俱录于洪适：《隶释》卷二，中华书局，1986年，第27~30页。

⑧ 洪适：《隶释》卷一二《太尉杨震碑阴》、卷一三《冯焕残碑阴》，中华书局，1986年，第137、146页。

录一件"樊君鬲"，铭文云："樊君作叔嬴鬴媵宝鬶。"① 于豪亮指出，这是樊君为女儿叔嬴出嫁所作媵器，铭文表明樊君姓嬴。于先生还提到另有"樊君匜"和"樊君簠"两件春秋时期铜器，但据铭文无法遽断这两个樊君是否同为嬴姓。② 1978年在信阳平桥春秋早期墓葬M1出土的随葬铜器，有"樊夫人龙嬴用其吉金自作鬲""樊君夔用其吉金自作宝盆""樊夫人龙嬴自作行盘"与"樊夫人龙嬴自作行也（匜）"铭文。据发掘简报，M1的有铭铜鬲形似樊君鬲。考古人员推测，M1即樊夫人墓，同时发掘的近旁M2可能是樊君夔之墓。③ 两墓发现于今信阳市，史籍未载的嬴姓樊国很大可能就在信阳附近。樊国与楚国有交流来往，楚庄王夫人中有名为"樊姬"者，或许就来自这个樊国。有学者认为，大约在春秋中期，楚国灭樊，襄阳樊城的源起可能就在楚灭樊后迁樊人于此安置。④ 樊国、樊城与仲山甫无关，是春秋以来楚国势力覆盖的地区。其实，不妨大胆一猜，如果从迁徙距离远近而论，不排除光武帝母族樊氏是由樊城北迁至湖阳的可能，毕竟两地距离只有阳樊到湖阳的三分之一。樊宏、樊安所谓"厥祖曰仲山父"，可能同样是有意攀附一位中原名臣。

（4）蛮姓之樊。《后汉书·南蛮传》云："巴郡南郡蛮，本有五姓：巴氏，樊氏，瞫氏，相氏，郑氏。皆出于武落钟离山。"⑤ 据《太平寰宇记》，武落山一名难留山，在长阳县西北七十八里。⑥ 蛮五姓最初"未有君长，俱事鬼神"，但巴氏相对与众不同，《南蛮传》称钟离山"有赤黑二穴，巴氏之子生于赤穴，四姓之子皆生黑穴"。在后来的五姓角逐中，巴氏胜出，"因共立之，是为廪君。乃乘土船，从夷水至盐阳"。经历与盐水神女的一番较量，"廪君于是君乎夷城，四姓皆臣之"。按《水经注》，夷水即清江。又据李贤注引《荆州图》的说法，盐阳在夷陵县西，⑦ 那么，廪君的拓境路线则是沿清江东下。可正如童恩正所质疑的，巴人在历史上主要活动于川东、鄂西北和汉中一带，不应如《水经注》指示向东发展。童先生于是参照盛弘之《荆州记》与《读史方舆纪要》等文献，指出廪君浮江抵达的盐阳与夷城，应与今恩施相去不远，巴人的迁徙路线乃自东而西。⑧ 作为巴氏臣属，包括樊姓在内的其余四氏也当跟随西迁。

以上，是史籍与考古信息可证的樊姓源流，其中仲山甫之樊最常为人所攀附。那么，身处东汉西南边疆的樊敏自认为源自何枝呢？我们从"晋为韩魏，鲁分为扬（杨），充曜封邑，厥土河东"一句入手。

"晋为韩魏，鲁分为扬"，《金石录》作"杨"，通"阳"。《汉魏六朝碑刻校注》与永

---

① 罗振玉：《三代吉金文存》卷五，中华书局，1983年，第525页。

② 于豪亮：《论息国和樊国的铜器》，《江汉考古》1980年第2期，第9、11页。

③ 河南省博物馆、信阳地区文管会、信阳市文化局：《河南信阳市平桥春秋墓发掘简报》，《文物》1981年第1期，第9~11页。

④ 徐少华：《周代南土历史地理与文化》，武汉大学出版社，1994年。马世之：《中原楚文化研究》，湖北教育出版社，2019年，第128页。

⑤ 《后汉书》卷八六《南蛮西南夷列传》，中华书局，1965年，第2840页。

⑥ 《太平寰宇记》卷一四七《山南东道六·长阳县》，中华书局，2007年，第2864页。

⑦ 王先谦：《合校水经注》卷三七，中华书局，2009年，第529页。《后汉书》卷八六《南蛮西南夷列传》，中华书局，1965年，第2840页。

⑧ 童恩正：《古代的巴蜀》，四川人民出版社，1979年，第11~13页。

田英正《汉代石刻集成》均解释为鲁国阳虎专政。[①] 唯徐中舒提出，晋国羊舌氏叔向食采于杨，故又号杨胖，因此碑文"杨"指叔向一族；公元前 552 年，叔向之弟叔鱼逃奔鲁国，故碑文"鲁分为杨"即叔鱼之事。[②]

徐先生的解释不无道理，但稍显迂曲。赵、魏、韩联手灭智氏，三家分晋局面基本奠定，事在公元前 453 年。鲁阳虎独裁在鲁定公时期，定公十一年（前 499 年）阳虎事败奔晋。[③] 两事均发生于春秋战国之际，较叔鱼奔鲁为后，几乎有一百年之隔。就樊碑文义而言，前云"霸伯匡弼"，此处顺势即言三家分晋与阳虎专鲁。这种写法，与汉人所谓"周室既微，礼乐征伐自诸侯出，桓文之后，大夫世权，陪臣执命，陵夷至于战国"的述史逻辑别无二致。[④] 因此，樊碑"晋为韩魏，鲁分为杨。充曜封邑，厥土河东"之文，应指春秋战国之际，樊敏先人获得了一片河东的封邑。

由此，这位封邑河东的樊姓先人，可能就是樊仲甫，至少也与樊仲关系密切。原因是：第一，按《左传》所示，阳樊居民称仲山甫是周王亲戚，汉代《孟郁修尧庙碑》也称仲山甫是"姬周之遗苗"。联系樊碑世系，如果樊敏家族的始祖是仲山甫，那么碑文所谓"遗苗后稷"也就自然而然了。第二，樊碑所述事件、地理——晋为韩魏、阳虎奔晋，以及"厥土河东"，都与晋国有关。据《左传》记载，仲山甫的采邑阳樊在晋文公时被并入晋国，而阳樊的位置就在河东。

另外一条稍显薄弱的依据是，时代颇显晚的《元和姓纂》提到仲山甫是"周太王子虞仲支孙"[⑤]。《史记·吴太伯世家》曰：

> 是时周武王克殷，求太伯、仲雍之后，得周章。周章已君吴，因而封之。乃封周章弟虞仲于周之北故夏虚，是为虞仲，列为诸侯。……十二世而晋灭中国之虞。[⑥]

周武王将身在蛮夷的虞仲迁回了中国，封地在成周洛阳之北的夏墟。从记载来看，虞仲的虞和仲山甫的樊，都在成周洛阳以北的河东，地方相距不远。仲山甫若确为虞仲支孙，封地在虞国境内或附近，也是自然之事。凑巧的是，虞和樊最终都成为晋国的领土，因此，樊敏碑所谓祖先在三家分晋之际"充曜封邑"得到的河东邑土，很可能指的就是仲山甫之樊的一部分土地。

再大胆前进一步，樊仲山既是虞仲支孙，虞仲是吴国周章之弟，周章又是仲雍曾孙，仲雍和长兄太伯为避位让贤而一同奔吴，成全父亲古公亶父顺利地将君位传给姬昌以至姬发。如此观之，樊敏碑"天顾亶甫"就不只是一句宏大叙事了，而与厥土河东的樊氏先祖有了丝连。

———————————————

① 毛远明：《汉魏六朝碑刻校注》第 2 册，线装书局，2008 年，第 83 页。永田英正：《汉代石刻集成》（本文篇），同朋舍，1994 年，第 267 页。

② 徐中舒：《论巴蜀文化》，四川人民出版社，2019 年，第 113~114 页；又见氏著《古代楚蜀的关系》，原载《文物》1981 年第 6 期，后亦收入《论巴蜀文化》，四川人民出版社，2019 年，第 259 页。

③ 《史记》卷三九《晋世家》，中华书局，1959 年，第 1685、1686 页。

④ 《汉书》卷九二《游侠传》，中华书局，1962 年，第 3697 页。

⑤ 《元和姓纂》卷四，中华书局，1994 年，第 445 页。

⑥ 《史记》卷三一《吴太伯世家》，中华书局，1959 年，第 1446~1448 页。

总之，世居西南且在益州颇具威望的樊敏，虽不曾明言先秦樊姓先祖是谁，但从碑文书写推度，樊敏或撰碑者隐讳地选择攀附周宣名臣樊仲山甫为上古先祖；加之碑文将樊敏先世的历史与伏羲、后稷、尧以及周王室的兴衰史勾联在一起，一位西南州吏由此拥有了高贵的中原血统。

接下来，樊敏碑又是如何叙述秦汉以来祖先从中原到西南的迁移史呢？碑云：

> 楚汉之际，或居于楚，或集于梁。君缵其绪，华南西疆，滨近圣禹，饮汝茹泒。①

由上，秦楚汉之际，樊敏先人从河东迁出，一部分居于楚地，一部分集于梁地。徐中舒对于这句话的理解是，公元前 514 年，晋灭羊舌氏（杨氏），族人遂由晋奔楚，"《樊敏碑》'或居于楚'，必属此时之事"。徐先生又道，"樊氏迁梁，就是在居楚之后，但当白起拔郢，楚国东徙陈之时，樊氏早就由汶川、什邡进入蜀郡青衣道了"。他又引《竹书纪年》中"〔梁惠成王十年（前 360 年）〕瑕阳人自秦道岷山青衣水来归"的记载，认为瑕阳是晋地，战国时属魏，"瑕阳人从秦道的岷山青衣水来归，他必是先从瑕阳去的"。②

然而，这番推测有一些问题。首先，樊碑所书"楚汉之际"，无疑指秦末汉初阶段，并非晋杀羊舌所当春秋晚期。其次，碑文"或居于楚，或集于梁"二句并列，可直接解释为樊氏部分入楚、部分至梁，族人几乎同时分散两地，而不会前后相隔近二百年。再次，引《竹书纪年》一条，似也不足以证明瑕阳人中有樊敏先辈。更关键的是，从史书籍贯书写惯例来推，瑕阳应在蜀而不在晋。任乃强提出"瑕阳"即"徙阳之异译"，甚是。徙阳就在青衣水北，与《竹书》所载文义相合。总之，按樊碑语境，这一句意为樊氏封邑河东二百多年后，在秦末大乱之时，几乎同时分散于楚和梁。

碑文没有提及樊敏的服内父祖，时间线直接从楚汉之际跳跃到樊敏自身："君缵其绪，华南西疆（疆），滨近圣禹，饮汝（汶）茹泒"③。《史记·六国年表》曰："禹兴于西羌。"《淮南子·修务训》又曰"禹生于石"，注谓："禹母修己，感石而生禹，折胸而出。"④ 大禹的创生故事，后又被演绎为禹生于石纽。蜀汉益州才士秦宓有云："禹生石纽，今之汶山郡是也。"裴注引谯周《蜀本纪》又补充说："禹本汶山广柔县人也。"《水经注》亦因其说。⑤ 泒，地理书无载，不确定是哪条水系。徐中舒、永田英正等学者认为

① 洪适：《隶释》卷一一，中华书局，1986 年，第 128 页。

② 徐中舒：《论巴蜀文化》，四川人民出版社，2019 年，第 114~116 页。

③ 《隶释》作"汝"，诸书皆指出其误，当为"汶"。参看任乃强：《樊敏碑考略》，收入《川大史学·任乃强卷》，四川大学出版社，2006 年，第 79 页。高文、高成刚：《四川历代碑刻》，四川大学出版社，1990 年，第 71 页。永田英正：《汉代石刻集成》（图版、释文篇），同朋舍，1994 年，第 262 页。

④ 《史记》卷一五《六国年表》，中华书局，1959 年，第 686 页。何宁：《淮南子集释》卷一九，中华书局，1998 年，第 1336 页。

⑤ 《三国志》卷三八《蜀书·许麋孙简伊秦传》，中华书局，1982 年，第 975 页。王先谦：《合校水经注》卷三六，中华书局，2009 年，第 514 页。

汸即《汉书·地理志》载广汉郡汁方县，亦即什邡之邡。① 不论如何，仅从滨禹饮汶考之，也可知樊氏居住于汶水以西一带。石碑见于今四川雅安芦山县，此地秦汉时为青衣县，确在汶江以西，界接广柔。按常理推想，参之以碑文后述内容，樊敏出生前，族人就已生长于斯。

樊敏之终，"八十有四，岁在汁洽"，即建安八年（203 年），则其生年在安帝元初七年或永宁元年（120 年），值东汉中期，楚汉之际尔来已三百余年。这三百年间，樊敏先人又是何时从何地迁居青衣呢？承上揭碑文，徐中舒先生认为是从楚而来，不少学者也赞成此说。对此，笔者有另外的设想。

按碑文之意，樊氏要么从楚入川，要么从梁入蜀。前辈学者均考虑的是从楚西迁的情形。徐中舒的推测是，羊舌氏奔楚后，楚国以襄樊一带为其食邑。襄樊之襄、湘水之湘、巴郡蛮之相氏与黔中、夔巫一带的向氏，都是叔向之后及其所居之地。待楚东迁，樊氏由汶川、什邡进入蜀郡青衣道，故"樊敏之必出于巴郡蛮之樊氏"②。黄盛璋受徐先生影响，也认为樊敏一氏出自樊城之樊国，战国后期迁往巴地，又由巴中向西南迁徙至汶江流域。③ 索德浩在讨论蜀地移民问题时，几次提及《樊敏碑》，同样认为樊氏由晋到楚，并在秦末汉初由楚入蜀。④

樊敏之樊事实上究竟是中原仲山甫之樊还是蛮姓之樊，不是问题关键。因为如上述，纵然樊敏出自蛮姓，他本人或亲故撰碑者也大概率会寻找一位出身中原的名人著姓认作祖先。这里要讨论的是，放在碑文语境中，樊敏一族有无可能由梁迁蜀？

"梁"这一地理名词，指的是哪片区域？是《禹贡》"九州"之一的梁州，还是魏国大梁所涉梁国、梁地？这是首先要明确的问题。

《尚书·禹贡》曰："浮于洛，达于河，华阳黑水惟梁州。"梁州大致包含今陕西汉中、安康及四川、重庆这一片西南地区。如果《樊敏碑》"或集于梁"之"梁"指《禹贡》古梁州，那么樊敏家族可能在楚汉之际就直接从河东迁入巴蜀境中了。不过这种推测可能不成立。翻检两汉文献资料，仅以单独一个"梁"字指称梁州的例子极少。例如，出土于四川郫县的东汉《王孝渊碑》云："汉徙豪杰，迁□□梁，建宅处业，汶山之阳。"⑤ 其中的"梁"即梁州。除此之外，大多数文献都明确写明梁州，如《高颐碑》曰"苗裔流衍，□彼梁州"。⑥ 相比之下，一"梁"字指称魏梁之梁、关东梁地的情况非常普遍，聊举几例：

① 徐中舒：《论巴蜀文化》，四川人民出版社，2019 年，第 115 页。永田英正：《汉代石刻集成》（本文篇），同朋舍，1994 年，第 269 页。

② 徐中舒：《论巴蜀文化》，四川人民出版社，2019 年，第 112~114 页。

③ 黄盛璋：《朴君述鼎国别、年代及其相关问题》，《江汉考古》1987 年第 1 期，第 99 页。

④ 索德浩：《成都老官山汉 M1 墓主族属考察》，《考古》2016 年第 5 期，第 82 页；《秦汉之徙，元以山东——秦、西汉时期蜀地的移民》，《南方民族考古》第 20 辑，科学出版社，2020 年，第 156 页。

⑤ 谢雁翔：《四川郫县犀浦出土的东汉残碑》，《文物》1974 年第 4 期，第 67 页。

⑥ 洪适：《隶释》卷一一，中华书局，1986 年，第 130 页。另，《华阳国志·巴志》云巴蜀在"梁岷之域"，此处虽未备称"梁州"，但有"岷"字辅佐，梁字之义亦明。

　　羽自立为西楚霸王，王梁、楚九郡，都彭城。①

　　及闻汉王并关中，而齐、梁畔之，羽大怒。②

　　先是十余岁，河决，灌梁、楚地，固已数困。③

　　自河决瓠子后二十余岁，岁因以数不登，而梁楚之地尤甚。④

战国时期，秦昭王伐魏，魏惠王弃安邑，东徙大梁，故今河南开封一带古称"梁"或"梁地"。楚灭宋、鲁之后，梁与楚紧邻，上引史例中多次梁、楚连称。参考这些地名记述，基本可以明确《樊敏碑》"或集于梁"的地理范围是关东之梁。

　　如果碑文原意是说樊敏祖上从梁迁来，那么樊氏又如何从梁地迁至西蜀呢？楚汉之际的一段历史细节值得注意。西汉初年，刘邦分封的异姓诸侯王中，彭越为梁王，都定陶。待天下大定，异姓王先后被刘邦铲除。高祖十年（前197年），刘邦自往击陈豨，向梁王彭越征兵，彭越称病不往，后被其太仆告发谋反。刘邦捕获梁王彭越，囚之洛阳。史载：

　　有司治反形已具，请论如法。上赦以为庶人，传处蜀青衣。⑤

秦汉之时，巴蜀是迁置罪人的主要地区。吕不韦迁蜀；秦灭楚，徙严王之族以实严道，淮南王之族亦迁于此，⑥ 其地就在青衣县西南不远。梁王彭越传处蜀青衣县；灭诸吕之后，吕氏族人亦有被迁入蜀者。四川博物馆藏吕氏族人墓石刻记述，族人"徙蜀汶山"，⑦ 在青衣之北。当然，梁王彭越最终见杀于洛阳，未能入蜀，但诸侯王公因罪流徙，不会只有一人一家上路，族属、舍人等与之相关的人群都有可能随徙。引文中"蜀青衣"三字令人不禁浮想，樊敏先辈是否身陷随梁王迁蜀的人群之中？这是一种推测。

　　退一步讲，即使樊氏不因梁王而迁，也仍有可能在汉代迁入蜀中。已有学者发现，西汉时期正是关东人口大量流入巴蜀的时期，移民中既有被迫强制流徙，也有部分是自发迁转。⑧ 前揭《王孝渊碑》，王氏先人"元□关东……汉徙豪杰……建宅处业，汶山之阳"。其他巴蜀地区汉碑亦多载类似情形，例如《景云碑》曰：

　　汉巴郡朐忍令广汉景云叔于……君帝高阳之苗裔，封兹楚熊，氏以国别。高祖龙兴，娄敬画计，迁诸关东豪族英杰，都于咸阳，攘竟蕃卫。大业既定，镇安海内。先人伯沈，匪志慷慨，术禹石纽、汶川之会。……家于梓潼，九族布列，裳绕相龙，名

---

① 《汉书》卷一上《高帝纪上》，中华书局，1962年，第28页。

② 《汉书》卷一上《高帝纪上》，中华书局，1962年，第32页。

③ 《汉书》卷二四下《食货志下》，中华书局，1962年，第1161页。

④ 《汉书》卷二九《沟洫志》，中华书局，1962年，第1682页。

⑤ 《史记》卷九○《魏豹彭越列传》，中华书局，1959年，第2594页。

⑥ 常璩著，任乃强校注：《华阳国志校补图注》，上海古籍出版社，1987年，第198～199页。

⑦ 张勋燎、袁曙光：《四川省博物馆藏汉代吕后族人墓葬石刻文字及其相关问题》，《中国西南的古代交通与文化》，四川大学出版社，1994年，第107页。

⑧ 索德浩：《秦汉之徙，元以山东——秦、西汉时期蜀地的移民》，《南方民族考古》第20辑，科学出版社，2020年，第161页。

右冠盖。①

景氏本楚国王族大姓，经历了关东—关中（咸阳）—蜀（梓潼）的迁移过程。又，新近于成都天府广场出土的《裴君碑》显示，裴君"祖自河东"。② 此外，成都燃灯寺东汉墓 M2 墓门一曰：

梁离狐茂陵任君元升神门

另一门上书"中平四年十二月十三日葬"。③ 中平四年（187 年）距樊敏去世不足三十年，鉴于樊敏极为长寿，猜想燃灯寺 M2 墓主任君或许是樊敏同龄人。而且，他的祖籍恰巧也是梁，先人可能从梁离狐县迁至茂陵，最终从关中来到成都。正如学者所说，关东—关中—蜀地是关东移民入蜀的主要线路。④ 樊敏先祖有可能也走过这一段里程。

综上所述，樊碑的祖先迁移史书写未必全然真实，尤其是关于先秦远祖的书写，更可能出于虚构攀附，目的是为华夏西南边缘的州吏装点出身。但不得不说，无论樊碑的祖先叙事是否虚构，其逻辑却能自洽，与历史大势亦能相合。

二、身分塑造与"阳嘉新制"下的樊敏小史

家族几代人"华南西疆"，樊敏在蜀中会有什么样的社会身分呢？徐中舒认为，樊氏出自晋羊舌四族，适与《南中志》的四姓相合，因此樊敏是青衣当地宗帅王侯一类的人物。⑤ 徐先生的论断颇具慧眼，但从樊碑叙事来看，撰写者更希望将碑主樊敏打扮成系出中原著姓、饱读儒家经典的士人，即无异于华夏尤其是关东士大夫的形象。

碑文述及樊敏仕学经历曰："总角好学，治《春秋严氏》经，贯究道度，无文不睹。"西汉严彭祖学《公羊春秋》于眭孟，后自己专门教授，遂有"严氏春秋"，宣帝时立为博士。东汉建武中，复置《严氏春秋》博士，蔚为显学。⑥ 见诸史书的传习者，西汉末有马宫、丁恭、李章，东汉有周泽、钟兴、甄宇、楼望、樊儵、张霸父子、程曾、徐稚、乔玄。汉碑所见习《严氏》之学者又有孔龢、孔宙、闾葵斑、祝睦，等等。⑦

──────────

① 吉林省文物考古研究所、云阳县文物管理所：《重庆云阳旧县坪台基建筑发掘简报》，《文物》2008 年第 1 期，第 29~30 页。

② 成都文物考古研究所：《成都天府广场东御街汉代石碑发掘简报》，《南方民族考古》第 8 辑，科学出版社，2012 年，第 2 页。该辑《南方民族考古》收录多篇裴君碑研究，可一并参看。

③ 毛求学：《燃灯寺东汉墓》，《成都文物》1983 年第 1 期。

④ 索德浩：《秦汉之徙，元以山东——秦、西汉时期蜀地的移民》，《南方民族考古》第 20 辑，科学出版社，2020 年，第 161 页。

⑤ 徐中舒：《论巴蜀文化》，四川人民出版社，2019 年，第 117 页。

⑥ 《汉书》卷八八《儒林传》，中华书局，1962 年，第 3616 页。《后汉书》卷三《肃宗章帝纪》，中华书局，1965 年，第 138 页。

⑦ 洪适：《隶释》卷一《孔庙置守庙百石孔龢碑》、卷五《汉故成阳令唐君颂》、卷七《山阳太守祝睦碑》《泰山都尉孔宙碑》，中华书局，1986 年，第 18、61、81 页。

经学传承往往呈现出地域特征，《严氏春秋》的教授也是如此（参见表1）。

表1 治《严氏春秋》学者籍贯

	学者	籍贯	文献来源	备 注
1	眭孟	鲁国蕃县		
2	严彭祖	东海下邳	《汉书·儒林传》	
3	马宫	东海戚县	《汉书·马宫传》	按《儒林·颜安乐传》，马宫是颜安乐的再传弟子，治《颜氏春秋》
4	郅军	汝南西平	《后汉书·郅军传》	
5	周泽	北海安丘	《后汉书·儒林列传》	
6	甄宇	北海安丘	《后汉书·儒林列传》	
7	李章	河内怀县	《后汉书·酷吏列传》	
8	丁恭	山阳东缗		弟子楼望（陈留雍丘人）弟子钟兴（汝南汝阳人）弟子樊鯈（湖阳人）鯈弟子张霸（蜀郡人）
9	申屠蟠	陈留外黄		
10	刘佑	中山安国	《后汉书·党锢列传》	
11	程曾	豫章南昌	《后汉书·儒林列传》	受业长安
12	徐稚	豫章南昌		少为诸生，学《严氏春秋》
13	乔玄	梁国睢阳		
14	孔龢	鲁	《孔龢碑》	
15	孔宙	鲁	《孔宙碑》	
16	闾葵班	济阴成阳	《汉故成阳令唐君颂》	
17	祝睦	济阴	《祝睦碑》	

由表1，《严氏春秋》的主要传习区域，就正好集中于梁、鲁之地。其中相对著名的丁恭、祝睦、乔玄，分别出身山阳东缗、济阴和梁国睢阳，而山阳与济阴在西汉初年均属梁国。这一儒经传习地域，也与碑文对樊敏一族由梁迁蜀的叙事可能性同符合契。

此外，还有一条信息值得注意。常伴光武左右的侍中祭酒丁恭，弟子众多，建武初"诸生自远方至者，著录数千人，当世称为大儒"①。弟子中既走出了太常楼望、侍中承宫，还有一位长水校尉樊鯈。樊鯈是樊宏长子、光武帝刘秀表兄弟。史载：

　　服阕，就侍中丁恭受《公羊严氏春秋》。……初，（樊）鯈删定《公羊严氏春

---

① 《后汉书》卷七九下《儒林列传下》，中华书局，1965年，第2578页。

秋》章句，世号"樊侯学"，教授门徒前后三千余人。①

《春秋》三传，每经俱有师法。《公羊春秋》一门中，除严氏之外，尚有颜氏（颜安乐）之学。从经学教授地望与传习者族姓揣测，远在西蜀的樊敏治《严氏春秋》，或许不是一个随意的选择。严彭祖师承眭孟，孟卒于昭帝元凤三年（前78年）。史称，"孟死，彭祖、安乐各颛门教授，由是《公羊春秋》有颜、严之学。彭祖为宣帝博士"②。严彭祖弟子又多来自同郡，故《严氏春秋》约莫当昭宣之时在梁地初兴，成为出身梁地士人的治经选项之一。加之东汉初外戚樊鯈进入师门，借门第之力而兴"樊侯学"。樊敏选择《严氏春秋》这一经学理路，一种可能，是樊敏一族确实从梁地迁来，又与樊鯈同出樊仲山甫之后，故樊敏少治《严氏春秋》，是梁地之学兼同姓家学共同作用下的结果；另一种可能，则是樊敏一族本无中原血统，但出于身分塑造的目的，有意构设自己家族迁自关东之梁并深谙梁地《严氏》之学的形象。

由此观之，如果说樊敏碑对樊氏族源、樊敏出身有所夸示甚至虚构的话，那么不得不说这种构设非常精致严谨。如此身分塑造对樊敏的仕宦经历也具有正向影响。

樊敏起初在郡国任职。碑云："于是国君备礼招请，濯冕题刚，杰立忠謇，有夷史之直、卓密之风。"任乃强认为，"国君备礼招请"是说樊敏壮年筮仕夷国青衣羌国之君，任青衣夷邑长丞。此说恐非。检汉碑用例，《三公山碑》有"愿明公垂恩网极，保我国君"之句。洪适《隶释》曰："盖以明公称山之神，而谓国相为国君也。"③因此，樊碑"国君"所指应是郡国守相。延光元年（122年），改蜀郡西部都尉，置蜀郡属国都尉，治所就在青衣县（后改名汉嘉县）。简言之，樊敏年轻时初为蜀郡属国都尉所署。

碑文续曰"察孝除郎，永昌长史，迁宕渠令"，为母服丧后，大将军辟。可以明确的时间点是，"光和之末，京师扰攘。雄狐绥绥，冠履同囊。投核长驱，毕志枕丘"。投核即"投劾"，言樊敏在光和末年弃官回家。光和年号共七年（178—184年），则樊敏在六十三四岁之时离京。那么，之前他是何时前来洛阳的呢？碑云"五五断仁，大将军辟"，樊敏谨守儒礼，为母服丧满二十五个月后，为大将军所辟。按《后汉书·百官志》，"将军，不常置。本注曰：比公者四：第一大将军……"④ 外戚尤其是皇后父兄常居此职。征辟樊敏的大将军是谁？光和前后为大将军者，一是窦武，一是何进。任乃强先生认为此大将军是窦武，永田英正的注释则说是何进。⑤

本文赞成永田英正之说。窦武以太后父册立灵帝有功，永康元年（167年）冬拜大将军。⑥ 但不到一年，窦武枭首，家属徙日南。此时距离"光和之末"尚有十六七年，樊

① 《后汉书》卷三二《樊宏阴识列传》，中华书局，1965年，第1122、1125页。
② 《汉书》卷八八《儒林传》，中华书局，1962年，第3616页。
③ 洪适：《隶释》卷三，中华书局，1986年，第43～44页。除此例之外，称汉郡为"国"之例甚多。如《西狭颂》赞李翕"克长克君，牧守三国"；与樊碑同在雅安的《高颐碑》述高氏试守益州太守，"斑芳声于国畿"，等等。
④ 《后汉书·百官志一》，中华书局，1965年，第3563页。
⑤ 任乃强：《樊敏碑考略》，收入《川大史学·任乃强卷》，四川大学出版社，2006年，第80页。永田英正：《汉代石刻集成》（本文篇），同朋舍，1994年，第270页。
⑥ 《后汉书》卷六九《窦何列传》，中华书局，1965年，第2241页。

敏若为窦武所辟，在其彻底败亡后不可能淹留京师如此之久，而且无声无息，以致碑石无任何职官迁转记录。因此，征辟樊敏者应是何进。其实，光和年间何进尚未拜大将军。女弟为贵人有宠时，何进拜郎中，迁虎贲中郎将，出为颍川太守。光和三年（180年），拜侍中、将作大匠、河南尹。要到中平元年（184年），何进方为大将军，此时樊敏已离京。当然，樊碑建安时立，碑文以大将军指称何进，属于追记性质，并无不妥。对照何进履历，征辟樊敏为其属官当在光和三年以后。由此，樊敏60岁出蜀，游宦洛阳三四年光景，目睹宦官弄权，愤而弃官回乡。这一推测似乎更为合理。

以此为基点反推，樊敏为大将军辟之前"五五断仁"，则他差不多在57岁时开始为母服丧。服丧前，碑云"迁宕渠令。布化三载，遭离母忧"，可知樊敏54~57岁在宕渠令任上。

迁县令前，"察孝除郎，永昌长史"。如前述，樊敏大约出生于东汉安帝永宁元年（120年），当他12岁的时候，察举制出现了一个重大变化。《后汉书·左雄传》载：

> 雄又上言："郡国孝廉，古之贡士，出则宰民，宣协风教。若其面墙，则无所施用。孔子曰'四十不惑'，《礼》称'强仕'。请自今孝廉年不满四十，不得察举，皆先诣公府，诸生试家法，文吏课笺奏，副之端门，练其虚实，以观异能，以美风俗。有不承科令者，正其罪法。若有茂才异行，自可不拘年齿。"①

左雄的奏言虽引发诸多驳议，但最终得到顺帝认可后施行。阳嘉元年十一月，"初令郡国举孝廉，限年四十以上，诸生通章句，文吏能笺奏，乃得应选"②。此即所谓"阳嘉新制"。

阳嘉新制的第一个要点，便是"限年四十以上"。③ 这对"总角好学"的樊敏来说，是个坏消息。如果碑文所记没有阙漏，那么他54岁之前，先以蜀郡属国都尉掾吏的身分，因察孝廉而至洛阳，除郎，之后被朝廷派回故土，迁永昌长史。如果樊敏是在40岁以前就被郡国举孝廉，那么他就有近15年时间，徘徊在郎官和永昌长史两个任上，这一现象可能不太正常。如此论之，樊敏察孝廉的时间，大概率是在40岁以后。

邢义田研究指出，限年试才的阳嘉新制推行不久便流为具文，顺帝以后至汉末，史籍可考的孝廉几乎都不足40岁。邢先生统计的可考的22名孝廉中，20多岁者最多，30多岁者次之，仅有2人年逾40才举孝廉。④ 邢义田还曾细致分析过东汉孝廉的身分背景，指出地缘关系是东汉入仕的重要政治本钱。累世高宦之族产生最大比例的孝廉，而这些家族几乎全部集中在关中和关东，吴、蜀地区则没有四代以上的仕宦家族可考，巴蜀甚至有

---

① 《后汉书》卷六一《左周黄列传》，中华书局，1965年，第2020页。

② 《后汉书》卷六《顺帝纪》，中华书局，1965年，第261页。

③ 关于"阳嘉新制"各要点的论述，参看阎步克：《察举制度变迁史稿》，中国人民大学出版社，2009年，第57~73页。

④ 邢义田：《东汉察举孝廉的年龄限制》，收入氏著《天下一家》，中华书局，2011年，第363~371页。

七个郡国无一孝廉。① 樊敏正是身居这样的"华南西疆"。《华阳国志》载：

> 毋敛人尹珍，字道真，以生遐裔，未渐庠序，乃远从汝南许叔重受五经。又师事应世叔学图纬，通三材，还以教授，于是南域始有学焉。珍以经术选用，历尚书丞郎、荆州刺史。②

尹珍所在牂柯郡毋敛县直到他还乡教授始有学焉。如此文化荒裔，能走出一位以经术选用官至刺史的人物，在巴蜀已是罕见；但在关东、关中，这样的人物实在颇为寻常。再如芦山新出《赵仪碑》所揭，赵仪是犍为属国汉阳人，生活年代与樊敏靠近，年纪略长樊氏几岁。此人大约四十有七才出任蜀郡属国都尉。③ 又如时代稍晚的王谋，和樊敏同籍，《季世辅臣赞》曰：

> 王元泰名谋，汉嘉人也。有容止操行。刘璋时，为巴郡太守，还为州治中从事。先主定益州，领牧，以为别驾。先主为汉中王……谋为少府；建兴初，赐爵关内侯，后代赖恭为太常。……后大将军蒋琬问张休曰："汉嘉前辈有王元泰，今谁继者？"休对曰："至于元泰，州里无继，况鄙郡乎！"其见重如此。④

史书只道他有容止操行，未见十分过人之处，宦途亦不出巴蜀，但这样的人在汉嘉地方已是州郡无继。相比于关中、关东士人，尽管樊敏察孝除郎的年岁已晚，但在益州本土士人中，樊敏能凭借出身背景和经学素养脱颖而出，依然是幸运的。而其后半生，虽仕迹局限于西南，但樊敏始终是益州上层非常重要的吏员。

投劾回乡后，"国复重察，辞病不就"，樊敏没有回应蜀郡的再次察举。"再奉朝娉（聘），十辟外台。常为治中、诸部从事。"再奉、十辟云云，属于互文。朝聘之"朝"亦未必指中央朝廷，类似例子甚多。如，《成阳灵台碑阴》说少年仲阿东"乡朝所称，县令菅君即请署门下议生"，《荆州从事苑镇碑》云"尽节君父，遂登朝阶，为郡督邮、列掾"，《绥民校尉熊君碑》亦有"少仕州郡，临朝睿鄂"之句，这里的"朝"均是地方政府。外台，《文献通考》云"或谓州府为外台"⑤。州牧刺史由中央朝廷任免，刺史掾属别驾、治中诸曹掾等，则由刺史自行辟除，且往往以本地人充当。樊敏"十辟外台"，说的是他长年在益州担任治中、诸部从事，故而他在成都生活了好多年。因他能"举直错枉，谭思旧制"，"案罪杀人，不顾倡獗"，又能训诫子孙，严肃闱门，以致"州里佥然，号曰吏师"。

综上，在阳嘉新制与地域偏远的双重加持下，生于永宁元年（120 年）的樊敏，40

① 邢义田：《东汉孝廉的身份背景》，收入氏著《天下一家》，中华书局，2011 年，第 285~327 页。

② 常璩著，任乃强校注：《华阳国志校补图注》，上海古籍出版社，1987 年，第 260 页。

③ 郭凤武：《芦山出土〈赵仪碑〉考释》，《中华文化论坛》2015 年第 8 期，第 96 页。

④ 《三国志》卷四五《蜀书·杨戏传》，中华书局，1982 年，第 1082 页。

⑤ 马端临：《文献通考》卷六一《职官考十五·州牧刺史》，中华书局，2011 年，第 1835 页。

岁以后有幸察孝除郎、任永昌长史，54～57 岁在宕渠令上，服丧三载，耳顺之年为何进所辟，在京不过三四年，目睹朝纲崩摧，光和年间六十三四岁的樊敏回到故乡，此后长年在益州为吏。

三、益州变局中的晚年

樊敏终究没能享受一个太平晚年。王朝步入季世，时局越发不安。中平元年（184年）黄巾起义爆发。同年秋，巴郡张修寇略郡县，号为五斗米师。这是樊敏亲历的"米巫凶虐"。接着，他又不幸遭逢"续蠢青羌，奸狡并起"。中平五年（188年）益州马相自称天子，攻破州郡，绵竹、雒城、蜀郡犍为、巴郡相继沦陷，绵竹令李升、益州刺史郗俭、巴郡太守赵部先后被杀，① 其中郗俭正是樊敏的长官。在这场州部郡县长官接连罹难的大乱中，如洪适所跋，"是时蜀人必有沦于伪命者"，但樊敏"君执一心，赖无污耻"。而这样的属吏不止樊敏一人，《华阳国志》载：

> 部州从事贾龙，素领家兵在犍为，之青衣，率吏民攻相，破灭之。州界清净，龙乃选吏卒迎（刘）焉。②

率吏民击破马相的正是樊敏的同僚贾龙。他也是部州从事，蜀郡人。③ 与《华阳国志》记载相类，《三国志》《后汉书》均记载贾龙事迹。但三者稍有区别之处在于，《后汉书》文最简，只说"领兵数百人在犍为"；《三国志》稍确切，载称"领兵数百人在犍为东界，摄敛吏民"；而《华阳国志》最明白，直曰"在犍为，之青衣"。

结合樊碑所云"续蠢青羌"，青羌即青衣羌，活跃于青衣江流域。汉代青衣县本是先秦时青衣羌国故地④，此处及其附近徙县、天全一带还分布着莋都夷，故青衣地区有"羌莋之塞"的称谓⑤。武帝元鼎时以莋都为沈黎郡，天汉时"并蜀为西部，置两都尉，一居旄牛，主徼外夷，一居青衣，主汉人"⑥。可见，先秦以来，青衣一域始终是汉、羌诸夷多族群势力交会的中心。东汉羌乱频繁，这里的羌夷也是时叛时服。史载：

> （1）（安帝永初二年）青衣道夷邑长令田，与徼外三种夷三十一万口举土内属。（《后汉书·南蛮西南夷列传》）
>
> （2）延光二年（123 年）春，旄牛夷叛，攻零关，杀长吏，益州刺史张乔与西

① 《后汉书》卷八《灵帝纪》、卷七五《刘焉袁术吕布列传》，中华书局，1965 年，第 356、2432 页。

② 常璩著，任乃强校注：《华阳国志校补图注》，上海古籍出版社，1987 年，第 340 页。

③ 见《三国志》卷三一《蜀书一》裴注，中华书局，1982 年，第 867 页。

④ 王先谦：《合校水经注》卷三六，中华书局，2009 年，第 510 页。

⑤ 《汉书》卷五一《贾邹枚路传》，中华书局，1962 年，第 2362 页。关于青衣羌何时居处此地，参看李天明：《青衣江与青衣羌国考略》，《中国历史地理论丛》1997 年第 1 期；石硕：《羌人入据青衣江流域时间探析》，《民族研究》2007 年第 2 期。

⑥ 《后汉书》卷八六《南蛮西南夷列传》，中华书局，1965 年，第 2854 页。

部都尉击破之。于是分置蜀郡属国都尉，领四县如太守。(《后汉书·南蛮西南夷列传》)

(3) 青衣王子心慕汉制，上求内附。顺帝阳嘉二年 (133 年)，改曰汉嘉，嘉得此良臣也。(《水经注·青衣水》)

(4) (延熹) 四年，犍为属国夷寇郡界，益州刺史山昱击破之……灵帝时，以蜀郡属国为汉嘉郡。(《后汉书·南蛮西南夷列传》)

显然，青衣羌夷在这片区域有举足轻重的影响，他们的动静时常牵制青衣地区的行政建置变更。是叛是服，青衣羌人往往揆诸时势，以便从中取利。如前引《华阳国志》，樊敏的同事贾龙"之青衣"，率领家兵和吏民与马相叛军较量，估计是亦有青衣羌响应马相。《三国志》裴松之注还提到一条材料说，刘焉入蜀不久，贾龙又举兵反焉，"焉出青羌与战，故能破杀"①。刘焉利用青衣羌人与贾龙曾经结下的仇恨，引以为战。此条或可对樊碑所谓"续蠢青羌"背后青衣羌的行动略作支撑。

州郡暂归清净，樊敏"复辟司徒"②，又获得了一次出川的机会。马相寇略巴蜀是中平五年 (188 年) 六月事，樊敏"复辟司徒"必在此后。考中平五年后相继为司徒者是丁宫、黄琬、杨彪和王允。那么，哪一位司徒愿意辟举年届七旬的樊敏呢？

丁宫中平五年八月征还京师为司徒，此前自桓帝时为交州刺史，③ 与樊敏无甚交集。次年九月黄琬代丁宫为司徒，黄琬曾因陈蕃故被禁锢二十余年，至光和末才受太尉杨赐推荐征拜议郎，擢青州刺史。④ 彼时樊敏或正欲回乡，或已在归途，与黄琬不会有多少交情。继黄琬为司徒者杨彪，樊敏在京期间他在颍川、南阳太守任上，⑤ 无从识得樊氏。于是，最有可能征辟樊敏的只有司徒王允。如前考述，樊敏尝为何进所辟，而王允亦受何进提掖之恩。《后汉书》本传载，王允得罪中官被捕，何进竭力为其请免；灵帝崩后，何进欲诛宦官，遂召王允与谋事，请为从事中郎，转河南尹。⑥ 初平元年 (190 年) 二月，大将军何进新死，而王允为司徒，辟举故主旧属，实在情理之中。

---

① 《三国志》卷三一《蜀书一》，中华书局，1982 年，第 867 页。

② 按："复辟司徒"一句，任乃强理解为辟樊敏为司徒 (氏著《樊敏碑考略》，收入《川大史学·任乃强卷》，四川大学出版社，2006 年，第 81 页；《华阳国志校补图注》注释，上海古籍出版社，1987 年，第 344 页)。今人学者受此影响，亦作如是解 (参看李军：《芦山的东汉石刻》，《四川文物》1994 年第 6 期)。此说不然，应释作辟司徒府。樊敏所任治中、诸部从事，秩皆百石，纵然协助贾龙平叛有功，朝廷也不可能直接将其提擢至三公高位，只可能擢为司徒府属吏。洪适：《隶释》卷五《稿长蔡湛颂》有类似用例，蔡碑称"应司徒府，除广川长，公事去官。复辟大尉"云云，显然是说蔡湛辟太尉府。若蔡湛曾为太尉，碑首不可能只以"稿长"题额。又，《巴郡太守张纳碑》载碑主先辟司空府、司徒府，"复辟大尉，举高第，拜侍御史"，意即在辟太尉府的人选中拔得高第，而非升任太尉。卷九《北军中候郭仲奇碑》云郭仲奇"复辟司徒，拜军中候"，此例与樊碑完全相同，亦是辟司徒府之意。

③ 《三国志》卷四九《吴书四》，中华书局，1982 年，第 1191 页。

④ 《后汉书》卷六一《左周黄列传》，中华书局，1965 年，第 2041 页

⑤ 《后汉书》卷五四《杨震列传》，中华书局，1965 年，第 1786 页。

⑥ 《后汉书》卷六六《陈王列传》，中华书局，1965 年，第 2174 页。

遗憾的是，"道隔不往"①，阻断樊敏赴任的或是羌乱。中平六年（189 年），朝廷省扶风都尉，置汉安都护，就是因为羌扰三辅。兼之董卓进京后又迁都长安，关中动荡，司徒之辟终成泡影。自此，樊敏余生再未踏出州境。

刘焉目睹王室多故，一面建言朝廷选择清重名臣以为牧伯，一面意欲前往益州躲避世难。恰逢益州刺史郄俭赋敛烦扰，刘焉遂出为益州牧，前去收俭治罪。不料又遇益州黄巾作乱，待贾龙平叛后，遣吏卒迎奉刘焉。不承想，刘焉随即在蜀中诛杀地方豪强以立威，同时三辅、南阳数万户人口也流入益州避难，刘焉引以为党，号曰"东州兵"，客主矛盾由是激化。初平二年（191 年）贾龙"恶焉之阴图异计"，反手攻刘焉，为焉所击杀。②当是时，史书与碑石均未记载，世居华南西疆的樊敏，眼见同僚因功获赏转而因怨被诛，是何种心绪。从碑文"牧伯刘公，二世钦重"度之，樊敏应是选择了沉默与妥协。他虽没有贾龙那样的显见之功，但也没有贾龙那样的显见之忿，更何况他相比于陷附米巫和叛军的吏员，还有坚执一心赖无污耻之节，积望又久，年事又高，自然也便获得了刘氏父子的钦重，遂"表授巴郡，后汉中"。

虽是二千石秩，樊敏一生荣耀于是最盛，但此时的巴郡、汉中颇不平稳。刘焉以张鲁为督义司马，"与别部司马张修将兵击汉中太守苏固，鲁遂袭修杀之"③，占据汉中。此事过后，刘焉与张鲁便生嫌隙。刘焉不久去世，张鲁对刘璋更不复承顺。《三国志》载，刘璋遣旧交庞羲为巴西太守，领兵御鲁。考刘璋分巴郡为巴西、巴东事在建安六年④，樊敏被表授巴郡、汉中太守的时间，当在建安六年之前⑤。

即便在建安六年以前，东州人与巴蜀土著之间的矛盾也已日渐加深，加之刘璋懦弱，"东州人侵暴为民患，不能禁制，旧士颇有离怨"。先前拥戴刘焉、奏立刘璋的巴郡人赵韪，也步贾龙后尘，阴结州中大姓，于建安五年（200 年）攻击刘璋，蜀郡、广汉、犍为皆响应赵韪，最终东州人为刘璋死战，才击破蜀人。⑥樊敏"秋老乞身"或也是以年高为名，不动声色地婉拒刘氏。而刘氏父子也许明知樊敏未必真心臣服，但面对时时爆发的主客之争，确也需要樊敏这样一个既年高德劭、又相对驯顺的巴蜀在官地主，树为臣服者的典型，故又授其助义都尉、褒义校尉等自创名号。如此，樊敏与刘氏心照不宣地达成了默契。

建安八年（203 年），樊敏去世。后两年，石碑刊勒，篆额题写"汉故领校巴郡太守樊府君碑"诸字。关于"领校"一语，学界多有争论，洪适谓"以领校巴郡太守称之者，朝无成命也"，是主流意见。不过细审时局，石碑拔地之时，益州仍在刘璋治下，碑额公然称刘氏表授之官未得朝廷允命，未免有冲撞之谊。任乃强以为"领校"即领褒义校尉

---

① 任乃强认为"道隔"的原因是羌人北宫伯玉等寇扰陇南，恐不确。据《后汉书·董卓传》，北宫伯玉在中平三年（186 年）冬已被韩遂杀死（中华书局，1965 年，第 2321 页）。

② 常璩著，任乃强校注：《华阳国志校补图注》，上海古籍出版社，1987 年，第 340 页。

③ 《三国志》卷八《魏书八·张鲁传》，中华书局，1982 年，第 263 页。

④ 《续汉书》卷二三《郡国志五》，中华书局，1965 年，第 3507 页。

⑤ 任乃强谓樊敏授巴郡守在初平六年，改汉中、乞老在兴平元年，建安五年领助义都尉、行褒义校尉（氏著《樊敏碑考略》，收入《川大史学·任乃强卷》，四川大学出版社，2006 年，第 81 页）。这些推论不知何据。

⑥ 《后汉书》卷七五《刘焉袁术吕布列传》，中华书局，1965 年，第 2433 页。

之简称，① 可从。汉碑惯以生前所终之官题额，樊碑额如此，是对刘氏所授官称的认可，亦即对刘氏的表面尊重。

在表面尊重之下，樊碑末尾却又借助多个典故，含蓄表达碑主的内心立场。以往学者未曾注意到文末四言铭文的内涵，这里有必要予以揭示：

一是"桓桓大度，体蹈其首"。其是其山，首是首阳山，许由辞尧禅让而终于其山，伯夷叔齐不食周粟而饿死首阳。此句说樊敏仿效许由、夷齐，"仕不为人，禄不为己"。

二是"故□大选，而捐陪臣"。孔子以天下有道则礼乐征伐自天子出，天下无道则陪臣执国命。② 东汉季世不祥，牧伯崛起，刘焉父子割据蜀中，是谓陪臣；樊敏秋老辞命，不仕二刘，是"捐陪臣"。

三是紧接着的一句"晏婴陛殿，留侯距齐"。《左传·襄公二十八年》载，庆氏亡后，召群公子归齐，并归还原有之邑，给予晏婴齐国别都邶殿六十邑，晏子弗受，说"不受邶殿，非恶富也，恐失富也。且夫富如布帛之有幅焉，为之制度，使无迁也"③，即富贵应有节制，若无制度，终将得而复失。汉初封功臣，刘邦自择齐三万户封与留侯张良，良谢不受。④ 引用这两个典故，意在描绘樊敏富贵不淫的形象。

一位世居西南的州中宿吏，遭逢宦官专权，又遇米巫凶虐，继而刘焉入蜀，东州人侵暴，张鲁在北，羌夷时叛。其中无一事顺心，可无论身为州部从事抑或郡县守令，对此又都无可奈何。在朝廷与地方同时大乱的时代，樊敏既想要堂堂正正做汉臣，又不敢明目张胆反刘焉，贾龙和赵韪就是前车之鉴，于是只剩隐忍委曲一途，"非辞福也，乃辟祸兮"。这是樊敏的心境，或许也是撰碑者——益州士人、樊敏子孙故交的心声。

四、余　论

巴蜀东连荆楚，北接关中。在秦惠王伐蜀、白起拔郢、楚汉对峙、公孙述称帝这些重大历史节点上，都有大量人口注入。战国秦汉之世，众多流民、罪犯、豪强、巨贾也不时迁来。地处华夏边缘，这里从石器时代开始就分布着诸多族群。因此，主客相争和汉夷杂处始终是巴蜀之地的常态。汉夷问题上，西南夷服叛难测，汉廷每以大军征讨，往往不克，而借助本州势力常能事半功倍。例如，灵帝熹平五年事：

> 诸夷反叛，执（益州）太守雍陟。遣御史中丞朱龟讨之，不能克。朝议以为郡在边外，蛮夷喜叛，劳师远役，不如弃之。太尉掾巴郡李颙建策讨伐，乃拜颙益州太守，与刺史庞芝发板楯蛮击破平之，还得雍陟。颙卒后，夷人复叛，以广汉景毅为太守，讨定之。⑤

① 戴卫红结合新出敦煌晋牍等事例，指出"领校"是指地方主官领或行某校尉。参看氏著《汉末魏晋时期县级主官加领校探讨》，《中国史研究》2019 年第 4 期。

② 《论语注疏解经》卷一六，阮元校刻：《十三经注疏》，中华书局，1980 年，第 2521 页。

③ 《春秋左传正义》卷三八，阮元校刻：《十三经注疏》，中华书局，1980 年，第 2001 页。

④ 《史记》卷五五《留侯世家》，中华书局，1959 年，第 2042 页。

⑤ 《后汉书》卷八六《南蛮西南夷列传》，中华书局，1965 年，第 2847 页。

由上，建言献策的太尉掾李颙是巴郡人。当他被拜益州太守，诸夷反叛遂得平息，当他去世，夷人复叛，而再次平叛的太守，又是本州广汉人。同传又载：

> 巴郡太守张翕，政化清平，得夷人和。……（安帝元初六年）永昌、益州及蜀郡夷皆叛应之……诏益州刺史张乔选堪能从事讨之。乔乃遣从事杨竦将兵……大破之。……天子以张翕有遗爱，乃拜其子湍为太守。夷人欢喜，奉迎道路。曰："郎君仪貌类我府君。"后湍颇失其心，有欲叛者，诸夷耆老相晓语曰："当为先府君故。"遂以得安。后顺桓间，广汉冯颢为太守，政化尤多异迹云。①

据《华阳国志》，张翕是安汉人，② 故能得夷人之心，以致他死后，天子为了安定夷人，有意擢拜其子张湍为太守。纵然后来张湍颇失人和，诸夷耆老仍愿看在其父面上，约束叛心。另，蜀郡等三郡蛮夷反叛时，刺史张乔挑选的杨竦，既为州部从事，则大有可能也是益州人士，故得招降蛮夷。桓帝时，板楯蛮数反，仍是由太守蜀郡赵温以恩信降服之。

这一经验还被推广到解决益州以外地区的南蛮问题上。顺帝永和二年（137年），日南、象林徼外蛮夷攻象林县。交趾刺史樊演征发交趾、九真二郡兵马万余人救之。不料兵士惟恐远役，也倒戈相向。朝廷于是议遣大将，发荆、扬、兖、豫四万人赴之。大将军从事中郎李固不同意，举例前中郎将尹就讨益州叛羌事，援引益州谚语曰"虏来尚可，尹来杀我"，建议朝廷切勿提兵远征，"此发将无益之效，州郡可任之验也"。③ 概言之，益州土人在处理汉夷矛盾过程中具有先天优势，因此汉廷常以巴蜀之人出任益州地方长官。

汉夷杂居，州郡时有动乱，导致益州几乎从未出现累世高宦的文化精英群体，因此巴蜀士人大多只能在州境内的职官体系中盘桓。当外来的牧伯出镇此方，主客、新旧之争就会出现。尤其是东汉末年，州牧之任脱离了国家制度性约束，各州成为牧伯私窝，主客矛盾便会持续更长时间。④

樊敏就生活在此时此地。综合上述，我们可以看到樊碑所勾勒的樊敏一生历程：

樊家先辈从梁地迁入蜀郡，定居青衣。樊敏13岁时，青衣县改名汉嘉。这时，他已开始研习梁地士人崇尚的《严氏春秋》，以期通经致用。成年后，颇受蜀郡属国都尉赏识，署为府掾。樊敏立朝正色，在一众同僚中卓尔不群，孰料朝廷颁布限年试才的阳嘉新制，年满40方能察举。青衣（汉嘉）僻在西疆，文化未渐，他虽"贯究道度，无文不睹"，终无法与关东、关中士人比侃，年逾40才举孝廉。先在洛阳为郎，后被朝廷选派回乡，赴永昌长史之任。54岁之时迁宕渠令，布化三载，深得民心。不幸母亲逝世，樊敏谨遵儒礼，辞官回家，服丧三年。服除，何进辟召，樊敏终于又踏上进京的旅途。在洛阳，他眼见宦官用事，毅然投劾返程。尽管在京城无所作为，可回到故土，60多岁的樊

① 《后汉书》卷八六《南蛮西南夷列传》，中华书局，1965年，第2853~2854页。
② 常璩著，任乃强校注：《华阳国志校补图注》，上海古籍出版社，1987年，第679页。
③ 《后汉书》卷八六《南蛮西南夷列传》，上海古籍出版社，1987年，第2838页。
④ 田余庆：《李严兴废与诸葛用人》，收入《秦汉魏晋史探微》，中华书局，2011年，第190~191页。

敏俨然州中耆老，益州刺史多次辟为治中、诸部从事，于是他在成都结识了同乡贾龙。中平元年，黄巾势起，余绪波及益州。先是张氏五斗米教盅惑人心，继而马相叛乱，青衣羌夷蠢蠢而动。其实，在樊敏的见闻中，益州各地蛮夷叛乱早已成为常态，不料此次马相之叛声势如此浩大，他们攻破郡县，绵竹令、巴郡守先后被杀，甚至连顶头上司刺史郗俭也未能幸免。州中人人自危，同僚开始动摇。但樊敏与贾龙心志坚定，贾龙还聚集兵众，与叛军决战。或因在动乱中坚执一心，朝廷甚嘉之，战事方缓，洛阳牒书即至，曾经受恩于何进的司徒王允，征辟大将军旧人樊敏。可惜关中也正扰攘，羌乱未息，樊敏到不得洛阳。西南益州，刘焉接替郗俭领牧伯，不久南阳、三辅流民入蜀，他们与刘焉抱团，号称"东州兵"。刘氏为了立威，反客为主，痛杀州郡豪强。贾龙、赵韪相继奋起与争，均功败垂成。此时已年过七旬的樊敏想必知交零落，心中再多愤懑，只能忍气吞声。刘焉父子见樊敏驯顺，又年高德劭，可以作为益州在官地主的典型，先后表授其为巴郡、汉中太守。然而，汉中实为刘氏仇敌张鲁所据，衰老的樊敏已经力不从心。于是他乞骸骨归乡，刘璋又授助义都尉、褒义校尉之虚荣。不久，樊敏去世，年八十有四。临终前，北方官渡已燃战火，天下将陷入更加板荡的时代漩涡，益州也将在十年后迎来新的主人。

樊敏因为高寿，才目睹了东汉后期所有的纷繁历史，甚至还曾参与其中，结识了何进、刘焉、刘璋等扰动时局的大人物。同事贾龙、同乡赵韪本与自己都是州郡中的小角色，但他们却因平叛与造反，人生中的高光片段被写入竹帛。履历平庸的樊敏，自然无法进入史传，但正因不温不火、能屈能伸，才得以寿终正寝，十分体面地将名字和一生行迹镌于碑石，克制又无奈地絮絮吐露自己和同类的心声。

史籍可能会散佚，碑石文字也会因自然和人为而漫漶。樊敏碑阴有二跋，乃宋代两位芦山县令先后题写。① 两位县令都是眉山人，若以益州为界，他们也算是樊敏的老乡。北宋崇宁元年（1102 年），县令丘常跋云：

> 千余岁间，霖雨之所浸，咸阳之所曝，有兽已倒，有阙已摧，而此碑将仆，甚可悯也。余因扶其既倒，植其将仆，又为屋以庇之，庶几永其传也。

北宋末年时樊敏碑阙已然落魄不堪，蒙丘常扶植庇护，此碑又立人间。然而不过 58 年，庇碑之屋又坏，樊碑险难永传。县令程勤懋乃重作大屋，并跋曰：

> 皇上励精更化，以扬祖宗之大烈。属当西京，父老流涕太息，思欲复见汉官威仪之时，而仆士于芦山，天下最远处。乃得建安十年巴郡太守樊君故碑于荒山榛莽间。亟作大屋覆其上，表而出之，目其颜曰复见。是为圣天子恢复中原之兆，观者宜有取焉。呜呼，碑阴所记崇宁壬午，距今五十八年，而令斯邑者，皆吾乡人，扶倒植仆偶相似然。岂物之废兴固自有数耶？绍兴己卯秋九月，眉山程勤懋传书。

樊敏在东汉史上徒为一边郡长吏，既无尊荣，亦无显迹。天下汉碑存世者也多矣，令人感慨的是，"天下最远处"的这方汉碑，却令千年后蒙受靖康之耻的南宋士人"思欲复

---

① 两跋俱见于高文、高成刚：《四川历代碑刻》，四川大学出版社，1990 年，第 73 页。

见汉官威仪"。这种心境与樊碑内容无关，乃因汉碑两度扶倒植仆的物之废兴而起，仿佛俯仰之间已为陈迹。今读樊敏碑，则深叹碑文如此翔实地叙述碑主一生所历。满纸石花间那些文字未曾明说的细节和情绪，对证史籍，一一显现，让我们透过樊敏一人，想见汉末益州吏士的际遇。

附：《汉故领校巴郡太守樊府君碑》（《隶释》卷11）

君讳敏，字升达，肇祖宓戏，遗苗后稷，为尧种树，含潜于岐。天顾亶甫，乃萌昌发。周室衰微，霸伯匡弼。晋为韩魏，鲁分为扬。充曜封邑，厥土河东。楚汉之际，或居于楚，或集于梁。君缵其绪，华南西疆，滨近圣禹，饮汝茹沨。总角好学，治《春秋严氏》经，贯究道度，无文不睹。于是国君备礼招请，濯冕题刚，杰立忠謇，有夷史之直、卓密之风。乡党见归，察孝除郎，永昌长史，迁宕渠令。布化三载，遭离母忧。五五断仁，大将军辟。光和之末，京师扰攘。雄狐绥绥，冠履同囊。投核长驱，毕志枕丘。国复重察，辞病不就。再奉朝娉，十辟外台。常为治中、诸部从事，举直错枉，谭思旧制。弹鼚纠贪，务鉏民秽。患苦政俗，喜怒作律，案罪杀人，不顾倡獗。告子属孙，敢若此者，不入墓门。州里金然，号曰吏师。季世不祥，米巫凶虐。续蠢青羌，奸狡并起，陷附者众。君执一心，赖无污耻。复辟司徒，道隔不往。牧伯刘公，二世钦重，表授巴郡，后汉中。秋老乞身，以助义都尉，养疾闾里。又行褒义校尉。君仕不为人，禄不为己，桓桓大度，体蹈其首。当穷台绳，松桥协轨。八十有四，岁在汁洽，纪验期臻，奄忽臧形。凡百咸痛，士女涕泠。臣子褒术刊勒，铭其辞曰：

于戏与考，经德炳明。劳谦损益，耽古俭清。立朝正色，能无挠倾。维恩御下，持满亿盈。所历见慕，遗歌景形。书载俊义，股肱干桢。有物有则，模楷后生。宜参鼎铉，稽建皇灵。王路阪险，鬼方不庭。恒戢节足，轻宠贱荣。故□大选，而捐陪臣。晏婴陛殿，留侯距齐。非辞福也，乃辟祸分。

乱曰：演元垂□，岳渎□分。金精大佐，寔生贤分。□欲救民，德弥大分。遭偶阳九，百六会分。当□遷年，今遂逝兮。呜呼哀哉，魂神□兮。

建安十年三月上旬造。石工刘盛，息操书。

附记：本文同时系武汉大学自主科研项目（人文社会科学）研究成果，受"中央高校基本科研业务费专项资金"资助。写作过程中，魏斌、胡鸿教授等师友不吝赐教。2023年夏赴芦山东汉石刻馆参观时，得到芦山博物馆杨丽娅馆长、任萍副研究员及杨娟女士接待，谨表谢意。

（作者单位：武汉大学历史学院暨中国传统文化研究中心）

从政务运作到知识生产*

——论六朝尚书议政中的"例"

□ 范云飞

【摘要】 六朝尚书机构是处理各类国政事务的枢纽，在运作过程中会产生各类文书，经过纂辑，即成为"例"。尚书机构负责"例"的整理与典藏，在事务处理过程中须检索旧例，据例议政，依例处理，这反映在"检例议政""检无其例"等文书术语与格式中。六朝之"例"兼具文本形态、行政依据、知识载体的多重性质，士人也在日常行政中培养出博闻故事、强记旧例、矜奇炫博的知识趣味与风气。六朝时代国家机构除了日常行政，同时也是强劲的知识生产机制。从六朝到隋唐，胥吏大增，士人的知识趣味转移到文义辞章，旧例规章则掌于各类胥吏之手。

【关键词】 六朝；尚书议政；"例"；日常行政；知识生产

六朝尚书机构"任总机衡"①，在国家政务运作中发挥连通内外、处事决疑的枢纽作用。不管是军国大事还是日常事务，往往都要依据典章条例、先例旧事来处理。大多数事务处理过程都是比较程式化且重复的，但这才是历史的"常态"，许多隐秘的真相，也就藏在这常态之下。

尚书机构日常行政依赖"例"。所谓"例"，即此前发生之事，可以是司法中的判例、行政中的先例，也可以是古远之事，一旦在事务处理过程中被援引，就会发挥其（或正或反的）效力。为方便讨论，需要对"例"与其他相关概念的关系略作厘清：首先，"例"与"故事"的关系。中古时代"故事"类书籍非常混杂，既包括朝政事例，又有职官、仪注、法令等内容。随着隋唐以来官僚制的发达、制度类书籍的进一步分化，"用制度废事例"，故事类书籍走向消亡。② 这样说来，作为朝政事例的"例"与"故事"有

---

* 本文是教育部人文社会科学青年项目"中古礼议与政务运作研究"（23YJC770006）的阶段性成果。

① 《宋书》卷三九《百官志上》，中华书局，1974年，第1235页。

② 张固也：《古代目录中史部故事类源流新探》，《中国四库学》第二辑，中华书局，2018年，第158~174页。

相当大程度的重合,六朝"故事"类书籍中收录了大量的"例"。其次,"例"与"比"的关系。汉代以来判案决狱就有"比",即判例。① 但本文所讨论的六朝尚书议政中的"例"不止包括司法判例,含义比"比"更宽。总之,"例"与"故事""比"等常见概念有很多叠加、重合的部分,但又不完全相同。史籍中"故事""故实""旧事""前比"与"例"等不同称呼难以明确界定,须在具体情境中分析。

各官僚机构在政务运作中不断产生文书,这些事例经整理、典藏、援引、使用而发挥效力。至少从东汉开始,尚书机构就汇总典藏各官府的事例旧章。② 如侯旭东所言,"例"是连接过去与当下的桥梁,在日常统治中经常性地使用"例",使得当下不断返回过去,历史在向前展开的同时,也叠加循环往复的成分。③

在六朝尚书机构所处理的各项事务中,议礼无疑是极为重要的一种。各项礼仪规律且重复地举行,又兼之六朝礼典残缺而礼学发达,往往临事而议,导致礼议极多。④ 据不完全统计,现存六朝礼议约有近千场次,散见于史志、史传、《通典》等文献,体量巨大。故此,我们在六朝尚书日常行政中,主要从礼议考察"例"的生产、使用与典藏,以及在此基础上衍生的知识趣味与知识生产机制,并进而思考"例"在深层次的历史过程中对六朝尚书议政的意义。

一、"例"的产生及其形态

六朝故事/旧事类书籍大量保存了尚书机构处理事务过程中的旧事。《隋书·经籍志》史部旧事类收录书籍 25 部,404 卷,其中相当部分即尚书议政事例,比如《郗太尉为尚书令故事》三卷、《尚书大事》二十卷,等等。⑤ 可惜这些书籍全部亡佚,今所见佚文多与礼制相关,为我们探究其产生机制提供突破口。

在正式展开分析前,需要对六朝尚书所主持的礼议运行机制略作说明。经过学者研究,我们对其流程已有大概了解。简言之,尚书案奏的文书运作机制是礼议的主要载体。尚书上奏提出问题,咨询礼官,礼官详议之后,尚书参议拟定处理意见,再把尚书提议、礼官详议、尚书参议的一系列文书汇总为一份尚书案奏,经由门下提交皇帝裁决。尚书机构可自主提议,皇帝也会经由中书发诏,召集议论。文书所涉各机构之官僚皆可参与议论,但尚书

① 《汉书》卷二三《刑法志》:"(孝武帝之后)律令凡三百五十九章,大辟四百九条,千八百八十二事,死罪决事比万三千四百七十二史。"颜师古注:"比,以例相比况也。"即以旧有案例比附而判决之(中华书局,1962 年,第 1101 页)。

② 学者指出汉代尚书有保存"故事旧章"、文书资料的职能。陈启云:《汉晋六朝文化·社会·制度——中华中古前期史研究》,台湾新文丰出版公司,1997 年,第 256 页;祝总斌:《两汉魏晋南北朝宰相制度研究》,北京大学出版社,2017 年,第 75、81 页。

③ 侯旭东:《什么是日常统治史》,生活·读书·新知三联书店,2020 年,第 62~63 页。

④ 唐人王方庆曰:"元帝过江,是称狼狈,礼仪制度,南迁盖寡,彝典残缺,无复旧章,军国所资,临事议之。"《旧唐书》卷二二《礼志二》,中华书局,1975 年,第 872 页。

⑤ 《隋书》卷三三《经籍志二》,中华书局,1973 年,第 967 页;两《唐志》分别作二卷、二十一卷,见《旧唐书》卷四六《经籍志上》,中华书局,1975 年,第 1998~1999 页;《新唐》卷五八《艺文志二》,中华书局,1975 年,第 1474~1475 页。

是整个机制的枢纽。① 当然,六朝礼议的运作机制远比这更加复杂深细,此处不赘。

既明确尚书机构主持礼议的基本流程,就可检视"例"的具体内容,由此探讨其产生机制。先看《隋书·经籍志》所载《尚书大事》,该书题曰范汪撰。姚振宗认为该书为范汪担任中书侍郎时所撰,中书侍郎掌尚书奏事,范汪因此记尚书奏事之大者,撰成此书。② 此说无据,且中书侍郎并无撰集尚书故事的职责。按《晋书》本传,范汪仕宦履历比较复杂,早年曾任中书侍郎,简文帝司马昱作相时(345—372年)颇受信任,"频迁中领军,本州大中正",随后多就外任,不在朝中。③ 据《谢安传》,范汪曾以吏部尚书征谢安为吏部郎,被谢安拒绝。④ 中书侍郎为第五品官,中领军、吏部尚书同在第三品。⑤ 由此推知,范汪应该是在司马昱作相早期、谢安青年时代任中领军,兼任吏部尚书,本传阙载。范汪在尚书任上,因行政所需,也因职务之便,汇纂尚书旧事而撰成此书,应是合理推测。

今可见《太平御览》引《尚书大事》一则佚文,乃关于释奠礼举行场所在辟雍还是太学之礼议。首先"尚书符问太常",即尚书台以"符"这种文书下达太常礼官,咨询疑难,指出汉魏之时,释奠在辟雍,东晋以来则不在辟雍,而在太学,问孰是孰非?其次是"太常王彪之答",认为按照西晋以来的惯例,释奠礼在太学举行。最后是"宰相从太常所答",同意王彪之的观点。⑥ 按王彪之任太常在殷浩北伐大败(349年)与谢奕去世(358年)之间,⑦ 此时司马昱作相,⑧ 即文中所谓"宰相";范汪任吏部尚书,亦在这一时段。另外,孝武帝时(372—396年)也发生了一场释奠礼场所之议,"有司议依升平元年(357年),于中堂权立行太学"⑨。所谓升平元年的礼议,极有可能就是《尚书大事》

① [日]野田俊昭:《东晋南朝における天子の支配权力と尚书省》,《九州大学东洋史论集》第5卷,1977年,第77~96页;[日]金子修一:《南朝期の上奏文の一形态について——〈宋书·礼仪志〉を史料として》,《东洋文化》第60卷,1980年,第43~59页;[日]中村圭尔:《南朝における议について——宋·齐代を中心に》,大阪市立大学文学部:《人文研究》第40卷,1988年,第669~723页;[日]渡边信一郎:《天空の玉座——中国古代帝国の朝政と仪礼》,柏书房,1996年,第18~104页;[日]中村圭尔:《魏晋南北朝における公文书と文书行政の研究》,平成十年度至平成十二年度科学研究费补助金[基盘研究(C)(2)]研究成果报告书,2001年3月;聂溦萌:《避讳原理与政治背景:东晋郑太妃"春"字讳考论》,《文史》2018年第3辑;聂溦萌:《礼的运作:魏晋南北朝的仪注文书与礼典编纂》,《北京大学学报》(哲学社会科学版)2023年第4期。拙稿待刊期间获读聂老师新作,并得到聂老师的赐教,特致感谢。拙稿与聂老师的大作主题相关,侧重点不同,希请读者参看。

② 姚振宗撰,刘克东、董建国、尹承整理:《隋书经籍志考证》,王承略、刘心明主编:《二十五史艺文经籍志考补萃编》第十五卷第二册,清华大学出版社,2014年,第705~706页。

③ 《晋书》卷七五《范汪传》,中华书局,1974年,第1982~1983页。

④ 《晋书》卷七九《谢安传》,中华书局,1974年,第2072页。

⑤ 《宋书》卷四〇《百官志下》,中华书局,1974年,第1261~1262页。

⑥ 《太平御览》卷五三五《礼仪部十四》,中华书局,1960年,第2427页。

⑦ 《晋书》卷七六《王彪之传》,中华书局,1974年,第2009页。

⑧ 《晋书》卷九《简文帝纪》,中华书局,1974年,第220页。

⑨ 《宋书》卷一四《礼志一》,中华书局,1974年,第367~368页;《晋书》卷二一《礼志下》,中华书局,1974年,第670~671页;杜佑:《通典》卷五三《礼十三 吉礼十二》,王文锦等点校,中华书局,2016年,第1462页。

所载的这一场，这一时间与王彪之任太常、范汪任吏部尚书、司马昱作相的时间都不矛盾。若此论不误，则范汪撰集《尚书大事》所收录的尚书行政事例，其中就有尚书主持礼议过程中所产生的一系列文书，包括尚书符问太常、太常作答、宰相参议，一场礼议的文书汇集起来，就成为一例首尾完整的尚书案奏。后世议礼遇到同类情况，就可援引以为例证，甚至会被有心人汇集起来，形成著述。孝武帝时议释奠礼，"有司"援引这则升平元年的"例"，就是现成的显例。

除了《尚书大事》，还有不见于各种目录的《尚书逸令》，也是汇纂尚书议政事例之书。《御览》引该书三则佚文：

> （1）卞壼等奏："三代以来，记籍礼经无拜臣之制，惟汉成帝拜张禹，庸主凡臣，不足为轨。先帝拜司徒导，以元皇兴自蕃国。布衣之交，拜在人臣之［日］①，故师②而不改。以君拜臣，大教有违，事应改正。"太后又诏曰："帝幼少，宜一遵先帝。"壼等又固争云云："臣期不奉诏。"又反覆，乃从外奏。
>
> （2）成帝拜王公，时议曹疑于仪注。博士杜瑗③及陈舒议："礼无以君拜臣下也。小会崇谦，非臣下所知，无在仪注之制。"
>
> （3）张闿受侯，不拜国太妃，表云："昔为晋陵内史，在东海国封内。……闿自以……俱为列国，无相臣之体。又晋制：拜列侯为相、内史于天朝，不曰陪于蕃国，不称臣。臣以从古，则惧有行简之讥；随俗，又恐失君臣之训。经国垂范，宜有定准，乞出臣表，下八座参详、答报。"④

以上三则皆与拜礼相关，且皆为尚书台主持礼议之文书。其中第（1）例又见于《通典》，晋成帝欲拜敬曲陵公（荀崧）。⑤ 按：成帝为太子时，荀崧曾为其太子太傅；后苏峻之乱中，荀崧等人拥卫、保护成帝避难，深为成帝所爱敬，所以特致以拜敬之礼。⑥ 卞壼任尚书令，职司礼议，故致驳议，经与太后诏书反复辨净之后，"乃从外奏"，"外"即指外朝尚书台。《尚书逸令》此例即这场礼议所涉奏议、诏书等文书的集合。

第（2）例也与皇帝致敬臣下有关，又见于《晋书·荀奕传》，所载更详。当时"通议"元会之日，晋成帝是否应致敬于司徒王导。内、外朝官员皆可参加之议谓之"通议"，实际上由尚书台主持。博士郭熙、杜瑗认为不应致敬；侍中冯怀则认为应致敬。朝臣意见不一。外朝之博士、内朝之侍中进议之后，由尚书汇总为案奏，经门下上奏皇帝。但成帝为树立权威，不能接受此议没有定准，于是"事下门下"，即让门下省发挥封驳尚书奏事的功能。荀奕时在门下任侍中，驳议认为元日大会，成帝不应致敬王导；至于其他

---

① 据《通典》，此处当阙"日"字。
② 据《通典》，"师"当为"帅"，同"率"。
③ 《晋书·荀奕传》作"杜援"。
④ 《太平御览》卷五四二《礼仪部二十一》，中华书局，1960年，第2460页。"闿"当为"闿"之讹。
⑤ 杜佑：《通典》卷六七《礼二十七 嘉礼十二》，王文锦等点校，中华书局，2016年，第1850页。
⑥ 《晋书》卷七五《荀崧传》，中华书局，1974年，第1979页。

小会，可以致敬。成帝从之。① 据《御览》所引《晋中兴书》可知，晋成帝年幼时，见王导则拜；年长之后，王导不敢不拜成帝之赐，自然不敢再受成帝之拜。② 以上两例都是成帝为提振皇权而不拜大臣的礼议，皆由尚书台主持，传递上下文书，所以相关案牍被收录在《尚书逸令》中。第（3）例为张闿受侯，不拜封地所在国之太妃，认为列侯而为内史、相，与所在藩国无君臣关系，并曰"乞出臣表，下八座参详、答报"。按两晋地方藩国、诸侯行礼有疑，有提请尚书召集礼议以决疑的机制，事例甚多，不备举。张闿奏请尚书八座参议，其奏文自然也要经由尚书台处理，故此议所涉文书也被当作尚书议政旧例而编入《尚书逸令》之中。

有些故事类书籍虽无"尚书"之名，其内容也是尚书机构议礼过程中所产生文书的汇编，比如《晋要事》。③ 今可见《北堂书钞》《初学记》《太平御览》所引佚文四则：

（1）武帝泰始四年（268 年），有司奏："先帝旧物，藏之于庙，所存旧物，麻绳为细拂，以明俭约也。"④

（2）咸康七年（341 年），尚书仆射诸葛恢奏："恭皇后今当山陵，依旧，公卿六品清官子弟为挽郎，非古也。"帝："奉曳国士，为之役夫，其悉罢之。"⑤

（3）哀帝隆和元年（362 年），太学博士曹弘之等议立秋应读令，不应着细帻，改为素。⑥

（4）安帝［义熙］九年（413 年），右丞张项监议："琅邪及湖孰界有皇后脂泽田四十顷，参详以借贫人。"⑦

上述四则佚文皆为尚书台主持的朝议，其中前三则都是礼议。第（2）例较之《宋书·礼志》《晋书·后妃传》《晋书·礼志》《通典》更详，颇可相互参证；第（3）例为尚

① 《晋书》卷三九《荀奕传》，中华书局，1974 年，第 1161 页。

② 《太平御览》卷五四二《礼仪部二十一》，中华书局，1960 年，第 2460 页。

③ 《隋书》卷三三《经籍志二》，中华书局，1973 年，第 966 页；《新唐书》卷五八《艺文志二》同，又重出《晋氏故事》三卷（中华书局，1975 年，第 1474 页）；《旧唐书》卷四六《经籍志上》作《晋故事》三卷（中华书局，1975 年，第 1999 页）。

④ 虞世南编纂：《北堂书钞》（第 2 册）卷一三六《服饰部》"拂"条，学苑出版社，1998 年，第399 页。

⑤ 虞世南编纂：《北堂书钞》（第 1 册）卷五六《设官部八》"童子郎"条，学苑出版社，1998年，第 425 页。该议又略载于《宋书》卷一五《礼志二》，中华书局，1974 年，第 405 页；又见《晋书》卷二〇《礼志中》，中华书局，1974 年，第 633 页；杜佑：《通典》卷七九《礼三十九 凶礼一》，王文锦等点校，中华书局，2016 年，第 2127 页。

⑥ 《太平御览》卷六八七《服章部四》，中华书局，1960 年，第 3065 页。该议又见于《宋书》卷一八《礼志五》，中华书局，1974 年，第 502 页；《晋书》卷二五《舆服志》，中华书局，1974 年，第 771 页；《晋书》卷三二《后妃传下》，中华书局，1974 年，第 974 页；杜佑：《通典》卷五七《礼十七 嘉礼二》，王文锦等点校，中华书局，2016 年，第 1603 页。

⑦ 徐坚：《初学记》卷一〇《中宫部·皇后第一》"汤沐邑"条，中华书局，2004 年。该事件相关记载又见于《晋书》卷一〇《安帝纪》，中华书局，1974 年，第 264 页；许嵩撰，张忱石点校：《建康实录》卷一〇《安皇帝》，中华书局，1986 年，第 340 页。

书主持下的博士礼官所呈之议，其他三例则为尚书机构本身的提议或参议文书。据此不难推知，以尚书机构为枢纽进行朝议，在此过程中产生的文书汇编为尚书案奏，是《晋要事》的内容来源之一。

无独有偶，《魏晋故事》与《晋要事》一样，也多收录所谓尚书议政事例。① 《通典》抄录七则晋尚书台咨问博士卞㧑、应琳的礼议，其中五则明确标举出自《魏晋故事》，其他两则也不应例外。② 不难想见，尚书机构主持礼议，产生文书，经整理之后，形成众多条尚书案奏，纂辑之后，成为《魏晋故事》之类书籍的资料来源之一。

总而言之，六朝尚书机构是处理国家各项事务的枢纽。规律性、重复性举行的各类典礼尤其是尚书行政的重要内容。行礼有疑，即需议礼，以尚书机构为枢纽而运作的礼议机制，会产生奏、议、符、诏等各类文书。这些文书经过整理，即成"例"。国家机器不停地运转，"例"也就不停地产生，这就是六朝尚书议政所用之"例"的主要生产机制，"例"主要以尚书案奏等文书形态而存在。有些"例"会被查取档案、援作例证，在后续的政务运作中产生效力；有些会整理、编辑成书，成为作为一种文本形态、行政依据与知识载体的故事类书籍的内容组成部分。

二、"例"的典藏与使用

六朝尚书机构处理事务过程中产生的行政文书，并不会被永远丢进故纸堆，成为"断烂朝报"，而会被着意典藏，并在处理议政时拿来使用。换言之，以往案牍只有被援引、使用，才能发挥其效力，否则就只是档案而已。而"例"被有效使用的前提，就是被有序地典藏起来。

（一）典藏

尚书行政事例典藏于尚书机构。如上文所言，学者已指出两汉尚书有收藏故事的职能，六朝亦不例外。③ 比如晋元帝太兴初（318年），荀崧建议广置博士："台省有宗庙太府金墉故事，太学有石经古文。"④ 可知台省（尚书）典藏各类故事，太学则典藏石经古文，各司其职。再如刘宋前废帝即位（464年），应需策文，蔡兴宗说："累朝故事，

---

① 《魏晋故事》不见于史志目录。《隋书》卷三三《经籍志二》有《汉、魏、吴、蜀旧事》八卷，《晋、宋旧事》一百三十五卷，《晋故事》四十三卷（中华书局，1973年，第966页）。不知《魏晋故事》是否为此诸书之别称。姚振宗认为"旧事即故事，故事自东汉以来，皆录在尚书"，并推测《晋、宋旧事》或许为宋初张永所删定之尚书故事，颇为有见。姚振宗撰，刘克东、董建国、尹承整理：《隋书经籍志考证》，王承略、刘心明主编：《二十五史艺文经籍志考补萃编》第十五卷第二册，清华大学出版社，2014年，第696页。

② 杜佑：《通典》卷八一《礼四十一 凶礼三》、卷八八《礼四十八 凶礼十》，王文锦等点校，中华书局，2016年，第2187~2188、2190~2191、2193~2194、2195、2401~2402页。

③ 李秀芳：《魏晋南北朝"故事"考述》，郑州大学硕士学位论文，2006年，第38~39页。

④ 《宋书》卷一四《礼志一》，中华书局，1974年，第360页；又见《晋书》卷七五《荀崧传》，中华书局，1974年，第1977页。

莫不皆然。近永初之末，营阳王即位，亦有文策，今在尚书，可检视也。"① 次年，蔡兴宗为吏部尚书，欲行废立，于是说沈庆之以武力定于外，自己则"在尚书中，自当率百僚案前世故事，更简贤明，以奉社稷"②。可见尚书机构不仅职司故事旧例，而且使用之。

进言之，尚书各曹职掌不同，也分别收藏与本曹业务相关的文书旧例。荀崧说"台省有宗庙太府金墉故事"，但并未说明这些礼仪类故事藏于何部门。《晋百官表注》云："左、右丞主台内宗庙、祠祀、朝仪体制。"③ 可知晋朝尚书台礼仪类典章旧事盖由左、右丞总管。宋元嘉年间，文帝疾笃，孔胤秀等人欲废幼立长，"辄就尚书仪曹索晋咸康末立康帝旧事"，可见策立皇帝等与礼仪相关的旧事典藏于尚书仪曹。④ 至于户籍等文书，则另有职掌部门。据梁武帝时尚书令沈约上言，可知宋元嘉以来户籍置于尚书上省，由当直郎官掌管；晋代旧籍则置于尚书下省左民曹，分东西二库，无人整理，已沾烂解散。⑤ 除此之外，皇帝所下诏令也藏于尚书机构，沈约说："凡中诏令悉在台，犹法书典书也。"可为明证。沈约在梁初任尚书令，有近水楼台之便，故其《自序》即多用宋文帝中诏以证明其家事。⑥

（二）"检例议政"

"例"被分门别类地典藏于尚书各曹，对于尚书机构援据故事以行政，这是必要条件。两晋尚书令史处理群司奏事，须"详检故事"，乃至愈发养成因循守旧的性格，学者已有所揭示。⑦ 从日常行政的视角来看，本文更关心尚书机构在处理朝政时，如何经常性、重复性地使用旧例。换言之，尚书检旧例以行政，是否成了惯例乃至制度？

六朝礼议中，尚书检用旧例以议政的场景最为丰富，本文主要依托礼议进行分析。简单地说，尚书机构检用旧例，约略分为三种情况。第一，在提议阶段，尚书先罗列旧例，再提出问题。比如晋武帝泰始四年（268 年）皇太后丧礼议，有司奏："前代故事，倚庐中施白缣帐蓐，素床，以布巾裹块草。輤輲板舆细犊车皆施缣里。"有司又奏："大行皇太后当以四月二十五日安厝。故事，虞着衰服，既虞而除。……"⑧ 第二，在尚书与群司百官集议阶段，广引旧例以为辅证。比如晋武帝太康八年（287 年）纳后议，尚书朱整议："按魏氏故事……汉高后制……魏聘后、王娶妃、公主嫁之礼……晋

---

① 《宋书》卷五七《蔡兴宗传》，中华书局，1974 年，第 1575 页。

② 《宋书》卷五七《蔡兴宗传》，中华书局，1974 年，第 1580 页。

③ 虞世南编纂：《北堂书钞》（第 1 册）卷六〇《设官部》"诸曹尚书"条引《晋百官表注》，学苑出版社，1998 年，第 455 页。

④ 《宋书》卷六八《刘义康传》，中华书局，1974 年，第 1791 页。

⑤ 杜佑：《通典》卷三《食货三》，王文锦等点校，中华书局，2016 年，第 60 页；《南史》卷五九《王僧孺传》，中华书局，1975 年，第 1461 页。

⑥ 《宋书》卷一〇〇《自序》，中华书局，1974 年，第 2464 页。

⑦ 陈启云：《汉晋六朝文化·社会·制度——中华中古前期史研究》，台湾新文丰出版公司，1997年，第 262 页；祝总斌：《两汉魏晋南北朝宰相制度研究》，北京大学出版社，2017 年，第 170 页。

⑧ 《宋书》卷一五《礼志二》，中华书局，1974 年，第 390~391 页；《晋书》卷二〇《礼志中》，中华书局，1974 年，第 616 页。

兴，故事……"① 即博引汉、魏、晋皇室婚礼旧事以为佐证。第三，在汇总群司议论的"参议"阶段，尚书拟定处理意见，援据旧例，以作裁断。比如晋元帝建武元年（317年）温峤为母改葬服丧议，尚书最后参议说："案如众议，去建武元年九月下辛未令书……已有成断，皆不得复遂其私情，不服王命，以亏法宪。参议可……依东关故事、辛未令书之制。"② 这三种使用旧例的场景，史籍所载，不胜枚举，本文不再赘述。

在处理事务过程中，针对各种常规性事务，尚书皆须检索旧例，依例而行。如果旧例与时事不合，则罗列其例，召集议论，可概括为"检例议政"。自两晋延及南朝，尚书机构"检例议政"的做法愈发常规化，案例甚多，比如：

（1）**宋孝建元年（454年）六月癸巳平贼归告二郊庙社议**　八座奏："二寇俱殄，并宜昭告。检元嘉三年讨谢晦之始，普告二郊、太庙。贼既平荡，唯告太庙、太社，不告二郊。[下]礼官博议。"③

（2）**孝建三年（456年）五月壬戌属车十二乘议**　有司奏："案汉胡广、蔡邕并云……王者大驾属车八十一乘……法驾则三十六乘。检晋江左逮至于今，乘舆出行，副车相承五乘。"④

（3）**大明元年（457年）六月己卯朔出继告庙临轩议**　诏以前太子步兵校尉（刘）祗男歆绍南丰王朗。有司奏："朗先嗣营阳，告庙临轩。检继体为旧，不告庙临轩。"下礼官议正。⑤

（4）**大明二年（458年）正月王皇后为父心丧无禫议**　有司奏："故右光禄大夫王偃丧，依格皇后服期，心丧三年，应再周来二月晦。检元嘉十九年旧事，武康公主出适，二十五月心制终尽，从礼即吉。昔国哀再周，孝建二年二月，其月末，诸公主心制终，则应从吉。于时犹心禫素衣，二十七月乃除，二事不同。"⑥

（5）**南齐建元四年（482年）嗣君即位明年南北郊明堂议**　有司奏："寻前代嗣位，或仍前郊年，或别更始，晋、宋以来，未有画一。今年正月已郊，未审明年应南北二郊祀明堂与不？"依旧通关八座丞郎博士议。⑦

（6）**永明三年（485年）秋释奠释菜议**　有司奏："宋元嘉旧事，学生到，先释奠先圣先师，礼又有释菜，未详今当行何礼？用何乐及礼器？"⑧

（7）**永明十年（492年）功臣配享设板议**　祠部郎何谌之议："功臣配飨，累行

① 《宋书》卷一四《礼志一》，中华书局，1974年，第336页；《晋书》卷二一《礼志下》，中华书局，1974年，第664～665页；杜佑：《通典》卷五八《礼十八 嘉礼三》，王文锦等点校，中华书局，2016年，第1635页。

② 《晋书》卷二〇《礼志中》，中华书局，1974年，第641～642页；杜佑：《通典》卷一〇二《礼六十二 凶礼二十四》，王文锦等点校，中华书局，2016年，第2672～2673页。

③ 《宋书》卷一六《礼志三》，中华书局，1974年，第426页。

④ 《宋书》卷一八《礼志五》，中华书局，1974年，第522页。

⑤ 《宋书》卷一七《礼志四》，中华书局，1974年，第464页。

⑥ 《宋书》卷一五《礼志二》，中华书局，1974年，第396～397页。

⑦ 《南齐书》卷九《礼志上》，中华书局，1972年，第121页。

⑧ 《南齐书》卷九《礼志上》，中华书局，1972年，第143～144页。

宋世，检其遗事，题列坐位，具书赠官爵谥及名，文不称主，便是设板也。"①

（8）**永明十一年（493 年）太子祔太庙议**　右仆射王晏、吏部尚书徐孝嗣、侍中何胤奏："故太子祔太庙，既无先准。检宋元后故事，太尉行礼，太子拜伏与太尉俱。臣等参议，依拟前典。"②

上述八例，皆为日常行礼有疑，尚书"检/寻"出同类的旧例，指出疑难点，并要求礼官议论（六朝史书所录案奏文书中的"有司"，基本就是指尚书机构，下文不再另作说明）。其所"检/寻"之旧例，或明确标举某年某事，如"检元嘉三年讨谢晦之始""检元嘉十九年旧事，武康公主出适"；或总称某一类事例，如"检继体为旧""检晋江左逮至于今，乘舆出行""寻前代嗣位"。在今所见六朝近千场礼议中，尚书提议，虽无"检/寻"字，但罗列旧例、提出疑问，流程并无二致，无烦备举。

（三）"检无其例"

尚书机构处理日常政务，须"检例议政"，还可从反方面加以证明。若遇疑难情况，检索不到相关旧例，尚书在提议阶段，往往会明言"检无其例"，并命礼官议之。比如：

（1）**宋孝武帝孝建元年（454 年）六月乙巳东平冲王殇服议**　有司奏："故第十六皇弟休倩薨夭，年始及殇，追赠谥东平冲王。服制未有成准，辄下礼官详议。"③

（2）**孝建三年（456 年）五月丁巳皇子出后告庙议**　有司奏："皇子出后，检未有告庙先例，辄勒二学礼官议正，应告与不？告者为告几室？"④

（3）**孝建三年（456 年）八月戊子国子所生母除太夫人议**　有司奏："云杜国解称国子檀和之所生亲王，求除太夫人。检无国子除太夫人先例，法又无科。下礼官议正。"⑤

（4）**大明元年（457 年）九月丁未朔皇太后出行副车数议**　有司奏："未有皇太后出行副车定数，下礼官议正。"⑥

（5）**大明二年（458 年）六月诸侯无嗣立次息议**　有司奏："凡侯伯子男世子丧，无嗣，求进次息为世子。检无其例，下礼官议正。"⑦

（6）**大明三年（459 年）十一月开国子母除太夫人议**　有司奏："兴平国解称国子袁愍孙母王氏，应除太夫人。检无国子除太夫人例。下礼官议正。"⑧

---

① 《南齐书》卷九《礼志上》，中华书局，1972 年，第 134 页。
② 《南齐书》卷九《礼志上》，中华书局，1972 年，第 134 页。
③ 《宋书》卷一五《礼志二》，中华书局，1974 年，第 401 页；杜佑：《通典》卷八二《礼四十二凶礼四》，王文锦等点校，中华书局，2016 年，第 2219 页。
④ 《宋书》卷一七《礼志四》，中华书局，1974 年，第 464 页。
⑤ 《宋书》卷一五《礼志二》，中华书局，1974 年，第 409 页。
⑥ 《宋书》卷一八《礼志五》，中华书局，1974 年，第 523 页。
⑦ 《宋书》卷一五《礼志二》，中华书局，1974 年，第 409 页；杜佑：《通典》卷九三《礼五十三凶礼十五》，王文锦等点校，中华书局，2016 年，第 2510 页。
⑧ 《宋书》卷一五《礼志二》，中华书局，1974 年，第 410 页。

（7）宋明帝泰始二年（466年）六月丁丑不荐告孝武昭后二室议　有司奏："来七月尝祀二庙，依旧车驾亲奉。孝武皇帝室，至尊亲进觞爵及拜伏。又昭皇太后室应拜，及祝文称皇帝讳。又皇后今月二十五日虔见于祢，拜孝武皇帝、昭皇太后，并无明文，下礼官议正。"①

（8）泰始二年（466年）十一月郊议　（宋明帝）诏曰："……今九服既康，百祀咸秩，宜聿遵前典，郊谒上帝。"有司奏："检未有先准。"②

（9）南齐永明五年（487年）十一月皇孙冠礼议　有司奏："南郡王昭业冠，求仪注，未有前准。"尚书令王俭议："皇孙冠事，历代所无……"③

以上九例程序相同。文书用语虽有"未有成准""检无某例""无明文"等不同表述，但意思相同。说明尚书议政过程中，遇事先检索同类旧例，如有，则罗列之，并提出待议的问题；若无，则明言"检无其例"，并令群司议之。

需要说明的是，以上所举案例多集中于南朝宋、齐，因为《宋书·礼志》所载魏、晋、宋礼议，于孝建、大明、泰始之世尤详，《南齐书·礼志》所载本朝礼议亦颇丰，且多能保留礼议文书的格式。史书所载六朝礼议往往只保留核心论点，其中程式化的文书用语大多被史官删削。与其说，六朝尚书"检例议政""检无其例"只存于宋、齐，毋宁说，经过两晋的漫长发展，尚书"检例"议政的做法，至南朝愈发纯熟。

（四）"检例议政"的文书格式

汉代以来，议刑定罪就往往引前"比"为据，六朝尚书"检例议政"更是惯例化，乃至制度化，有文书体式为证。《宋书·礼志》与《通典》录有宋元嘉年间皇太子监国仪注，是以尚书台为中心的一系列日常行政所用文书格式，惜其舛误过甚。经过学者不断研究，今已颇为可读。今在前人基础上，简略复原与本文所论"检例议政"关系最为紧密的两种"关事仪"（参见图1、图2）。④

"关事仪"是尚书上呈皇太子的奏事文书，由尚书案奏（"黄案"）变化而来。⑤将文书中的"关"改为"奏"，"谨关"改为"谨奏"，几乎就是尚书案奏的格式。关事仪1以尚书某曹关皇太子太常启辞为例，先抄录太常某官上呈尚书台的文书，某曹负责

① 《宋书》卷一七《礼志四》，中华书局，1974年，第473页；杜佑：《通典》卷四七《礼七 吉礼六》，王文锦等点校，中华书局，2016年，第1309页。

② 《宋书》卷一六《礼志三》，中华书局，1974年，第430页。

③ 《南齐书》卷九《礼志上》，中华书局，1972年，第145页。

④ 中村圭尔汇总了中日学界针对元嘉皇太子监国仪注的复原工作，并提出了自己的复原方案，参见［日］中村圭尔：《魏晋南北朝における公文书と文书行政の研究》，平成十年度至平成十二年度科学研究费补助金［基盘研究（C）（2）］研究成果报告书，2001年3月，第11~30页。本文在祝总斌工作的基础上，又参以张雨的最新研究。参见祝总斌：《高昌官府文书杂考》，《材不材斋史学丛稿》，中华书局，2010年，第407~436页；张雨：《南朝宋皇太子监国有司仪注的文书学与制度史考察》，《中华文史论丛》2015年第2期。本文所复原的两种"关事仪"文书，参照相关研究成果，自行补足所缺信息，不再另作说明。

⑤ 《宋书》卷一五《礼志二》，中华书局，1974年，第382页。

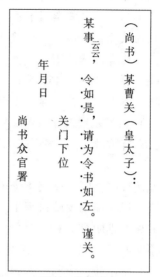

图1 关事仪1

图2 关事仪2

（尚书）某曹关（皇太子）：
某事云云，令如是，请为令书如左。谨关。
年月日
关门下位
尚书众官署

（尚书）某曹关（皇太子）：
太常甲乙启辞。押。某署令上言某事云云，请台告报如所称。主者详检相应，请听如所上。事诺，别符申摄奉行。谨关。
年月日
关门下位
尚书众官署

其事者"详检相应"，即检索同类的旧例之后，认为太常所言之事合理，请求皇太子批准。若蒙批准，则再以"符"下达有关部门执行。该文书"年月日"的左下方为尚书众官署名的位置，右下方为门下署名之位。尚书案奏经门下签署后，才能上呈皇帝或皇太子。关事仪2则为尚书某曹直言某事，并说"令如是，请为令书如左"，可见尚书日常行政，须以法令为据，并将与之相应的法令作为附录，抄录在后。以此类推，在"详检"旧例的时候，也要把相应的旧例附列于后。如果检索不到相应的旧例，则要说明"检无其例"。

与上述"关事仪"相应，我们可以找到一则实例：

> 晋武帝时，仪曹关皇太子："某月某日纳妃，依礼，旧不作乐。未审至尊明幸东宫，应作鼓吹与不？"舆曹郎虞龢议谓："舆驾度宫，虽为婚行，迹实游情求治，作鼓吹非嫌。"①

尚书仪曹"关"皇太子，在检索相关旧例之后，认为皇太子纳妃，"旧不作乐"，即根据旧例，不能作乐，但尚有疑问，于是特意提议。经议论之后，认为无妨作鼓吹。此为晋初之例，仍可与刘宋元嘉年间的"关事仪"大致对应，可见六朝尚书日常事务处理的文书行政模式具有较强的韧性。文书与实例对证，益信尚书议政，要检"例"而议，依"例"而行。当然，六朝尚书议政机制颇为复杂，所涉文书体式甚多，因其溢出本文的范围，所以不再旁及。

总而言之，议礼之前先"检例"，这应是尚书议政的常态。由此推之，尚书处理其他朝政，也需由相关各曹检索本曹所藏旧例，依例处理。若旧例有疑，则召集议论，拟定意

① 杜佑：《通典》卷一四七《乐七》，王文锦等点校，中华书局，2016年，第3750页。

见，提交皇帝裁断。这是六朝尚书议政的"实态"，也是"常态"。正是因为日常议政颇为依赖旧例，导致六朝尚书机构主持的政务在保持稳定性、延续性的同时，也难免呈现因循的特点。

三、从政务到知识

上文所论"例"的生产、典藏与使用，都属于日常行政的范畴。本文还要指出，六朝尚书机构不仅日常政务运作紧密依赖旧例，而且本身也是一个强劲的知识生产机制。这表现为三个方面：第一，尚书机构的官僚因为职责所需，多具备精熟旧例的"故事学"的行政与知识能力；第二，这些官僚在日常统治中操练日久，也因之培养出相应的知识趣味与知识风气；第三，他们还整理旧例，编撰书籍，生产与此相关的知识。

首先，六朝尚书机构的官僚多强记旧例，精熟"故事学"。史载此类案例比比皆是，比如东晋初刁协任尚书仆射，他"久在中朝，谙练旧事"，与尚书仆射荀崧一起制定中兴礼仪。① 再如王彪之"博闻多识，练悉朝仪"，家世相传为"王氏青箱学"。王彪之曾任尚书令，其父王彬于晋朝任尚书仆射。② 何敬容于梁初担任尚书令，他虽然"浅于学术"，但是因为"久处台阁"，所以也能"详悉晋魏以来旧事"。③ 可见经过了主政尚书省的历练，自然会对日用常行的各种近代旧例了如指掌。谢几卿"详悉故实"，为尚书左丞，尚书仆射徐勉"每有疑滞，多询访之"。④ 刘杳"博综群书"，精通经史故事，佐周舍撰国史，任尚书仪曹郎。尚书仆射徐勉把"台阁文议"专门委任给刘杳。所谓"台阁文议"，就是尚书在行政中关于礼制、国政的各种议论，议论需要经史故事之典据，刘杳因为博学，故徐勉使其主之，大概就是负责整合各人议论并撰写成文。刘杳后来担任尚书左丞，与其博闻强记、熟悉旧例的学养不无关系。梁武帝曾命徐勉推荐一位"有学艺解朝仪者"担任尚书仪曹郎，徐勉推荐孔休源："孔休源识具清通，谙练故实，自晋、宋起居注诵略上口。"⑤ 尚书仪曹是直接负责礼仪事务的部门，更需要强记历代旧例之人充任（历朝起居注中即有大量行政旧例）。孔休源果然不负梁武帝所望，朝廷每有礼制疑问，孔休源"即以所诵记随机断决，曾无疑滞"，任昉称其为"孔独诵"。孔休源后来也担任尚书左丞。⑥ 上举谢几卿、刘杳、孔休源等人，都离不开徐勉的推荐与安排。徐勉在梁朝先后任尚书吏部郎、五兵尚书、吏部尚书、尚书右仆射、尚书仆射，长期担任尚书机构领导职务，他自己也是旧例专家："博通经史，多识前载。朝仪国典，婚冠吉凶，勉皆预图议。"⑦ 所谓"朝仪国典"，其实就是典章故事。可见尚书机构的工作本来就需要熟悉旧例的人才，此类事例甚多，不烦备举。

其次，六朝士人不仅因精通旧例、博闻强记而任职尚书，而且会有意训练这方面的能

① 《晋书》卷六九《刁协传》、卷七五《荀崧传》，中华书局，1974 年，第 1842、1976 页。
② 《宋书》卷六〇《王准之传》，中华书局，1974 年，第 1623 页。
③ 《南史》卷三〇《何敬容传》，中华书局，1975 年，第 796 页。
④ 《梁书》卷五〇《文学谢几卿传》，中华书局，1973 年，第 708 页。
⑤ 《梁书》卷三六《孔休源传》，中华书局，1973 年，第 520 页。
⑥ 《梁书》卷三六《孔休源传》，中华书局，1973 年，第 520 页。
⑦ 《梁书》卷二五《徐勉传》，中华书局，1973 年，第 379 页。

力，乃至形成一种知识趣味与知识风气。比如王俭任南齐尚书令，总理朝廷庶务、日常行政。王俭参与宋、齐两朝礼议甚多，对南朝礼制因革起到关键作用。① 因职务之便，也出于工作需要，王俭在尚书机构汇集大量人才，经常举行一种"隶事"的头脑风暴游戏。史载"尚书令王俭尝集才学之士，总校虚实，类物隶之，谓之隶事，自此始也"②。所谓"隶事"，应该是由主持人以某项事、物命题，众人分别罗列关于此项事、物的典故，以所列多者为胜。且所列典故，不仅出之口谈，而且要形诸笔墨，与编纂类书的方式相似。每当尚书机构"隶事"，王俭都要拿出巾箱、几案、服饰等物，以赏赐胜者。有一次陆澄后至，又列出人所不知之事若干条，尽从众人手里赢回各自的奖品。③ 还有一次尚书机构"隶事"，何宪胜出，王俭赏以五花簟、白团扇；王摛后至，所列之事又胜过何宪，且亦辞采可观，于是夺何宪之簟、扇而去。④ 王摛之所以多识典故，当然与其"史学博闻"的学术积累不无关系。⑤ 不难看出，"隶事"主要考较尚书机构的官员对典章故事的记忆能力。

尚书机构"隶事"并不仅仅为了娱乐。胡宝国指出南朝有"知识至上"的风气，崇尚博闻强记。⑥ 但除此之外，王俭在尚书台"隶事"，还别有一层原因。尚书机构主管朝廷庶务，而国家日常行政主要靠旧例运行。对于尚书官员来说，朝仪典章、故事之学不是纯粹的学术，而是必备的行政技能，也是尚书官员所拥有的知识储备。王俭一方面因其属下官员多擅长此事，另一方面也借此检查众人对典章故事的熟悉程度，并督促他们加强学习。王俭主持尚书机构，为其据"例"议礼提供了强大的后援。进言之，尚书机构日常行政与对朝仪典章、旧例之识记密不可分，高门士族累代仕宦，以朝仪旧例为家学，子弟驯染熟习，往往练悉朝仪，又因门第之便，颇能顺利地主政中枢，其所熟习的旧例故事就有了用武之地。如此世代相承，形成正反馈。

南朝士人崇尚"知识主义"的风气，尚书机构中又经常举行"隶事"游戏，渐习日久，乃至日常行政中使用旧例，也难免成为斗奇炫博的手段。比如前揭陆澄，其人博稽群书，腹笥甚丰，在王俭的"隶事"游戏中风头无两。建元元年（479 年）陆澄为御史中丞，当时沈宪犯罪而陆澄不纠，为左丞任遐所奏。陆澄认为从无尚书左丞纠劾御史中丞的先例："周称旧章，汉言故事……朝之宪度，动尚先准。若乃任情违古，率意专造，岂谓酌诸故实，择其茂典"？最先强调据"旧章""故事"以行政的必要性，并"伏寻晋、宋（尚书）左丞案奏"，从无罪及御史中丞的"例"，接着"远取十奏，近征二案"，一共博举十二则晋、宋旧例（实际上就是相关旧例的案奏文书），足见其对历代旧例的熟悉程度。但尚书令褚渊则举出宋朝左丞纠劾、御史中丞获罪免官的六个前例以反驳之，更胜陆澄一等。齐高帝指责陆澄"表据多谬，不足深劾"，使其白衣领职。⑦ 在"检例议政"的

---

① 范云飞：《南朝礼制因革中的王俭"故事学"》，《中国典籍与文化》2020 年第 2 期。
② 《南史》卷四九《王摛传》，中华书局，1975 年，第 1213 页。
③ 《南齐书》卷三九《陆澄传》，中华书局，1972 年，第 685 页。
④ 《南史》卷四九《王摛传》，中华书局，1975 年，第 1213 页。
⑤ 《南齐书》卷三九《陆澄附王摛传》，中华书局，1972 年，第 686 页。
⑥ 胡宝国：《知识至上的南朝学风》，《将无同：中古史研究论文集》，中华书局，2020 年，第 199~200 页。
⑦ 《南齐书》卷三九《陆澄传》，中华书局，1972 年，第 681~683 页。

背景下，六朝士人精熟旧例，日常行政与知识趣味交织互动，难解难分。

当然，如果说王俭、陆澄等人"隶事"的内容主要偏于写文章用的典故、名物，他们对尚书行政所需的旧例、故事也加以归纳、整理，并编纂成供行政所用的检索系统。比如据《隋书·经籍志》所载，王俭有《礼论要钞》《礼义答问》《吊答仪》《吉书仪》《百家集谱》等礼议、书仪、家谱类著作，这些都是尚书行政所日用常行的参考书。① 陆澄有《杂传》《地理书》《汉书注》等著作，集中于史部，而史籍则是前代旧例的渊薮。② 行政所需的知识能力与博物强记的知识趣味，在当时是互相助益、彼此互通的。

最后，在处理事务的同时，尚书机构也进行与"例"有关的知识生产活动。尚书机构典藏旧例，日积月累，文书庞杂，必然要时常整理，分门别类，并撰集成书，以供日常参考。比如刘宋元嘉十八年（441年），"尚书中条制繁杂"，张永任删定郎，负责治撰之。③ 再比如梁朝丘仲孚"撰《皇典》二十卷，《南宫故事》百卷，又撰《尚书具事杂仪》，行于世焉"④。其中《皇典》《南宫故事》自不待言是典章故事类著作，《尚书具事杂仪》应该是尚书所掌管、收藏的行政旧例、礼典仪注。丘仲孚先后担任尚书右丞、左丞，正为其撰写这些书籍提供了职务之便。沈峻、沈文阿父子世掌梁朝朝仪，家中颇有其稿。太清之乱，"台阁故事，无有存者"，至绍泰元年（555年），沈文阿据家藏稿裁撰礼仪。⑤ 凡此诸例，都是精熟旧例之士人对"例"等故事的整理撰述。前揭《尚书大事》《尚书逸令》《晋要事》《魏晋故事》，以及史志目录所载故事类书籍，其中相当部分即是六朝士人整理、编撰"例"的成果。

总之，六朝尚书机构不仅进行日常行政，其成员中的"有心人""好事者"也借此进行知识生产。因为日常政务需要"检例议政"，尚书官僚自然需要精熟旧例，久之则培养出对包括旧例在内的"故事学"的知识趣味。对这种知识趣味演练日久，逐渐形成博闻强记、矜奇炫博的知识风气。士人对旧例进行典藏、整理、编撰，也由此产出大量相关书籍。

四、余　　论

综上所述，六朝尚书机构的日常行政颇为依赖"例"。"例"产生于日常政务之运作，是各种以尚书为枢纽而上下传递的奏、议、符、诏等文书的集合。"例"根据内容性质，由尚书各曹分门别类典藏，并加以整理、撰集。在处理日常政务时，尚书机构须依例而行；若临事有疑，则"检例议政"；若无相关旧例，则表明"检无其例"。

进言之，正是因为六朝时代的政务运作高度依赖旧例、规章，国家行政的官僚化、"规范化"程度愈发加深，而尚书等官僚机构的档案收藏、管理、检索与查询技术没有及

① 《隋书》卷三二《经籍志一》、卷三三《经籍志二》，中华书局，1973年，第923、924、971、988页。

② 《隋书》卷三三《经籍志二》，中华书局，1973年，第953、954、977、983页。

③ 《宋书》卷五三《张永传》，中华书局，1974年，第1511页。

④ 《梁书》卷五三《良吏丘仲孚传》，中华书局，1973年，第772页。

⑤ 《陈书》卷三三《儒林·沈文阿传》，中华书局，1972年，第434页。

时跟上，导致行政需求与行政技术之间产生代差。为弥补这种代差，就非常需要能用人脑记忆大量旧例、规章的人才，用个别人的超强记忆力和检索能力满足行政需要，由此催生出一批精熟故事旧例的官僚，并进而导致六朝士族博闻强记、矜奇炫博的知识趣味。六朝时代，国家机构的政务运作与士族阶层的知识趣味互相激促，彼此助益，使得此时的知识风气带有"官学"色彩。官僚机器的运作，同时也是强劲的知识生产机制。

随着官僚制的发展，尤其是隋唐以降，国家体量、国政庶务与六朝不可同日而语，行政需求与行政技术之间的代差已远非个别记忆力超强的旧例、故事专家所能弥补。随之而来的解决办法，就是在官僚机构的底层引入大量胥吏，旧例、规章由胥吏分门掌管。时人对胥吏猛增有明显感受，隋朝牛弘就曾问经学大师刘炫："案《周礼》士多而府史少，今令史百倍于前，判官减则不济，其故何也？"且北朝时"令史"等胥吏多从容不迫，今之胥吏则"不遑宁舍"，不仅胥吏数量大增，事务也大增。刘炫回答是"事繁政弊"之故。①

不仅其他庶务，就连士人所专擅的礼学，到唐朝也出现了"礼官不能达""礼仪专于胥吏"的局面：

> （陆亘）自京兆府兵曹参军拜太常博士。寺有礼生孟真久于其事，凡吉凶大仪，礼官不能达，率访真，真亦赖是须要姑息。元和七年（812年），册皇太子，将撰仪注，真亦欲参预，亘笞之，由是礼仪不专于胥吏。②

虽说陆亘鞭笞太常礼生孟真，使得"礼仪不专于胥吏"，但从中不难想见，"礼仪专于胥吏"才是此时常态。

胥吏增加，分掌庶务，南朝"知识主义"风气转移，士人不再以博闻前朝典章故事而争奇炫博，转而究心于辞章、经义，对于前朝之事，亦仅取以为典故，用作诗赋、策论之资。"例"一方面沉淀为类书中的掌故，一方面又扁平化、凝固为具体的条文规章。这些条文规章既不为士人所习，转而掌于胥吏之手。长庆三年（823年），谏议大夫殷侑上言论科举之弊："比来史学都废，至有身处班列，而朝廷旧章莫能知者。"③ 可见科举行之二百余年，士人率以经义、文辞为业，至于朝仪典章、史传故事，则少为人所习。公卿子弟自幼耳濡目染，尚且能知；至于寒士以科举进身者，更无由知之。④ 对比本文所举南朝高级士族王俭、陆澄、褚渊等人对前朝旧例的精熟程度，到了唐朝，士人罕有习乎此者，乃至成了底层胥吏的专长。数百年间，中国的日常行政有此巨变，学者不可不察。

唐宋以来千余年，"胥吏政治"并无改变，反而愈演愈烈，延及清朝而不可挽。赵翼论及汉代朝堂议事用经义和故事，对此有痛切认识："援引古义，固不免于附会，后世有

---

① 《隋书》卷七五《儒林刘炫传》，中华书局，1973年，第1721页。
② 《旧唐书》卷一六二《陆亘传》，中华书局，1975年，第4252页。
③ 《新唐书》卷四四《选举志上》，中华书局，1975年，第1166页。
④ 唐代李德裕曾言："然朝廷显官，须是公卿子弟。何者？自小便习举业，自熟朝廷间事，台阁仪范，班行准则，不教而自成。寒士纵有出人之才，登第之后，始得一班一级，固不能熟习也。"道出彼时部分实情。《旧唐书》卷一八上《武宗纪》，中华书局，1975年，第603页。

一事即有一例，自亦无庸援古证今，第条例过多，竟成一吏胥之天下，而经义尽为虚设耳。"① 古今学者对"胥吏政治"反思多矣，而形成中国古代这种日常行政"常态"的一大转捩点，端在六朝隋唐之际。旧例是进行日常行政的关键，"士族政治"与"胥吏政治"的显要区别之一，就是典章旧例掌于士人官僚还是底层胥吏。六朝以来，随着社会结构、选举制度的变化，士人知识兴趣转移，道、术不一，士人所学非所用，所用非所学，胥吏在日常统治中扮演越来越重要的角色。——这是本文考察六朝尚书议政与"例"所获得的启发。至于如何解决"胥吏政治"的弊端，则是当下及今后的重要课题。

（作者单位：武汉大学中国传统文化研究中心）

---

① 赵翼著，王树民校证：《廿二史劄记校证》，中华书局，1984年，第43页。

北魏于什门出使北燕的礼仪之争

□ 王乐毅

【摘要】 于什门出使是北魏与北燕关系中的重要事件。它是一次北魏与北燕抱着缓和关系的目的，却最终滑向对抗结局的失败的古代外交案例。由于北魏明元帝交托给使节于什门的是带有策命性质的招谕任务，执行此任务的使节于什门不得不要求北燕按照藩国之礼接待自己，致使已经采取高规格宾礼接待北魏使节的北燕统治者冯跋陷入礼仪困境中。双方在接待礼仪上难以达成一致，其背后是双方对双边关系的认知矛盾无法调和。在这种外交困境下，冯跋为了维护自己的统治，通过强行推进宾礼进程、折辱魏使的方法重塑自己权威。原本有可能缓和两个政权关系的交聘活动，最终演变为一场激烈的争礼事件，北燕与北魏的关系也因此滑入战争的深渊。

【关键词】 于什门；冯跋；交聘礼仪；燕魏关系

　　北魏占据中原以后，后燕的残余势力一支退回龙城，一支南下广固。退回龙城的后燕政权与北魏常年处于敌对状态。冯跋夺取后燕政权，建立北燕之初，双方固然停止了战争，但仍然处于互不相干的僵持状态。公元414年，北魏明元帝拓跋嗣分别遣使至后秦、柔然、东晋和北燕，试图缓和与周边政权的关系。出使北燕的于什门却与北燕天王冯跋发生了激烈的礼仪冲突，并导致自身被北燕扣留。北燕与北魏的关系不仅未能缓和，反而走向了新一轮的对抗，这是一个典型的因礼仪冲突而导致双边关系破裂的案例，值得深入分析。

　　由于北燕特殊的地理位置，学界的关注点集中在北魏灭北燕对5世纪东北亚国际关系的影响，北魏与北燕的关系往往只是作为背景简单带过。关于北燕与北魏对抗的原因，学界主要从当时的"国际"关系出发进行分析，强调北魏灭亡北燕的历史必然性，如李凭认为北燕所处的位置阻挡了北魏向东方的发展，所以魏燕战争是不可避免的。① 三崎良章认为北燕建立之时，后燕幽州刺史慕容懿等投降北魏导致了双方关系趋向紧张。② 张金龙

---

① 李凭：《魏燕战争前后北魏与高句丽的交往》，《上海师范大学学报》（哲学社会科学版）2002年第6期。

② 三崎良章：《五胡十六国：中国史上的民族大迁徙》，刘可维译，商务印书馆，2019年，第136~137页。日文初版由东方书店于2002年出版，新订版于2012年由东方书店出版，刘可维译本据新订版译。

认为北燕继承了后燕敌视北魏的政策，且抗拒北魏使其成为藩属的要求，为了维护自身的独立及双方的对等关系，不惜与北魏反目。明元帝时期北燕更是凭借与柔然的和亲关系抗衡北魏。① 尚永琪延续张金龙看法之余，进一步强调敌对北魏，结盟柔然是北燕的立国之本。② 高然认为北魏是直接导致后燕灭亡的力量，且一直觊觎龙城的后燕残余势力，故而北燕采取全力对抗北魏的政策。③ 此外，吕思勉从文化的视角出发，着眼于北燕对待北魏与东晋、刘宋的不同态度，将其归结为华夷之辨。④ 然而，无论是"国际"关系视角，还是文化视角，都是基于北魏灭亡北燕这一既成事实，是从必然性的思维出发而展开的研究。这就忽视了北魏与北燕交往的复杂性及其他可能，尤其是对于什门出使北燕这一直接导致北燕与北魏关系走向破裂的导火索，带着必然性的眼光去审视这一事件，往往会在潜移默化中将一场复杂的外交活动简化为北魏与北燕的外交对抗，时至今日有必要再次深入检讨这一事件。

关于于什门出使一事，传统史家主要关注这一事件表现出的于什门作为使节守节不移的伦理价值。于什门返回北魏后，北魏太武帝下诏盛赞他不屈节，并比之苏武，魏收编撰《魏书》将其事迹收入《节义传》中，可见当时人对于什门出使一事的价值认定。明朝时，其价值又进一步被认定为忠义。⑤ 当代的研究主要关注北燕、北魏的外交对抗。张金龙《北燕政治史四题》就认为于什门出使一事中北魏希望北燕成为藩属，而冯跋则拒绝了北魏令其称臣的要求，拘留于什门，从而开始了与北魏的敌对关系。⑥ 尚永琪《北燕史》则认为在此之前的永兴年间，正值明元帝大举征伐柔然，遣于什门应是告诫北燕不要为敌，然而于什门却一味托大。⑦ 近来，学者们也关注了此事中的交聘礼仪。2008 年徐美莉发表《论柔然与北魏的外交之礼》关注了于什门出使北燕一事中双方在礼仪上争为宗主国的现象。于什门称诏，是北魏以宗主国自居的表现，冯跋则并不认同北魏赋予他的身分，反而要求于什门称臣，被于什门坚决拒绝。冯跋因于什门不称臣而愤怒，显然亦是以宗主国自居，《晋书·冯跋载记》中申秀所说的"接贰以礼"之礼即为藩礼。对北魏而言，这无疑是敌意的挑衅。此后至北魏灭北燕，双方各自为尊，一直未能建立起平等的或臣属的外交关系。⑧ 2009 年梁满仓出版《魏晋南北朝五礼制度考论》，在第七章《魏晋南北朝的宾礼》第四节《不同政权间的交往之礼》中亦谈到此事称"十六国后期，拓跋魏派耿贰出使北燕，因为耿贰没有称臣，冯跋'怒而不见'。耿贰不称臣失礼在先，冯跋

① 张金龙：《北魏政治史（3）》，甘肃教育出版社，2008 年，第 88 页。

② 尚永琪：《北燕史》，中国社会科学出版社，2019 年，第 22~23 页。

③ 高然：《慕容鲜卑与五燕国史研究》，北京大学出版社，2018 年，第 141 页。

④ 吕思勉：《两晋南北朝史》，上海古籍出版社，2005 年，第 294 页。

⑤ 如郭良翰《问奇类林·忠义》即将汉之苏武、北魏于什门、宋朝洪皓并列入忠义。见郭良翰辑：《问奇类林》卷一九《忠义》，《四库未收书辑刊》第 7 辑第 15 册，北京出版社，1998 年，第 419 页。明人王盘《历代忠义录》亦收入于什门事迹。王盘：《历代忠义录》卷一四，《四库全书存目丛书补编》第 93 册，齐鲁书社，2001 年，第 330 页。

⑥ 张金龙：《北燕政治史四题》，《南都学坛》1997 年第 4 期。

⑦ 尚永琪：《北燕史》，中国社会科学出版社，2019 年，第 179~180 页。

⑧ 徐美莉：《论柔然与北魏的外交之礼》，《北朝研究》第 6 辑，科学出版社，2008 年，第 30 页。

亦不按礼节接见他，以示回应。不接见也是失礼之举，可见按照礼仪冯跋应该接见耿贰。"① 徐美莉、梁满仓的研究深入于什门出使的礼仪范畴中，但是两人都未摆脱北魏、北燕外交对抗的思维，在对抗眼镜过滤下于什门与冯跋之间的礼仪冲突都被解释成了有目的的对抗，这就导致这一事件中交聘礼仪是如何实施的这一问题被忽视，连带的他们对于相关文献的解读，也有进一步探讨的余地。本文试图在徐氏、梁氏研究的基础上，走出燕魏必然对抗的思维模式，从文献史料的深入解读入手，关注于什门出使过程中礼仪实施的情况，从而具体分析双方争礼如何导致此次外交失败，进而诱发两国之间关系走向对抗。

一、于什门出使北燕的交聘礼仪复原及相关史料问题

于什门出使北燕一事，载于《魏书》卷八七《节义传》中：

> 太宗时为谒者，使喻冯跋。及至和龙，住外舍不入，使人谓跋曰："大魏皇帝有诏，须冯主出受，然后敢入。"跋使人牵逼令入，见跋不拜，跋令人按其项。什门曰："冯主拜受诏，吾自以宾主致敬，何须苦见逼也！"与跋往复，声气厉然，初不挠屈。既而跋止什门。什门于群众之中，回身背跋，被袴后裆以辱之。既见拘留，随身衣裳败坏略尽，虮虱被体。跋遗以衣服，什门拒而不受。和龙人皆叹曰："虽古烈士，无以过也！"②

《节义传》侧重描写于什门出使北燕过程中不辱君命的气节，但就交聘的过程而言，这段记载是残缺不全的。如于什门"住外舍不入"的原因就被忽略，冯跋牵逼于什门入宫见自己也很突兀。从这段史料，可以轻易得出北魏把北燕视作藩臣的结论，但难以清楚看出于什门与冯跋的礼仪争执究竟是如何发展起来的。

《晋书·冯跋载记》却提供了与《魏书》不一样的视角。

> 魏使耿贰至其国，跋遣其黄门郎常陋迎之于道。贰为不称臣，怒而不见。及至，跋又遣陋劳之。贰忿而不谢。跋散骑常侍申秀言于跋曰："陛下接贰以礼，而敢骄蹇若斯，不可容也。"中给事冯懿以倾佞有幸，又盛称贰之陵慢以激跋。跋曰："亦各其志也。匹夫尚不可屈，况一方之主乎！"请幽而降之，跋乃留贰不遣。③

两相对照，《魏书》的于什门，《晋书》记作耿贰。屠本《十六国春秋》"于什门"下注"载记作耿贰"。④《晋书》记魏使耿贰出使北燕一事并未标明年份，汤球《十六国春秋辑

---

① 梁满仓：《魏晋南北朝五礼制度考论》，社会科学文献出版社，2009年，第567页。
② 《魏书》卷八七《节义传》，中华书局，2018年，第2044页。本文出自《魏书》的引文，若无特殊交代，均使用该版。
③ 《晋书》卷一二五《冯跋载记》，中华书局，1974年，第3131页。
④ 屠乔孙、项琳之编辑，汪日桂订：《十六国春秋》卷九八《北燕录一》，《中国野史集成》第3册，巴蜀书社，1993年，第164页。就于什门出使北燕一事而言，笔者对比了屠本与《魏书》《晋书》《资治通鉴》的异同，发现屠本兼有这三种史料的特点，当是辑录这三书而成。

补》则将其列在冯跋太平六年（414 年）。① 据《魏书·太宗纪》，414 年出使北燕的只有于什门，再加上两人事件相似，因此屠本《十六国春秋》的理解是正确的，应将二人视为一人，将《魏书》《晋书》的记载视为同一件事。② 此外，《资治通鉴》仅取《魏书》所载于什门出使并未提及《晋书》所载耿贰之事，可作为旁证。③ 于什门，其名为简，字什门。但由于他是代人，代人的于氏是由勿忸于（石刻中常作万忸于）氏改来，④ 因此"于简"这个称呼当是北魏孝文帝改姓之后用汉字写定的称呼。"什门"则是其鲜卑语本名的汉字音译，《晋书》的"耿贰"应是北燕对于什门鲜卑语名截取一部分音译的结果。⑤

就记载的交聘过程而言，《魏书·节义传》与《晋书·冯跋载记》表现出彼此互补的特征。《魏书》在叙述明元帝遣使招谕冯跋之后，紧跟着叙述于什门至和龙住进外舍。《晋书》则多了冯跋遣常陋迎于道的程序。《魏书》记载于什门住外舍不入一事，《晋书》的记载给出了原因，即于什门因为冯跋遣使慰劳而生气，故拒绝入宫见冯跋。《魏书》有冯跋派人牵逼于什门入宫，并按其项使其拜的环节。《晋书》缺失了这部分记载，却有冯跋的近臣商议如何处置于什门的话，这部分在《魏书》中则被"跋止什门"一句带过。综合来看，《魏书·节义传》与《晋书·冯跋载记》对于什门出使一事记载的差异更像是站在不同立场对同一原始记录进行截取造成的。

当然，除《魏书》与《晋书》外，《资治通鉴》也记载了这一事件，⑥ 但《通鉴》的记载基本是删略《魏书》的史料而形成的。其多出的"左右请杀之"，很可能是总结《晋书》记载北燕散骑常侍申秀、中给事冯懿劝说冯跋处置于什门的话。冯跋说的"彼各为其主"一句，既非出自《魏书》，亦非出自《晋书》，或许另有所本，暂且存疑。

将《魏书》与《晋书》的记载合观之后，可以发现影响此次交聘成败的关键问题是：其一：于什门为什么生气不见冯跋；其二，冯跋为何要强行牵逼于什门见自己？这两个问题同时也是理解双方争执的关键。然而这次事件毕竟是一次争礼事件，要理清这些问题，就必须回到双方所行的交聘礼仪中。这就需要将《魏书》《晋书》的记载按照当时的交聘礼仪重新编排，从而回答导致这次交聘失败的两个关键问题。当然重新编排史料的工作，实际上屠本《十六国春秋》已经做过，⑦ 但是屠本《十六国春秋》兼有《魏书》《晋书》和《资治通鉴》的史料，且有所删改，故不取。

---

① 崔鸿撰，汤球辑补：《十六国春秋辑补》卷九八《北燕录一》，聂溦萌、罗新、华喆点校，中华书局，2020 年，第 1093 页。

② 张金龙、徐美莉均将耿贰视作于什门，见张金龙：《北燕政治史四题》，《南都学坛》1997 年第 4 期，第 23 页；徐美莉：《论柔然与北魏的外交之礼》，《北朝研究》第 6 辑，科学出版社，2008 年，第 30 页。

③ 《资治通鉴》卷一一六"晋安帝义熙十年八月戊子"条，中华书局，2011 年，第 3730～3731 页。

④ 姚薇元：《北魏胡姓考》内篇第二《勋臣八姓》，中华书局，2007 年，第 58~60 页。

⑤ 罗新：《说北魏孝文帝之赐名》，《王化与山险：中古边裔论集》，北京大学出版社，2019 年，第 215~230 页。

⑥ 《资治通鉴》卷一一六"晋安帝义熙十年八月戊子"条，中华书局，2011 年，第 3730～3731 页。

⑦ 屠乔孙、项琳之编辑，汪日桂订：《十六国春秋》卷九八《北燕录一》，《中国野史集成》第 3 册，巴蜀书社，1993 年，第 164 页。

就魏晋南北朝时期的交聘礼仪而言，由于没有成文的礼典流传，对这一时期交聘礼仪的复原研究一直是魏晋南北朝交聘研究的重点。经过学者们不断地努力，目前已经大体梳理出了这一时期交聘礼仪的流程，主要包括：命使、迎劳、授馆、聘问、请辞、送行等环节。① 其中迎劳包括本国地方官府的迎送、东道国边境迎劳以及一般被视作殊遇之礼的郊迎。② 授馆除去使节住进客馆之外，东道国还要在客馆中对使节进行慰劳，并接受使节携带的国书和礼币。具体到于什门出使一事，《晋书·冯跋载记》记载冯跋遣常陋两次迎劳，第一次是于什门至其国，第二次表述为"及至，跋又遣常陋劳之"，结合《魏书·节义传》称于什门"及至和龙，住外舍不入"，可以判断《晋书》所载第二次迎劳是授馆之后在客馆的迎劳。那么第一次迎劳是哪个环节呢？根据《晋书》"至其国"的表述，"国"在这里应指都城，可知第一次迎劳发生在到达都城的时候。在当时的交聘礼仪中，通常情况下东道国在边境迎接使者之后，直接护送使节至都城的客馆，不会在都城外再次迎劳，而设在都城外的迎劳只有作为殊遇之礼的郊迎。因此《晋书》所载的两次迎劳，第一次应是郊迎，第二次则是授馆之后的慰劳。

综合《魏书》《晋书》的记载，不改动原有文句，按照当时使节交聘的仪节，将史料散入仪节的各段，复原于什门出使的交聘礼仪见表1：

表1 　　　　　　　　　　《魏书》《晋书》记载于什门出使交聘礼节

序号	交聘仪节	《魏书》	《晋书》
(1)	命使：明元帝遣于什门招谕冯跋	使喻冯跋	
(2)	郊迎：于什门到和龙城郊		魏使耿贰至其国，跋遣其黄门郎常陋迎之于道。跋为不称臣，怒而不见

---

① 最早对南北朝交聘礼仪进行复原的是1946年周春元撰《南北朝交聘考》，根据南北朝的交聘实践，参照《仪礼·聘礼》所载的诸侯交聘之礼将南北朝时期的交聘礼仪概括为：命使，境内地方长官迎候，东道国迎劳境上，使节入居客馆、东道国于客馆受国书与币，接见聘使，宴享聘使，聘使请命还，送别聘使，东道国主客撰语辞、聘使回国反命（周春元：《南北朝交聘考》，贵州师大学报编辑部，1989年，第358~392页）。王友敏《南北朝交聘礼仪考》将交聘礼仪概括为：谒关与迎劳，即使者到达边境后，东道国边境长官上报，朝廷遣使到边境迎劳；入境后，首先拜会当地长官，馈赠礼品；前往都城过程中，由沿途诸州长史接待，使者住宿在驿馆，途中可以有游览或凭吊古迹的活动；进入京畿时，有盛大的迎接仪式；入京后授馆，东道国于客馆接受国书和贽币；使者受到东道国王侯等重臣的接待与宴请；参加诸如元会、阅武、吊丧等重大礼仪活动；受东道国君主接见；东道国君主宴请；使者向东道国君主辞行；东道国送客（王友敏：《南北朝交聘礼仪考》，《中国史研究》1996年第3期）。蔡宗宪《中古前期的交聘与南北互动》将当时的交聘流程重构为命使，迎劳、授馆与宴宾，受书与受币，聘问、参访与交流活动，送行、返归与覆命（蔡宗宪：《中古前期的交聘与南北互动》，台湾稻乡出版社，2008年，第114~140页）。

② 蔡宗宪根据中古史籍记载郊迎事件较少的现象，推测郊迎可能属于殊遇之礼，仅少数名位较高者才能享受郊迎的待遇（蔡宗宪：《中古前期的交聘与南北互动》，台湾稻乡出版社，2008年，第119页）。王贞平在《唐代宾礼研究》中也谈到隋、唐时代，只有特别重要的来客才能享受郊迎这种殊荣（王贞平：《唐代宾礼研究》，中西书局，2017年，第19页）。

续表

序号	交聘仪节	《魏书》	《晋书》
(3)	授馆：于什门住进外舍	及至和龙，住外舍不入。使人谓跋曰："大魏皇帝有诏，须冯主出受，然后敢入。"	及至，跋又遣陋劳之。贰忿而不谢
(4)	聘问：北燕天王冯跋接见于什门	跋使人牵逼令入，见跋不拜，跋令人按其项。什门曰："冯主拜受诏，吾自以宾主致敬，何须苦见逼也！"与跋往复，声气厉然，初不挠屈。既而跋止什门。什门于群众之中，回身背跋，被袴后裆以辱之	跋散骑常侍申秀言于跋曰："陛下接贰以礼，而敢骄謇若斯，不可容也。"中给事冯懿以倾佞有幸，又盛称贰之陵慢以激跋。跋曰："亦各其志也。匹夫尚不可屈，况一方之主乎！"请幽而降之，跋乃留贰不遣

　　将《魏书·节义传》《晋书·冯跋载记》的相关文句散入交聘礼仪的各段之后，两者记载的互补性进一步表现了出来，两者完全可以合成一篇相对完整的于什门出使记录。据点校本《魏书》校勘记，《魏书·节义传》"多数《传》文全同《北史》，或由于所据的史钞和《北史》都是直录《魏书》，非必以《北史》补"①。点校本《魏书》修订本的校勘记与点校本《魏书》同。② 对比《魏书·节义传》与《北史·节义传》对于什门事迹的记载，除称呼的差异外，其余句子的区别，大多可以看到《北史》删略的痕迹，两者是同一系统的史料。因此，就于什门出使一事而言，《魏书》的记载要优于《北史》，校勘记"非必以《北史》补"的判断是可信的。

　　《晋书·冯跋载记》的史料主要来自"伪史十六国书"。③《隋书·经籍志》载十六国时期的史料，④ 记北燕史事的有北魏侍中高闾所作的《燕志》十卷，以及后来崔鸿辑十六国史书所撰的《十六国春秋》。《魏书·韩显宗传》称"显宗撰冯氏《燕志》、《孝友传》各十卷"⑤。刘知幾《史通》叙述十六国史书时，亦有"韩显宗记冯氏"之说，浦起龙据此推测《燕志》可能是韩显宗与高闾合撰。⑥ 姚振宗《隋书经籍志考证》认为《燕志》是韩显宗撰，高闾监其事，《隋书·经籍志》以监令者为主，故系之高闾，《史通》纪实际撰作者，故称韩显宗。⑦ 因此《燕志》实为高闾监修，韩显宗撰作。而崔鸿《十六国春秋·北燕录》《晋书·冯跋载记》都是基于《燕志》编成的。

　　韩显宗是韩麒麟第二子。据《魏书·韩麒麟传》韩氏一族是昌黎棘城人（今辽宁省

① 《魏书》卷八七《节义传》，中华书局，1974 年，第 1897 页。
② 《魏书》卷八七《节义传》，中华书局，2018 年，第 2052 页。
③ 刘知幾著，浦起龙通释：《史通通释》卷一二《古今正史第二》，上海古籍出版社，2009 年，第 325 页。
④ 《隋书》卷三三《经籍志二》，中华书局，2020 年，第 1091~1092 页。
⑤ 《魏书》卷六〇《韩麒麟传》，中华书局，2018 年，第 1467 页。
⑥ 刘知幾著，浦起龙通释：《史通通释》卷一二《古今正史第二》，上海古籍出版社，2009 年，第 334~336 页。
⑦ 姚振宗：《隋书经籍志考证》，《二十五史补编》第 4 册，开明书店，1937 年，第 5288 页。

朝阳市北票市),棘城是慕容燕的旧都。294年慕容廆建都于棘城,至342年10月慕容皝始徙都龙城(今辽宁省朝阳市双塔区)。韩麒麟的父亲是韩瑚,魏之秀容、平原二郡太守。据《韩显宗墓志》韩显宗高祖是燕之光禄大夫、仪同三司、云南公。[1] 综合《魏书·韩麒麟传》及《韩显宗墓志》,韩氏家族谱系中惟缺韩瑚之父,即韩显宗的曾祖,似被刻意忽略,推测韩氏家族入于北魏即在韩显宗曾祖时,之所以不记其名,可能是以有罪之身入魏,或入魏后官职低微的缘故,因此韩显宗的家族与北燕有着深刻的关系。

此外,据《魏书·韩麒麟传》附其子韩兴宗事迹称其被"司空高允奏为秘书郎,参著作事"[2],即被高允引入编修国史。高允曾以中书侍郎之职领著作郎,参与编修国史,明元、太武两朝国史即由崔浩、高允共作,高允所作尚多于崔浩。崔浩因国史案被诛之后,高允曾历任中书令、中书监之职,依旧领修史之事。据郑钦仁的研究,北魏中书省主策秀孝之事,中书监有荐举之权,[3] 考虑到高允未曾担任过司空一职,司空是他卒后的追赠,因此高允荐韩兴宗为秘书郎、参著作事很可能是在其担任中书监时期。韩兴宗之后,其弟韩显宗在孝文帝太和年间举秀才,除著作佐郎,其子韩子熙亦曾修国史,并担任著作郎之职。因此韩氏家族不仅与北燕关系深刻,在韩兴宗之后更是被引入国史编修事务中,除了能够接触到崔浩、高允编修的国史,还可能接触到北魏朝廷所藏北燕的档案资料。再加上孝文帝初期由冯太后掌权,而冯太后出自北燕冯氏,韩显宗撰《燕志》也能够得到冯太后的支持。[4] 因此《晋书·冯跋载记》的记载当是基于北燕一方对于什门出使一事的记录。

如果说《晋书·冯跋载记》的史源是北魏所藏北燕的档案文献,那么《魏书·节义传》的史源又是哪里呢?考虑到于什门出使在太宗明元帝时期,返回北魏已经是太武帝时代,他被拘留北燕长达二十一年,[5] 在这二十一年中北魏与北燕的关系发生了翻天覆地的变化。于什门受命出使在北魏有档案记录,但是由于他长期被拘留在北燕,在其返国之前,这次出使的详细情况,北魏方面恐怕难以获取。而返国之后,由于历时久远,于什门是否还能记清二十年前的外交场景,能否提供相关报告是值得怀疑的。

就北魏修史的过程来说,439年灭北凉之后,太武帝再次诏崔浩修国史,《魏书·高允传》载崔浩国史之狱时高允自述:"《先帝记》及《今记》,臣与浩同作。然浩综务处多,总裁而已。至于注疏,臣多于浩。"[6]《先帝记》指明元帝一朝,《今记》就是太武帝一朝。北魏灭北燕在436年,作为太武帝征伐的重要功绩,崔浩、高允在编《今记》时,必然要关注灭燕

---

① 毛远明编著:《汉魏六朝碑刻校注》第3册,线装书局,2009年,第321~323页。

② 《魏书》卷四八《韩麒麟传》,中华书局,2018年,第1456页。

③ 郑钦仁:《北魏中书省考》,《北魏官僚机构研究续篇》,台湾稻禾出版社,1995年,第17页。

④ 内田昌功认为北魏高闾编修《燕志》是在冯太后影响下编纂的,而《燕志》也是将北燕冯氏汉人化的第一部史书。内田昌功:《北燕冯氏出身与〈燕志〉〈魏书〉》,姚义田译,《辽宁省博物馆馆刊》2007年第2辑。

⑤ 《魏书·节义传》记作二十四年。《资治通鉴》列于什门返国在434年,《资治通鉴考异》认为如果是二十四年,那么于什门返国就在太延三年(437年),而北燕在太延二年(436年)就灭亡了,应是二十一年。《资治通鉴》卷一二二"宋文帝元嘉十一年三月辛巳"条,中华书局,2011年,第3917页。

⑥ 《魏书》卷四八《高允传》,中华书局,2018年,第1180页。田余庆认为这句中的"注疏"当是"著述"之讹。田余庆:《〈代歌〉、〈代记〉和北魏国史》,《拓跋史探》(修订本),生活·读书·新知三联书店,2019年,第228页。

一事。作为导致北魏与北燕走向敌对的导火索，于什门出使自然占有独特的地位。考虑到于什门长期被拘以及北魏灭北燕后可能获得北燕的相关档案文献，再加上《魏书·节义传》与《晋书·冯跋载记》关于于什门出使一事的记载可以彼此互补的情况，推测两者的史源可能都是北燕一方对于什门出使一事的记载。崔浩、高允与韩显宗基于彼此著述目的的差异，各取所需，于是分别形成了今日所见《魏书·节义传》与《晋书·冯跋载记》对此事的记录。

二、于什门住外舍不入的原因考论

于什门住外舍不入发生在表 1 所录仪节第（3）段，冯跋遣使客馆慰劳、受国书的环节中。然而，矛盾实际上在仪节的第（2）段已经发生了，因此要理解于什门为何在仪节的第（3）段生气不见冯跋，就必须得了解在这之前都发生了什么。

首先仪节第（2）段郊迎。《魏书》并未叙述这一礼仪，而《晋书》却记载了一些异常情况。冯跋遣常陋迎接之后，下一句"跋为不称臣，怒而不见"就显得极为突然。正常应该继续叙述常陋如何迎接于什门才对，《晋书》却省略了这一部分，直接讲到了称臣问题和冯跋发怒，这一省略就导致该史料前后断裂、指向不明。

根据这句史料提供的信息推测，常陋迎接于什门时双方就一些礼仪的细节发生了争执，争执的核心应是称臣与否及由此带来的相关礼仪问题。就字面意思，这句话很容易被解读为冯跋因为于什门或北魏没有称臣，所以生气不见魏使。然而结合当时的现实局面，这种理解是不通的。因为就正常的交聘礼仪而言，郊迎之礼本就是特别重要的来客才能享受的殊礼，冯跋遣使郊迎已是宾礼中高规格的接待了。而郊迎这一环节，一般不需要东道国君主亲自出面，即冯跋不必亲自去见于什门，既然冯跋未亲临，郊迎仪式中就不可能发生北燕要求于什门向冯跋称臣的事情。再者北魏占据中原之后，实力远远超过北燕，这一点双方心知肚明，故而北燕不可能要求北魏称臣，因此这句话只能从其他方面理解。

然而，郊迎之礼并不单单是一种殊遇，它还有一种特殊的形式君主亲郊迎。《魏书·公孙表传》载其子公孙轨事迹：

> 后兼大鸿胪，持节拜氐王杨玄为南秦王。及境，玄不郊迎。轨数玄曰："昔尉他跨据，及陆贾至，匍匐奉顺，故能垂名竹帛。今君王无肃恭之礼，非蕃臣也。"玄使其属赵客子对曰："天子以六合为家，孰非王庭，是以敢请入国，然后受谒。"轨答曰："大夫入境，尚有郊劳，而况王命者乎？请奉策以还。"玄惧，诣郊受命。[1]

杨玄为仇池王杨盛之子，杨盛受刘裕武都王之封，杨盛死后，杨玄继位为武都王。北魏太武帝拓跋焘遣公孙轨册封杨玄为南秦王一事在始光四年（427 年）十一月。这次册封是仇池归附北魏为藩臣的象征，意义重大，双方同样在郊迎之礼上产生了冲突。魏使公孙轨认为，仇池既然要归附北魏为藩臣，就要遵守藩臣之礼，因此杨玄应该亲行郊迎之礼。在其坚持之下，杨玄按照魏使要求亲行郊迎，使册封顺利完成。此事表明，北魏时，藩国君主亲行郊迎是藩臣之礼的一种。

---

[1] 《魏书》卷三三《公孙表传》，中华书局，2018 年，第 870 页。

公孙轨出使仇池与于什门出使北燕相差 13 年，几乎可以视作同时代的事情。以公孙轨出使的情况回看于什门出使北燕一事，双方在郊迎现场发生了与称臣问题有关，且与北燕"天王"冯跋有关的礼仪争执，① 那么所争执的应是作为藩臣之礼的郊迎。合理的解释是北魏使臣要求北燕天王冯跋亲行郊迎。当北燕迎接魏使的官员常陋将于什门的要求传达给冯跋时，就出现了《晋书》记载的"跋为不称臣，怒而不见"。这里的"为"不能解释成"因为"，应该被释作"认为"，即冯跋认为北燕没有向北魏称臣，并且因魏使的这个要求而生气，坚持不去见魏使。从礼仪的角度，就是冯跋拒绝了亲行郊迎之礼。所以在郊迎之礼这个环节上，北燕与北魏已经发生了不可调和的冲突，北魏视北燕为藩国，试图借助这项礼仪使北燕称藩，北燕拒绝接受这种认知，坚持双方未有君臣关系。本质上，这是北魏与北燕在双方应该建立起一个什么样的双边关系这一问题上的分歧。

冯跋以燕未向魏称臣，拒绝亲行郊迎之礼，于什门是怎么回应的正史并没有记载，但从于什门入和龙住进外舍来看，郊迎之礼应是按照北燕的安排顺利完成。随后，交聘礼仪进入第（3）段授馆，于什门进入和龙，住进外舍，冯跋按照惯例第二次遣常陋慰劳于什门。在这一段上，我们可以看到《魏书·于什门传》和《晋书·冯跋载记》都表现出冲突进一步升级的迹象。《魏书》记载于什门坚持住在外舍，要求冯跋出来，接受魏帝诏书，然后才入宫。《晋书》记载于什门对常陋的慰劳非但不感激，反而愤怒，这是为什么？

魏晋南北朝时期，使者住进东道国都城的客馆之后，东道国君主遣使慰劳、设宴接待、接受国书都在客馆。② 而根据现代学者对《大唐开元礼》所载宾礼的研究，③ 诸国使节住进鸿胪客馆或其他住宿地址后，唐朝皇帝还会遣使到客馆告知朝见皇帝的时间，下一步就是使节入宫朝见皇帝。北魏与唐虽相隔久远，宾礼的细节或许会有差异，但是大的环节却往往不会变化。就交聘的过程来说，使节住进客馆是使节与东道国君主见面的前奏，双方要在这一阶段完成宾主相见的礼仪准备。

因此在这一段中，冯跋遣使慰劳、到客馆接受北魏国书，是接待他国使节的常规安排，

---

① 冯跋即位后称天王而非皇帝。关于"天王"号，学者研究者甚多，较早的如吕思勉认为称天王则已无所降屈，然其号犹未及皇帝之尊（吕思勉：《两晋南北朝史》，上海古籍出版社，2005 年，第 1090~1094 页）。谷川道雄认为天王就是皇帝，只不过对于称帝有些踌躇而已，而这种现象与五胡诸国内部常常存在的宗室分掌权力的结构有关（谷川道雄：《五胡十六国、北周的天王称号》，《隋唐帝国形成史论》，李济沧译，上海古籍出版社，2011 年，第 239 页）。古正美则将后赵天王号归结为佛教的影响（古正美：《东南亚的"天王传统"与后赵时代的"天王传统"》，《佛学研究》1998 年第 7 期；古正美：《再谈后赵石虎时代的天王信仰：十六国时代的帝王弥勒信仰》，《大理民族文化研究论丛》第 7 辑，民族出版社，2017 年，第 3~38 页）。小野响对该问题的学术史有过详细的梳理可以参看（小野响：《五胡十六国时期"天王"号的意义》，《南京晓庄学院学报》2018 年第 2 期）。

② 蔡宗宪：《中古前期的交聘与南北互动》，台湾稻乡出版社，2008 年，第 121~123 页。蔡宗宪认为之所以在客馆受国书与礼币，其运作理念在于暂缓君臣关系的约束，待以较为优容的客礼。聘使所携的国书代表了国家与国君，交聘双方为对等之国，互不为君臣，地主国国君若亲临客馆受国书，则是自降身分，因此采取专人至客馆受国书再转呈的间接形式，以完成两国国君间的互动之礼。在此过程中，客馆凸显了两国互为对等国家的地位，并以客礼的形式化解彼此互动往来的障碍（蔡宗宪：《南北朝的客馆及其地理位置》，《中国历史地理论丛》2009 年第 1 辑，第 81 页）。

③ 相关研究可以参看如石见清裕：《唐代北方问题与国际秩序》第 3 部《唐的朝贡规定与国际秩序》，胡鸿译，复旦大学出版社，2019 年，第 220~382 页。日文本于 1998 年由日本汲古书院出版。王贞平：《唐代宾礼研究》第 2 章《宾礼的主要环节》，中西书局，2017 年，第 10~58 页。

然而于什门拒绝这种安排并坚持要求冯跋亲自出来接受魏帝诏书。从礼仪的角度来看，于什门的要求是不合礼的。一方面，宾礼中并没有东道国君主亲至客馆接受遣使国国书的仪节，当时通行的做法就是东道国君主遣使至客馆接受国书与礼币；另一方面，在出使藩属国的礼仪中，接受使节携带的国书同样不在客馆，通常在东道国君主的宫廷里，往往由东道国君主迎接使节至已经布置好的礼仪场所施行接受国书的礼仪。与之具有一定类似场景的礼仪规定，如《隋书·礼仪志》载北齐册诸王，礼仪可以选择在皇宫或诸王府第举行，当要册封的王出镇在外时，使节要受节册，乘轺车至州，到该王的府第举行仪式。① 《大唐开元礼》嘉礼《遣使册授官爵》《皇帝遣使谒蕃宣劳》规定仪式场所就在受册之家或蕃主所居的大门外。② 具体的事例如比于什门晚 19 年的李顺出使北凉一事，北凉国君沮渠蒙逊降附了北魏，沮渠蒙逊接见李顺、接受太武帝诏书就是在自己的宫廷中。③因此，从礼仪的场景判断，于什门这句话的重点不是"受"，而是"出"，即这句话的目的是希望借助自己拒绝入宫的强硬姿态，逼迫冯跋出宫见自己，实质与仪节第（2）段郊迎中要求冯跋亲迎的性质一样，希望在正式行聘之前见到冯跋，敲定双边关系，而非真的让冯跋到外舍接受国书。

这里还有一个问题，即于什门所携带的国书究竟是什么性质？《魏书·节义传》记于什门"称诏"并要求冯跋拜受诏，从史料的角度来看，这里要考虑它是否北魏史官如崔浩、高允之辈修改原始文献的结果。如上所述，《魏书·节义传》所载于什门一事与《晋书·冯跋载记》很可能都来自北燕一方对于什门出使一事的记录，因此两者表现出一种彼此互补的特征，且合观之后，可以看出，其一作为使节的于什门的反应整体上处于隐的状态；其二存在将交聘失败归结于什门骄蹇失礼的倾向。前者如郊迎的环节，于什门是如何向北燕官员表达让冯跋亲迎的意图的，以及冯跋拒绝之后，于什门是如何回应的，这些重要信息都缺失了。后者表现在《魏书》《晋书》的记载合观之后形成的是一个较为完整的宾礼现场，而非出使藩属国的礼仪场合。

基于宾礼的逻辑，于什门在郊迎场合要求冯跋亲迎本身就是不合礼仪的，因此《魏书》略过了郊迎的场合，这与《魏书》记载公孙轨出使仇池在郊迎场合要求杨玄亲迎的处理方式完全不同。这些都从侧面说明了《魏书》《晋书》关于于什门出使一事的原始记录不出自北魏，而是出自北燕。从两个政权的角度来看，北燕一方的记载完全表现出了北魏在外交场合失礼、欺凌北燕的情况，以至于《晋书·冯跋载记》的记录中有北燕散骑常侍申秀对冯跋说"陛下接贰以礼，而敢骄蹇若斯"的话，直接指责于什门失礼，塑造出的北魏形象完全是负面的。④ 然而崔浩、高允编修国史时北燕已经灭亡，北魏才是燕魏竞争的最终胜利者，在这一背景下书写于什门事迹时，北燕记录下的于什门那些不合礼的

① 《隋书》卷九《礼仪志四》，中华书局，2020 年，第 175 页。

② 徐坚、萧嵩等：《大唐开元礼》卷一〇九《嘉礼·遣使册授官爵》、卷一二九《嘉礼·皇帝遣使谒蕃宣劳》，民族出版社，2000 年，第 509、610 页。

③ 《魏书·李顺传》记作"蒙逊翌日延顺入，至庭中"（《魏书》卷三六《李顺传》，中华书局，2018 年，第 920~921 页）。

④ 龚诗尧也注意到了于什门出使一事的记载中塑造的于什门形象并不好的情况，他评论《魏书·节义传》于什门出使一事说："尽管于什门的不屈气节令人肃然起敬，但若从外交层面来谈，其应对过于直接鲁莽，处理的过程及用语上毫无技巧，甚至可能损及本国形象，未必称得上是优秀的使节。"龚诗尧：《文学才辩，妙选聘使：从外交论北朝汉文化发展》，王明荪主编：《古代历史文化研究辑刊》第 16 编第 6 册，台湾花木兰文化出版社，2016 年，第 63 页。

要求，不仅不会成为北魏形象的污点，有些还会成为于什门坚守节义的闪光点。从这个角度考虑，《魏书》记载于什门"称诏"并要求冯跋拜受诏的言辞很可能是北燕记录的原文，也是实录。

在魏晋南北朝时期，诏已经产生了广狭两种内涵，广义的诏泛指皇帝发布的各种文书，《唐六典》追溯汉以来文书制度，称"自魏、晋已后因循，有册书、诏、敕，总名曰诏"①。狭义的诏即皇帝的四种王言之一，蔡邕《独断》称：汉天子正号曰皇帝，其言曰制诏，"其命令，一曰策书，二曰制书，三曰诏书，四曰戒书"②。于什门对北燕天王冯跋称诏，无疑是广义的用法。北魏在外交中对外称诏并非孤例，如太武帝太平真君十一年（450年）南伐至彭城，遣李孝伯为使，即曾令李孝伯向刘宋太尉刘义恭、安北将军刘骏称诏，李孝伯与刘宋安北长史张畅就北魏君主能否向邻国大臣称诏一事进行了辩论。③ 这件事不仅见于《魏书》，而且见于《宋书》，可知确有其事。《宋书》记作"诏语太尉、安北"，这里的"诏"并非有实体的文书，而是太武帝口头的命令。于什门一事则与此不同，作为正式出使邻国的使节，在当时的交聘礼仪中，是需要携带国书的，因此于什门称诏的诏必然实指他所携带的国书。考虑到于什门在郊迎场合要求冯跋亲迎——如公孙轨出使仇池一事所示，很可能是接待册封使节的礼仪，以及仪节第（4）段中于什门要求冯跋拜受诏的言辞——拜受诏这一礼仪是藩属国接受宗主国君主诏命的仪节，推断这封国书很可能是一封策书，于什门出使很可能负有册封冯跋的使命。

《魏书·太宗纪》记于什门出使一事说："遣谒者悦力延抚慰蠕蠕，于什门招谕冯跋"④，"招谕"即以皇帝名义进行招降、招抚，因此于什门此次出使所负的使命就是招降冯跋使之成为藩臣。要想在交聘的过程中实现这一目的，就必须在正式行聘之前见到北燕天王冯跋。在交聘仪节中这种机会有两次，第一次即作为郊迎之礼的仪节（2），第二次就是在客馆的仪节（3）。如果于什门不能在这两个环节中见到冯跋，并劝说冯跋归降称藩，到仪节第（4）段入宫见冯跋时，冯跋会自然而然地继续按照宾礼的仪节接待于什门，那么出使的性质就由招谕变成了对等国家之间的行聘，于什门也就无法完成北魏明元帝交托的招谕任务，这自然是他不能接受的，所以于什门住进外舍之后拒绝入宫见冯跋，并要求冯跋出来见自己，与其说这是于什门妄自尊大，不如说是使命在身，不得不然。

三、冯跋牵逼于什门入宫的原因

冯跋牵逼于什门入宫见自己在仪节第（4）段，冯跋做出这一决定直接原因显然是于什门拒绝入见。然而除了这一直接原因外，还有其他因素在。

首先在仪节第（2）段，冯跋安排了郊迎之礼。如蔡宗宪、王贞平等人的研究，郊迎之

---

① 李林甫等：《唐六典》卷九"中书省·中书令"条，陈仲夫点校，中华书局，2014年，第273~274页。

② 蔡邕：《独断》，王云五主编：《丛书集成初编》0811册，商务印书馆1935年，第1页。

③ 《宋书》卷五九《张畅传》，中华书局，2018年，第1748~1753页；《魏书》卷五三《李孝伯传》，中华书局点，2018年，第1168~1172页。

④ 《魏书》卷三《太宗纪》，中华书局，2018年，第63页。

礼本就是殊礼，换句话说在仪节第（2）段，冯跋已经在宾礼的范畴内给予了魏使最高礼遇。由于北燕与北魏之间不存在藩属关系，作为北燕天王的冯跋不需要、也不可能去亲迎，这与他的身分、地位不相匹配。冯跋出现在郊迎的场合，无异于向魏称臣，是自降身分的行为，他在北燕的统治权威、合法性都会受到质疑。另一方面，冯跋给魏使安排郊迎的礼遇也可以看出他对于北魏使者的重视。可以推测，冯跋是希望通过这次交聘改善与北魏关系的。

冯跋的这种安排可能与他夺取慕容氏政权以后，采取与周边部族、政权普遍交好的外交政策有关。如交好柔然，太平三年（411 年），冯跋与柔然交婚，柔然可汗斛律献马三千匹迎娶冯跋女乐浪公主，同时又以己女嫁给冯跋①。柔然内乱，太平八年（416 年）斛律随其女一同被逐至北燕，斛律请求冯跋送其回柔然，被杀于黑山②，随后柔然可汗大檀遣使向冯跋献马三千匹、羊万口，柔然与北燕的友好关系延续了下来③。交好高句丽，冯跋弑杀慕容熙，拥立高云之后，《资治通鉴》载"高句丽遣使聘北燕，且叙宗族，北燕王云遣侍御史李拔报之"④，结束了后燕时代敌视高句丽的政策，开启了北燕与高句丽的友好关系⑤，高云被杀，冯跋即天王位后，延续了这种友好关系。此外，冯跋还与库莫奚互市⑥，接受契丹降附⑦。基于冯跋这种普遍与周边政权、部族交好的姿态，可以推测，北

① 《资治通鉴》卷一一六"晋安帝义熙七年秋七月"条，中华书局，2011 年，第 3706 页。崔鸿撰，汤球辑补：《十六国春秋辑补》卷九八《北燕录一》，聂溦萌、罗新、华喆点校，中华书局，2020 年，第 1090 页。

② 崔鸿撰，汤球辑补：《十六国春秋辑补》卷九九《北燕录二》，聂溦萌、罗新、华喆点校，中华书局，2020 年，第 1096 页。《资治通鉴》卷一一六"晋安帝义熙十年五月"条，中华书局，2011 年，第 3728 页。刘宁认为这里的"黑山"是在北燕与敕勒之间，距北燕不远，且不属北魏管辖，考证它在今巴林右旗的罕山。斛律被杀的黑山在草原丝绸之路更北的一条路线上，这条路线经朝阳北上，跨过西拉木伦河走黑山（今巴林右旗）进入东部高车领域，到达柔然，北燕与柔然的往来走的就是这条路线。见刘宁：《北燕、柔然与草原丝绸之路：从冯素弗墓出土的玻璃器谈起》，《北方民族考古》第 2 辑，科学出版社，2015 年，第 213~220 页。

③ 崔鸿撰，汤球辑补：《十六国春秋辑补》卷九九《北燕录二》，聂溦萌、罗新、华喆点校，中华书局，2020 年，第 1096 页。《资治通鉴》卷一一六"晋安帝义熙十年五月"条，中华书局，2011 年，第 3728 页。

④ 《资治通鉴》卷一一四"晋安帝义熙四年三月"条，中华书局，2011 年，第 3662 页。

⑤ 关于北燕与高句丽交好的原因，学界的主流看法有两种：其一，北燕出于自身的政治需求主动与高句丽交好，如刘玉山认为高云交好高句丽是他防备冯跋的内政外交措施中的一环（刘玉山：《北燕王高云被弑真相探微》，《求索》2005 年第 11 期）；金洪培、薛海波认为利用高云高句丽王族远支身分，交好高句丽，为新政权赢得和平的周边环境，是冯跋拥立高云为天王的重要原因 [金洪培：《冯跋拥立高云为北燕王之原因探析》，《延边大学学报》（社会科学版）2010 年第 4 期；薛海波：《试论北燕与高句丽的政治关系》，《东北史地》2010 年第 6 期]。其二，北魏占据中原之后，实力强大，高句丽试图以北燕作为北魏与高句丽之间的缓冲，故而交好北燕，如李凭认为北魏在与北燕的战争中处于绝对优势的局面，虽然没有触及到高句丽，但起到了敲山震虎的作用 [李凭：《魏燕战争前后北魏与高句丽的交往》，《上海师范大学学报》（哲学社会科学版）2002 年第 6 期]；薛海波、李爽认为北燕位于北魏、高句丽之间，是高句丽避免与北魏直接接触的屏障，是双方之间的缓冲地带（薛海波：《试论北燕与高句丽的政治关系》，《东北史地》2010 年第 6 期；李爽：《长寿王时期高句丽与北魏的关系》，《社会科学战线》2018 年第 6 期）。

⑥ 《晋书》卷一二五《冯跋载记》，中华书局，1974 年，第 3130 页。

⑦ 《晋书》卷一二五《冯跋载记》，中华书局，1974 年，第 3131 页。《魏书》卷九七《海夷冯跋传》，中华书局，2018 年，第 2302 页。

魏明元帝遣于什门出使北燕时，冯跋以高规格的礼仪接待于什门，很可能是这种与周边政权交好政策的延续，即试图以高规格的接待礼仪取悦北魏，改善双边关系。除去政策方面的因素外，冯跋的父亲冯安是西燕慕容永的将领，冯跋很可能亲历过西燕与北魏联合共抗后燕的历史，这种历史上的关系可能也是冯跋愿意以高规格礼仪接待魏使，表达善意，以改善双方关系的原因。然而，魏使的要求显然超出了冯跋的预料，北魏对燕魏关系的定位就是北燕要臣服北魏，这与冯跋施行的交好政策旨趣大异。

尽管在仪节第（2）段，冯跋已经对魏使的要求不满，但魏使终究进入了和龙，住进外舍，交聘进入第（3）段。冯跋再次遣使慰劳魏使，并按照当时的交聘习惯接受北魏的国书。但是魏使仍要求冯跋亲自前往接受魏帝诏书，并拒绝入见。如果说仪节第（2）段魏使要求冯跋亲迎，冯跋可以将其理解为魏使在故意为难自己，毕竟北魏与北燕受北魏与后燕之间敌对关系的影响，双方关系颇为僵硬，交聘场合彼此为难是正常的，在北魏强于北燕的现实下，还可以忍受。但到了仪节第（3）段，魏使仍然提出相同的要求后，北魏遣使的来意就非常明白了，就是要求北燕称藩。

因此，从这次交聘的流程来说，仪节的第（2）段郊迎实际上起到了礼仪分界点的作用。即如果在郊迎环节的争执中，于什门成功说服冯跋亲行郊迎，那么之后自然而然地进入藩臣礼的下一个环节，北燕一方就需要改变接下来的接待仪式。然而于什门并没有说服冯跋，反而不知出于什么原因接受了北燕的郊迎安排，那么接下来北燕一方自然会继续按照对等国家之间的宾礼流程接待于什门。出人意料的是，于什门在住进客馆之后仍然要求冯跋出来见自己，如上文所说这一要求既不符合藩臣礼仪，又不符合宾礼，因此《晋书》记载北燕散骑常侍申秀对冯跋说"陛下接贰以礼，而敢骄蹇若斯"，这不仅是对于什门在冯跋宫中行为的评价，而且是对于什门在客馆中要求的评价。因为对北燕一方来说，仪节进入第（3）段客馆环节时，礼仪上的争执已经结束了，魏使既然在郊迎环节接受了北燕的安排，那么接下来的礼仪自然按照北燕的接待礼仪行事。

因此到仪节第（3）段，冯跋必须做出决断，是向魏称藩，还是维护北燕天王的尊严，坚持燕魏对等。同时在魏使的这一要求面前，冯跋遭遇一种异常尴尬的境况。首先，就礼仪的施行来说，郊迎环节作为礼仪的分界点，可以说是北燕朝廷与魏使首次意见分歧，在魏使还没有进入和龙的情况下，双方是有商谈余地的，因此在这一环节双方显然进行了激烈的争论，事后来看争论的结果是北燕赢了，冯跋不必亲行郊迎，于什门也住进了客馆，那么在北燕一方看来至少在这次仪式中北燕不必考虑向魏称臣的问题。

其次，北燕与北魏的关系本就受后燕影响，颇为僵硬，冯跋本来期待通过这次交聘能够与北魏缓和关系，故而启用了宾礼中高规格的郊迎之礼，在当时北燕与北魏关系的现实情况下，未必没有反对声音。而魏使来的目的却是让北燕称藩，这不仅使他安排的高规格礼仪接待有付之东流的危险，而且这一要求超出了他的预料，甚至北燕朝堂可能根本没有讨论过这个问题。而对这个问题的答复将直接影响其北燕统治的权威与合法性，这很可能就是郊迎场合冯跋坚持拒绝的原因。在郊迎场合拒绝之后，在客馆环节中，面对魏使再次提出的明显不合礼的要求，哪怕冯跋意识到这就是北魏此次遣使的目的，在当时的场合下，冯跋已经没有调整的余地了，他不可能按照魏使明显不合礼的要求来做，而且为了自己的统治，他只能以强硬的态度回应魏使，因此冯跋选择强行推进到仪节第（4）段。

仪节第（4）段聘问，冯跋接见于什门，这个环节既是交聘礼仪最重要的环节，又是于什门出使过程中冲突最激烈的地方。无论是于什门抱持的招谕冯跋、使之称藩，还是冯跋以北燕天王身分接见外使，使臣与东道国君主如何相见始终是礼仪的核心。然而由于双方抱持的目的不同，期待施行的礼仪也不一样。

于什门抱着招谕的目的出使北燕，他期待北燕行藩国接见天子使臣的礼仪，可对应唐代《大唐开元礼》嘉礼《皇帝遣使谒蕃宣劳》。① 而冯跋是以北燕天王的身分接待北魏使节，他期待魏使行他国使节朝见天子的礼仪，可对应《大唐开元礼》宾礼《受蕃国使表及币》。② 这两项礼仪名称不同，性质不同，背后所蕴含的意义也不同。嘉礼《皇帝遣使谒蕃宣劳》，适用于遣使的一方是东道国宗主国的情况；宾礼《受蕃国使表及币》，适用于东道国是遣使一方的宗主国，或两国地位对等的情况。具体实施中，两者在仪节上最显著的差异是，《皇帝遣使谒蕃宣劳》中东道国君主要向宗主国使者行拜礼，《受蕃国使表及币》使者要向东道国君主行拜礼。

行拜礼这一环节不仅唐朝如此，魏晋南北朝时代即已如此。而最容易出问题的地方恰恰就在拜礼上，尤其是嘉礼的《皇帝遣使谒蕃宣劳》。《魏书》中经常见到魏使出使归附的政权，而对方君主不愿意行拜礼的情况。如北魏太武帝延和元年（432 年），李顺出使沮渠蒙逊，沮渠蒙逊即以身有旧疾、腰腿不随、不堪拜伏为由拒绝见李顺。双方见面后，李顺强势要求沮渠蒙逊拜，才顺利完成使命。③ 这还是沮渠蒙逊在北魏太武帝神䴥四年（431 年）已经称臣降附，并完成策命之礼的情况下，当时出使北凉策命沮渠蒙逊的正是李顺。而以策命为任务的出使与一般性的皇帝遣使到藩国宣劳在礼仪的具体细节上似乎还略有差别，可惜李顺策命沮渠蒙逊一事的仪节没有流传下来。

然而根据公孙轨策命杨玄为南秦王一事，我们可以大致推出李顺策命沮渠蒙逊的礼仪。在这个事情中，争执的焦点是东道国君主是否亲行郊迎之礼，公孙轨的依据就是陆贾在游说南越王降附汉朝时说的话"天子怜百姓新劳苦，故且休之，遣臣授君王印，剖符

————————

① 徐坚、萧嵩等：《大唐开元礼》卷一二九《嘉礼·皇帝遣使谒蕃宣劳》，民族出版社，2000 年，第 610 页。关于《皇帝遣使谒蕃宣劳》实施的场域，学界还有争议，主要有两种观点：一种观点认为发生在皇帝遣使到国外，东道国君主应该以《皇帝遣使谒蕃宣劳》礼接待使节，持此观点的主要有中村裕一和古濑奈津子，见 ［日］中村裕一：《论事敕书的传达》，《唐代制敕研究》第 3 章第 6 节，汲古书院，1991 年，第 666~670 页；［日］古濑奈津子：《皇帝からの赐宴》，《遣唐使の见た中国》第 3 章第 3 节，吉川弘文馆，2003 年，第 142~147 页。另一种观点认为《皇帝遣使谒蕃宣劳》主要施用于皇帝遣使至赴唐朝见的蕃主、蕃使下榻之处，并对远道而来的使节进行"宣劳"，具体场景应在鸿胪寺、鸿胪客馆，见 ［日］石见清裕：《唐的国书授与仪礼について》，《东洋史研究》第 57 卷，1998 年第 2 号，中文译本见 ［日］石见清裕著：《唐代的民族、外交与墓志》，王博译，西北大学出版社，2019 年，第 107~111 页。古濑奈津子在《遣唐使の见た中国》中已经对石见清裕的观点进行了反驳，本文同样采纳中村裕一的观点。石见清裕认为这项礼仪不施行于国外，是因为周边政权的礼俗与唐朝会有不同，国外迎接之时往往会遵循本国礼仪来迎接，且国外未必有完善的礼仪建筑之类的设施。石见清裕忽视了这项礼仪针对的是蕃国，蕃国来朝之后对于唐朝礼仪未必完全不知，再者礼仪本身就具有因时制宜的性质，并不一定要求与唐朝完全一致的建筑设施才能施行。

② 徐坚、萧嵩等：《大唐开元礼》卷七九《宾礼·皇帝受蕃使表及币》，民族出版社，2000 年，第 388 页。

③ 《魏书》卷三六《李顺传》，中华书局，2018 年，第 920~921 页。

通使。君王宜郊迎，北面称臣"①。因此在北魏时，负有策命任务的出使，其礼仪很可能就是以东道国君主亲行郊迎与东道国君主以《皇帝遣使谒蕃宣劳》礼接见使者两部分组成。从功能上来说，亲行郊迎可能就是为了确保《皇帝遣使谒蕃宣劳》礼能够顺利施行。

经过仪节第（3）段，冯跋一定明白了北魏遣使的目的，以及魏使的礼仪诉求。同时他自己也在寻找摆脱当前礼仪困境、重塑自己作为北燕天王权威的方法。最简单的方法就是完成宾礼，通过宾礼中魏使拜这一仪节，重塑自己的权威。故而他采取了强硬手段，强行推进到仪节（4），将于什门牵拉入宫，并按其项使其拜。

纵观北燕与北魏这次争礼的过程，于什门所负的招谕任务，在性质上与策命具有一致性。如同陆贾一样，他需要说服冯跋称臣，并完成策命之礼。因此他所期待的接待礼仪是郊迎时冯跋亲自迎接，宾主相见时冯跋以接待皇帝宣劳使的礼仪接待他。但是于什门包括交托给他招谕任务的明元帝没有注意到北燕还没有向北魏称臣这个问题。

北燕基于燕魏的现实关系，以宾礼接待魏使，同时为了缓和与北魏的关系，采取了高规格的接待礼仪。在明白北魏此次遣使的目的之后，冯跋为了重塑自己北燕天王的权威，稳固自己的统治，采取折辱魏使的方式，强制魏使向自己拜。在遭遇于什门激烈抵抗之后，扣押了于什门。

这次争礼事件的背景是在北魏、北燕双方关系未定的情况下，北魏抱持招谕目的的遣使，并要求北燕行藩臣礼仪，北燕则基于燕、魏未有从属关系的事实，以当时通行的宾礼接待魏使。由于双方抱持的目的不同，所坚持的也是完全不同的礼仪，这两种礼仪诉求在这次出使的过程中轰然对撞，最终以礼仪之争的形式被记录在史书上。

四、于什门出使后北燕与北魏政策的调整

根据北魏与北燕礼仪冲突的过程，可以说这次礼仪冲突具有一定的偶然性。第一，于什门包括交托给他招谕任务的明元帝没有注意到北燕还没有向北魏称臣这个问题。明元帝很可能是基于魏强于燕的现实，理所当然地认为只要魏遣使招谕，燕就一定会归附称藩。这是一种基于军事实力的盲目自信，是中国古代版的现实主义"国际"政策。②

第二，在使节的遴选上，就于什门出使的过程来说，他无疑是一个忠诚保守、缺乏变通的人，而非一名灵活的使节。于什门显然很清楚带有策命性质的出使，东道国应该以藩臣之礼来接待。所以到达北燕之后，径直以藩臣礼仪要求对方。他忽略了双方还没有藩属关系，第一步要做的是说服北燕称藩，就像陆贾出使南越，首先说服赵佗称臣一样。说服北燕称藩之后才能以藩臣礼要求对方。在这个过程中，他首先要做一名说客，然后才是魏帝的使节。在他之后，太武帝朝公孙轨出使策命杨玄、李顺出使策命沮渠蒙逊时，仇池和北凉都是先称臣，而后接受使臣册封，最终都顺利完成策命礼仪，这或许也是北魏对外政策逐渐成熟的一种表现。

---

① 《史记》卷九七《郦生陆贾列传》，中华书局，2013 年，第 3250 页。

② 汉斯·摩根索：《国家间政治：权力斗争与和平》，徐昕、郝望、李保平译，北京大学出版社，2012 年，第 115~122 页。

第三，交聘礼仪与使节的价值规范限制了于什门的行动。就整个交聘流程来看，由于魏晋之后相关的礼仪制度已经完善、规范了起来，留给使节自己发挥的空间并不大。汉代陆贾出使南越先劝说南越王归降，再施行册封的情况，在南北朝时期交聘礼仪中已经不具备实践的空间。在于什门出使一事中，他唯一合礼地劝说冯跋归降的机会是在郊迎的环节中，但不知什么原因，他不仅未能成功说服冯跋，反而顺从了北燕的安排，进入和龙，一步错步步错，致使在之后的礼仪环节中不得不提出失礼的要求，以求完成使命，在使命确定无法完成的情况下，只能坚守气节。这种情况的发生也可能与他代人的身分有关，作为代人对汉文化中的礼仪制度没有足够的了解，更没有足够的敏感。

就使节的价值规范而言，正如传统史家对于什门出使一事"节义"的定性。实际上，守节不仅是后人的定性，交聘过程中这一价值也在时时规范着于什门的行动。"节"即"分"的意思，守节即守分，《左传·成公十五年》载曹国子臧辞君位，称"圣达节，次守节，下失节"，正义称"节犹分也，人生天地之间，性命各有其分"。① "义"，《释名·释言语》解释作"义，宜也。裁制事物，使合宜也"②，在漫长的历史中演化为道德的总称。在中国古代伦理观念中，义常与利对举出现，"义利之辨"是中国古代伦理学史上的重要问题。③ 具体到"节义"一词中，在早期中国的观念里，"节"仅在于尽本分，"义"不仅要求尽本分，还有尽分外义务的特征。其主要表现在亲疏关系中舍亲救疏；家国公私关系中舍己或家人为君国、不以私利废公义；家族伦理冲突中善处夫妇之义。④

就于什门出使的交聘过程而言，由于他所负的是招谕任务，携带的是策书，与之相匹配的礼仪是藩臣接待天子册封使的礼仪。因此在发现北燕一方用宾礼接待他时，在郊迎这一环节中就向北燕提出抗议。住进客馆之后，又要求冯跋亲至客馆。这些要求看似无礼，实则受到他所负使命的支配，在伦理上即守节。冯跋强行推进宾礼，牵拉于什门入宫，并按其项使其拜的行为，不仅是对于什门，也是对北魏明元帝的羞辱。于什门对此的回应是"回身背跋，被袴后裆以辱之"，这一行为清人俞正燮《癸巳类稿》卷七《衮邾楼反切文义》称"《魏书·于什门传》言'披袴后裆'褫衷衣落下也"⑤。于什门是代人，就其服

① 《春秋左传正义》卷二七，阮元校刻：《十三经注疏》，中华书局，1980年，第1914页。

② 刘熙：《释名》卷四《释言语十二》，中华书局，2016年，第47页。

③ 张岱年：《中国哲学大纲》，中国社会科学出版社，1982年，第386~398页；张岱年：《中国伦理思想研究》，上海人民出版社，1989年，第124~141页。陈瑛：《中国伦理思想史》，湖南教育出版社，2002年，第276~293页。

④ 陈乔见：《早期中国的"节义"观念：以〈列女传·节义传〉为中心》，《杭州师范大学学报》（社会科学版）2020年第5期。

⑤ 俞正燮：《癸巳类稿》卷七《衮邾楼反切文义》，《俞正燮全集》，于石等点校，黄山书社，2005年，第330页。这一句原文被点断作"《魏书·于什门传》言'披袴后裆褫衷衣落下'也"，2001年涂小马等校点本《癸巳类稿》断句亦同于于石等点校本（俞正燮：《癸巳类稿》卷七《衮邾楼反切文义》，涂小马校点，辽宁教育出版社，2001年，第229页）。《魏书·于什门传》原文只有"披袴后裆"四字，"褫衷衣落下"五字应是俞正燮对"披袴后裆"四字的解释，故应断作"《魏书·于什门传》言'披袴后裆'褫衷衣落下也"。

装而言，穿的应是袴褶服，① 俞正燮可能是从汉族传统袴外尚有深衣的服饰习惯出发，故而说的是亵衣。袴褶服的袴是外穿的连裆袴，故披袴后裆可以造成羞辱的效果。这些行为都应放在守节、不辱君命的伦理观念下来看。

就北燕一方来说，由于魏使于什门激烈的礼仪要求，在这次交聘中，冯跋一开始就处于被动。在仪节第（3）段，当北魏遣使的目的明白表达出来，且魏使已经拒绝进行下一步礼仪的情况下，冯跋并没有太多回旋的空间。面对二选一的困境，冯跋果断选择了维护自己统治的权威与正当性。北魏与北燕的交聘至此失败，双方关系不仅未能破局、缓和，反而迅速滑向新一轮的对抗。

在扣押于什门之后，北燕越过北魏，积极结交北魏的敌国，彻底站在了北魏的对立面。414 年 10 月，赫连勃勃遣御史中丞乌洛孤到北燕莅盟②，北燕与夏结为盟国，此事距于什门出使恐怕还不足两个月③。赫连勃勃出自铁弗部，一直都是北魏拓跋氏的对手。413 年 10 月，北魏境内吐京叛胡勾连赫连勃勃与魏军交战，414 年 2 月赫连勃勃还曾攻打北魏河东郡。

417 年 4 月（晋义熙十三年、北魏泰常二年、北燕太平九年），冯跋遣王特儿出使东晋，被北魏捕获。这一年正是刘裕北伐灭亡后秦的年份，后秦此时是北魏的婚姻之国④，这一年 3 月北魏明元帝还出兵与刘裕交战，双方互有胜负⑤。《晋书·冯跋载记》载"晋青州刺史申永遣使浮海来聘，跋乃使其中书郎李扶报之"⑥，汤球《十六国春秋辑补》列此事于太平九年（417 年），屠本《十六国春秋》列此事于太平九年五月⑦，王特儿出使与申永遣使发生在同一年。史书记载是晋青州刺史申永遣使而非东晋中央遣使。从行政区划来看，王特儿在章武郡被捕，北魏道武帝、明元帝时代，章武郡属冀州⑧，据《魏书·地形志》是由西晋章武国改名而来⑨，辖成平、平舒、束州、文安、西章武五县。这里的

① 关于袴褶服，可以参看王国维：《胡服考》，《观堂集林》卷二二《史林一四》，中华书局，1959 年，第 1074~1076 页。沈从文：《中国古代服饰研究》，上海书店，2005 年，第 219~221 页。周锡保：《中国古代服饰史》，中国戏剧出版社，1984 年，第 130~131 页。赵连赏：《中国古代服饰图典》，云南人民出版社，2007 年，第 181~185 页。

② 《资治通鉴》卷一一六"晋安帝义熙十年冬十月"条，中华书局，2011 年，第 3731 页。

③ 于什门出使据《魏书·太宗纪》在 414 年 8 月辛丑，据陈垣《二十史朔闰表》，这一年八月戊子朔，辛丑是八月的第十四天，于什门受诏出发是在八月中，再加上路上的时间，而乌洛孤十月就到了北燕，中间相隔可能不足两月。陈垣：《二十史朔闰表》，古籍出版社，1956 年，第 63 页。

④ 415 年后秦与北魏联姻，见《魏书》卷三《太宗纪》，中华书局，2018 年，第 65 页。

⑤ 《魏书》卷三《太宗纪》，中华书局，2018 年，第 66 页。《魏书》卷二五《长孙嵩传》，中华书局，2018 年，第 720 页。《宋书》卷四八《朱超石传》，中华书局，1974 年，第 1551~1552 页。

⑥ 《晋书》卷一二五《冯跋载记》，中华书局，1974 年，第 3133 页。

⑦ 崔鸿撰，汤球辑补：《十六国春秋辑补》卷九九《北燕录二》，聂溦萌、罗新、华喆点校，中华书局，2020 年，第 1099 页。屠乔孙、项琳之编辑，汪日桂订：《十六国春秋》卷九八《北燕录一》，《中国野史集成》第 3 册，巴蜀书社，1993 年，第 164 页。

⑧ 牟发松、毋有江、魏俊杰：《中国行政区划通史·十六国北朝卷》，复旦大学出版社，2017 年，第 458 页。

⑨ 《魏书》卷一〇六《地形志（上）》，中华书局，2018 年，第 2707 页。

青州是刘裕灭南燕慕容超之后，恢复旧青州建制的结果，治所在东阳城，① 魏之章武郡与晋之青州相隔不远。可以推测，晋青州刺史遣使一事是对冯跋遣王特儿出使一事的回应，很可能是王特儿被北魏逮捕，出使失败的消息被晋青州刺史获知，于是向北燕遣使通知此事。

据汤球《十六国春秋辑补》，柔然斛律被逐至北燕在太平八年（416 年），柔然可汗大檀遣使送马与冯跋交好在太平九年（417 年），② 从时间上看，北燕结交北魏的敌国赫连夏、柔然、刘宋都在于什门出使之后。而北魏灭北燕的战争也是在灭亡赫连夏，打败柔然、刘宋之后才发起的。因此从因果关系上来说，并非北魏与北燕的对抗导致了于什门被拘留，恰恰相反正是于什门出使失败，导致北魏与北燕重启了北魏与后燕之间的对抗关系。

就北魏一方而言，以 414 年于什门出使为起点，416 年 10 月，幽州徒河部落库傉官斌先降附北魏，③ 又叛归北燕，明元帝遣骁骑将军延普渡过濡水攻打库傉官部，破北燕幽州。由于刘裕北伐后秦，故而北魏夺取北燕幽州之后，就把目光转向南方，将重心放在刘裕与后秦的战事上。417 年后秦灭亡，10 月长孙嵩诸军自南方边境撤回，418 年 5 月明元帝即遣长孙道生与奚观率军袭击北燕，延普自幽州北上辽西为声援。可以说，于什门招谕失败之后，北魏就把北燕列为征伐的目标。

冯跋杀高云建立北燕在 409 年，这一年北魏道武帝拓跋珪被其子拓跋绍弑杀，拓跋嗣继位为北魏第二代君主。在于什门出使之前，正史中，除去明元帝永兴三年（411 年）二月昌黎、辽东两千余家降附北魏外，④ 北魏与北燕之间既没有战争的记载，也没有使节来往，处于一种不冷不热、互不相干的状态。414 年北魏明元帝遣于什门使北燕一事并非一个孤立的事件，明元帝同时派遣了出使后秦、柔然和东晋刘裕的使节，正如张金龙所说，明元帝当时是以和平政策为主来处理与周边政权关系的。⑤ 此时的北燕采取的同样是与周边政权、部族普遍交好的政策，这一点在冯跋启用郊迎接待于什门一事中可以看出。因此于什门出使一事可说是北魏与北燕关系的转折点，它打破了北魏与新政权北燕冯氏之间僵持的局面，但没有给两个政权带来友好，反而使双方重新落入北魏与后燕之间战争、敌视的局面。

---

① 《晋书》卷一五《地理志（下）》，中华书局，1974 年，第 451 页。

② 崔鸿撰，汤球辑补：《十六国春秋辑补》卷九九《北燕录二》，聂溦萌、罗新、华喆点校，中华书局，2020 年，第 1096 页。

③ 关于库傉官部，《魏书·官氏志》称"库褥官氏后改为库氏"（《魏书》卷一一三《官氏志》，中华书局，2018 年，第 3274 页）。陈毅认为其本属慕容别部（陈毅：《魏书官氏志疏证》，《二十五史补编》第 4 册，开明书店，1937 年，第 4661 页）。姚薇元根据《魏书·明元帝纪》徒河部落的记载认为库傉官氏是鲜卑徒河种，本慕容燕所属部落（姚薇元：《北魏胡姓考》内篇第 4《四方诸姓》，中华书局，2007 年，第 249 页）。辛迪认为库傉官氏属于乌丸部落，魏晋时代的乌丸王库贤即出于这个部落，其主要牧地即在渔阳，而随着鲜卑诸部的崛起，库傉官氏先后曾为段、后赵、慕容燕的属部，库傉官伟一支由于一些特殊原因而进入后燕慕容氏的统治中枢，故而被视为徒河部落〔辛迪：《关于库傉官氏的族属：魏晋南北朝时期北方少数民族融合的一个实例》，《内蒙古师大学报》（哲学社会科学版）2001 年第 4 期〕。

④ 《魏书》卷三《太宗纪》，中华书局，2018 年，第 59 页。

⑤ 张金龙：《北魏政治史（2）》，甘肃教育出版社，2008 年，第 464 页。

五、北燕对燕魏对等关系的坚守

在于什门出使一事中，北燕对燕魏对等关系的坚持，是通过对照魏使于什门的无礼要求表现出来的。在《魏书》与《晋书》的记录中，北燕天王冯跋坚持燕魏对等地位，存在着礼仪上不得不如此的无奈，他不仅在坚持政治上的燕魏对等，也是在坚守交聘礼仪，维护礼仪秩序。然而，从史源的角度来说，由于《魏书》《晋书》的史料源头上都是北燕一方对于什门出使一事的记载，北魏方面很可能没有详细的报告，因此于什门在交聘中的作为绝大部分被隐去了，留下的都是他提出无礼要求的部分，于什门究竟是如何与北燕方面交涉的，已经无法了解了。既然《魏书》《晋书》的源头是北燕一方的记载，那么史料中反映的北燕对燕魏对等关系的坚持无疑存在着史家建构的成分。

然而，北燕对燕魏对等关系的坚持不仅表现在于什门出使一事中，还表现在北魏对北燕征伐导致双边关系转变的过程中。于什门被拘留之后，416 年明元帝借库傉官部先降后叛一事遣将攻破了北燕幽州。418 年五月又亲征北燕，在北魏袭击北燕之前，北燕发生了赤气四塞蔽日的天象，燕太史令张穆将其解释为兵气，并借此劝说冯跋改善与北魏的关系。《晋书·冯跋载记》：

> 有赤气四塞，太史令张穆言于跋曰："兵气也。今大魏威制六合，而聘使断绝。自古未有邻国接境，不通和好。违义怒邻，取亡之道。宜还前使，修和结盟。"跋曰："吾当思之。"①

这段史料又见于《魏书·海夷冯跋传》：

> 泰常三年，和龙城有赤气蔽日，自寅至中，跋太史令张穆以为兵气，言于跋曰："大魏威制六合而聘使隔绝，自古邻国未有不通之理，违义致忿，取败之道，恐大军卒至，必致吞灭，宜还魏使，奉修职贡。"跋不从。②

两相比照，《魏书·海夷冯跋传》比《晋书·冯跋载记》多出了天象发生与持续的时间。两者的区别也颇为明显：《晋书·冯跋载记》显然直接脱胎自北燕一方史料的记载，《魏书·海夷冯跋传》则是史官对北燕一方的记载进行改造、二次编辑的结果。故而表述上《魏书》站在第三人称视角进行叙述"跋太史令张穆以为兵气"，并且多出了"恐大军卒至，必致吞灭"这种带有恐吓性的话语，以及"奉修职贡"这种称臣的表述。③

总体而言，张穆劝说冯跋与北魏交好是可能的，直接劝说冯跋称臣不太合理。《资治

---

① 《晋书》卷一二五《冯跋载记》，中华书局，1974 年，第 3133 页。
② 《魏书》卷九七《冯跋传》，中华书局，2018 年，第 2302 页。
③ 内田昌功讨论了《魏书·海夷冯跋传》的书写特征，认为它是魏收编纂完《魏书》之后，又继续改写的部分之一，带有为了塑造北齐正统性而进一步将冯氏家族汉人化的目的。内田昌功：《北燕冯氏出身与〈燕志〉〈魏书〉》，姚义田译，《辽宁省博物馆馆刊》2007 年第 2 辑，第 260~263 页。

通鉴》的记载与《魏书》《晋书》又不同，其文作"初，和龙有赤气四塞蔽日，自寅至申，燕太史令张穆言于燕王跋曰：'此兵气也。今魏方强盛，而执其使者，好命不通，臣窃惧焉。'"①《通鉴》的记载不知出于何处，但强调的是"好命"，显然也是指两国交好而言，并无称臣的表述。

值得注意的是，张穆用"违义"一语劝说冯跋。在中国传统的礼制观念中，"礼"与"仪"是两个联系紧密，而又有所区别的概念。《左传·昭公二十五年》记载，子大叔见赵简子，简子问揖让周旋之礼。子大叔对曰："是仪也，非礼也。"②《礼记·乐记》称"簠簋俎豆，制度文章，礼之器也。升降上下，周还裼袭，礼之文也"③。仪是礼的表现形式。对于礼，《左传·昭公五年》：

> 公如晋，自郊劳至于赠贿，无失礼。晋侯谓女叔齐曰："鲁侯不亦善于礼乎？"对曰："鲁侯焉知礼！"公曰："何为？自郊劳至于赠贿。礼无违者，何故不知？"对曰："是仪也，不可谓礼。礼所以守其国，行其政令，无失其民者也。今政令在家，不能取也。有子家羁，弗能用也。奸大国之盟，陵虐小国。利人之难，不知其私。公室四分，民食于他。思莫在公，不图其终。为国君，难将及身，不恤其所。礼之本末，将于此乎在，而屑屑焉习仪以亟。言善于礼，不亦远乎。"君子谓叔侯于是乎知礼。④

这里的礼是一种形而上的概念，用以保守国家、施行政令，⑤仪则是包括自郊劳至赠贿的一套仪式。礼与仪可以说是本与末，体与用的关系。具体到于什门出使一事，我们通常所说的冯跋与于什门的礼仪争执中，"礼仪"是作为成词来使用的，所指就是仪式，也就是《左传》所说"仪"的范畴。而"仪"的争执背后，则是双方对双边关系认知的激烈冲突，且这种冲突难以调和，这就触及了《左传》表述的"礼"的范畴。礼的真意通过施行的仪式表达出来，如果双方沟通顺利，则选择恰当的仪式将沟通的结果确定下来，因此仪式不仅是两个政权沟通的媒介，而且是双方对沟通过的双边关系的认可和确认，类似于后世条约、契约的功能。如果双方沟通不畅，仪式也就无法继续下去，在于什门出使一事，留在文献中的礼仪争执背后，是两个政权对双边关系认知的矛盾无法协调。对北魏而言，是试图降服北燕，就北燕一方，起初是为了与北魏交好，故采用高规格的接待仪式，在意识到北魏的目的之后，冯跋试图通过仪节的施行，稳固自身的统治。但是冯跋在交聘礼仪中与魏使于什门争执，并拘留于什门的做法给北燕与北魏关系带来了极为严重的后果，威胁到了北燕的国家安全，故而张穆劝说冯跋的"违义"一语中的"义"指礼之真意，属于"礼"的层面。即指责冯跋在仪节上争执，未能达成与魏交好的目的，致使

① 《资治通鉴》卷一一八"晋安帝义熙十四年夏四月"条，中华书局，2011年，第3779页。
② 《春秋左传正义》卷五一，阮元校刻：《十三经注疏》，中华书局，1980年，第2107页。
③ 《礼记正义》卷三七《乐记第十九》，阮元校刻：《十三经注疏》，中华书局，1980年，第1530页。
④ 《春秋左传正义》卷四三，阮元校刻：《十三经注疏》，中华书局，1980年，第2041页。
⑤ 陈顾远运用国际法的观念将"礼"解释为"国际规律"，见陈顾远：《中国国际法溯源》，《民国丛书》第3编第27册，上海书店，1991年，第10~12页。陈顾远的解释并不能涵盖"礼"的全部内涵。

北燕有亡国之危。补救措施则是希望冯跋能够调整北燕的政策，遣返于什门，并与北魏和好甚至结盟。张穆的见解完全是从北魏即将攻燕的现实局面出发，并没有注意到在于什门出使一事中，冯跋如果不争礼，可能遇到的政治风险。张穆所期待的仍是燕魏对等的通和结盟。

北魏明元帝泰常八年（423 年），明元帝拓跋嗣崩，拓跋焘即位。北魏太武帝拓跋焘神麚三年（430 年），冯跋殂，其弟冯弘即位。自北魏明元帝泰常七年（422 年）开始，至太武帝延和元年（432 年），这十年中，北魏把主要精力放在与柔然、大夏、刘宋的战争中。尤其是与大夏赫连氏的战争，直至 432 年赫连定被杀，赫连夏彻底灭亡，才告终结。432 年魏太武帝改元延和，同年出兵攻打北燕，直至魏太武帝太延二年（436 年），冯弘逃入高句丽。五年中北魏对北燕发起五次战役，年年征伐，终于灭亡北燕。① 伴随着战争的进行，北燕对北魏的态度才慢慢转变。

魏太武帝延和元年（432 年），北魏征伐北燕之后，北燕尚书郭渊即劝冯弘"归诚进女，乞为附庸，保守宗庙"②，即劝说冯弘向北魏称臣归降，这是正史记载北燕内部首次出现向北魏称臣的建议，但冯弘拒绝了。

延和三年（434 年），冯弘遣给事黄门侍郎伊臣向魏求和，没有得到允许。这里《魏书·世祖纪》记作"乞和"③，所执行的当是冯跋时代张穆的建议，即试图同北魏和好，但很可能是在燕魏地位对等基础上的和好，故而不被太武帝接受。

本年三月，冯弘再次遣尚书高颙上表称藩。《魏书·冯文通传》称"文通遣其尚书高颙请罪，乞以季女充掖庭"④，于什门也被送还北魏，太武帝同意了，但要求冯弘送太子冯王仁为质子。这次执行的是郭渊称臣进女的政策，北燕与北魏之间的对等关系至此终结。但是冯弘却在遣送质子一事上产生了犹豫，冯弘的犹豫立刻招致了北魏的打击。在这种局面下，冯弘仍于太延元年（435 年）遣渴烛浑朝献，以太子有疾为借口拒绝了北魏征质子的要求，太武帝再次遣军讨伐。至太延二年（436 年）二月，冯弘遣使朝贡，请送质子时，太武帝已决意灭燕，并未同意北燕送质子的请求，随即遣军伐燕，冯弘逃至高句丽，北燕灭亡。就冯弘向魏称臣的姿态来看，北燕仍试图将燕魏关系的主动权掌握在自己手中，似乎是将与魏朝建立何种关系当作讨价还价的筹码。北魏的军事压力推动了北燕向北魏称臣，但却未竟全功，未能改变北燕保持自主性的想法。

通观于什门出使之后，在遭受北魏征伐中双边关系改变的过程，北燕对燕魏对等关系的坚持可说是其基本国策。冯弘虽向魏称臣，却仍不恭魏命，最终为魏所灭。而在北魏征伐过程中，提出向魏请和、称臣建议的官员，从其姓氏、职位来看似乎都是汉人官员，并未见到鲜卑人提出相关建议。冯弘出逃高句丽时，《资治通鉴》称"燕王帅龙城见户东徙，焚宫殿，火一旬不灭；令妇人被甲居中，阳伊等勒精兵居外，葛庐孟光帅骑殿后，方轨而进，前后八十余里"⑤。姜维公推测，这批东迁的冯氏余众有三四十万之众，以户数计有八

---

① 战争过程可以参看张金龙：《北燕政治史四题》，《南都学坛》1997 年第 4 期，第 23~24 页。
② 《魏书》卷九七《海夷冯跋传》，中华书局，2018 年，第 2303 页。
③ 《魏书》卷四《世祖纪上》，中华书局，2018 年，第 97 页。
④ 《魏书》卷九七《海夷冯跋传》，中华书局，2018 年，第 2304 页。
⑤ 《资治通鉴》卷一二三"宋文帝元嘉十三年五月乙卯"条，中华书局，2011 年，第 3927 页。

九万户。① 根据《魏书·太宗纪》《魏书·世祖纪》记载可查的历次征伐北燕虏获人口数逐渐减少的情况，② 可知北燕末年，其人口大部分集中在和龙城，并随冯弘徙至高句丽。北燕朝堂上下这种不顾双方实力、宁肯东徙也不愿入魏的坚持，以后燕与魏的仇怨来解释略显单薄。但如果将其放入拓跋与慕容两族久远的历史关系中，北燕的这种坚持就不突兀了。

拓跋与慕容两族的关系，一言以蔽之，即兄弟之国。公元 388 年，道武帝拓跋珪遣拓跋仪出使后燕慕容垂时，拓跋仪对慕容垂叙述两族关系时说"乃祖受晋正朔，爵称代王，东与燕世为兄弟"③。"乃祖"的"乃"字，中华书局点校本认为它是"及"字的讹误④，拓跋仪的父亲是秦明王拓跋翰，拓跋翰是代王什翼犍与慕容皝女所生，因此这里的祖指的即是代王什翼犍⑤。什翼犍与燕世为兄弟这个表述是有实指的。在任代王期间，什翼犍与慕容部先后有五次联姻，列表 2 如下：

表 2 **什翼犍与慕容燕国联姻表**

时间	婚姻对象		婚姻对象		性质
	男方	女方	男方	女方	
339 年	什翼犍	慕容皝妹妹			什翼犍求婚
341 年	什翼犍	慕容皝宗女			慕容皝因妹妹死而补偿什翼犍
343—344 年	什翼犍	慕容皝女	慕容皝	烈帝翳槐女	交婚
356—357 年			慕容儁	拓跋氏	
362 年	什翼犍	慕容暐女	慕容暐	拓跋氏	交婚

资料来源：《魏书》卷一，中华书局，2018 年；《资治通鉴》卷一〇一，中华书局，2011 年。

---

① 姜维公：《北魏灭燕对海东局势的影响》，《北朝史研究：中国魏晋南北朝史国际学术研讨会论文集》，商务印书馆，2004 年，第 113 页。

② 《魏书·明元帝纪》载泰常三年（418 年）长孙道生袭冯跋，徙民万余家（《魏书》卷三《太宗纪》，中华书局，2018 年，第 68 页）。《魏书·太武帝纪》延和元年（432 年）徙营丘、成周、辽东、乐浪、带方、玄菟六郡民三万家。延和二年，徙民三千家。太延元年徙六千口（《魏书》卷四《世祖纪上》，中华书局，2018 年，第 94~101 页）。

③ 《魏书》卷一五《昭成子孙列传》，中华书局，2018 年，第 430 页。

④ 《魏书》卷一五《昭成子孙列传》，中华书局，1974 年，第 386 页。

⑤ 周一良推断拓跋珪母贺氏在献明帝死后改嫁了什翼犍（周一良：《崔浩国史之狱》，《魏晋南北朝史札记》，中华书局，2015 年，第 349~357 页）。李凭在此基础上推断拓跋仪可能同样是贺氏嫁给什翼犍所生（李凭：《北魏平城时代》，上海古籍出版社，2014 年，第 102~107 页）。关于拓跋翰的生卒年问题，《魏书》记作建国十年（347 年），《北史》记作建国十五年（352 年）。点校本《魏书·拓跋翰传》校勘记、点校本《魏书·拓跋翰传》修订本校勘记、《北史·拓跋翰传》校勘记，根据其母慕容氏嫁给什翼犍的时间，以及他曾在十五岁带兵的记载，认为《魏书》《北史》记载的拓跋翰卒年都不正确，并推测拓跋寔死后，其妻贺氏依照鲜卑收继婚的习俗嫁给了拓跋翰，生少子拓跋觚，因此拓跋翰卒年数字前后可能存在缺漏。孙艳京在《魏书》《北史》校勘记的基础上进一步探究，推断拓跋翰可能卒于建国三十五年（372 年）（孙艳京：《〈魏书〉校勘拾遗》，《安阳师范学院学报》2017 年第 3 期）。

　　如表 2 所示，339 年什翼犍向慕容皝求婚，是什翼犍刚刚即代王位，为了解决因在拓跋君位争夺中失利而出奔至慕容部的炀帝纥那的问题，通过联姻来改善两族关系。① 341 年的联姻则是对 339 年联姻的补充。② 但是从 343 年什翼犍与慕容皝交婚开始，我们可以看到什翼犍与每一代慕容部君主都有联姻。356—357 年，什翼犍与慕容儁之间只有慕容儁娶拓跋氏女的记载，考虑到什翼犍与慕容皝、慕容暐之间都是交婚，与慕容儁恐怕亦是交婚。交婚之后，由于双方互为翁婿，辈分平等，也就不存在地位的高低。拓跋与慕容兄弟之国的关系当即由此形成。

　　至道武帝重建代国，即位之初，主要仰仗后燕的军事支持，事实上臣服于后燕，但还未发展出名义上的君臣关系，双边关系就破裂了。及至道武平定中原、后燕退回龙城，双方长期处于敌对状态。至冯跋建立北燕，慕容氏皇统断绝，燕魏兄弟之国的关系自然不复存在，但长期延续下来的两国地位对等的风气与习惯恐怕不会立刻消失。

　　根据《魏书·冯跋传》《晋书·冯跋载记》，冯跋父亲冯安是西燕慕容永的将领。在后燕与北魏关系破裂的 391 年，北魏道武帝拓跋珪遣长史张衮、大人庾岳出使西燕，试图与西燕联合共抗后燕，慕容永随即遣大鸿胪慕容钧至魏，《魏书》虽记作"奉表劝进尊号"③，但学界一般认为在北魏与西燕的联盟中，双方关系并不对等，西燕的地位要优于北魏。④ 西燕被慕容垂覆灭之后，冯氏家族被徙至和龙。慕容宝继位之后，冯跋任慕容宝的中卫将军，至慕容熙时因事逃亡，因此冯跋任官经历了慕容宝、慕容盛、慕容熙三代。就其履历而言，冯跋有可能从慕容氏三代君主，甚至是从慕容永那里了解到慕容燕与拓跋魏之间历史久远的关系。⑤ 此外，在北魏与后燕、西燕的关系中，慕容氏的后燕、西燕对拓跋氏北魏的优势地位对冯跋而言更是亲历亲闻的事情。《晋书·冯跋载记》记冯跋即天王位称其"不徙旧号，即国曰燕"⑥，《资治通鉴》载其诏书称"陈氏代姜，不改齐国，

---

　　① 这种事情在当时很常见，可以对比拓跋与铁弗两族之间的关系。什翼犍建国十九年（356 年），降附拓跋部的铁弗首领刘务桓死，其弟阏头立，试图反叛。什翼犍将铁弗部质子，刘务桓诸子悉勿祈、刘卫辰等人遣回铁弗部与阏头争权。358 年，阏头争权失败，重新投奔了拓跋部。360 年，铁弗部首领刘卫辰趁什翼犍皇后慕容氏薨会葬的机会求婚，缓和拓跋与铁弗两部的关系（《魏书》卷一《序纪》，中华书局，2018 年，第 14~15 页）。

　　② 林恩显：《中国古代和亲研究》，黑龙江教育出版社，2011 年，第 42 页。

　　③ 《魏书》卷二《太祖纪》，中华书局，2018 年，第 27 页。

　　④ 龚诗尧：《文学才辩，妙选聘使：从外交论北朝汉文化发展》，王明荪主编：《古代历史文化研究辑刊》第 16 编第 6 册，台湾花木兰文化出版社，2016 年，第 24 页。田中一辉：《从登国元年到皇始元年的拓跋珪》，刘跃进、徐兴无主编：《大夏与北魏文化史论丛》，凤凰出版社，2020 年，第 272 页。

　　⑤ 慕容永覆灭在 394 年，慕容宝奔和龙在 397 年，中间相隔不过三年，因此慕容永覆灭之时冯跋当已成人。有学者根据冯跋小字乞直伐，其弟冯素弗墓中的鲜卑文化，以及南朝史书将其记作鲜卑人，认为冯氏家族本就是鲜卑人，而非汉人。北朝史书之所以记载冯氏是汉人，是因为讲述北燕史事的基本史籍《燕志》就是在冯太后影响下编纂的，而这本就是冯氏汉化的一个表现（内田昌功：《北燕冯氏出身与〈燕志〉〈魏〉》，姚义田译，《辽宁省博物馆馆刊》2007 年第 2 辑，第 252~265 页）。根据内田昌功的观点，可以说拓跋与慕容之间久远的关系，也是冯氏家族亲身经历的事情。

　　⑥ 《晋书》卷一二五《冯跋载记》，中华书局，1974 年，第 3128 页。

宜即国号曰燕"①。陈氏即齐国的田氏,② 在这个语境下,"即"字显然带有继承的意涵。将冯氏取代慕容氏比作春秋战国之际田氏取代姜氏,强调的是对于慕容燕国完整的继承,③ 既然继承了慕容氏的燕国,燕国的对外关系自然也在继承之列。故而冯跋争礼,远的来说,延续的仍是自什翼犍以来,燕魏兄弟之国关系下对等的地位;近的来说,作为燕人,维持的是后燕、西燕以来慕容氏对拓跋氏优势地位的荣耀。

从这个角度出发,我们或许可以触摸到涌流在慕容社会中的关于拓跋慕容对等关系的普遍认知。正是在这种普遍氛围中,北燕朝廷虽然实力衰弱,但整体上始终坚持双方对等。毕竟自 344 年拓跋什翼犍自龙城迎娶慕容皝女,双方缔结"兄弟之国"的关系至 436 年北燕灭亡,尚不足百年,燕实力弱于魏也不过是最近四十年中的事情,燕人对双方关系的认识恐怕也难以在短时间内发生转变。

六、结 论

于什门出使一事在北魏与北燕的关系中具有转折性的意义。北魏与北燕之间并非自然而然地延续北魏与后燕的关系,北魏新君主明元帝采取和平手段处理与周边政权关系时,恰好冯跋夺取政权建立北燕,作为新政权的君主,冯跋也有意与后燕的敌国北魏缓和关系,于什门出使是北魏、北燕双方都存在和好意向下的一次外交活动。而这次外交活动之所以未能达成和好的愿景,反而使双方再次陷入战争的泥潭,在于北魏与北燕对双方应该建立起怎样的双边关系难以达成一致,北魏想让北燕成为藩属,北燕试图保持与北魏的对等关系。

双方对双边关系定性的冲突通过礼仪争端曲折地表达了出来,即魏使于什门要求北燕行藩臣礼,而北燕却坚持以宾礼接待魏使。双方礼仪争执的关键在于郊迎礼仪中冯跋是否亲迎,不知出于什么原因,于什门在郊迎场合的礼仪争执中失利,在冯跋未亲郊迎的情况下进入和龙,这就导致了他在之后礼仪争执中处于被动,在使命的压力下不得不提出失礼的要求。

根据《魏书·节义传》及《晋书·冯跋载记》所载于什门出使一事的特征,推测它们的史源是北燕一方对于什门出使一事的记录,而非北魏一方的记录。因此在于什门与冯跋形象的塑造上,于什门是一个骄蹇失礼的形象,冯跋则具有维护礼仪秩序而不得不然的无奈,详情如何已经无法知晓,但这次事件中表现出的北燕对双方对等关系的坚持却在之后北魏与北燕的关系中屡屡出现。北燕这种不顾双方现实情况的坚持,近的来说,是慕容

① 《资治通鉴》卷一一五"晋安帝义熙五年"条,中华书局,2011 年,第 3679 页。
② 《史记》卷四六《田敬仲完世家》,中华书局,2013 年,第 2267~2293 页。陈厉公他子陈完奔齐,改姓田,其后世篡齐为诸侯。
③ 张金龙从后燕与北魏为敌的角度出发,认为北燕继承了后燕的这个政治遗产,故而采取了继续与北魏为敌的政策(张金龙:《北魏政治史(3)》,甘肃教育出版社,2008 年,第 88 页)。实际上,如果抛开后世史家定义的前燕、后燕、南燕、北燕的区别,我们也可以从燕的历史中发现一些可能渊源长久的历史脉络。

氏后燕、西燕对拓跋魏优势心理的持续，从长期来看，是对拓跋、慕容两族长期以来对等关系的坚守。

（作者单位：清华大学人文学院）

梁武帝治礼之研究

□ 张 帅

【摘要】梁武帝在南北朝礼学发展史上具有非常重要的地位，他不但亲自领导、组织并完成了五礼制度的建设，还直接参与了当时重要的礼学论辩，并作出重要的指导意见。梁武帝既是掌握国家权力的帝王，又是一位理学素养深厚的礼学家，梁武帝治礼有不同于一般礼家的特色：一是平衡尊尊与亲亲的关系；二是平衡礼学与现实的关系；三是平衡尊佛与尊儒的关系；四是平衡郑学与王学的关系。这四点体现了梁武帝以礼治国的努力，对后世有重要借鉴意义。

【关键词】梁武帝；治礼；五礼

梁代是中国古代礼制建设非常重要的时期，五礼制度在梁代修成，礼学素养极高的梁武帝主导了梁代的礼制建设，从政策面力促梁代礼学的发展与礼制的建设，最后修撰成以五礼为格局的梁礼，对后世影响巨大。据《梁书·儒林传》载：

> 高祖有天下，深愍之，诏求硕学，治五礼，定六律，改斗历，正权衡。天监四年，诏曰："二汉登贤，莫非经术，服膺雅道，名立行成。魏、晋浮荡，儒教沦歇，风节罔树，抑此之由。朕日昃罢朝，思闻俊异，收士得人，实惟酬奖。可置《五经》博士各一人，广开馆宇，招内后进。"于是以平原明山宾、吴兴沈峻、建平严植之、会稽贺玚补博士，各主一馆。馆有数百生，给其饩廪。其射策通明者，即除为吏。十数月间，怀经负笈者云会京师。又选遣学生如会稽云门山，受业于庐江何胤。分遣博士祭酒，到州郡立学。……高祖亲屈舆驾，释奠于先师先圣，申之以宴语，劳之以束帛，济济焉，洋洋焉，大道之行也如是。①

梁武帝"诏求硕学"首要目的就是"治五礼"，梁武帝设立五经博士，并任明山宾、沈峻、严植之、贺玚各主一馆，这四人均以擅长礼学而名世，可以看出当时五经博士的设置，有明显的偏重于礼学的趋向。上文所提到的梁武帝派人专门向何胤学习，具体事迹见《梁书·处士传》：

---

① 《梁书》卷四八《儒林传》，中华书局，1974年，第661~662页。

胤因谓杲曰："吾昔于齐朝欲陈两三条事：一者欲正郊丘，二者欲更铸九鼎，三者欲树双阙。……今梁德告始，不宜遂因前谬，卿宜诣阙陈之。"①

何胤向使者谈论的首要问题就是礼学领域的郊丘问题，可见梁武帝对何胤的推崇也是基于何氏的礼学素养。梁武帝在正式推进五礼制度建设时，这几人大多受到重用。据《梁书·徐勉传》载：

天监元年……欲且省礼局，并还尚书仪曹。诏旨云："礼坏乐缺，故国异家殊，实宜以时修定，以为永准。但顷之修撰，以情取人，不以学进；其掌知者，以贵总一，不以稽古，所以历年不就，有名无实。此既经国所先，外可议其人，人定，便即撰次。"于是尚书仆射沈约等参议，请五礼各置旧学士一人，人各自举学士二人，相助抄撰，其中有疑者依前汉石渠、后汉白虎，随源以闻，请旨断决。乃以旧学士右军记室参军明山宾掌吉礼，中军骑兵参军严植之掌凶礼，中军田曹行参军兼太常丞贺玚掌宾礼，征虏记室参军陆琏掌军礼，右军参军事司马褧掌嘉礼，尚书右丞何佟之总参其事。佟之亡后，以镇北咨议参军伏暅代之。后又以暅代严植之掌凶礼。暅寻迁官，以五经博士缪昭掌凶礼。复以礼仪深广，记载残缺，宜须博论，共尽其致，更使镇军将军丹阳尹沈约、太常卿张充及臣三人同参厥务。臣又奉别敕，总知其事。末又使中书侍郎周舍、庾于陵二人复豫参知，若有疑义，所掌学士当职先立议，通咨五礼旧学士及参知，各言同异，条牒启闻，决之制旨。②

从徐勉向梁武帝呈上的奏折可以看出，梁武帝命明山宾掌吉礼、严植之掌凶礼、贺玚掌宾礼，除此之外还有沈约、司马褧、徐勉、伏暅、缪昭、张充、周舍、庾于陵等人。凡有疑问，除了礼学家积极参与讨论以外，若有争议，最终都要由梁武帝进行裁决。在梁武帝及众礼学家的共同努力下，梁代五礼制度基本成熟，天监六年（506 年）《嘉礼仪注》《宾礼仪注》修撰完成；天监九年（509 年），《军礼仪注》编撰完成；天监十一年（511 年）《吉礼仪注》《凶礼仪注》编撰完成。③ 梁代所制成的五礼制度，可为当时礼乐制度的推广作参考。据《梁书·徐勉传》记载，"自今春舆驾将亲六师，搜寻军礼，阅其条章，靡不该备。所谓郁郁文哉，焕乎洋溢，信可以悬诸日月，颁之天下者矣"④。可见新成的五礼制度经得起礼仪实践的检验，故《梁书·武帝本纪》专门对此事加以称赞："天监初，则何佟之、贺玚、严植之、明山宾等覆述制旨，并撰吉凶军宾嘉五礼，凡一千余卷。高祖称制断疑。于是穆穆恂恂，家知礼节。"⑤ 梁武帝对梁代五礼制度的建设在政策的推行及人力物力的组织方面的确起了最重要的作用。

梁武帝除了主导推动了梁代的五礼制度建设，其自身在礼学造诣方面也是相当突出

① 《梁书》卷五一《处士传》，中华书局，1974 年，第 736~737 页。
② 《梁书》卷二五《徐勉传》，中华书局，1974 年，第 381 页。
③ 《梁书》卷二五《徐勉传》，中华书局，1974 年，第 382 页。
④ 《梁书》卷二五《徐勉传》，中华书局，1974 年，第 383 页。
⑤ 《梁书》卷三《武帝本纪下》，中华书局，1974 年，第 95~96 页。

的。《梁书·武帝本纪》记载：

> 高祖……造《制旨孝经义》，《周易讲疏》，及六十四卦、二《系》、《文言》、《序卦》等义，《乐社义》，《毛诗答问》，《春秋答问》，《尚书大义》，《中庸讲疏》，《孔子正言》，《老子讲疏》，凡二百余卷，并正先儒之迷，开古圣之旨。王侯朝臣皆奉表质疑，高祖皆为解释。修饰国学，增广生员，立五馆，置《五经》博士。①

《梁书·武帝本纪》只记载汉武帝著有《中庸讲疏》。又据《梁书·儒林传》载："高祖撰《五经讲疏》及《孔子正言》，专使子祛检阅群书，以为义证。事竟，敕子祛与右卫朱异、左丞贺琛于士林馆递日执经。"② 其中明确写明梁武帝著有《五经讲疏》，则其中必包括礼经之讲疏。又据《陈书·儒林传》载：

> （戚衮）祖显，齐给事中。父霸，梁临贺王府中兵参军。衮少聪慧，游学京都，受三礼于国子助教刘文绍，一二年中，大义略备。年十九，梁武帝敕策《孔子正言》并《周礼》、《礼记》义，衮对高第，仍除扬州祭酒从事史。③

从上文看出，梁武帝亲自策试戚衮《周礼》义与《礼记》义，这从侧面表明梁武帝自己必然在礼学方面的造诣非常深厚。而《梁书·儒林传》已明确记载《孔子正言》为梁武帝亲撰，而《陈书·儒林传》所记载梁武帝策试戚衮的《周礼》义、《礼记》义与《孔子正言》并提，也有可能是梁武帝所撰。梁武帝不仅自己深究礼学，还邀请礼家去讲经。据《梁书·儒林传》记载："皇侃，吴郡人，青州刺史皇象九世孙也。侃少好学，师事贺场，精力专门，尽通其业，尤明《三礼》《孝经》《论语》。起家兼国子助教，于学讲说，听者数百人。撰《礼记讲疏》五十卷，书成奏上，诏付秘阁。顷之，召入寿光殿讲《礼记义》，高祖善之，拜员外散骑侍郎，兼助教如故。"④ 皇侃是南北朝最有代表性的礼学家之一，其《礼记义疏》是孔颖达《礼记正义》成书的重要底本。从引文看出，梁武帝读了皇侃《礼记讲疏》以后，不多久就在寿光殿召见皇侃，请皇侃讲《礼记义》，并对皇侃称赞有加，可见梁武帝在礼学研究方面的确做到了虚怀若谷与慧眼识才。

梁武帝不仅从宏观政策面主导了五礼制度在梁代全面建成，而且还深入具体礼仪的讨论之中，作为帝王身分的礼家，其治礼也必与普通礼学家有不同之处。下文主要对梁武帝治礼特色进行研究。

一、尊尊与亲亲的平衡

梁武帝作为帝王自然会通过相关礼仪制度加强其皇权，所以会强调尊尊之义；而梁代

---

① 《梁书》卷三《武帝本纪下》，中华书局，1974 年，第 95~96 页。
② 《梁书》卷四八《儒林传》，中华书局，1974 年，第 680 页。
③ 《陈书》卷三三《儒林传》，中华书局，1972 年，第 440 页。
④ 《梁书》卷四八《儒林传》，中华书局，1974 年，第 680 页。

的统治阶层仍是门阀世家大族，门阀世家大族为了维护其阶层利益，保证整个阶层血统的高贵，必然重视亲亲之义。梁武帝一方面要加强其自身的皇权，另一方面要照顾到门阀士族的利益，所以在处理礼学议题时，努力维持着尊尊与亲亲之义的平衡。

如天监七年，梁武帝君臣进行过一次有关祭祀天地是否三献的讨论：

> 七年，帝以一献为质，三献则文，事天之道，理不应然，诏下详议。博士陆玮、明山宾，礼官司马褧，以为"宗祧三献，义兼臣下，上天之礼，主在帝王，约理申义，一献为允"。自是天地之祭皆一献，始省太尉亚献，光禄终献。①

从这段材料可以看出，梁武帝对当时实行的祭天三献之礼提出疑问，他认为祭天应体现以质为敬之义，而三献则文。陆玮、明山宾、司马褧迎合了梁武帝的想法，认为三献之礼适用于宗庙之祭，而上天之祭，体现了帝王的权力，只有帝王才可参与，所以应行一献之礼。自此之后，梁代祭天祭地都行一献之礼，减省了太尉亚献与光禄终献。

梁武帝之所以要求祭天由三献改为一献，就是为了突出帝王与臣下的区别。与此相关，梁武帝君臣还进行了祭天是否服大裘的讨论。《周礼·司服》云："王之吉服，祀昊天、上帝，则服大裘而冕，祀五帝亦如之。享先王则衮冕，享先公、飨、射则鷩冕，祀四望、山川则毳冕，祭社稷、五祀则希冕，祭群小祀则玄冕。"郑玄注："郑司农云：'大裘，羔裘也。衮，卷龙衣也。鷩，禅衣也。毳，罽衣也。'"②可见《周礼·司服》明确说明君王祭天，要服大裘。郑玄又引用郑众的说法，认为大裘，是羔裘。但是自魏晋以来，天子祭天，多不服大裘。据《隋书·礼仪志六》记载：

> 又帝曰："《礼》：'王者祀昊天上帝，则大裘而冕，祀五帝亦如之。'又云：'莞席之安，而蒲越稿秸之用。'斯皆至敬无文，贵诚重质。今郊用陶匏，与古不异，而大裘蒲秸，独不复存，其于质敬，恐有未尽。且一献为质，其剑佩之饰及公卿所着冕服，可共详定。"五经博士陆玮等并云："祭天犹存扫地之质，而服章独取黼黻为文，于义不可。今南郊神座，皆用莞席，此独莞类，未尽质素之理。宜以稿秸为下藉，蒲越为上席。又《司服》云'王祀昊天，服大裘'，明诸臣礼不得同。自魏以来，皆用衮服，今请依古，更制大裘。"制："可。"玮等又寻大裘之制，唯郑玄注《司服》云"大裘，羔裘也"，既无所出，未可为据。案六冕之服，皆玄上纁下。今宜以玄缯为之。其制式如裘，其裳以纁，皆无文绣。冕则无旒。诏："可。"③

这说明梁武帝天监七年，君臣又开始讨论祭天时是否要服大裘。此时梁武帝认为"大裘不存，其于质敬，恐未有尽"，要求恢复古制，祭天时服大裘，从而表明天子与大臣服制的差异。陆玮等人支持梁武帝的讲法，认为天子祭天应需服大裘，不过在大裘的材质方面，陆玮等人做了变通，认为郑玄引郑司农注《司服》云"大裘，羔裘也"是文无所出，

---

① 《隋书》卷六《礼仪志一》，中华书局，1974年，第110页。
② 《周礼注疏》卷二一，阮元校刻：《十三经注疏》，中华书局，1980年，第781页。
③ 《隋书》卷一一《礼仪志六》，中华书局，1973年，第217页。

应该用缯来代替，只要式样如裘即可。陆玮的建议得到了梁武帝的认可。这说明梁武帝与礼学家们并非一味地回归经典，他们不取郑注所载大裘之材质而只取大裘之制式，是因为羔裘之材质大概不合江南的气候，而制式如裘就可以彰显君王与臣下的区别。梁武帝之所以实行祭天一献与服大裘之制，主要是为了在祭天的仪式中，体现皇帝与臣下的区别，凸显皇帝在祭天过程中的特权。

梁武帝并非机械地对凡是加强皇权的提议一概赞成，如梁武帝天监七年，君臣进行了有关何为慈母的讨论。有关为慈母服丧的问题，在《礼记·曾子问》、《仪礼·丧服》齐衰章、《仪礼·丧服》小功章都出现过，但是不同的礼书所记载的为慈母服丧的制度并不完全一样。如《礼记·曾子问》就明确说明不必为慈母服丧；《仪礼·丧服·齐衰章》则认为慈母如母，要为慈母服齐衰；《仪礼·丧服·小功章》则记载要为庶母慈己者服小功。由于礼书的记载不同，后世对这个问题的认识存在不一致的情况。梁武帝天监七年，江州刺史安成王萧秀、荆州刺史始兴王萧憺的慈母安成太妃陈氏薨，当时梁武帝及礼官针对如何为陈太妃服丧进行了一些讨论，趁着这个机会，梁武帝下令礼官一起讨论为慈母服丧之制，统一认识。据《梁书·儒林传》载：

> 筠议"宋朝五服制，皇子服训养母，依《礼》庶母慈己，宜从小功之制。按《曾子问》云：'子游曰：丧慈母如母，礼欤？孔子曰：非礼也。古者男子外有傅，内有慈母，君命所使教子也，何服之有？'郑玄注云：'此指谓国君之子也。'若国君之子不服，则王者之子不服可知。又《丧服》经云：'君子子为庶母慈己者。'《传》曰：'君子子者，贵人子也。'郑玄引《内则》，三母止施于卿大夫。以此而推，则慈母之服，上不在五等之嗣，下不逮三士之息。傥其服者止卿大夫，寻诸侯之子尚无此服，况乃施之皇子。谓宜依《礼》刊除，以反前代之惑"。高祖以为不然，曰："《礼》言慈母，凡有三条：一则妾子之无母，使妾之无子者养之，命为母子，服以三年，《丧服·齐衰章》所言'慈母如母'是也；二则嫡妻之子无母，使妾养之，慈抚隆至，虽均乎慈爱，但嫡妻之子，妾无为母之义，而恩深事重，故服以小功，《丧服·小功章》所以不直言慈母，而云'庶母慈己'者，明异于三年之慈母也；其三则子非无母，正是择贱者视之，义同师保，而不无慈爱，故亦有慈母之名。师保既无其服，则此慈母亦无服矣。《内则》云'择于诸母与可者，使为子师；其次为慈母；其次为保母'，此其明文。此言择诸母，是择人而为此三母，非谓择取兄弟之母也。何以知之？若是兄弟之母其先有子者，则是长妾，长妾之礼，实有殊加，何容次妾生子，乃退成保母，斯不可也。又有多兄弟之人，于义或可；若始生之子，便应三母俱阙邪？由是推之，《内则》所言'诸母'，是谓三母，非兄弟之母明矣。子游所问，自是师保之慈母，非三年小功之慈母也，故夫子得有此对。岂非师保之慈母无服之证乎。郑玄不辨三慈，混为训释，引彼无服，以注'慈己'，后人致谬，实此之由。经言'君子子'者，此虽起于大夫，明大夫犹尔，自斯以上，弥应不异，故传云'君子子者，贵人之子也'。总言曰贵，则无所不包。经传互文，交相显发，则知慈加之义，通乎大夫以上矣。宋代此科，不乖《礼》意，便加除削，良是所疑。"于是筠等请依制改定：嫡妻之子，母没为父妾所养，服之五月，贵贱并

同，以为永制。①

从上文可见司马筠认为虽然刘宋时皇子为慈母服小功之先例，但是他认为礼书并没有明确载明皇子为慈母服丧之文，故而应依礼刊除皇子为慈母服丧之制。实际上司马筠之论隐含着推崇皇室权力之义，但是梁武帝这一次并没有接受臣下的美意，他认为慈母问题涉及了当时非常受重视的血亲问题，与门阀利益密切相关，同时又有前代刘宋成例，不可轻易废除皇子为慈母服丧之制。为了说服臣下，礼学素养极高的梁武帝选择从学理上对这个问题展开说明。他从《仪礼·丧服》齐衰章、《仪礼·丧服》小功章与《礼记·内则》总结出慈母之例：一是指庶子无母，此子之父使其他无子之妾抚养此子，此子要为该慈母服丧三年；二是嫡子无母，此子之父使其妾抚养此子，此子要为该慈母服小功之服；三是如同师保之慈母，子对该慈母无服。梁武帝特别指出无服之慈母指的是无血亲关系的师保之慈母。可以看出梁武帝并没有因为臣下有意尊崇皇权之论而轻易地接受皇子不必为慈母服丧之论，在他看来为慈母服丧属于社会人伦，"慈加之义，通乎大夫以上"，就算皇子也不应逾矩，梁武帝所作慈母论于经典皆有所本，合乎礼意，自此之后，梁代规定不论贵贱，只要嫡妻之子其母死后，若该子为其父之妾所养，则抚养该子之母为该子之慈母，该子要为此慈母服小功五月之服。

二、礼学与现实的平衡

梁代是五礼制度建设进入高潮的阶段，要使所制定之礼制更具权威性，礼家必定从礼书中去寻找依据，对于普通礼家来说，他们更侧重于从礼书中寻找证据，从礼学的角度来论证礼制的合理性；而对于身兼帝王与礼家的梁武帝来说，他一方面要考虑礼学的学理性，另一方面要考虑现实的可行性。如梁武帝天监三年，当时就有人针对祭天以后如何处理用过的祭器问题展开讨论。据《隋书·礼仪志一》记载：

> 又有有司以为礼竟，器席相承还库，请依典烧埋之。佟之等议："案《礼》'祭器弊则埋之'。今一用便埋，费而乖典。"帝曰："荐藉轻物，陶匏贱器，方还付库，容复秽恶。但敝则埋之，盖谓四时祭器耳。"自是从有司议，烧埋之。②

从上文可见，当依礼典，祭器只要用过以后，就要进行烧埋。有关这个问题，《礼记·曲礼上》云："祭服敝则焚之，祭器敝则埋之，龟筮敝则埋之，牲死则埋之。"郑玄注："此皆不欲人亵之也。"③ 这说明《礼记·曲礼上》里明确说明祭器若用坏了就要埋掉，之所以要埋掉坏掉的祭器，郑玄云："此皆不欲人亵之也。"也就是说郑玄认为之所以要掩埋坏掉的祭器，是为了防止裸露在外，受到亵渎。何佟之认为《曲礼》已明言祭器只有在损坏的情况下才要埋掉，而当时行祭天礼之后，有司将所有用过的祭器都埋掉，何佟之认

---

① 《梁书》卷四八《儒林传》，中华书局，1974 年，第 674~676 页。
② 《隋书》卷六《礼仪志一》，中华书局，1973 年，第 109 页。
③ 《礼记正义》卷三，阮元校刻：《十三经注疏》，中华书局，1980 年，第 1250 页。

为过于浪费，且于礼无据。梁武帝则认为《曲礼》所谓"祭器敝则埋之"指的是四时祭，而祭天大礼所用过祭器，如果再返还库房，容易污秽礼器，所以下令年终祭天大礼所用过的祭器都要进行烧埋。从梁武帝的论断可以看出，他一方面要照顾到礼书的记载，即《礼记·曲礼上》"祭器敝则埋之"之明文规定；另一方面要照顾到现实，如若祭天大礼所用祭器一旦受到污秽，的确于上天不敬，而当时生产力相对古时已相当发达，祭器的制造已经相对容易，不需像古人一样对祭器那么珍惜，为了保证祭器不受亵渎，适度的浪费是可以接受的。

再如天监四年，何佟之与梁武帝就是否应行祼尸之事展开了一场争辩。祼，也称为灌，经常用于在宗庙祭礼之始，用珪瓒盛郁鬯献于尸而求神，所以《周礼·大宗伯》："以肆献祼享先王，以馈食享先王，以祠春享先王，以禴夏享先王，以尝秋享先王，以烝冬享先王。"郑玄注："祼之言灌，灌以郁鬯，谓始献尸求神时也。《郊特牲》曰：'魂气归于天，形魄归于地，故祭所以求诸阴阳之义也。殷人先求诸阳，周人先求诸阴。'灌是也。祭必先灌，乃后荐腥荐孰。"① 郑玄在此明确说明一般祭祀都先要行祼尸之事，再行荐腥荐熟之事。《礼记·郊特牲》："灌以圭璋，用玉气也。既灌，然后迎牲，致阴气也。"郑玄注："灌，谓以圭瓒酌鬯始献神也，已，乃迎牲于庭杀之，天子诸侯之礼也。"② 又《礼记·祭统》："君执圭瓒祼尸，大宗执璋瓒亚祼。"郑玄注："天子诸侯之祭礼，先有祼尸之事，乃后迎牲。"③《礼记·郊特牲》《礼记·祭统》经、注均明确先有祼尸之事才迎牲，且君王先祼尸，太宗亚祼。《隋书·礼仪志二》记载了何佟之与梁武帝有关祼礼的讨论：

> 佟之又曰："郑玄云：'天子诸侯之祭礼，先有祼尸之事，乃迎牲。'今《仪注》乃至荐熟毕，太祝方执珪瓒祼地，违谬若斯。又近代人君，不复躬行祼礼。太尉既摄位，实宜亲执其事，而越使卑贱太祝，甚乖旧典。愚谓祭日之晨，宜使太尉先行祼献，乃后迎牲。"帝曰："祼尸本使神有所附。今既无尸，祼将安设？"佟之曰："如马、郑之意，祼虽献尸，而义在求神。今虽无尸，求神之义，恐不可阙。"帝曰："此本因尸以祀神。今若无尸，则宜立寄求之所。"祼义乃定。佟之曰：《祭统》云：'献之属，莫重于祼。'今既存尸卒食之献，则祼鬯之求，实不可阙。又送神更祼，经记无文，宜依礼革。"奏未报而佟之卒。后明山宾复申其理。帝曰："佟之既不复存，宜从其议也。"自是始使太尉代太祝行祼而又牵牲。④

从梁武帝与何佟之的这段讨论可以看出何氏认为当时《仪注》所定荐熟以后太祝方执珪瓒祼地之仪不合郑玄之说，依郑说，天子诸侯祭礼，应该先认为先祼尸再迎牲，而且太祝地位低，应使太尉代人君行祼礼。梁武帝并没有从礼学的角度否定何佟之之论，不过他从现实的角度认为祼尸本使神有所附，而当时已无立尸之事，既不立尸，就没有可祼之对

---

① 《周礼注疏》卷一八，阮元校刻：《十三经注疏》，中华书局，1980 年，第 758 页。
② 《礼记正义》卷二六，阮元校刻：《十三经注疏》，中华书局，1980 年，第 1457 页。
③ 《礼记正义》卷四九，阮元校刻：《十三经注疏》，中华书局，1980 年，第 1603 页。
④ 《隋书》卷七《礼仪志二》，中华书局，1973 年，第 132 页。

象；何佟之进一步依马融、郑玄等先儒所阐发裸尸之义理，认为裸尸之义在于因尸求祀神，当时虽不再设尸，但不可缺求神之义。何佟之去世之后，明山宾继续申述何氏之说，梁武帝不再坚持先立寄求之所再依古礼行裸礼，依何佟之之说，由太尉代替太祝先行裸礼再牵牲，从而体现裸尸之义。

三、尊佛与尊儒的平衡

梁武帝除了深通儒家经典以外，对佛经也有很深的研究。据《梁书·武帝本纪》记载：

> （梁武帝）兼笃信正法，尤长释典，制《涅盘》、《大品》、《净名》、《三慧》诸经义记，复数百卷。听览余闲，即于重云殿及同泰寺讲说，名僧硕学，四部听众，常万余人。①

由此可见梁武帝佛学造诣之深。梁武帝笃信佛教，因此也将佛教不杀生的理念引入儒家的宗庙祭祀之中。据《隋书·礼仪志二》记载：

> 十六年四月诏曰："夫神无常飨，飨于克诚，所以西邻禴祭，实受其福。宗庙祭祀，犹有牲牢，无益至诚，有累冥道。自今四时烝尝外，可量代。"八座议："以大脯代一元大武。"八座又奏："既停宰杀，无复省牲之事，请立省馔仪。其众官陪列，并同省牲。"帝从之。十月，诏曰："今虽无复用腥，犹有脯脩之类，即之幽明，义为未尽。可更详定，悉荐时蔬。"左丞司马筠等参议："大饼代脯，余悉用蔬菜。"帝从之。……于是起至敬殿、景阳台，立七庙座。月中再设净馔。自是讫于台城破，诸庙遂不血食。②

从上文可见，从梁武帝天监十六年四月起，除四时烝尝外，宗庙祭祀开始用肉干代替祭牛。到十月，梁武帝又建议最好连肉干也不要用，于是司马筠等人建议用大饼代表肉干，其余祭品全用蔬菜代替。梁武帝尽管将祭品替换成果蔬，祭祀的仪式基本还保持儒家的传统格局，并未将佛教的祭祀仪式引进来，只是将佛教不杀生的理念引入，梁武帝的这一做法并未引起礼家的反对，除了和他的帝王身分有关以外，还和梁代佛教对士大夫的普遍影响相关，可以说在当时的崇佛气氛下，士大夫对这种不杀生的理念也是普遍接受的。如《梁书·文学列传下》载：

> 缌早孤，笃志好学，家贫不婚娶，依沙门僧祐，与之居处，积十余年，遂博通经论，因区别部类，录而序之。今定林寺经藏，缌所定也。
>
> 天监初，起家奉朝请、中军临川王宏引兼记室，迁车骑仓曹参军。出为太末令，

---

① 《梁书》卷三《武帝本纪下》，中华书局，1974年，第96页。
② 《隋书》卷七《礼仪志二》，中华书局，1973年，第134页。

政有清绩。除仁威南康王记室，兼东宫通事舍人。时七庙飨荐巳用蔬果，而二郊农社犹有牺牲。勰乃表言二郊宜与七庙同改，诏付尚书议，依勰所陈。①

可见刘勰本身擅长佛学，在梁武帝和礼家议定宗庙祭祀用蔬果以后，刘勰进一步主动上表认为郊祭也应与宗庙祭祀一样用蔬果代替牺牲，刘勰之奏议被朝廷接受。从刘勰的例子可以看出梁武帝用果蔬代替牺牲的提议很顺利地推广开来，与当时士大夫阶层普遍的崇佛状态密切相关。

四、郑学与王学的平衡

魏晋南北朝礼学领域一直有郑玄与王肃礼学之争，在有关郊天之祭的争论中，郑、王分歧主要集中于郊天与圜丘的分合问题。郑、王有关祭天理论的不同主要有：第一，郑玄认为天有六天，除天昊天上帝外，还有五天也是天。王肃则认为五帝非天。第二，郑玄认为圜丘与南郊是两种祭天之礼。圜丘在冬至，南郊在正月。王肃认为圜丘与南郊是一种祭天礼，名异实同，南郊之祭的时间在冬至，正月又有祈谷祭天。第三，王肃认为辛日有冬至阳气用新事之义，郑玄认为辛日有斋戒自新之义。魏明帝时，开始实行郊、丘分立的制度。西晋武帝时，开始将圜丘与郊天合并。从此之后，南朝开始实行郊丘合一之制，其祭祀日期都在正月的上辛日，同时郊祭也兼有祈谷启蛰之义，需要在立春之后，惊蛰之前进行。这制度实际上是杂糅了郑玄与王肃之说，郊、丘合一符合王肃之说；而正月郊天，斋戒自新则符合郑玄之说。因此这种制度有时候会遇到一些问题。如有时候正月的辛日会在立春之前，这样就凸显不出启蛰之义，这时候是否需要推迟郊祭日期又引起礼家的争论。到梁武帝时期，就遇到了这个问题，据《隋书·礼仪志一》载：

> 天监三年，左丞吴操之启称："《传》云'启蛰而郊'，郊应立春之后。"左丞何佟之议："今之郊祭，是报昔岁之功，而祈今年之福。故取岁首上辛，不拘立春之先后。周冬至于圜丘，大报天也。夏正又郊，以祈农事，故有启蛰之说。自晋太始二年并圜丘、方泽同于二郊，是知今之郊祀，礼兼祈报，不得限以一途也。"帝曰："圜丘自是祭天，先农即是祈谷，但就阳之位，故在郊也。冬至之夜，阳气起于甲子，既祭昊天，宜在冬至。祈谷时可依古，必须启蛰。在一郊坛，分为二祭。"自是冬至谓之祀天，启蛰名为祈谷。②

从上文看出，梁武帝天监三年，左丞吴操之提出了郊天与立春孰先孰后的问题。他认为应该依《左传》所谓"启蛰而郊"之说，提出郊天应该在立春之后。但是何佟之认为当时郊祭的功能有二，一是报昔岁之功，二是祈当年之福，所以日期取在上辛日，不应拘泥于是否在立春之后。同时何佟之还追溯了祭天礼的历史演变。他认为周代在冬至日圜丘祭天，正月郊天以祈农事，所以才有启蛰之说。后来从晋太始二年开始合并冬至圜丘与正月

① 《梁书》卷三《文学列传下》，中华书局，1974 年，第 710 页。
② 《隋书》卷六《礼仪志一》，中华书局，1973 年，第 108 页。

郊天，这种制度一直实行到梁武帝天监三年。所以何佟之认为当时所实行的郊天之礼，是兼有报天与祈福两种功能，不必要过于强调祈农之事。

天监三年的这次讨论，主要问题还是现实的礼制建构杂糅了郑、王二学，所以必须兼顾报天与祈谷二义，才会造成是否要在立春之后郊祭的问题。何佟之认为若郊天上辛日在立春前，不须迁日，其实是迁就了郊祭的报天之义，而压抑了祈谷之义。所以梁武帝决定趁这个机会改革，梁武帝云："冬至之夜，阳气起于甲子，既祭昊天，宜在冬至。祈谷时可依古，必须启蛰。"也是说梁武帝决定将祭昊天之礼的时间移到冬至，也即古时的圜丘之祭；正月行祈谷礼，在立春之后进行，二礼都在同一祭坛进行。应该说梁武帝的这次改革消解了上辛日郊天与启蛰可能出现的矛盾，平衡了郑学与王学的矛盾。

总之，梁武帝主导了梁代的五礼制度建设，从方针政策与人员物力方面推动着五礼制度建设的顺利进行，并成功地修成了这部影响巨大的礼典。梁武帝本人也有着深厚的礼学素养，他兼具礼家与帝王的双重身分，在处理礼学问题时有着独特的处理方式，他注意平衡尊尊与亲亲的关系，一方面加强了自身的皇权，另一方面也维护了门阀世家的利益；他注意平衡礼学与现实的关系，既照顾到了所议礼仪的学理性又照顾到了现实的可能性；他注意平衡尊佛与尊儒的关系，既维护了传统儒家礼仪制度的基本格局，又增添了佛教的元素；他注意平衡郑学与王学的矛盾，从而更好地推动礼制的顺利实施。总的来说，梁武帝治礼过程中善于平衡各种关系，体现了梁武帝以礼治国的一种尝试，梁武帝礼治的经验对于后世具有非常宝贵的借鉴作用。

（作者单位：曲阜师范大学孔子文化研究院）

唐代明堂建筑形制再探[*]

□ 赵永磊

【摘要】 唐代礼制建筑主要集中在长安城，而武则天垂拱四年营建明堂，开启明堂祭祀在东都洛阳的格局。武则天明堂遗址的发现，为研究唐代明堂建筑形制提供了重要线索。唐代明堂在外观上呈现出"上圆下方"的整体轮廓，而依据相关文献记载，明堂祭祀场所的建筑结构也有明晰的线索。武则天明堂凡三层，祭祀场所在上层，形制为《月令》明堂九室结构，九室由青阳、明堂、太室、总章、玄堂以及居于四维的青阳、明堂、总章、玄堂左右个（即左右房）构成，而唐玄宗改造武周明堂形制，明堂祭祀场所依郑玄明堂五室说进行创建，五室由太室、金室、木室、水室、火室构成。唐代明堂至少在武则天证圣元年、唐肃宗上元二年、唐代宗宝应元年、唐僖宗中和四年先后四次遭受火灾，在唐玄宗之后，明堂祭祀场所基本保持五室格局。

【关键词】 唐代明堂；建筑形制；九室；五室；礼制建筑

一、问题缘起

1986 年 10 月至 12 月，中国社会科学院考古研究所唐城工作队在唐代东都宫城遗址范围内（中州路与定鼎路相交的东北角）发现武则天明堂遗址（参见图 1），1988 年 3 月《唐东都武则天明堂遗址发掘简报》（简称《发掘简报》）在《考古》第 3 期刊发①，引起学者不断的关注。而学者相关讨论，主要聚焦于此遗址是否为武则天明堂遗址。② 1988 年明堂遗址所在隋唐东都宫城中轴线夯土台基的公布（明堂遗址属于Ⅱ号夯土台基），台基东

---

* 本文为国家社会科学基金重大项目"中国传统礼仪文化通史研究"（18ZDA021）、国家社会科学基金青年项目"礼学、政治与唐代郊庙礼制变迁研究"（20CZS018）的阶段性成果。

① 中国社会科学院考古研究所洛阳唐城队：《唐东都武则天明堂遗址发掘简报》，《考古》1988 年第 3 期。

② 辛德勇：《唐东都"武则天明堂"遗址质疑，初刊《中国历史地理论丛》1989 年第 3 辑，今据《隋唐两京丛考》，三秦出版社，2006 年，第 187~198 页；余扶危、李德方：《唐东都武则天明堂遗址探索》，初刊《河洛春秋》1989 年第 1 期，今据中国古都学会编：《中国古都研究》第五、六辑，北京古籍出版社，1993 年，第 86~95 页；王岩：《关于唐东都武则天明堂遗址的几个问题》，《考古》1993 年第 10 期；姜波：《汉唐都城礼制建筑研究》，文物出版社，2003 年，第 220~227 页。

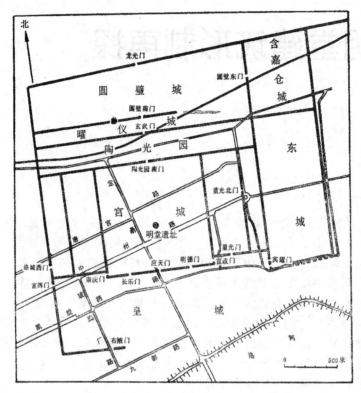

图1　隋唐洛阳皇城宫城平面示意图①

西长约85米，南北残宽72米②，此与《旧唐书·礼仪志》所载武则天明堂"东西南北各三百尺（按：约88.2米）"相对接近③。武则天明堂位于应天门、乾元门所在中轴线上，1994年《唐东都乾元门遗址考古发掘简报》的刊行，使得宫城中轴线上乾元门与武则天明堂遗址位置关系进一步明确。④ 2014年《隋唐洛阳城：1959—2001年考古发掘报告》又记载武则天明堂遗址，"发掘清理的中心柱坑底部有火烧痕，上部被夯土所填实，与文献所记的明堂曾毁于火灾和后被撤去中心柱的史实相一致"⑤，故唐东都宫城中轴线的Ⅱ号夯土台基当为武则天明堂遗址，已无疑义。

与1988年《发掘简报》相比，《隋唐洛阳城：1959—2001年考古发掘报告》首次披

───────────

① 引自王岩：《隋唐洛阳城近年考古新收获》，中国社会科学院考古研究所编著：《中国考古学论丛——中国社会科学院考古研究所建所40年纪念》，科学出版社，1993年，第439页。

② 中国社会科学院考古研究所洛阳唐城队：《洛阳隋唐东都城1982—1986年考古工作纪要》，《考古》1989年第3期。

③ 王岩：《关于唐东都武则天明堂遗址的几个问题》，《考古》1993年第10期。

④ 中国社会科学院考古研究所洛阳唐城队：《唐东都乾元门遗址发掘简报》，《考古》1994年第1期；中国社会科学院考古研究所编著：《隋唐洛阳城：1959—2001年考古发掘报告》，文物出版社，2014年，第476~479页。

⑤ 中国社会科学院考古研究所编著：《隋唐洛阳城：1959—2001年考古发掘报告》，文物出版社，2014年，第482页。

露武则天明堂遗址为"从内而外由五重八边形夯土组成"（参见图2）①，值得重视。目前考古报告显示，武则天明堂为五重八边形夯土台基，东西、南北边长约为85米的方形。依据考古发掘情况及文献中有关武则天明堂的相关记载，王岩推测："从八角形夯土基址的结构推测，在中心柱之外可能层层设柱网，通过樑、枋、斗拱等构件与中心柱相交形成一个整体。"② 由于明堂遗址破坏较为严重，柱础石荡然无存，故根据考古遗址，难以复原武则天明堂建筑形制。

在武则天之前，唐代礼制建筑主要集中在长安城，唐太宗、唐高宗均议定在长安城营建明堂，而武则天垂拱四年（688年）营建明堂，开启明堂祭祀在东都洛阳的格局，此后唐代明堂虽经唐玄宗等改造，依然位于东都洛阳，具体方位也未经改定。唐代明堂在外观上呈现出"上圆下方"的整体轮廓③，但唐代明堂建筑具体结构相对复杂，依据相关文献记载，明堂祭祀场所的堂室结构具有明晰的线索可寻。学界关于武则天明堂形制的研究相对丰硕，建筑史家如王世仁、杨鸿勋、傅熹年、王贵祥等主要致力于武则天明堂的复原工作④，其中杨鸿勋已有所讨论武周明堂形制⑤，王贵祥探讨多宝塔与武周明堂形制的关系⑥。今在前辈学者研究基础上，结合相关文献记载，更进一步考察唐代明堂形制，以深化对明堂建筑结构的认识。

二、永徽明堂形制与《月令》明堂九室说

在唐太宗、唐高宗年间，明堂虽未营建，而关于明堂的形制、具体方位及祭祀制度皆经过详细议定。《三礼图》以明堂五室与九室为周制与秦制之别⑦，在明堂五室说与九室说之中，唐太宗贞观五年（631年）侍中魏徵奏议，"请为五室重屋，上圆下方……下室备布政之居，上堂为祭天之所"⑧，可知魏徵所定明堂为五室，分为上下两层。而《旧唐书·礼仪志》载唐高宗永徽二年（651年）议定明堂形制，"太常博士柳宣依郑玄义，以

① 中国社会科学院考古研究所编著：《隋唐洛阳城：1959—2001年考古发掘报告》，文物出版社，2014年，第480页。

② 王岩：《隋唐洛阳城近年考古新收获》，中国社会科学院考古研究所编著：《中国考古学论丛——中国社会科学院考古研究所建所40年纪念》，科学出版社，1993年，第441页。对此问题的进一步研究，参见韩建华：《东都武则天明堂初探》，《中原文物》2019年第6期。

③ 徐松辑：《河南志》，高敏点校，中华书局，1994年，第120页。

④ 王世仁：《明堂形制初探》，《当代中国建筑史家十书·王世仁中国建筑史论集》，辽宁美术出版社，2013年，第31~32、37~38页；杨鸿勋：《武则天明堂（万象神宫）复原研究》，《杨鸿勋建筑考古学论文集》（增订版），清华大学出版社，2008年，第499~506页；傅熹年主编：《中国古代建筑史》第二卷《两晋、南北朝、隋唐、五代建筑》，中国建筑工业出版社，2001年，第411~414页。

⑤ 杨鸿勋：《自我作古 用适于事——武则天标新立异的洛阳明堂》，《华夏考古》2001年第2期。

⑥ 王贵祥：《唐洛阳宫武氏明堂的建构性复原研究》，《当代中国建筑史家十书·王贵祥中国建筑史论选集》，辽宁美术出版社，2013年，第471~498页。

⑦ 《太平御览》卷五三三《礼仪部一二·明堂》引，中华书局，1960年，第2421页。

⑧ 《旧唐书》卷二二《礼仪志二》，中华书局，1975年，第850~851页。

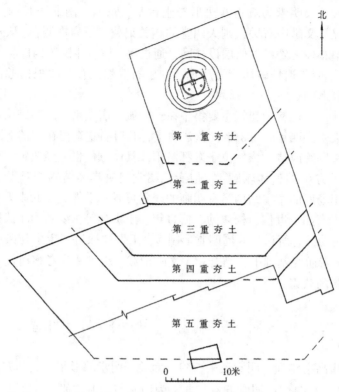

图 2　武则天明堂遗址平面图

为明堂之制，当为五室。内直丞孔志约据《大戴礼》及卢植、蔡邕等义，以为九室"①，即明堂五室说以郑玄说为代表，明堂九室说以卢植、蔡邕等为代表，而唐高宗以九室说为是。卢植明堂九室说，今不得确切得知。而《水经注·穀水》明确谓东汉明堂九室，"蔡邕《月令章句》同之"②，反映出蔡邕明堂九室说主要据《月令》，而唐高宗所定明堂九室命名取法《月令》，绝非偶然。

永徽三年（652 年）拟定其室样为"太室在中央，方六丈，其四隅之室，谓之左右房，各方二丈四尺。当太室四面，青阳、明堂、总章、玄堂等室，各长六丈，以应太室；阔二丈四尺，以应左右房。室间并通巷，各广一丈八尺"③。据此文，永徽明堂有太室、青阳、明堂、总章、玄堂，青阳、明堂、总章、玄堂四室分别又有左右房，而永徽明堂在具体形制上以《礼记·月令》为取法标准。

《礼记·月令》记载孟春之月，"天子居青阳左个"，仲春之月，"天子居青阳太庙"，

①　《旧唐书》卷二二《礼仪志二》，中华书局，1975 年，第 853 页。

②　郦道元注，杨守敬、熊会贞疏：《水经注疏》卷一六《穀水》，江苏古籍出版社，1989 年，第 1425 页。

③　《旧唐书》卷二二《礼仪志二》，中华书局，1975 年，第 854 页；王溥：《唐会要》卷一一《明堂制度》，上海古籍出版社，2006 年，第 315~316 页。

季春之月，"天子居青阳右个"，孟夏之月，"天子居明堂左个"，仲夏之月，"天子居明堂太庙"，季夏之月，"天子居明堂右个"，中央土，"天子居大庙大室"，孟秋之月，"天子居总章左个"，仲秋之月，"天子居总章大庙"，季秋之月，"天子居总章右个"，孟冬之月，"天子居玄堂左个"，仲冬之月，"天子居玄堂大庙"，季冬之月，"天子居玄堂右个"。依据《礼记·月令》，可以推知永徽明堂形制，以《月令》青阳、明堂、总章、玄堂左右个置于四隅，由此与青阳、明堂、太室、总章、玄堂合为九室，即永徽明堂主要依据蔡邕等《月令》明堂九室说而设计。

关于明堂所处具体方位，汉人淳于登以为"明堂在国之阳，丙巳之地，三里之外，七里之内"[1]，而目前所见西汉以后明堂遗址，如西汉元始明堂、刘宋建康明堂、北魏平城明堂、北魏洛阳明堂等[2]，具体方位均合乎"明堂在国之阳，丙巳之地"之说。唐太宗贞观年间议定营建明堂，贞观十七年（643年）秘书监颜师古奏议，仍援引淳于登明堂在"三里之外，七里之内，丙巳之地"之说。[3] 而唐高宗永徽年间议定明堂之时，未具体言明堂所处方位，或当仍然沿用汉魏以来旧制。

具体到明堂祭祀制度，《贞观礼》与《显庆礼》有所不同。《贞观礼》从郑玄学说，以明堂宗祀五精帝（青帝灵威仰、赤帝赤熛怒、黄帝含枢纽、白帝白招拒、黑帝汁光纪），《显庆礼》则更以明堂祀昊天上帝。[4] 唐高宗乾封二年（667年）十二月，诏令"总祭昊天上帝及五帝于明堂"[5]，上元三年（676年）三月，又以明堂祭祀以《贞观礼》为准，至仪凤二年（677年）七月最终确立明堂大享，兼用《贞观礼》《显庆礼》[6]。

由此可见，唐太宗、唐高宗之时，虽未营建明堂，而所议定明堂形制及具体方位，均合乎汉魏以来传统旧制。《贞观礼》以明堂祀五精帝，尚承用北朝、隋朝以来旧制及郑玄学说，而《显庆礼》则改以明堂宗祀昊天上帝，唐高宗乾封二年之后，明堂祭祀制度以兼祀昊天上帝、五精帝为趋向。

三、武则天明堂建筑形制考

唐高宗永徽年间所议明堂形制，并未付诸实施，且唐高宗在永徽三年群臣集议之后，

---

① 陈寿祺：《五经异义疏证》卷上，曹建墩点校，上海古籍出版社，2012年，第84页。

② 中国社会科学院考古研究所：《西汉礼制建筑遗址》，文物出版社，2003年，第197~207、225~232页；贺云翱：《南京发现南朝"明堂"砖及其学术意义初探》，《六朝文化：考古与发现》，生活·读书·新知三联书店，2013年，第202页；刘俊喜、张志忠：《北魏明堂辟雍遗址南门发掘简报》，山西省考古学会编：《山西省考古学会论文集（三）》，山西古籍出版社，2000年，第106~112页；王银田、曹臣明、韩生存：《山西大同市北魏平城明堂遗址1995年的发掘》，《考古》2001年第3期；中国社会科学院考古研究所：《汉魏洛阳故城南郊礼制建筑遗址》，文物出版社，2010年，第80~122、353~357页。

③ 《旧唐书》卷二二《礼仪志二》，中华书局，1975年，第852页。

④ 《旧唐书》卷二一《礼仪志一》，中华书局，1975年，第826页。

⑤ 《旧唐书》卷二一《礼仪志一》，中华书局，1975年，第827页。

⑥ 《旧唐书》卷二一《礼仪志一》，中华书局，1975年，第827页。

又转以"五室为便"①，唐高宗总章二年（669 年）三月诏令言及明堂规制，"自降院每面三门，同为一宇，徘徊五间"②，杜佑《通典》解释作"一周有四时，故四面各开门。时有三月，故每一所开三门。一年有十二月，故周回十二门。又《易》三为阳数，二为阴数，合而为五，所以每门舍五间"③，又未明确其具体室数。此年卢照邻作《中和乐·歌明堂》明堂"四窗八达，五室九房"④，这与唐高宗诏令不合，应非实指。而武则天垂拱四年营建明堂，具体形制究为九室，抑或五室，有待探明。永徽年间所议明堂形制，主要与明堂祭祀场所相关，由于武则天明堂集合布政、祭祀等功能为一体，布政场所与祭祀场所分属两层，具体格局有异，目前仅祭祀场所的具体形制在文献中有较为明晰的记载。

武则天光宅元年（684 年）梓州人陈子昂上疏劝武则天兴建明堂太学："即请陛下征天下鸿生巨儒、贤良豪俊之士，博通古今皇王政理之术者，与之按<u>《周礼》《月令》而建之</u>，臣必知天下庶人子来，不日而成也。乃正月孟春，陛下乘鸾舆，驾苍龙，载青旂，配苍玉，从三公九卿，贤士大夫，鸿儒硕老，衣冠之伦，朝于青阳左个。负斧宸，凭玉几，南面以听天下之政……乃命太史守典，奉法司天地日月星辰之行，无失经纪，以初为常。"⑤ 陈子昂奏议所言"朝于青阳左个""乃令太史守典，奉法司天地日月星辰之行，无失经纪"等，皆据《礼记·月令》为说，更据陈子昂"按《周礼》《月令》而建之"之语，可知陈子昂所议明堂形制仍承用永徽明堂旧制。

武则天所建明堂方位，实与汉魏以来旧制不同。武则天垂拱四年议建明堂，而"诸儒以为明堂当在国阳丙巳（按：原作己，误）之地，三里之外，七里之内"，武则天不问诸儒，"独与北门学士议其制"⑥。毁乾元殿，据其地营建明堂。而乾元殿原为唐代东都洛阳宫城正殿，武则天下诏言其营建明堂选址之意：

> 比者鸿儒礼官，所执各异，咸以为明堂者，置之三里之外，七里之内，在国阳明之地。今既俯迩宫掖，恐黩灵祇，诚乃布政之居，未为宗祀之所。朕乃为丙巳之地，去宫室遥远，<u>每月所居，因时禴祭</u>，常备文物，动有烦劳，在于朕怀，殊非所谓。⑦

武则天以丙巳之地"去宫室遥远"为辞，改建明堂在宫城之内。唐人杜佑《通典》评介

① 《旧唐书》卷二二《礼仪志一》，中华书局，1975 年，第 855 页。
② 《旧唐书》卷二二《礼仪志一》，中华书局，1975 年，第 857 页。
③ 杜佑：《通典》卷四四《大享明堂》，王文锦等点校，中华书局，1988 年，第 1224 页。
④ 卢照邻撰，祝尚书笺注：《卢照邻集笺注》卷三《乐歌》，上海古籍出版社，2011 年，第 194 页。
⑤ 陈子昂：《谏政理书》，《陈子昂集》（修订本），上海古籍出版社，2013 年，第 232 页；具体时间，参见王溥：《唐会要》卷一一《明堂制度》，上海古籍出版社，2006 年，第 318 页。
⑥ 《资治通鉴》卷二〇四"则天后垂拱四年"条，中华书局，2011 年，第 6562 页。
⑦ 《旧唐书》卷二二《礼仪志二》，中华书局，1975 年，第 863 页。

武则天明堂"制度异诸仪法"①，或与此有一定关系。《发掘简报》显示，武则天明堂夯土台基为八角形②，而据《旧唐书·礼仪志》所载，唐高宗永徽三年已议定明堂"上基象黄琮，为八角"，故姜波据此推断武则天所建明堂仍据唐高宗时所定形制进行营建③。此说确然无疑。《旧唐书·礼仪志》记载武则天营建明堂"以高宗遗意"④，而武则天明堂形制也与九室相关。敦煌文书 P.2005《沙州都督府图经》卷三载武则天载初元年（689 年）歌谣："既营大室，爰构明堂。……包含五色，吐纳三光；旁洞八牖，中制九房。"⑤ 据其中"九房"云云，疑即九室。

　　永徽明堂形制以《月令》明堂相关，史料中所见武则天明堂形制，同样有此迹象。上文引武则天诏令"每月所居，因时飨祭"云云，此与《礼记·月令》载天子十二月分别居于青阳、明堂、总章、玄堂以及青阳、明堂、总章、玄堂左右个相合。武则天大享明堂乐章云："总章陈昔典，衢室礼惟神"⑥，则武则天明堂有总章。垂拱四年刘允济《明堂赋》"顺春秋之左右，法天地之圆方"⑦，"左右"即明堂中的左右个⑧。武则天天册万岁元年（695 年）李峤《贺天尊瑞石及雨表》更为详细记载："闻炎方在侯，陛下乘朱辂，驾赤骝，历太阳之中道，居明堂之左个，百神受职，万国来朝。既配帝而严禋，亦统天而布政。"⑨ "配帝而严禋"即指明堂祭祀而言，武则天明堂祭祀场所既有"明堂左个"，此即武则天明堂合乎《月令》明堂九室的又一例证。透过史料中关于武则天明堂的零星记载，武则天明堂很有可能是沿用永徽明堂所设定室样，依《月令》明堂九室说而营建。否则，武则天关于明堂的诏令及时人所献表，何故多言及《月令》明堂九室形制。此外，唐玄宗开元五年（717 年）王仁忠、冯宗、陈贞节等议武则天明堂"有乖典制"⑩，但并未言及武则天明堂建筑形制与经典所载相悖，可以视作武则天明堂建筑形制合乎经典的反证。

　　武则天垂拱四年二月，拆乾元殿，据其地造明堂，凡三层"下层象四时，各随方色；中层法十二辰，圆盖，盖上盘九龙捧之；上层法二十四气，亦圆盖"⑪，武则天明堂中层功用作何，文献无明文记载，而武则天诏令明确谓"上堂为严配之所，下堂为布政之

　　① 杜佑：《通典》卷四四《大享明堂》，王文锦等点校，中华书局，1988 年，第 1227 页。

　　② 中国社会科学院考古研究所洛阳唐城队：《唐东都武则天明堂遗址发掘简报》，《考古》1988 年第 3 期。

　　③ 姜波：《汉唐都城礼制建筑研究》，文物出版社，2003 年，第 224~227 页。

　　④ 《旧唐书》卷二二《礼仪志二》，中华书局，1975 年，第 862 页。

　　⑤ 录文参见李正宇：《古本敦煌乡土志八种笺证》，甘肃人民出版社，2008 年，第 58 页。

　　⑥ 《旧唐书》卷三〇《音乐志》，中华书局，1975 年，第 1101 页。

　　⑦ 刘允济：《明堂赋》，李昉等编：《文苑英华》卷四七，中华书局，1966 年，第 210 页。

　　⑧ 王贵祥：《唐洛阳宫武氏明堂的建构性复原研究》，《当代中国建筑史家十书·王贵祥中国建筑史论选集》，辽宁美术出版社，2013 年，第 470 页。

　　⑨ 李峤：《贺天尊瑞石及雨表》，李昉等编：《文苑英华》卷五六四，中华书局，1966 年，第 2892 页。

　　⑩ 《旧唐书》卷二二《礼仪志二》，中华书局，1975 年，第 874~875 页。

　　⑪ 《旧唐书》卷二二《礼仪志二》，中华书局，1975 年，第 862 页。

居"①。所谓"严配"云云，本于《孝经》圣治章"孝莫大于严父，严父莫大于配天，则周公其人也。……宗祀文王于明堂以配上帝"为说，② 即以严父配祀明堂之意。据此，可知武则天明堂上层为祭祀场所，下层为布政场所。而明堂上层堂室结构当与《月令》明堂九室相一致。

武则天垂拱四年营建明堂，号为万象神宫，至证圣元年（695 年）正月明堂大火之后，又诏令"依旧规制重造明堂"，于天册万岁二年（696 年）三月建成，号曰通天宫。③而从万象神宫到通天宫，明堂上层的祭祀场所所祀神祇经历了兼祀昊天上帝、五精帝—合祭天地、百神从祀—合祭天地的演变过程。

永昌元年（689 年）正月元日，武则天亲享明堂，祭昊天上帝及五方上帝（即五精帝），④ 此后又有变更。天授元年（690 年）九月武周革命之后，《旧唐书·礼仪志》载天授二年（691 年）正月乙酉"日南至，亲祀明堂，合祭天地，以周文王及武氏先考、先妣配，百神从祀，并于坛位次第布席以祀之"⑤。在日南至即冬至之时，原为祭祀圆丘的固定时日，而武则天则在此日祭祀明堂。所谓"百神从祀"，据《旧唐书·礼仪志》下文所载春官郎中韦叔夏奏议，百神指"内官、中官、五岳、四渎"等，武则天初以百神从祀明堂，其因在于东都"郊坛未建"⑥，故星辰中内官、中官以及五岳、四渎诸神合祀明堂，或可谓不过权宜之计。而武则天在天授二年正月冬至日祭明堂，明堂改以合祭"昊天上帝、皇地祇"（韦叔夏奏议语）⑦。而天授二年明堂合祭天地制度的出现，在政治上彰显出武周代唐的历史转折。

四、唐玄宗改造明堂形制与郑玄明堂五室说

武周明堂合祭天地的遗制，在唐中宗神龙元年（705 年）九月大享明堂时仍然延续。⑧《旧唐书·礼仪志》记载唐玄宗开元五年，从太常少卿王仁忠，博士冯宗、陈贞节以及刑部尚书王志愔等奏议，以武则天所建明堂，乖于典制，遂下诏改明堂为乾元殿，"唯改其门名而已"，开元十年（722 年）十月，又改题乾元殿为明堂。⑨ 至开元二十七年（739 年）十月唐玄宗诏令将作大匠康𝦷素改定明堂形制，"拆去上层，卑于旧制九十五

① 《旧唐书》卷二二《礼仪志二》，中华书局，1975 年，第 864 页；杜佑：《通典》卷四四《大享明堂》，王文锦等点校，中华书局，1988 年，第 1227 页。

② 《孝经注疏》卷五《圣治章》，阮元校刻：《十三经注疏》，艺文印书馆，2001 年，第 36 页。

③ 杜佑：《通典》卷四四《大享明堂》，王文锦等点校，中华书局，1988 年，第 1228 页；《旧唐书》卷二二《礼仪志二》，中华书局，1975 年，第 867 页。

④ 《资治通鉴》卷二〇四"则天后永昌元年"条，中华书局，2011 年，第 6571 页。

⑤ 《旧唐书》卷二二《礼仪志二》，中华书局，1975 年，第 864 页。

⑥ 《旧唐书》卷二二《礼仪志二》，中华书局，1975 年，第 864～865 页。

⑦ 《旧唐书》卷二二《礼仪志二》，中华书局，1975 年，第 864 页。

⑧ 《旧唐书》卷二二《礼仪志二》，中华书局，1975 年，第 873 页。

⑨ 王溥：《唐会要》卷一一《明堂制度》，上海古籍出版社，2006 年，第 322～323 页；《旧唐书》卷二二《礼仪志二》，中华书局，1975 年，第 873～876 页。

尺"，"又去柱心木，平座上置八角楼"。① 武则天明堂原高二百九十四尺，拆去上层之后，剩下两层高一百九十九尺。不知是否以魏徵所定明堂分上下两层为基本出发点。唐代明堂撤去中心柱，显示出明堂基础设施的牢固性，② 而武则天明堂上层原为祭祀场所，拆除之后，祭祀场所何在，不得确切得知，但唐代明堂祭祀场所建筑结构并非全无改定。

《大唐开元礼》成书于开元二十年（732 年），其中关于"皇帝于明堂读五时令"，读五时令的场所，集中反映明堂结构为青阳左个、青阳太庙、青阳右个、明堂左个、明堂太庙、明堂右个、太庙太室、总章左个、总章太庙、总章右个、玄堂左个、玄堂太庙、玄堂右个，③ 仍与《月令》明堂九室相合。据《唐会要》所载，武则天长安三年（703 年）元日，"明堂受朝，读时令"④，唐玄宗时期并无在明堂读时令之事，《大唐开元礼》所记或糅合武周旧礼，不过《大唐开元礼》明堂形制已非九室之制。

王泾《大唐郊祀录》明确指出："皇唐典制，依《周礼》为五室为准"⑤，而王泾所据即《大唐开元礼·皇帝季秋大享明堂》，其文云："祀日未明五刻，太史令、郊社令升，设昊天上帝神座于明堂太室之内中央，南向，席以稿秸。……设青帝于木室，西向；赤帝于火室，北向；黄帝于太室南户之西，北向；白帝于金室，东向；黑帝于水室，南向，席皆以稿秸。设太昊、炎帝、轩辕、少昊、颛顼之座，各于五方帝之左，俱内向，差退（原注：若非明堂五室，皆如雩坛设座之礼）。"⑥ 据此，可知《大唐开元礼》所载明堂祭祀场所当为五室，即太室、金室、木室、水室、火室。《大唐开元礼》所记明堂祭祀场所是否即武则天明堂上层，不得确切得知，而在开元二十六年拆除明堂上层之后，明堂祭祀场所或设在武则天明堂中层，或与下层布政场所合二为一，堂室为五室结构，则确然无疑。

在开元二十六年唐玄宗改造明堂之后，《新唐书·史思明传》记载唐肃宗上元二年

---

① 王溥：《唐会要》卷一一《明堂制度》，上海古籍出版社，2006 年，第 323 页。按：史籍所载明堂建造的具体时间，上引《唐会要》作开元二十六年十月二日，《旧唐书》卷九《玄宗纪下》作开元二十七年十月，"毁东都明堂之上层，该拆下层为乾元殿"（中华书局，1975 年，第 212 页）。王溥《唐会要》卷三〇《洛阳宫》记载："至开元二十七年九月十日，于明堂旧址造乾元殿。"（上海古籍出版社，2006 年，第 643 页）具体时间，今以《旧唐书·玄宗纪下》为准。

② 王岩：《关于唐东都武则天明堂遗址的几个问题》，《考古》1993 年第 10 期。

③ "皇帝于明堂读孟春令、皇帝于明堂读仲春令、皇帝于明堂读季春令"（《大唐开元礼》卷九九，民族出版社，2000 年，第 460、462、464、465 页）；"皇帝于明堂读孟夏令、皇帝于明堂读仲夏令、皇帝于明堂读季夏令"（《大唐开元礼》卷一〇〇，民族出版社，2000 年，第 466、467、469、470、471 页）；"皇帝于明堂读孟秋令、皇帝于明堂读仲秋令、皇帝于明堂读季秋令"（《大唐开元礼》卷一〇一，民族出版社，2000 年，第 471、473、475、476 页）；"皇帝于明堂读孟冬令、皇帝于明堂读仲冬令、皇帝于明堂读季冬令"（《大唐开元礼》卷一〇二，民族出版社，2000 年，第 477、478、480、481）；"皇帝于明堂及太极殿读五时令"（《大唐开元礼》卷一〇三，民族出版社，2000 年，第 482、483、484 页）。

④ 王溥：《唐会要》卷二六《读时令》，上海古籍出版社，2006 年，第 571 页。

⑤ 参见王泾：《大唐郊祀录》卷五，清道光二十六年钱氏刻《指海》本，第 8a 页。

⑥ "皇帝季秋大享明堂"（《大唐开元礼》卷一〇，民族出版社，2000 年，第 75 页）。"季秋大享于明堂有司摄事"（《大唐开元礼》卷一一，民族出版社，2000 年，第 80 页）。

（761 年）“（史）朝义烧明堂”①，明堂再次遭到焚烧。《旧唐书·五行志》又载唐代宗“宝应元年十一月，回纥焚东都宜春院，延及明堂”，明堂第三次遭到焚毁。② 而上文引王泾《大唐郊祀录》：“皇唐典制依《周礼》，以五室为准”，《大唐郊祀录》进呈时间在唐德宗贞元九年（793 年）③，由此推知在唐代宗宝应元年（762 年）至唐德宗贞元九年之间，明堂又得以重建，堂室结构仍为五室。王泾谓唐代明堂五室说源于《周礼》，所谓《周礼》即指《考工记》。

《考工记·匠人》载“周人明堂……五室”④，并未确切记载明堂五室之名。而《考工记·匠人》上文又载“夏后氏世室”有五室，郑玄释五室之义，“五室，象五行也。……木室于东北，火室于东南，金室于西南，水室于西北……土室于中央”⑤，据此，可知郑玄明堂五室说为水、火、土、金、木五室，而唐代明堂五室不过易土室为太室，其他称谓全同。

五 、 结 语

唐代明堂遗址的发现，不仅为研究唐代明堂建筑形制提供了重要线索，也为复原唐代东都洛阳宫殿布局“树立了确切的标志”⑥。依据目前相关文献中有限的记载，武则天明堂具体方位及祭祀制度与唐高宗时期所定永徽明堂旧制不合，而武则天明堂上层祭祀场所的建筑结构，则沿承唐高宗所定《月令》明堂九室说。

在武则天垂拱四年明堂建成之后，至少在武则天证圣元年、唐肃宗上元二年、唐代宗宝应元年、唐僖宗中和四年（884 年）先后四次遭受火灾⑦。唐玄宗以前明堂凡三层，祭祀场所在上层，其形制基本为《月令》明堂九室结构，九室由青阳、明堂、太室、总章、玄堂以及居于四维的青阳、明堂、总章、玄堂左右个构成。而唐玄宗改造明堂形制，明堂祭祀场所依郑玄明堂五室说进行改造，五室由太室、金室、木室、水室、火室构成，此后在祭祀场所上基本保持五室格局。明堂形制究竟为五室抑或九室，唐太宗、唐高宗时期所规划明堂形制以及武则天、唐玄宗所立明堂建筑格局，各有所宗，而唐玄宗改明堂形制为五室，在一定程度上可谓重回唐太宗贞观旧制。与唐代明堂形制从九室到五室的转变相应，唐代明堂祭祀制度也经历了从武则天时期合祀天地到《大唐开元礼》主祀昊天上帝，

① 《新唐书》卷二二五上《史思明传》，中华书局，1975 年，第 6433 页。唐人封演《封氏闻见记》所记“明堂与慈阁俱见焚烧”，即此（封演：《封氏闻见记校注》，赵贞信校注，中华书局，2005年，第 35 页）。张一兵以为此次明堂并未完全焚毁，未必可从（张一兵：《明堂制度源流考》，人民出版社，2007 年，第 212 页）。

② 《旧唐书》卷三七《五行志》，中华书局，1975 年，第 1366 页。

③ 《新唐书》卷五八《艺文志二》，中华书局，1975 年，第 1492 页。

④ 《周礼注疏》卷四一，阮元校刻：《十三经注疏》，艺文印书馆，2001 年，第 644 页。

⑤ 《周礼注疏》卷四一，阮元校刻：《十三经注疏》，艺文印书馆，2001 年，第 643 页。

⑥ 王岩：《隋唐洛阳城近年考古新收获》，中国社会科学院考古研究所编著：《中国考古学论丛——中国社会科学院考古所建所 40 年纪念》，科学出版社，1993 年，第 441 页。

⑦ 唐僖宗中和四年蔡州节度使秦宗权部将孙儒攻陷东都，“屠翦焚荡，殆无孑遗”。见《资治通鉴》卷二五六“唐僖宗中和四年”条，中华书局，2011 年，第 6440 页。

五精帝、五官之神从祀的转变①。《大唐开元礼》增以五官之神从祀明堂，此与唐高宗所定旧制不同，而在总体上仍可视作唐高宗仪凤二年旧制的回归，标志着大唐旧制的重新确立。

唐代后期明堂祭祀情形，《唐会要》略载之。《唐会要·缘祀裁制》记载："季秋，大享明堂；享前二日，告宪宗一室"②，据其中"告宪宗一室"云云，可知唐宪宗神主已升祔太庙，故《唐会要》所载者应为唐穆宗时期祭祀制度，明堂祭祀在唐穆宗时期仍然施行。在五代时期，后梁、后唐、后晋均定都洛阳，《五代会要》记载唐代明堂在后梁太祖开平二年（908年）改称朝元殿，后唐庄宗同光二年（924年）改为含元殿（案：《宋会要辑稿》作明堂，或属同光二年之后修改所致）③，《河南志》记载后晋出帝天福七年改为宣政殿，后又改为明堂④，北宋以洛阳为西京，《宋会要辑稿·方域一·西京大内》记载宋太宗太平兴国三年（978年）改为太极殿⑤。而在殿名更易之中，建筑形制作何改变，目前文献中缺乏明确记载，也有待于今后进一步的研究。

（作者单位：中国人民大学历史学院）

————————————————

① 杜佑：《通典》卷四四《大享明堂》，王文锦等点校，中华书局，1988年，第1228页。参"皇帝季秋大享明堂"（《大唐开元礼》卷一〇，民族出版社，2000年，第75页）；"季秋大享于明堂有司摄事"（《大唐开元礼》卷一一，民族出版社，2000年，第80页）。

② 王溥：《唐会要》卷二三《缘祀裁制》，上海古籍出版社，2006年，第516页。

③ 王溥：《五代会要》卷五《大内》，上海古籍出版社，2006年，第79页；徐松辑：《宋会要辑稿》，刘琳等点校，上海古籍出版社，2014年，第9269页。

④ 徐松辑：《河南志》，高敏点校，中华书局，1994年，第146页。

⑤ 徐松辑：《宋会要辑稿》，刘琳等点校，上海古籍出版社，2014年，第9269页。

从国宾私礼到国家常祀*

——唐宋时期胜朝宗庙的制度变迁

□ 田成浩

【摘要】 为彰显统治地位的过渡，宋亡以前，经禅让立国的政权会保留前一代正统王朝（胜朝）的宗庙。按照二王三恪制度的惯例，胜朝末帝或宗室后裔享有国宾身分，用原有的礼仪独立祭庙。而在唐宋时期，祭祀胜朝宗庙不再是国宾的私礼，转而成为国家管理的常祀项目。五代的胜朝宗庙制度继承唐制而来：当政朝廷为胜朝裁定庙数，重立宗庙，提供礼仪用品；胜朝后裔主祭行礼；祭礼属于国家常祀。北宋前期遣官主祭后周宗庙，但因皇帝无嗣引发了对破坏"通三统"的恐惧，遂恢复了胜朝后裔主祭的旧制。胜朝后裔的礼仪特权被瓦解，逐步成为当政朝廷祭祀胜朝君主的行礼官，血亲祭祀的传统观念让步于现实政治的需要。胜朝宗庙的礼制变迁与二王三恪制度的衰亡相伴随，深层原因在于"通三统"学说不再是王朝更迭之际的制礼依据。

【关键词】 胜朝宗庙；祭祀；二王三恪；国宾；唐宋

本文用"胜朝"指称古代政权承认的前一代正统王朝。在中国古代，实际的政权更迭与各朝承认的正统王朝序列并不一致。① 据研究，"胜国"一词在元、明、清时期常被用来指称前一代正统王朝。② 用作名词时，"胜朝"与"胜国"语义相近，而早在唐高宗时便有"殷鉴不远，近在胜朝"的讲法。③ 现当代也有学者用"胜朝宗庙"指称五代与北宋承认的前一代正统王朝的宗庙。④ 本文的重点考察时段是唐宋时期。在借鉴古人文例与现当代研究的基础上，本文用"胜朝"指称古代政权承认的前一代正统王朝，以求行文简明。

＊ 本文为山东省社会科学规划青年项目"古代国家祀典在齐鲁的施行与礼俗交融研究"（22DLSJ06）阶段性成果。

① 正统脉络与实际更迭不符的情况有很多，如唐朝一度上承周、汉，后唐视后梁为伪朝，等等。

② 洪丽珠：《义随世变——元人的"胜国"运用》，《文史》2018 年第 2 辑。

③ 出自唐龙朔三年（663 年）张文瓘针对修蓬莱宫的上谏。参见孙逢吉：《职官分纪》卷六，《景印文渊阁四库全书》第 923 册，台湾"商务印书馆"，1986 年，第 139 页。

④ 楼劲：《宋初礼制沿革及其与唐制的关系——兼论"宋承唐制"说之兴》，《中国史研究》2008 年第 2 期，第 59 页。

每逢政权禅代，新生政权都会格外关注胜朝的"人"和"鬼"——胜朝末帝、宗室后裔和宗庙、陵寝。相关处置是否得当，关系到新生政权能否争取到旧臣遗民的归附，能否实现正统地位的过渡。从两汉至五代，经禅让立国的政权都实行二王三恪制度。胜朝的末帝或宗室后裔会被授予爵位，在名义上享有国宾的礼遇。胜朝宗庙与帝陵也会得到妥善处置。

从史料来看，只有唐宋时期的胜朝宗庙制度留存下了比较丰富的信息，且古今学人对此关注不多。一方面，古代与之相关的资料整理很少，只有《五代会要》《宋会要辑稿》汇集了后晋、后周、北宋处置胜朝宗庙的措施。① 《册府元龟·帝王部》中的"继绝门""修废门"与《古今图书集成·经济汇编·礼仪典》中的"帝王陵庙祀典部汇考"将胜朝宗庙放在先代帝王祭礼的沿革中梳理，所涉史料很少。② 另一方面，现当代考察过胜朝宗庙制度的学者寥寥无几，且论述内容有限。③ 总之，胜朝宗庙制度尚未得到系统揭示。

考察唐宋时期胜朝宗庙制度的变迁，应将吉礼（胜朝宗庙）与宾礼（二王三恪）两条路径结合起来。古代国家的礼仪制度具有整体性和系统性，如果在考察胜朝宗庙时抛开二王三恪制度，得出的结论必然是不完整的。

一、唐之前的二王三恪制度与胜朝宗庙

因史料有限，唐之前的胜朝宗庙制度难以详考。而且在唐之前，胜朝君主很少成为当政朝廷的常祀对象。秦统一后，"太祝常主，以岁时奉祠之"的项目中有"周天子祠"④；西汉建国初设南山巫祭"南山秦中"（秦二世）；王莽代汉后改长安汉高祖庙为"文祖庙"，并短暂地维持过长安的汉朝皇帝庙祀⑤。此外，几乎找不到当政朝廷常祀胜朝君主的其他案例。

这两种情况都与二王三恪制度有直接关系。"二王"后裔的国宾身分与礼仪特权是相关史料稀少的主要原因。以下对此做详细分析。

（一）经史中的胜朝后裔与国宾身分

二王三恪（或称"三恪二王后"）中的"二王"后裔享有国宾礼遇。学界已有充分

---

① 参看王溥：《五代会要》卷三《庙制度》，中华书局，1985年，第30~31页；徐松辑：《宋会要辑稿》崇儒七《存先代后》，刘琳等校点，上海古籍出版社，2014年，第2921~2928页。

② 王若钦等编：《宋本册府元龟》卷一七三、一七四，中华书局，1989年，第403~412页。陈梦雷等编纂：《古今图书集成·经济汇编·礼仪典》卷二〇五、二〇六，中华书局、巴蜀书社，1985年，第87663~87683页。

③ 楼劲关注到了五代、北宋裁定胜朝宗庙庙数的问题，陈文龙对此进行了更为详细的论述，并借以观察五代时期的正统观念。详见楼劲：《宋初礼制沿革及其与唐制的关系——兼论"宋承唐制"说之兴》，《中国史研究》2008年第2期；陈文龙：《五代德运新论》，邓小南主编：《宋史研究诸层面》，北京大学出版社，2020年，第675~692页。

④ 《史记》卷二八《封禅书》，中华书局，1959年，第1375页。包括"周天子祠"在内，"诸此祠皆太祝常主，以岁时奉祠之"（《史记》卷二八《封禅书》，中华书局，1959年，第1377页）。"太祝"是"奉常"的属官，"奉常"掌管宗庙礼仪。所以，"周天子祠"属于秦朝中央礼仪部门管理的常祀项目。

⑤ 《汉书》卷九九中《王莽传中》，中华书局，1962年，第4108页。

论述，二王三恪的设置与当政朝廷正统地位的来源直接对应。① 虽然古人就对二王三恪是三家还是五家存在争论，但可以明确，前两代正统王朝的宗室后裔在封爵后是当政朝廷的宾客，具有"不臣"身分，可以使用原有礼仪。"二王""三恪"往往连称，但地位不能等同。东汉郑玄对此已有辨析，②"不臣"身分和礼仪独立是"二王"后裔的特权，居恪位的旧宗室无此待遇。

册立"二王"后裔为国宾，以儒经中的唐虞、周初古史为依据。《通典》《五礼通考》在梳理制度源流时对此已有搜罗，如：《尚书·益稷》有"虞宾在位，群后德让"③，虞宾是尧子丹朱，享受虞舜的宾客之礼；《礼记·乐记》记载周武王封夏、商后裔于杞、宋④；《左传·僖公二十四年》有"宋，先代之后也，于周为客"⑤。尧舜禅让与周封夏、商后裔是二王三恪制度主要的儒经理据。

历代政权经常打着尊经崇儒、礼敬胜朝、遵循先例的旗号，封胜朝末帝或宗室后裔为国宾。曹魏封汉献帝为山阳公，称："此舜事尧之义也。"⑥ 东晋寻立三恪，称："杞、宋启土，光于周典。宗姬侯卫，垂美汉册。"⑦ 这是在援引儒经的同时追溯汉朝封姬周后裔的史事。南朝陈封萧梁末帝为江阴王，称："《礼》陈杞、宋，《诗》咏二客，弗臣之重，历代斯敦。"⑧ 北齐议立二王三恪的诏书称："昔武王克殷，先封两代，汉魏二晋，无废兹典。"⑨ 唐封隋末帝为酅国公，诏书中有"鸣条克罚，杞用夏郊。牧野降休，宋承殷祀。爰及魏晋禅代相仍，山阳赐号于当涂，陈留受封于典午"等语，⑩ 追述曹魏（即"当涂"）封汉献帝为山阳公，西晋（即"典午"）封曹魏末帝为陈留王。后梁为唐宗室封爵，援引"《诗》称有客，《书》载虞宾"，并追述："唐朝以后魏元氏子孙韩国公为三恪，以周宇文氏子孙为介国公，隋朝杨氏子孙为酅国公，为二王后。"⑪ 总之，这些册立国宾的诏书不仅征引儒经，而且追溯汉以来的史事作为先例。

在唐代，隋朝后裔酅国公还因其国宾身分享有法律上的特权。《唐律疏议》的"八议"中有"议宾"："谓承先代之后为国宾者"，"《书》云'虞宾在位，群后德让'……

---

① 谢元鲁：《隋唐五代的特殊贵族——二王三恪》，《中国史研究》1994 年第 2 期；吕博：《唐代德运之争与正统问题——以"二王三恪"为线索》，《中国史研究》2012 年第 4 期；孙正军：《二王三恪所见周唐革命》，《中国史研究》2012 年第 4 期，等等。

② 郑玄在《礼记注》中以周朝古史为例加以辨析："所存二王之后者，命使郊天，以天子之礼祭其始祖，受命之王自行其正朔服色。恪者，敬也，敬其先圣而封其后，与诸侯无殊异，何得比夏、殷之后？"《礼记正义》卷二五，阮元校刻：《十三经注疏》，中华书局，1980 年，第 1448 页。

③ 《尚书正义》卷五，阮元校刻：《十三经注疏》，中华书局，1980 年，第 144 页。

④ 《礼记正义》卷三九，阮元校刻：《十三经注疏》，中华书局，1980 年，第 1542 页。

⑤ 《春秋左传正义》卷一五，阮元校刻：《十三经注疏》，中华书局，1980 年，第 1818 页。

⑥ 《三国志》卷三《魏书三·明帝纪》注引《献帝传》，中华书局，1959 年，第 102 页。

⑦ 《晋书》卷七《成帝纪》，中华书局，1974 年，第 180 页。姬周后裔被汉朝封为卫公。

⑧ 《陈书》卷二《高祖本纪下》，中华书局，1972 年，第 32 页。

⑨ 《北齐书》卷六《孝昭帝纪》，中华书局，1972 年，第 82 页。

⑩ 王溥：《唐会要》卷二四《二王三恪》，中华书局，1955 年，第 461 页。

⑪ 《旧五代史》卷四《梁书四·太祖纪四》，中华书局，1976 年，第 66 页。

若今周后介公、隋后酅公，并为国宾也"。①

在反复地引经追史中，"兴灭继绝"、册立胜朝后裔为国宾，成为更迭之际的惯例、"故事"。当然，维持政局平稳过渡等现实考虑对此也有推动作用。

册立国宾的传统还有更深层的思想渊源。在先秦，"神不歆非类，民不祀非族"的血亲祭祀观念盛行。高木智见认为，"国家和血族的存续与祖先祭祀的存续是同义的"，在血族意识的支配下，当政者有义务维持他族血脉延续，避免他族祖先因绝祀变成厉鬼，从而防止现实社会被厉鬼滋扰。② 保留亡国的宗室后裔由其延续自家祖先的祭祀，便是这种意识的遗留。

（二）"通三统"与国宾独立祭祖的传统

胜朝后裔获得国宾身分后，享有礼仪独立的特权。这在儒经中也有渊源，③ 但直接的理论依据则是汉儒董仲舒的"通三统"学说。"通三统"旨在标榜当政朝廷的合法性，倡导"新王改制"。它规定，现政权之外的"二统"要靠前两代正统王朝的宗室后裔及他们各自的旧制度展现出来。④ 所以，当政朝廷封"二王"后裔为国宾，允许他们礼仪独立，就成了"通三统"不可缺失的环节。

因此，"二王"后裔的礼仪特权被有关著述反复强调。《春秋繁露·三代改制质文》有："下存二王之后以大国，使服其服，行其礼乐，称客而朝。"⑤《白虎通·三正》讲："存二王之后"，"故封之百里，使得服其正色，用其礼乐，永事先祖"。⑥《公羊传·隐公三年》何休注："王者存二王之后，使统其正朔，服其服色，行其礼乐，所以尊先圣，通三统。"⑦ "二王"后裔有礼仪独立的特权，那么他们在理论上可以用旧礼祭祖，不受当政朝廷干预。

为胜朝末帝封爵时特许其礼仪独立并延续原有祭礼，也是政权更迭时的惯例。王莽封西汉末帝为定安公，"永为新室宾"，"立汉祖宗之庙于其国，与周后并，行其正朔、服色，世世以事其祖宗"。⑧ 曹魏封汉献帝为山阳公，命他"以天子车服郊祀天地，宗庙、

---

① 长孙无忌等：《唐律疏议》卷一，《景印文渊阁四库全书》第672册，台湾"商务印书馆"1986年，第38页。

② 高木智见著，何晓毅译：《先秦社会与思想：试论中国文化的核心》，上海古籍出版社，2011年，第119~128页。引文见第123页。

③ 例如，孔子说夏礼"杞不足征也"，殷礼"宋不足征也"，便是批评"夏、商之后不能行先王之礼"（《论语注疏》卷三，阮元校刻：《十三经注疏》，中华书局，1980年，第2466页）。《左传·襄公十年》："诸侯宋、鲁，于是观礼。"宋国作为殷商后裔的封国，保留有殷商的礼乐制度。鲁国则因周公功勋而被特许使用天子礼乐（《春秋左传正义》卷三一，阮元校刻：《十三经注疏》，中华书局，1980年，第1947页）。

④ 蒋庆：《公羊学引论》，辽宁教育出版社，1995年，第300~301页。

⑤ 苏舆：《春秋繁露义正》卷七，钟哲点校，中华书局，1992年，第198页。

⑥ 陈立：《白虎通疏证》卷八，吴则虞点校，中华书局，1994年，第366页。

⑦ 《春秋公羊传注疏》卷二，阮元校刻：《十三经注疏》，中华书局，1980年，第2203~2204页。

⑧ 《汉书》卷九九中《王莽传中》，中华书局，1962年，第4099~4100页。

祖、腊皆如汉制"①。刘宋封晋恭帝为零陵王，"行晋正朔，郊祀天地礼乐制度皆用晋典"②。萧齐封宋顺帝为汝阴王，"待以不臣之礼，行宋正朔"③。萧梁封齐和帝为巴陵王，允许他"行齐正朔，郊祀天地礼乐制度皆用齐典"④。陈封梁敬帝为江阴王，"行梁正朔，车旗服色一依前准"⑤。北齐封东魏末帝为中山王，"载天子旌旗，行魏正朔"，"于中山国立魏宗庙"。⑥ 隋封北周静帝为介国公，"为隋室宾。旌旗车服礼乐，一如其旧"⑦。

然而，胜朝末帝的实际境遇同这些字面要求明显不符。王莽就将定安公控制在长安监视起来。东晋后，杀害胜朝末帝也成为政权更迭的一项惯例。清人赵翼评论："自刘裕篡大位而即戕故君，以后齐、梁、陈、隋、北齐、后周亦无不皆然"，"但谓此乃权臣易代之法，益变本而加厉焉"。⑧ 也是从刘宋起，胜朝末帝的特权待遇会"有其文而不备其礼"⑨。监控与迫害使礼仪特权成为空文。

但这并不影响"通三统"在王朝礼制中的落实，因为当政朝廷会在胜朝宗室后裔中找人承袭胜朝末帝的爵位，延续国宾身分。比如宋顺帝遇害后，南齐另立刘宋宗室为汝阴王"奉宋后"⑩。齐和帝死后，萧梁另立萧齐宗室为巴陵王"以奉齐祀"⑪。梁敬帝死后，陈另封萧梁宗室为江阴王。⑫ 西魏恭帝死后，北周另封西魏宗室为韩国公"以绍魏后"⑬。北周静帝死后，隋另封北周宗室宇文洛为介国公，"为隋室宾"⑭。命他们"奉某朝后"或"奉某朝祀"，便是命他们延续胜朝的祭祀，继续承担国宾祭祖的任务。

（三）重立胜朝宗庙的惯例

为胜朝重立宗庙，或者说为胜朝"迁庙"，也是政权禅代时的一项惯例。如前所述，新莽与北齐受禅立国后，分别在定安公国、中山王国为汉、东魏重立宗庙。⑮ 西晋处置曹魏宗庙中的配享功臣时提到"今主迁庙，臣宜从飨"，"宜归之陈留国，使修常祀"，⑯ 可

① 《后汉书》卷九《孝献帝纪》，中华书局，1965年，第390页。
② 《宋书》卷三《武帝本纪下》，中华书局，1974年，第52页。
③ 《宋书》卷一〇《顺帝本纪》，中华书局，1974年，第199页。
④ 《梁书》卷二《武帝本纪中》，中华书局，1973年，第34页。
⑤ 《陈书》卷二《高祖本纪下》，中华书局，1972年，第32页。
⑥ 《魏书》卷一二《孝静纪》，中华书局，1974年，第312~313页。
⑦ 《隋书》卷一《高祖纪上》，中华书局，1973年，第13页。
⑧ 赵翼著，王树民校证：《廿二史劄记校证》，中华书局，1984年，第144页。
⑨ 《晋书》卷一〇《恭帝纪》，中华书局，1974年，第269页。北周末帝禅位后的礼遇，被记载为"有其文，事竟不行"。参见《周书》卷八《静帝纪》，中华书局，1971年，第136页。
⑩ 《南史》卷四《齐本纪上》，中华书局，1975年，第111页。
⑪ 《梁书》卷二《武帝本纪中》，中华书局，1973年，第37页。
⑫ 《陈书》卷二《高祖本纪下》，中华书局，1972年，第36~37页。
⑬ 《北史》卷九《周帝纪上》，中华书局，1974年，第335页。
⑭ 《周书》卷一〇《虞国公仲附子兴传》，中华书局，1971年，第161页。
⑮ 《汉书》卷九九中《王莽传中》，中华书局，1962年，第4100页；《魏书》卷一二《孝静纪》，中华书局，1974年，第313页。
⑯ 杜佑：《通典》卷五〇《礼十·沿革十·吉礼九·功臣配享》，王文锦等点校，中华书局，1988年，第1409页。

见曹魏宗庙也随曹魏末帝迁往陈留国。南朝宋顺帝禅位后获封汝阴王，萧齐"迁汝阴庙"①。唐、五代、宋仍为胜朝重立宗庙（后文详述）。

但是，唐之前的胜朝宗庙祭礼几乎不见于史料记载。身为国宾的胜朝后裔有礼仪独立的特权，可以自行祭庙。当政朝廷承认他们的礼仪特权，对他们的祭祖事务不干涉、不管理，自然很少在史籍中留下记录。

因史料所限，唐代的胜朝宗庙制度也不完全清晰，而五代的制度则有明确记载。因此，本文先考察、归纳五代时期胜朝宗庙制度的基本内容与变迁情况，再分析其与唐制间的承袭关系。

二、五代的胜朝宗庙制度

五代时胜朝宗庙制度的基本内容是：当政朝廷为胜朝裁定庙数并重立宗庙；胜朝宗庙在每年四仲月由胜朝后裔主祭，由当政朝廷提供祭庙所需的礼仪用品；祭礼属于当政朝廷管理的常祀项目。

（一）裁定胜朝庙数：从"武德年故事"到保留亡国前的旧数

当政朝廷裁定胜朝宗庙的庙数，就是在胜朝君主中确定享祀人选。后晋时，太常礼院曾"引武德年故事，祀隋三帝"来规划后唐宗庙的庙数。② 据此可知，唐初规定胜朝宗庙庙数为三。

后梁为唐朝重立宗庙，沿用了"武德年故事"。唐朝建国时初立四庙，后几经调整，最终定为"九代十一室"。后梁封唐朝宗室后裔为莱国公，裁定唐朝"合留三庙"③。这显然是因袭了此前的三庙制度。

后唐不承认后梁的正统地位，自称"中兴唐祚"，仍旧封北周、隋朝的宗室后裔为国宾。两家宗庙的庙数当沿用三庙旧制。

后晋为后唐重立宗庙时，将"武德年故事"与后唐宗庙的旧制相结合。后唐建国时立七庙：后唐直系先祖三、唐朝先帝四（唐高祖、太宗、懿宗、昭宗）。后唐皇帝死后祔庙，皆祧迁直系先祖。④ 后唐亡国，后晋并未将后唐宗庙裁剪成三庙。后晋高祖表示"丕绪洪源，皆尊唐室"，承认后唐与唐朝间的承袭关系，为后唐立五庙，即"唐高祖、太宗及庄宗、明宗、闵帝五帝之庙"⑤，是唐朝二庙加后唐直系三庙。陈文龙指出，后晋继承后唐的正统观念，将后唐与唐朝看作一体。⑥ 所以，后晋在沿用"武德年故事"的同时保留了后唐宗庙的原有制度。

---

① 《南齐书》卷五三《良政列传·虞愿》，中华书局，1972 年，第 917 页。

② 王溥：《五代会要》卷三《庙制度》，中华书局，1985 年，第 30 页。

③ 《旧五代史》卷四《梁书·太祖纪四》，中华书局，1976 年，第 60 页。

④ 《旧五代史》卷一四二《礼志上》，中华书局，1976 年，第 1896~1897 页。

⑤ 王溥：《五代会要》卷三《庙制度》，上海古籍出版社，2006 年，第 30 页。

⑥ 陈文龙：《五代德运新论》，邓小南主编：《宋史研究诸层面》，北京大学出版社，2020 年，第 684 页。

后汉、后周、北宋都保存胜朝亡国时的宗庙庙数，学界对此已有论断。① 后周太常礼院曾经追述："其唐、晋两朝，皆五庙迁移。今汉七庙，未审总移，为复只移五庙"②，后唐、后晋亡国后都被保留五庙③。后周太常礼院因此建议也为后汉保留五庙。但此议没有被采纳，后周"迁汉七庙神主入升平宫"④。后汉七庙皆被保留。⑤ 所以，后汉、后周都保留了胜朝亡国前的庙数。

这种变化缘于当政朝廷礼敬胜朝的态度。后唐、后晋、后汉、后周的创建者都出自"代北集团"，一脉相承。⑥ 后晋保留后唐宗庙的旧制，后汉、后周直接保留胜朝亡国前的庙数，是肯定胜朝正统地位、褒崇胜朝的表现。

（二）胜朝后裔主祭、礼仪用品官给、属于国家常祀

五代对于祭祀胜朝宗庙的规定，可以概括为：胜朝后裔主祭行礼，礼仪用品由当政朝廷提供，祭礼属于当政朝廷的常祀项目，五代后期比照中祀办理。

后梁封唐朝宗室为国宾，要求："莱国公李柷合留三庙，于西都选地位建立庙宇，以备四仲祀祭，命度支供给，以遵彝典。"⑦ 后梁的西都洛阳也是唐朝亡国前的国都。所谓"遵彝典"，应即遵循唐朝旧制。

后唐自称"中兴唐祚"。胜朝宗庙之礼未见记载，应是袭用唐朝旧制。

后晋封后唐宗室李从益为郇国公，要求他"奉唐之祀，服色、旌旗一依旧制。以西京至德宫为庙，牲、币、器、祭服悉从官给"⑧。后唐国都洛阳是后晋的西京。郇国公是后晋的国宾，服色"依旧制"，但祭祀后唐宗庙的各类礼仪用品（包括祭服）都由后晋朝廷提供。后晋太常礼院还专门拟定"唐庙制度"，对庙室布局、祭器、祭品、祭服以及负责机构作了详细规定。其中有："四仲之祭，一羊一豚，如其中祀。"⑨ 所以，郇国公祭祖由后晋官方比照中祀规格办理，其本人只负责充当主祭。

后汉也有祭祀后晋宗庙之礼，只是详情未见记载。后周"以晋、汉之胄为二王后"⑩。宗正寺建议："请依晋、汉故事，迁汉七庙神主入升平宫，行仲享之礼，以汉宗

---

① 楼劲：《宋初礼制沿革及其与唐制的关系——兼论"宋承唐制"说之兴》，《中国史研究》2008年第2期，第59页注释7。
② 王溥：《五代会要》卷三《庙制度》，中华书局，1985年，第30页。
③ 楼劲先生认为，后汉保留的后晋五庙，就是后晋建国初所立的四庙加上后晋高祖而成。详见楼劲：《宋初礼制沿革及其与唐制的关系——兼论"宋承唐制"说之兴》，《中国史研究》2008年第2期，第59页注释7。这意味着，后汉为后晋重立宗庙时保留了后晋亡国前的原有庙数。
④ 《旧五代史》卷一一〇《周书·太祖纪一》，中华书局，1976年，第1465页。
⑤ 楼劲先生文中称后周存后汉五庙，恐误。针对太常礼院的建议，后周太祖答复："宜准前敕，并移于升平宫。"（王溥：《五代会要》卷三《庙制度》，中华书局，1985年，第30页）据此可知，后汉七庙皆被保留。陈文龙对后周保留后汉七庙也有论述，参看陈文龙：《五代德运新论》，邓小南主编：《宋史研究诸层面》，北京大学出版社，2020年，第687页。
⑥ 参见樊文礼：《唐末五代的代北集团》，中国文联出版社，2000年。
⑦ 《旧五代史》卷四《梁书·太祖纪四》，中华书局，1976年，第60页。
⑧ 王溥：《五代会要》卷五《二王三恪》，中华书局，1985年，第66页。
⑨ 王溥：《五代会要》卷三《庙制度》，中华书局，1985年，第30页。
⑩ 《旧五代史》卷一一〇《周书·太祖纪一》，中华书局，1976年，第1464页。

子为三献。"① 既然是"依晋、汉故事",则后汉和后晋一样也有祭祀胜朝宗庙之礼。

后周对后汉宗庙也有相应的管理制度。后周太祖要求:"其法服、神厨、斋院、祭器、祭服、馔料皆依中祀,例用少牢……每仲享以汉宗子为三献。"② 后周太常礼院按照中祀规格办理后汉七庙的常祀事务,提供祭祀所需的礼仪用品。主祭人由后汉宗室充任。

三、五代胜朝宗庙制度承袭唐制的线索

实际上,五代的胜朝宗庙制度因循唐制而来。后梁在安排唐朝宗庙事务时提到的"遵彝典"③,就是遵循此前已有的制度。唐制虽无明确记载,但仍有线索可循。

(一) 裁定胜朝庙数:"武德年故事"

前文已述,后晋太常礼院曾提道:"引武德年故事,祀隋三帝。"④ 管见所及,为胜朝宗庙裁定庙数最早见于此处。隋以前的情况不明。

唐初,唐朝承接北周、隋朝历运。介国公(北周后裔)、酅国公(隋后裔)同为国宾,则两家庙数相同。但《旧唐书》中有"五庙"的记载:天宝十二载(753年),"封韩公、介、酅公等,依旧五庙"⑤。唐朝自永昌元年(689年)起数次调整二王三恪,在承接隋朝还是承接汉朝的问题上反复摇摆;天宝十二载,唐朝最后一次更改历运谱系,放弃天宝九载(750年)承接周、汉的做法,恢复元魏后裔韩国公与介国公、酅国公二王三恪的地位;此后至唐亡,唐朝再未调整过二王三恪。⑥ 《旧唐书》卷二四校勘记曰:"'五'疑'立'字之误。"⑦ 本文依从此说。隋立国时定宗庙为四庙之制,后曾有改立七庙的动议。⑧ 从后晋太常礼院的奏议来看,唐初将隋朝宗庙裁定为三庙,此后没有更改过。

(二) 身为国宾的胜朝后裔主祭,礼仪用品官给

国宾祭庙所用的祭牲、祭服、祭器由唐朝廷提供,最早见于开元三年(715年)。此时唐朝以北周、隋朝后裔为国宾。该年二月敕:"二王后每年四时享庙,牲及祭服、祭器,并官给。"⑨ 北周、隋朝的宗庙分别由介国公、酅国公每年四仲主祭行礼,但祭庙的用牲、祭服、祭器都由唐朝廷提供。

当政朝廷通过颁赐礼仪用品,介入胜朝后裔的祭祖事务,彰显自己的在场与权威。有

---

① 《旧五代史》卷一一〇《周书·太祖纪一》,中华书局,1976年,第1465页。
② 王溥:《五代会要》卷三《庙制度》,中华书局,1985年,第30页。
③ 《旧五代史》卷四《梁书·太祖纪四》,中华书局,1976年,第60页。
④ 王溥:《五代会要》卷三《庙制度》,中华书局,1985年,第30页。
⑤ 《旧唐书》卷二四《礼仪志四》,中华书局,1975年,第916页。
⑥ 吕博:《唐代德运之争与正统问题——以"二王三恪"为线索》,《中国史研究》2012年第4期。
⑦ 《旧唐书》卷二四《礼仪志四》,中华书局,1985年,第937页校勘记[十二]。
⑧ 陈戍国:《中国礼制史(隋唐五代卷)》,湖南教育出版社,1998年,第9页。
⑨ 王溥:《唐会要》卷二四《二王三恪》,中华书局,1955年,第462页。

学者据此敕认为，唐朝为"二王"后裔提供了丰厚的物质待遇。① 实际上，这属于唐代官赐丧祭的范畴，符合"官立庙堂，私家庙祀"的制度。② 唐初册立鄌国公的诏书中有："行隋正朔，车旗服色一依旧章。"③ 而从开元三年开始，鄌国公原有的礼仪独立地位为朝廷的赏赐所瓦解。

有线索表明，国宾的礼仪特权在唐初仍然受到尊重。据《隋唐嘉话》记载，唐太宗曾想赠送樱桃给鄌国公，"称奉则以尊，言赐又以卑"，还向虞世南询问措辞。④ 这说明，唐初统治者还在自己与国宾之间拿捏礼仪平衡。再向前追溯，隋开皇十四年（594 年）闰十月，隋文帝为萧梁、北齐、陈三家亡国的旧宗室提供祭祖器物："莒国公萧琮及高仁英、陈叔宝等，宜令以时修其祭祀。所须器物，有司给之。"⑤ 宋人尹起莘《资治通鉴纲目发明》批评隋文帝此诏，认为三家"若封以一邑，俾食数十里之赋，则不必官给器物，自可修其世祀"；且此诏"不及宇文氏"，"能念齐、梁、陈而不能念周"，足见隋文帝"忌克少恩"。⑥ 结合前文论述可知，尹氏的批评存在偏颇。在隋朝统治者的观念中，萧梁、北齐、陈三个政权与北周截然不同。隋文帝接受北周的禅让建国，北周后裔宇文氏被隋朝封介国公，可以独立祭祖。开皇十年闰十月诏没有涉及介国公，或可反证隋朝对于国宾礼仪特权的承认。这种情况一直延续到唐前期。

从开元三年起，唐朝廷开始在鄌国公、介国公的祭庙礼中颁赐祭牲、祭服、祭器。国宾开始与普通官员一样接受朝廷的祭祖赏赐，其原有的礼仪特权逐步为朝廷的赏赐所瓦解。

（三）属于中央管理的常祀项目

祭祀胜朝宗庙属于唐朝的常祀项目，最早的线索见于《大唐郊祀录》。《大唐郊祀录》卷十《飨礼二·附见》依次记载了诸太子庙、三皇五帝庙及鄌公庙、介公庙在长安的位置。"邬公庙，隋朝杨氏，在通轨坊。介公庙，后周宇文氏，在怀贞坊。"⑦ "邬公庙"显然是"鄌公庙"之误。其后还收录了贞观初年立鄌公庙、介公庙的诏书："二王之后，礼数宜隆。寝庙未修，廪饩多缺，非所以追崇先代，式敬国宾。今可令有司量置国官，营修庙宇。"⑧ 由此可知，鄌公庙、介公庙就是唐朝为隋、北周重立的宗庙。

但鄌公庙、介公庙在祀典中的地位不明。据《大唐郊祀录·凡例》规定，诸太子庙

---

① 谢元鲁：《隋唐五代的特殊贵族——二王三恪》，《中国史研究》1994 年第 2 期。

② 参看游自勇：《礼展奉先之敬——唐代长安的私家庙祀》，《唐研究》第 15 卷，北京大学出版社，2009 年，第 446~448 页。

③ 王溥：《唐会要》卷二四《二王三恪》，中华书局，1955 年，第 461 页。

④ 刘𫗧：《隋唐嘉话》卷中，程毅中点校，中华书局，1979 年，第 15 页。

⑤ 《隋书》卷二《高祖纪下》，中华书局，1973 年，第 39 页。

⑥ 朱熹撰，清圣祖批：《御批资治通鉴纲目》卷三六上，《景印文渊阁四库全书》第 690 册，台湾"商务印书馆"，1986 年，第 784 页。

⑦ 王泾：《大唐郊祀录》卷一〇《飨礼二·附见》，《续修四库全书》第 821 册，上海古籍出版社，2002 年，第 348 页。

⑧ 王泾：《大唐郊祀录》卷一〇《飨礼二·附见》，《续修四库全书》第 821 册，上海古籍出版社，2002 年，第 348 页。

属于中祀，三皇五帝庙与酅公庙、介公庙则不见记载。三皇五帝庙设于天宝六载（747年），春秋二时以少牢致享，① 属于常祀，但不在三祀中。酅公庙、介公庙的地位或与之相仿。

综上，唐代的胜朝宗庙设于国都长安；从开元三年起，国宾祭庙的祭牲、祭服、祭器等礼仪用品都由朝廷提供；至迟到德宗年间编纂《郊祀录》时，胜朝宗庙已经成为唐朝祀典中的常祀项目。

通观唐与五代的制度线索可知，五代的胜朝宗庙制度承袭自唐朝，但有一些改变。首先，从唐代起，胜朝宗庙不再是胜朝后裔独立祭祖之处。唐与五代祭祀胜朝宗庙制度的具体内容是：胜朝后裔主祭，祭牲、祭服、祭器等礼仪用品由当政朝廷提供，祭礼属于当政朝廷的常祀项目。其次，裁定胜朝庙数的方法在五代后期发生改变，从“武德年故事”的三庙变为保留胜朝亡国前的原庙数。再次，胜朝宗庙的设置地点发生变化，唐朝时设在国都，五代政权则倾向于将其迁至西都。最后，相比唐朝，胜朝宗庙在后晋至后周祀典中的地位已经明确，即属于国家常祀，比照中祀办理。

四、北宋胜朝宗庙制度的曲折变迁

北宋同样延续后周宗庙的祭祀。建隆元年（960年），宋太祖颁诏：“其周朝嵩、庆二陵及六庙，宜令有司以时差官朝拜祭飨，永为定式。仍命周宗正卿郭玘行礼。”② 后周立国时定宗庙为四庙，后周太祖、世宗死后祔庙，形成六庙。北宋时期周六庙的制度变迁，可从以下几个方面进行分析。

（一）主祭人的变迁：后周宗室、朝廷遣官、国宾崇义公

北宋前期，周六庙的主祭人先由后周宗室担任，后改为朝廷遣官。北宋建国后迁周六庙于西京洛阳。后周恭帝禅位后被封为郑王，居开封，两年后徙居房州（今湖北房县），③ 与周六庙分处异地。所以，郑王接触不到周六庙的祭祀事务。主祭周六庙的是“周宗正卿郭玘”④。这与后周令“汉宗子”主祭后汉七庙一样，都是指派旧宗室行礼，遵循血亲祭祀的传统观念。西京周六庙建成时，郭玘任光禄少卿，负责奉迁后周宗庙神主。⑤ 但在乾德四年（966年），“光禄少卿郭玘坐赃弃市”⑥。此后周六庙由谁主祭，史无明文。

景德四年（1007年）的一次祭祀冲突包含有重要线索。宋真宗在该年二月巡幸洛阳，“诏吏部尚书张齐贤致祭周六庙”。太常礼院上疏称：“留司选二月十五日遣官仲享周六

---

① 王溥：《唐会要》卷二二《前代帝王》，中华书局，1955年，第430页。

② 《宋史》卷一一九《礼志二十二》，中华书局，1977年，第2796页。

③ 关于后周恭帝禅位后的居地，详见仝相卿：《宋初周恭帝迁居考》，《宋史研究论丛》第10辑，河北大学出版社，2009年，第30~36页。

④ 《宋史》卷一一九《礼志二十二》，中华书局，1977年，第2796页。

⑤ 徐松辑：《宋会要辑稿》崇儒七《存先代后》，刘琳等校点，上海古籍出版社，2014年，第2922页。

⑥ 《宋史》卷二《太祖本纪二》，中华书局，1977年，第24页。

庙。今奉敕，时祭亦在其日。今请以十五日先行时祭，别择吉辰行仲飨礼。"① "留司"即西京留守司，管理西京事务。周六庙原来的仲享礼与皇帝遣官致祭在日期上出现冲突，太常礼院为此调整了仲享周六庙的时间，先安排皇帝遣官祭庙的事务。所以，此时周六庙的四仲常祀由西京留守司遣官行礼，不再由后周的宗室后裔承担主祭。

北宋朝廷遣官祭祀周六庙，与国宾的空缺相对应，打破了"通三统"的惯例。郑王于开宝六年（973年）去世后，北宋没有从后周宗室后裔中找人承袭爵位。宋仁宗晚年无嗣，何鬲建议"考求唐、周之苗裔，以备二王之后，授以爵命，封县立庙，世世承袭，永为国宾"，理由是："奈何绝人之世，灭人之祀，而妨继嗣之福也。"② 此论针对的正是国宾缺位——后周的宗室后裔没有国宾身分，与周六庙的祭祀相分离，不能祭祀后周君主，因此"通三统"没有得到贯彻。太常礼院对此作出回应："本朝因周六庙，春秋遣官祭享，及修饰陵寝。至于唐之子孙，亦屡推恩，置之仕籍。"③ 其逻辑是：北宋遣官祭祀周六庙，保证后周这一"统"没有断绝，不需要再册立后周宗室后裔为国宾，也不需要由其主祭周六庙。

这种逻辑显然与传统不符。北宋遣官祭祀周六庙与血亲祭祀的传统观念相比，无异于越俎代庖。这种颠覆传统的行为在政局平稳时或许没有阻力，但若出现了与此有关的政治险情，恢复传统就成了必然选择。

宋仁宗无嗣引发了北宋朝廷对于破坏传统的恐惧，促成了国宾制度与胜朝宗庙旧礼的恢复。嘉祐四年（1059年），"或上言：皇嗣未生，盖以国家未如古礼封二王后"④。西汉成帝因无嗣而求封殷后的事再度上演。但何鬲的建议没有被全部采纳。太常礼院认为，选立国宾，"尊贤不过二代，以其近己而易法"；但"五代草创"，不符合"明德可法"的要求，唐朝则"世数已远，于经不合"；最终以"今之制度，与古不同"为由，"宜访求周之子孙……授一京官，爵以公号"。⑤ 北宋为后周宗室封爵，⑥ 向传统妥协，恢复了国宾制度。

周六庙此后便由柴姓崇义公主祭。太常礼院的计划是："使专奉庙享，岁时存问，赐之粟、帛、牲、器以祭。每遇时祀，并从官给。"⑦ 崇义公封爵之后，宋仁宗"令有司以

---

① 徐松辑：《宋会要辑稿》崇儒七《存先代后》，刘琳等校点，上海古籍出版社，2014年，第2922页。原文中"仲享""仲飨"两种写法应为辑录人誊抄笔误。

② 徐松辑：《宋会要辑稿》崇儒七《存先代后》，刘琳等校点，上海古籍出版社，2014年，第2925页。

③ 徐松辑：《宋会要辑稿》崇儒七《存先代后》，刘琳等校点，上海古籍出版社，2014年，第2925页。

④ 司马光：《涑水记闻》卷一〇"重礼周后柴氏"条，邓广铭、张希清点校，中华书局，1989年，第190~191页。

⑤ 徐松辑：《宋会要辑稿》崇儒七《存先代后》，刘琳等校点，上海古籍出版社，2014年，第2925页。

⑥ 陈文龙认为，不立后汉的宗室后裔为国宾，源于宋初与北汉政权的敌对关系。参看陈文龙：《五代德运新论》，邓小南主编：《宋史研究诸层面》，北京大学出版社，2020年，第690页。

⑦ 徐松辑：《宋会要辑稿》崇儒七《存先代后》，刘琳等校点，上海古籍出版社，2014年，第2925页。

三品服一、四品服二及所当用祭器给之"①。颁赐礼仪用品又见载于嘉祐六年（1061年）。② 这些命令符合唐与五代时期的制度方法，即由国宾主祭，由当政朝廷提供祭庙的礼仪用品。

（二）周六庙在北宋祀典中的地位变迁

北宋的祀典变更比较复杂。关于周六庙的地位，目前找到如下线索。

第一，宋真宗更定《正辞录》时。据《太常因革礼》记载，大中祥符二年（1009年）更定《正辞录》中的祝词，周六庙与先农、先蚕等项的祝词"称皇帝某敢昭荐于某神，并进御书"，后面才是19位先代帝王及祷牙、蚩尤等"亦进御书"。③ 这说明，周六庙与先代帝王是彼此独立的两个项目，而且周六庙在祀典设计中的定位优先于先代帝王。

第二，宋仁宗前期天圣六年至庆历元年（1028—1041年）。《宋史·礼志一》记载有一套"凡祀典皆领于太常"，"岁之大祀三十""中祀九""小祀九"的三祀制度，④ 行用时间存在争议。朱溢认为这是宋神宗熙宁四年（1071年）更定祀典后的制度。⑤ 陈文龙考察其中祭祀项目的出现时间及地位变动，认为这套制度存在于天圣六年至庆历元年之间。⑥ 笔者暂取陈说。

这套制度规定，三祀制中的项目都由中央的太常负责，"其诸州奉祀，则五郊迎气日祭岳镇海渎，春秋二仲享先代帝王及周六庙，并如中祀"⑦。朱溢发现了其中的分界："朝廷以祭祀的执行机构为界，将太常举行的常祀列入三祀制的范围，地方政府举行的常祀只是参照中祀和小祀的标准进行。"⑧ 所以，在天圣六年至庆历元年间，周六庙与先代帝王的祭祀事务都由当地官方按照中祀的规格办理，每年两祭。

第三，宋神宗中期熙宁六年至元丰二年（1073—1079年）。《宋会要辑稿》礼一四卷首收录有一套"国朝凡大中小祠岁一百七"的三祀制度。其中，"中祠十一：风师、雨师、海渎、五镇、先农、先蚕、五龙、周六庙、先代帝王、至圣文宣王、昭烈武成王"⑨。关于这套三祀制度的使用时间，目前也存在争议。朱溢认为是宋太祖至英宗时期。⑩ 陈文

———————————————

① 《宋史》卷一一九《礼志二十二》，中华书局，1977年，第2797页。

② 《宋史》卷一二《仁宗本纪四》，中华书局，1977年，第247页；李焘：《续资治通鉴长编》卷一九三，嘉祐六年三月戊申，中华书局，1979年，第4664页。

③ 欧阳修等：《太常因革礼》卷一一《总例十一·祝词》，《续修四库全书》第821册，上海古籍出版社，2002年，第393页。19位先代帝王按时间顺序排列，以太昊为始，以唐高祖为终，没有后周君主。

④ 《宋史》卷九八《礼志一》，中华书局，1977年，第2425页。

⑤ 朱溢：《事邦国之神祇：唐至北宋吉礼变迁研究》，上海古籍出版社，2014年，第58、75~78页。

⑥ 陈文龙：《〈宋史·礼志一〉所载大中小祀制度源自〈天圣令·祠令〉说——附论北宋前中期若干大中小祀制度的系年》，《华中国学》第2卷，华中科技大学出版社，2014年，第161页。

⑦ 《宋史》卷九八《礼志一》，中华书局，1977年，第2425页。

⑧ 朱溢：《事邦国之神祇：唐至北宋吉礼变迁研究》，上海古籍出版社，2014年，第76页。

⑨ 徐松辑：《宋会要辑稿》礼一四《群祀》，刘琳等校点，上海古籍出版社，2014年，第743页。

⑩ 朱溢：《事邦国之神祇：唐至北宋吉礼变迁研究》，上海古籍出版社，2014年，第58、67~74页。

龙通过考证祭祀用日的规定，指出这套制度行用于宋神宗"熙宁六年正月至元丰二年十月"①。笔者暂取陈说。

在这个时期，周六庙与先代帝王并列于中祀。从《宋会要辑稿》礼一四后文中的"有时月而无日者四十八"来看，周六庙是四仲祭祀，先代帝王则是二仲祭祀。② 周六庙在行礼时间上比先代帝王的规格要高。

第四，宋徽宗政和三年（1113 年）颁布《政和五礼新仪》，三祀名录中没有周六庙。③ 但此时，先代帝王属于中祀项目，而且先代帝王祀谱中包含后周嵩陵、庆陵（即后周太祖与世宗的陵寝）。④

综合以上，可对周六庙、后周君主在北宋祀典中的地位有一个大致认识。

首先，在颁行《政和五礼新仪》之前，周六庙与先代帝王是两个彼此独立的项目，后周君主并未进入常祀先代帝王的名单（下文简称"先代帝王祀谱"）。

其次，至迟到宋神宗元丰二年（1079 年），周六庙与先代帝王的地位大致相当，或同为中祀项目，或同由地方机构比照中祀办理。但周六庙在祀典设计上比先代帝王略显优越。这表现在宋真宗时的祝词用语和宋神宗时的祭祀频率上。

最后，在《政和五礼新仪》中，周六庙（不入三祀）的地位转而低于先代帝王（中祀）。而且，后周君主的帝陵进入先代帝王祀谱。这种设计改变了以往周六庙优越于先代帝王的格局，背后有深层次的意涵。

《政和五礼新仪》颁行后，北宋祀典中的后周君主有了两个意义不同的身分。一方面，他们仍在周六庙中由崇义公主祭，身分可以定义为"国宾祖先"；另一方面，《政和五礼新仪》中的先代帝王祀谱通过梳理正统王朝的序列来彰显北宋正统地位的历史来源⑤。魏侯玮曾指出，当政朝廷将先代帝王作为"政治祖先"祭祀，意在彰显自身的统治合法性。⑥ 后周太祖、世宗进入先代帝王祀谱，成为北宋朝廷诸多"政治祖先"中的一部分。

周六庙的地位逊色于先代帝王，意味着后周君主的两重身分也有高下之分。与之前周六庙优越于先代帝王的情况相比，先代帝王的地位转而被抬高。这说明北宋朝廷在祭祀后周君主的礼制设计中凸显了自身的政治需求，国宾祭祖的传统制度与血亲祭祀的传统观念转而降居次位。

---

① 陈文龙：《〈宋史·礼志一〉所载大中小祀制度源自〈天圣令·祠令〉说——附论北宋前中期若干大中小祀制度的系年》，《华中国学》第 2 卷，华中科技大学出版社，2014 年，第 159 页。

② 徐松辑：《宋会要辑稿》礼一四《群祀》，刘琳等校点，上海古籍出版社，2014 年，第 743 页。

③ 郑居中等：《政和五礼新仪》卷一《序例·辨祀》，《景印文渊阁四库全书》第 647 册，台湾"商务印书馆"，1986 年，第 134 页。

④ 郑居中等：《政和五礼新仪》卷二《序例·神位下》，《景印文渊阁四库全书》第 647 册，台湾"商务印书馆"，1986 年，第 144 页。

⑤ 参看笔者《北宋先代帝王祭礼新探》，《宋史研究论丛》第 32 辑，科学出版社，2023 年。

⑥ ［美］魏侯玮（Howard J. Wechsler）认为，与现任统治者的血缘祖先相对，以往朝代的君主可以视作现任统治者的"政治祖先"，"现任统治者与其政治祖先之间的认同"能够对现政权起到"支持作用"，有助于标榜现政权的合法性。参看 Howard J. Wechsler, *Offerings of Jade and Silk: Ritual and Symbol in the Legitimation of the T'ang Dynasty*, New Haven: Yale University Press, 1985, pp.135-141.

（三）常祀频率的更改：四仲与二仲

祭祀周六庙的时间也发生过改变。五代时，胜朝宗庙每年四仲行礼。宋仁宗天圣六年至庆历元年（1028—1041 年），西京留守司"春秋二仲享先代帝王及周六庙"①，每年两祭。前文已述，嘉祐四年（1059 年）太常礼院讨论何鬲上疏时提到，周六庙是"春秋遣官祭享"。所以，仁宗年间曾每年二仲祭祀周六庙，与五代时的四仲行礼相比，明显降低了规格。

祭祀规格降低，或许也在"妨继嗣之福"的顾虑内。所以在熙宁六年至元丰二年（1073—1079 年）的三祀制度中，周六庙进入中祀，并且是四仲行礼，祭祀规格与其在祀典中的地位又被抬高。

（四）从国宾到行礼官：崇义公受到的管控

崇义公虽然在名义上有国宾身分，但却受到严格管控。这表现在两个方面。

一方面，崇义公祭祀后周君主必须严格遵循朝廷的仪程要求，接受朝廷监督。熙宁四年（1071 年）十二月，首任崇义公柴咏因司马光弹劾而被罢爵，原因是："柴咏管勾周陵祭祀，不遵依式，无肃恭之心……侮慢宪章，简忽祭祀。"② 这说明，祭祀后周君主的礼仪由北宋官方管理、监督，不再是国宾的私礼。国宾只是当政朝廷的行礼官，在祭祖时必须严格遵循朝廷的要求。

另一方面，北宋朝廷对崇义公的职权设置"上限"。嘉祐四年寻立崇义公的诏书提道："如至知州资序，即别与差遣。却取以次近亲，令袭爵授官，永为定式。"③ 其意，如果崇义公具备了出任知州的资格，那么爵位就要转授给近支亲属，其本人不再享有国宾身分。这项规定在南宋时被执行过，当时的后周宗庙设于崇义公的居地衢州。绍兴二十六年（1156 年），崇义公柴叔夏达到"知州资序"。衢州长官上奏中央，请求依据嘉祐四年诏立其子柴国器为崇义公，"主奉烝尝"④。此议被批准执行。这种要求既是保证崇义公专职祭祀，又使崇义公的职权永远不至于过高，不会形成政治威胁。

崇义公的世袭爵位与传统意义上的"父死子继""兄终弟及"不同，达到官职"上限"也成为爵位传递的一个前提。所以，崇义公的主要任务就是祭祀后周君主。如不能正常执行祭祀任务，这个爵位便需向其亲属转移。

综上，可将北宋时期胜朝宗庙的制度变迁归纳如下：北宋前期抛弃了册立胜朝后裔为国宾的传统，自行遣官祭祀周六庙，并且减少了祭祀频率。嘉祐四年，北宋因皇帝无嗣向

---

① 《宋史》卷九八《礼志一》，中华书局，1977 年，第 2425 页。

② 李焘：《续资治通鉴长编》卷二二八，熙宁四年十二月乙亥，中华书局，1979 年，第 5560 页。王善军据此事及其他类似事例认为，柴氏家族成员能力存在欠缺。参见王善军：《特权庇护：宋代的邢州柴氏家族》，《宋史研究论丛》第 10 辑，河北大学出版社，2009 年，第 414 页。

③ 徐松辑：《宋会要辑稿》崇儒七《存先代后》，刘琳等校点，上海古籍出版社，2014 年，第 2924 页。

④ 徐松辑：《宋会要辑稿》崇儒七《存先代后》，刘琳等校点，上海古籍出版社，2014 年，第 2928 页。

传统妥协，复立国宾，同时恢复了国宾主祭胜朝宗庙的旧制，后又抬高了胜朝宗庙在祀典中的地位。国宾的职责就是充当朝廷祭祀后周君主的行礼官，按照朝廷的要求祭祖，其职权与地位受到严格限制。

（五）胜朝宗庙制度的消亡

胜朝宗庙制度在宋代之后便消失了。金、元两代都不见有类似制度。明洪武三年（1370 年），元顺帝之孙被明军俘虏，封崇礼侯，并在四年后返回北元。明朝待以国宾之礼，并向他提供祭牲，"俾祭其祖"[1]。但明朝不曾为元朝重立宗庙，之后也再未册封过元朝宗室为国宾。另外，明初仍然祭祀胜朝帝陵，因元帝陵的位置无法确定，遂在北平为元世祖立庙施祭。[2] 清顺治初年入关后迅速掌管了明帝陵的祭祀事务。[3] 为朱明后裔封爵已是雍正二年（1724 年）的事，但清朝也没有为明朝重立宗庙。而且，朱姓延恩侯的血统颇为可疑。孟森先生说："其实乃于旗员中比附一人，以饰观听耳。"[4] 清朝规定，每年春秋二仲，延恩侯祭昌平明帝陵须事先"于该旗都统处具呈"，向其上司报告；如祭明太祖的明孝陵，则应请示皇帝；具体事务"均照初次例行"。[5] 延恩侯祭祀明朝君主须听从官方指令行事，只是朝廷祭祀明朝帝陵的行礼官。总之，宋亡后，胜朝宗庙就在古代国家祀典中消失了。

五、此消彼长：祭祀主导权的转移及其原因

通过梳理唐宋的制度沿革可知，祭祀胜朝宗庙从国宾私礼转变成了国家管理的常祀项目。实际上，首先，这种变化与二王三恪制度的衰亡相伴随，有更深层的历史原因。其次，金、元两代政权的民族特色或许与胜朝宗庙制度的消失有关，但并不是决定性因素。再者，胜朝宗庙制度消亡后，它原有的礼仪功能也为其他礼制项目所取代。

---

[1] 《明太祖实录》卷五六，洪武三年九月戊申，台湾"中央研究院"历史语言研究所，1962 年，第 1098 页。

[2] 明洪武六年（1373 年），明朝廷"仍命于北平立元世祖庙"（《明太祖实录》卷八六，洪武六年十一月癸丑，台湾"中央研究院"历史语言研究所，1962 年，第 1527 页）。据万历《大明会典》记载，该庙"洪武初年建，每岁二八月中旬择日，遣顺天府官祭，嘉靖二十四年罢"（申时行等修，赵用贤等纂：《大明会典》卷九三《群祀三·京都祀典》，《续修四库全书》第 790 册，上海古籍出版社，2002 年，第 625 页）。嘉靖年间，陈棐上奏请求罢祀元世祖，指出在先代陵寝中"惟顺天府所系元世祖陵，臣遍考赍器，绝无陵所"，"今遇每祭，但权于府西庙北，扫阶席幄以毕事"（孙旬：《皇明疏钞》卷四八《礼仪四》，《续修四库全书》第 464 册，上海古籍出版社，2002 年，第 403~404 页）。所谓祭元世祖陵要在"庙北"行礼，显然是指洪武六年所立的元世祖庙而言。

[3] 顺治元年（1644 年），清朝廷为崇祯帝修陵时，"复诏明十二陵絜禋祀，禁樵牧，给地亩，置司香官及陵户。岁时祭品，户部设之"（《清史稿》卷八四《礼志三》，中华书局，1976 年，第 2529 页）。

[4] 孟森：《明烈皇殉国后纪》，《明清史论著集刊》，中华书局，1959 年，第 70 页。

[5] 昆冈、刘启端等：《钦定大清会典事例》卷四三五《礼部·中祀·直省防护帝王陵寝修葺陵庙》，《续修四库全书》第 804 册，上海古籍出版社，2002 年，第 826 页。

（一） 胜朝宗庙制度变迁的内在机制

在唐宋时期胜朝宗庙的制度变迁中，祭祀胜朝宗庙的主导权逐步转移到当政朝廷手中。身为国宾的胜朝后裔在祭祖中的权限被逐步挤压。但这个变化过程出现过曲折，即北宋前期曾绕过后周宗室，直接将后周宗庙作为自行主祭的常祀对象，但最终又恢复了国宾主祭的旧制。

当政朝廷对于胜朝宗庙的掌控，与二王三恪制度、血亲祭祀的传统观念存在冲突。这是制度变迁出现曲折的原因。历代沿用董仲舒"通三统"学说彰显自身正统地位的来源，册封"二王"后裔，待以国宾之位。汉、唐间近千年的历史使册立国宾成为易代之际的惯例。国宾在名义上享有礼仪独立的特权，自奉先祀。所谓"神不歆非类，民不祀非族"，血亲祭祀的传统观念根深蒂固。因此，唐之前各代基本不将胜朝君主作为自己的常祀对象，也不干涉国宾的祭祖事务。也是因此，与胜朝宗庙相关的记载极其匮乏。唐朝、五代与北宋介入、管理胜朝宗庙的祭祀，逐渐突破了旧的传统。北宋时期制度变迁的周折，就源于这种新方法与旧观念的矛盾。

从唐、宋祀典来看，国宾独立祭祖的传统从两条路径被突破。其一，当政朝廷介入、管理国宾的祭祖事务，将胜朝宗庙纳入中央管理的祭礼系统。国宾与普通官员一样接受中央的祭祖赏赐，名为受到褒崇，实则丧失了礼仪独立的特权。更进一步，当政朝廷不再册立胜朝后裔为国宾，自行祭祀胜朝宗庙。其二，发展其他礼制项目，将胜朝君主纳入先代帝王祀谱，使胜朝君主与其他正统王朝的君主一样由当政朝廷直接祭祀。

制度变迁的过程至迟到北宋末期结束。一方面，国宾崇义公被设置了职权上限，祭祖也要严格遵循朝廷的礼仪要求，已经沦为北宋祭祀后周君主的行礼官。另一方面，后周君主在北宋末期的祀典中分属两项——周六庙（不入三祀）与进入先代帝王祀谱的后周帝陵（中祀）。后周君主的两重身分中，"国宾祖先"的地位要低于北宋朝廷的"政治祖先"。这说明，在祭祀胜朝君主的礼制设计中，血亲祭祀的传统观念让步于北宋朝廷的政治需要。

（二） 制度变迁的深层原因

胜朝宗庙的制度变迁与二王三恪制度的衰亡相伴随。二王三恪属于宾礼，通行于汉魏、两晋、南朝、隋唐，在五代时衰败。① 宋朝时已经没有严格意义上的二王三恪，享受国宾礼遇的只有后周柴姓一家。二王三恪制度的衰落，对应着国宾礼仪特权的瓦解和祭祖自主权的丧失，也对应着当政朝廷祭祀胜朝君主的权限扩张。

这种此消彼长的演变态势，源于董仲舒"通三统"学说逐步被抛弃。作为二王三恪制度的理论依据，"通三统"学说产生于先秦结束不久，本身带有诸国并列的痕迹。在它的规划中，当政朝廷与胜朝是并列关系，当政皇帝待胜朝后裔国宾之位、"不臣"之礼，保持礼仪上的对等。在帝制社会前半段，"通三统"学说是禅代之际处置胜朝"人""鬼"的制礼依据。陈鹏考察汉、唐各代的正朔与服色指出，"通三统"学说在南北朝逐渐没

---

① 谢元鲁：《隋唐五代的特殊贵族——二王三恪》，《中国史研究》1994 年第 2 期。

落，至两宋仅剩回光返照。① 二王三恪制度衰亡，国宾礼仪特权瓦解，当政朝廷掌控胜朝宗庙，同样以“通三统”学说的没落为背景。刘浦江指出，五德终始说、谶纬、封禅等传统政治学说和礼仪在宋朝受到儒学复兴的冲击，渐趋衰亡。② 与此相伴随，带有先秦色彩的“通三统”学说也离开了礼制设计的前台。

二王三恪制度衰败时，先代帝王祭礼发展起来。先代帝王祭礼从隋朝起成为国家常祀项目，③ 祀谱中的前朝往代君主都由当政朝廷直接祭祀。胜朝君主自然属于“先代帝王”的范畴，却在隋与唐前期独立于先代帝王祀谱之外。④ 这就是古代国家礼制系统性、整体性的表现。身为国宾的胜朝后裔自行祭祀胜朝君主，则胜朝君主不必出现先代帝王祀谱中。唐天宝时，先代帝王祀谱首次囊括胜朝君主，但很快便停止了常祀。⑤ 至迟到北宋末期的《政和五礼新仪》中，胜朝帝陵进入先代帝王祀谱。⑥ 明、清两代都沿用这种做法，分别在元、明帝陵中选择一部分列入先代陵寝祀谱。⑦ 明、清两代还在国都设历代帝王庙，分别在建国初将元世祖、明太祖放进帝王庙中供奉。⑧

所以，唐宋不仅是胜朝宗庙制度的转变期、二王三恪制度的衰败期，而且是先代帝王祭礼的发展期。

---

① 陈鹏：《三统说与汉晋服色》，《史林》2017 年第 4 期。

② 刘浦江：《“五德终始”说之终结——兼论宋代以降传统政治文化的嬗变》，《中国社会科学》2006 年第 2 期。

③ 丘濬：《大学衍义补》卷六二《治国平天下之要·秩祭祀·内外群祀之礼》，《景印文渊阁四库全书》第 712 册，台湾“商务印书馆”，1986 年，第 720 页。

④ 隋开皇年间常祀先代帝王，祀谱中有尧、舜、禹、汤、周文王、周武王、汉高祖。唐显庆年间的先代帝王祀谱与隋开皇年间的一致。唐《开元礼》与《唐六典》中的先代帝王祀谱，在之前的基础上增加了帝喾。唐朝曾数次调整正统王朝的历运更迭序列，但开元年间编制《开元礼》与《唐六典》时，唐朝仍是以北周、隋朝为前两代正统王朝。所以，这些先代帝王祀谱中都不包含胜朝帝王。

⑤ 唐天宝年间的先代帝王祀谱形成于天宝七载（748 年），祀谱人选为三皇以前帝王（天皇氏等 5 人）、三皇五帝、夏王禹、殷王汤、周文王、周武王、秦始皇、汉高祖、东汉光武帝、魏武帝、晋武帝、北魏道武帝、北周文帝、隋文帝。此时，唐以北周、隋后裔为国宾，而北周、隋君主都进入了先代帝王祀谱。天宝九载（750 年），唐朝改承周、汉，随之“黜隋以前帝王”（《新唐书》卷二〇一《王勃传》，中华书局，1975 年，第 5740 页），在祀谱中将魏武帝、晋武帝、北魏道武帝、北周文帝、隋文帝删去（参看吕博：《唐代德运之争与正统问题——以“二王三恪”为线索》，《中国史研究》2012 年第 4 期），但汉高祖作为胜朝君主还在祀谱中。天宝十二载（753 年），该常祀制度被停止。

⑥ 笔者《北宋先代帝王祭礼新探》（《宋史研究论丛》第 32 辑，科学出版社，2023 年）考察北宋的五份先代帝王祀谱。据目前史料来看，至迟到《政和五礼新仪》，后周君主进入先代帝王祀谱，与其他正统王朝的君主并列。

⑦ 明朝嘉靖二十四年（1545 年）之前的先代陵寝祀谱中有元世祖陵（参看《大明会典》卷九三《群祀三·有司祀典上·帝王陵寝》，《续修四库全书》第 790 册，上海古籍出版社，2002 年，第 628 页下栏）。清朝顺治初年的先代陵寝祀谱中有明太祖陵、宣宗陵、孝宗陵、世宗陵（清乾隆十二年敕撰：《钦定大清会典则例》卷八二《礼部·祠祭清吏司·中祀二》，《景印文渊阁四库全书》第 622 册，台湾“商务印书馆”，1986 年，第 568 页下栏）。

⑧ 明嘉靖二十四年之前的历代帝王庙中有元世祖（参看赵克生：《明朝嘉靖时期国家祭礼改制》，社会科学文献出版社，2006 年，第 130~141 页）。清顺治元年定都北京后不久，便将明太祖供奉进帝王庙（《清世祖章皇帝实录》卷五，顺治元年六月甲申，中华书局，1985 年，第 130 页）。

二王三恪制度与先代帝王祭礼分属宾礼、吉礼，但礼仪功能相近，都是梳理以往正统王朝的更迭脉络，昭示现政权正统地位的历史来源。但两者的制礼逻辑明显不同。先代帝王祭礼展现了正统地位的纵向传承——正统地位自上古一代一代传递到现政权手中，胜朝与其他正统王朝一样是过往历史中的环节，不能与现政权并列，保证了现政权的独尊地位。与"三统并列"相比，这种纵向传承的逻辑更符合帝制时代政权更迭的实际。因此在明、清时期，历代帝王庙祀谱与先代陵寝祀谱都囊括了胜朝君主。先代帝王祭礼成为明、清朝廷昭示正统地位来源的主要礼仪制度。

六、总　　结

胜朝宗庙制度经历了复杂的变迁过程。从汉新禅代开始，新生政权为胜朝重立宗庙，并为胜朝末帝或宗室后裔封爵，待以"不臣"之礼。受封者享有国宾身分和礼仪独立的特权。唐之前，国宾自奉庙祀不受当政朝廷干涉，与胜朝宗庙制度有关的记载也极为稀少。

而从唐代起，祭祀胜朝宗庙进入国家祀典，不再是国宾的私礼：唐朝裁定胜朝宗庙为三庙，在国都为胜朝重立宗庙；胜朝宗庙由国宾主祭，祭牲、祭服、祭器等礼仪用品由当政朝廷提供；祭礼属于国家管理的常祀项目。五代的胜朝宗庙制度基本上沿用唐制，但有三点变化：倾向于将胜朝宗庙设在西都；五代后期为礼敬胜朝，重立胜朝宗庙时径直保留其亡国前的庙数；五代后期的常祀事务按中祀规格办理。

北宋继承、调整了五代后期的胜朝宗庙制度。北宋前期一度不立国宾，遣官主祭周六庙，后因宋仁宗无嗣引发了对破坏"通三统"的恐惧，遂立后周宗室后裔为国宾，恢复了国宾主祭、礼仪用品官给的旧制。但此时的崇义公已经沦为朝廷祭祀后周君主的行礼官。在北宋末期的礼制设计中，后周君主分属先代帝王与周六庙两个常祀项目，因而具有了意义不同、地位不等的双重身分。其背后的制礼逻辑是，血亲祭祀的传统观念要让步于当政朝廷昭示正统来源的政治需要。宋亡，胜朝宗庙制度消失。

胜朝宗庙的制度变迁、消失与二王三恪制度的衰亡相伴随，与国宾礼仪特权的瓦解相伴随。作为二王三恪制度的理论依据，董仲舒"通三统"学说带有诸国并立的色彩。这是先秦政治格局在汉代学说中的遗存，却与帝制时代政权更迭的实际不符。随着时代推移与传统政治文化的嬗变，"通三统"学说不再是王朝更迭的理论解释和制礼依据，逐步淡出了礼制设计的前台。经过汉、唐千余年的浸染，保存胜朝后裔的传统观念已经根深蒂固。清朝还为明朝宗室后裔封爵。但到此时，胜朝后裔只是当政朝廷祭祀胜朝君主的行礼官，先代帝王祭礼在昭示正统来源方面的作用也不再受旧传统的撼动。

文末致谢：本稿先后得到过武汉大学历史学院杨华教授、国学院任慧峰老师、文学院覃力维老师以及华中科技大学陈文龙老师、重庆大学冯茜老师、湖南大学黄晓巍老师的指导。笔者在此致以诚挚感谢。

（作者单位：山东师范大学齐鲁文化研究院）

"敬宗"与"贵贵":宗族建设的两种理念

□　朱明数

【摘要】 以血缘为基础的"敬宗"理念和以爵等为核心的"贵贵"理念共存于经典之中，是后世宗族建设的理论资源。在魏晋至隋唐的官方礼书中，"贵贵"是宗族礼制的核心原则。宋儒则通过突显"敬宗"之意，冲决爵等对宗族建设的制约，赋予士庶普遍的祖先祭祀权。但朱子《家礼》中严格的"敬宗"模式，与社会实践相违背，故难于落实。而清儒对《家礼》的针对性改造，又将从爵等泛化及于政治、经济、才能等要素的"贵贵"理念引入宗族建设之中，支持了当时的宗族建设实践。而严格依据经文，在宗族理论中整合"敬宗""贵贵"的研究路径，也就只能成为一种理论的推衍，与现实相脱节。

【关键词】 宗法；宗族；敬宗；贵贵

　　殷周早期社会中，基于血缘的宗族组织，在国家统治和社会生活中发挥重要作用。血缘决定政治、经济地位的高下，宗子凭借因血缘而获得的特权处于宗族的核心。① 及至春秋，宗族组织的影响力逐渐降低，在新的社会历史条件下，爵等取代血缘成为宗族中等级差异的核心要素。② 这一变化在经典之中亦有其痕迹，以血缘为基础的"敬宗"观念和以爵等为标准体现"贵贵"的宗族礼制，因学者的整理而共存，并成为后世宗族建构的理论基础。

　　"亲亲故尊祖，尊祖故敬宗"，虽然是人所共知的观念，但从官方礼制的层面来看，

---

　　①　朱凤瀚即指出："贵族成员之间的等级差别显然是由他们在家族内的地位，亦即亲属类别身分的不同所决定的。""宗族长在宗族内主持对家族祖先神的祭祀，具有高于其他族人的至尊地位，他同时亦是宗族武装的最高指挥者，宗族经济的最高支配者，在宗族内实行一种父家长式的专制统治。"（朱凤瀚：《商周家族形态研究（增订版）》，天津古籍出版社，2004 年，第 123、211 页）其他对殷周早期历史的相关研究也指出嫡长子以在宗子继承中有优先地位，在政治、经济上拥有优势地位。

　　②　杨坤以为春秋时代，宗子立爱以及外部政治势力干预，背离了嫡长子继承制，"破坏了宗族内部原有权力获得顺序及等级结构，由此引发宗法制度内容和面貌发生一系列变化"（杨坤：《两周宗法制度的演变》，上海古籍出版社，2021 年，第 366 页）。

魏晋隋唐却一直是 "宗庙之设，各有品秩"①，以 "贵贵" 作为构划宗族礼制的核心标准。而在豪族和世家门阀之中，其收族的功能恐怕也不是通过强调血缘联系来实现的。

到了宋代，学者针对现实的需要，希望在新的历史现实中重塑宗法。他们突显 "敬宗" 观念，强调血缘在宗族组织中的核心作用，改造 "贵贵" 的宗族礼制，试图赋予平常士庶祭及高祖乃至始祖的权力。不过，虽然 "敬宗" 理念得以强化，但是宗族建设的具体构划仍然最终落在 "贵贵" 上。只不过此 "贵贵" 较官位爵等更为泛化而已。就宗族建设的实践而言，宗子或者说族长的政治经济优势，而非血缘地位，才是保证其宗族核心地位的关键。所以张载、程颐皆有 "夺宗" 之论。② 至于朱子，他虽继承张、程，但《家礼》过于严格 "敬宗" 意识，使其宗族架构与实践相背离，反而不具备落实的可能。③

清初学者继承程、朱之说，并有针对性对《家礼》进行改造。虽然其理论中保留了宋儒所构划的普遍的祖先祭祀，但宗子的作用渐趋淡化。以贤、以贵、以财而获得宗族实际领导权的族长，取代宗子成为宗族的核心。"敬宗" 的观念也就在事实上不得不让位于 "贵贵" 的原则。至于一些学者重新解释经文，调和两者的尝试，则既不能严密地解说经文，又不可避免地与实践脱节了。

一、经典中的两种理念

虽然 "在经典之中，并找不到大宗子有在政治经济层面主宰族人的权力的证据"④，但学者们的研究业已充分说明，宗法制度在早期社会中，绝非专为祖先祭祀而设，而是以血缘为基础的一种组织、管理形式。"宗族和世系不但作为调整社会间相互关系的基本组织而继续存在，而且也为其成员分化成政治、经济等级提供家世基础，这些政治经济等级是根植于等级制的结构之中的。在每一宗族内，有根据家世亲疏而定的嫡系和旁系血缘关

① 《晋书》卷七五《范宁传》，中华书局，1974 年，第 1988 页。

② 吴飞已经较为仔细梳理了张载、程颐、朱子的宗法论述，但在若干细节问题上尚有补充的空间。朱子于张载、程颐之说有继承而又有差异，其严格的宗族祭祀制度恰恰是其说不能落实的原因。宋以后的官方制度和民间制度虽号为尊法《家礼》，但具体实践中却与《家礼》模式迥然有别。林鹄在吴飞等的基础上探讨宋儒宗法论说和早期经典之间的关系，但以为 "中国传统宗族生活的支配原则并非是在民间的长期实践中 '自发' 产生，而是很大程度上源于精英（儒家）的缔造，历史上儒家的宗族理论恰恰是以往研究中的薄弱环节" 则忽视了宗族发展的实际情形。无论是早期经典之中的差异，抑或宋、明、清学者的论说，皆可见社会实际情形的影响（吴飞：《祭及高祖——宋代理学家论大夫士庙数》，《中国哲学史》2012 年第 4 期；林鹄：《宗法、丧服与庙制：儒家早期经典与宋儒的宗族理论》，《社会》2015 年第 1 期）。

③ 郑振满、常建华等人的研究充分说明《家礼》模式与宗族实践之中的差距。井上彻更是提出："明朝在以《家礼》祠堂制度为准绳制定家庙制度的同时，摒弃了支撑朱熹祠堂制度的宗法原理。"（郑振满：《明清福建家族组织与社会变迁（增订版）》第五章，北京师范大学出版社，2020 年；常建华：《明代宗族组织化研究》，故宫出版社，2012 年；井上彻著，钱杭译，钱圣音校：《中国的宗族与家族礼制》，上海书店，2008 年，第 89 页。）

④ 林鹄：《宗法、丧服与庙制：儒家早期经典与宋儒的宗族理论》，《社会》2015 年第 1 期。

系，血统上的等级与财产的分配相结合。"①

虽然不无理想化的改造和整齐，以血缘为核心的早期宗法制度在经典之中仍可见痕迹："别子为祖，继别为宗，继祢者为小宗。有百世不迁之宗，有五世则迁之宗。百世不迁者，别子之后也。宗其继别子之所自出者，百世不迁者也。宗其继高祖者，五世则迁者也。尊祖故敬宗，敬宗，尊祖之义也。"② "敬宗"的理念，便是承认血缘身分在宗族中的基础性作用。大宗、小宗之别以血缘身分为断，百世不迁、五世则迁的模式虽然无确切历史材料为佐证，但此理念无疑是早期宗法社会中继承权、祭祀权、财产支配权、人员支配权等附着在血缘上的历史事实的反映。

而当早期宗法制度逐渐瓦解，宗子不仅在政治、经济上受到挑战，其在宗族中的主导地位也受到宗族中真正有实力成员的挑战。这在经典之中尤其明显地体现在作为祭祀权力的分配规则，以及作为等级外显物的宗庙制度上。《王制》和《祭法》中，对天子以至庶人宗庙制度的规定便以"贵贵"为准。《王制》："天子七庙，三昭三穆，与太祖之庙而七。诸侯五庙，二昭二穆，与太祖之庙而五。大夫三庙，一昭一穆，与太祖之庙而三。士一庙，庶人祭于寝。"③《祭法》："天下有王，分地建国，置都立邑，设庙、祧、坛、墠而祭之，乃为亲疏多少之数。是故王立七庙，一坛一墠，曰考庙，曰王考庙，曰皇考庙，曰显考庙，曰祖考庙，皆月祭之。远庙为祧，有二祧，享尝乃止。……诸侯立五庙……大夫立三庙二坛……適士二庙一坛……官师一庙……庶士、庶人无庙，死曰鬼。"④ 现有的材料尚不足以清晰还原商周时期的宗庙制度，《王制》《祭法》中宗庙制度当然是儒家学者建构的结果，故两者亦有不同。但《王制》《祭法》皆是以爵等高低来规定宗庙制度的等差格局，这就显示出"贵贵"对"敬宗"理念的挑战。

而当"敬宗"和"贵贵"两种理念相互碰撞之时，也必然会产生冲突。比如，若宗子的爵位低于族人，究竟是应该依据"敬宗"之义，承认宗子的主导地位，还是要依据"贵贵"的原则，主张爵等带来的特权呢？《内则》提出，族人"虽贵富，不敢以贵富入宗子之家"，子弟"不敢以富贵加于父兄宗族"。⑤ 而在《曾子问》中，曾子亦提问："宗子为士，庶子为大夫，其祭也如之何？"孔子曰："以上牲祭于宗子之家。"⑥ 虽然《曾子问》《内则》仍坚守"敬宗"的理念，凸显宗子的地位，但之所以会出现这种论题，就已经显示出在宗法社会趋向瓦解的新的历史现实下，"贵贵"理念的真实压迫力。而学者的进一步阐发，也就难免寓"敬宗"于"贵贵"之中。郑玄注《丧服小记》"庶子不祭祖者，明其宗也"，云："明其尊宗以为本也，祢则不祭矣，言不祭祖者，主谓宗子、庶子，俱为適士得立祖、祢庙者也。凡正体在乎上者，谓下正犹为庶也。"⑦ 以宗法论，庶子不能祭其父，也就自然毋庸特意拈出"庶子不祭祖"。是以在郑玄看来，《丧服小记》当别有旨趣。故而他以"正体在乎上者，谓下正犹为庶也"释之，谓此"庶子"实为祖之庶

① 张光直：《古代中国考古学》，生活·读书·新知三联书店，2013年，第429页。
② 《礼记正义》卷三四，阮元校刻：《十三经注疏》，中华书局，2009年，第3268页。
③ 《礼记正义》卷一二，阮元校刻：《十三经注疏》，中华书局，2009年，第2890页。
④ 《礼记正义》卷二三，阮元校刻：《十三经注疏》，中华书局，2009年，第3447页。
⑤ 《礼记正义》卷二七，阮元校刻：《十三经注疏》，中华书局，2009年，第3171页。
⑥ 《礼记正义》卷一九，阮元校刻：《十三经注疏》，中华书局，2009年，第3028页。
⑦ 《礼记正义》卷三二，阮元校刻：《十三经注疏》，中华书局，2009年，第3241页。

子之嫡子,为继祢之小宗,但以其父为庶,己身不得继祖,较之继祖之宗为庶,故实为孙而谓之为"庶子"。而之所以需要讨论实为孙辈的"庶子"祭祖的问题,郑玄解释说是因为此"庶子"以"贵贵"言有立祖庙之权,但以"敬宗"言则不得继祖,两种原则之间存在冲突,是以《丧服小记》重申"庶子不祭"的原则,强调"明其尊宗以为本也"的优先权。虽然在郑玄看来,血缘身分的"继宗"是获得祭祀权的前提,"贵贵"需要由宗子主导祭祀来实现,族人虽贵富,亦不得悖离"敬宗"的原则。但仔细分析便可知,《内则》《曾子问》和郑玄主张的实质是,宗子得以因血缘身分而"吸收"支子的爵位。换言之,宗子立宗庙、行祭祀的权力来源,已经并非由其血缘地位而天然获得,不过是在"贵贵"的整体格局下,有限地保留了"敬宗"的部分意涵。

所以,在"敬宗"观念背后,不难发现"贵贵"对郑玄的影响。《大传》:"别子为祖"郑注云:"别子,谓公子,若始来在此国者。"[1] 注《王制》云:"太祖,别子始爵者,《大传》曰'别子为祖'谓此。虽非别子,始爵者亦然。""始来在此国""始爵者",则获得一定的爵等也是成为"别子"的途径。虽然郑玄并未详细阐释其义,但这已经足以为后世学者的种种异说提供空间。[2]

二、"敬宗"表象与"贵贵"内核

从国家礼制的层面来看,自魏晋以至唐代,"贵贵"皆是制定宗庙祭祀的标准。"不敢以富贵加于父兄宗族"让位于"宗庙之设,各有品秩"。祭祀权、立庙权和官位爵等绑定在一起,是官位的附属物。"敬宗"观念下,以血缘区分等级、规范宗族事务的模式并不被遵守。正如虞喜所言:"今士庶始封之君尚得上祭四代,不拘于嫡,以贵异之。"[3]"自晋以后,大体遵循以品秩尊贵制定祭祖礼权力的做法。……到唐代,祭祖中的传统宗法礼制进一步被打乱,率领宗族祭祖的主祭者不一定非要嫡亲的宗子为之,而以尊贵者为之。"[4] 至少在官方规定之中,立庙祭四世之先祖,成为高等级官员才能拥有的特权。

但是,基于"贵贵"的祭祖礼,压缩了低级官僚士庶的祭祖权,不符合宋代士人的需要。[5] 同时,"贵贵"基于官爵,而官爵并不能常保稳定,宗庙祭祖礼也便没有稳定的

---

[1] 《礼记正义》卷三四,阮元校刻:《十三经注疏》,中华书局,2009年,第3268页。

[2] 比如孔颖达《正义》就指出:"'虽非别子,始爵者亦然'者,此事凡有数条:一是别子,初虽身为大夫,中间废退,至其远世子孙,始得爵命者,则以为大祖,别子不得为大祖也。二是别子及子孙,不得爵命者,后世始得爵命,自得为大祖。三是全非诸侯子孙,异姓为大夫者,及它国之臣初来任为大夫者,亦得为大祖,故云'虽非别子,始爵者亦然'。此总包上三事。"孔氏所言事,实质上皆是以政治社会身分作为"太祖"的标准,乃至后世之获得爵位者得以夺宗,这实际是对郑玄之说的误读。

[3] 杜佑:《通典》卷五一《礼十 吉礼十》,王文锦等点校,中华书局,2016年,第1418页。

[4] 马新、齐涛:《魏晋隋唐时期民间祭祖制度略论》,《民俗研究》2012年第5期,第27~29页。

[5] 王善军指出伴随着唐宋之际的长期战乱和社会关系的变革,门阀宗族制度受到了彻底的冲击。宋代聚族而居宗族的内部关系相当松散,"士庶天隔"的门第观念在宋代基本消失,社会流动比先前有更大的可能。宋代的地主阶级,尤其是其中的士大夫阶层,就极力想利用宗族这个古老的自然共同体,来维护自己的社会地位(王善军:《唐宋之际宗族制度变革概论》,《宋代宗族和宗族制度研究》,人民出版社,2018年,第11~23页)。

基石，不能成为维系宗族组织的有力纽带。因此，宋代学者试图寻找一种能够更具有普遍性、稳定性，可以推广及于士庶阶层的宗族理论和祭祖模式。

在此情形下，"敬宗"就进入宋儒视野。他们提倡"敬宗"的观念，一方面为宗族建设鼓呼，一方面则以此与"贵贵"的架构相拮抗，将官位爵等的影响从宗族建设，尤其是从作为象征的宗族祭礼中剥离。《大传》《丧服小记》中"尊祖敬宗"的大、小宗架构就自然成为宋儒的理论资源。不过，《大传》《丧服小记》虽以血缘身分组织宗族，但并未明确强调宗子在祭祀活动中的主导地位。这或许是因为，在作《记》者看来，宗子一身必然兼具政治、经济、祭祀等主导权，故毋庸赘言。但对宋儒而言，《王制》《祭法》基于"贵贵"的宗庙制度，既是经书明文，又是魏晋以来国家礼制的原型，那就必须强化宗子在祭祀中的作用，以与宗族内之位高爵尊者相抗衡。

因此，张载、程颐等都着力于强调宗子的地位，以为"言宗子者，谓宗主祭祀"①，将宗子视作宗族礼制的主导人物。张载又援引《内则》《曾子问》来进一步强化："宗子为士，庶子为大夫，以上牲祭于宗子之家。非独宗子之为士，为庶人亦然。"② "宗子为士，立二庙。支子为大夫，当立三庙。是宗子之庙为大夫立，不为宗子立，然不可二宗别统，故其庙亦立于宗子之家。"③ 程颐则不仅强调其祭祀主导身分，更将宗子置于宗族事务的中心，力图在生活实际中强化宗族的团结："凡人家法，须令每有族人远来，则为一会，以合族，虽无事，亦当每月一为之。古人有花树韦家宗会法可取也。然族人每有吉凶嫁娶之类，更须相与为礼，使骨肉之意常相通，骨肉日疏者，只为不相见，情不相接尔。"④ 为了凸显宗子的作用，程子甚至有将"小宗"变作"大宗"的趋势："凡小宗以五世为法，亲尽则族散。若高祖之子尚存，欲祭其父，则见为宗子者。虽是六世、七世，亦须计会今日之宗子，然后祭其父。宗子有君道。"⑤

确立宗子的中心地位，需要将祭祀权与官位爵等剥离。是以程颐以为，《祭法》《王制》的宗庙制度不过"只是礼家如此说"不可尽信。⑥ "自天子至于庶人，五服未尝有异，皆至高祖。服既如是，祭祀亦须如是。其疏数之节，未有可考。但其理必如此。七庙五庙亦只是祭及高祖，大夫士虽或三庙二庙一庙，或祭寝。庙则虽异，亦不害祭及高祖。若止祭祢，只为知母而不知父，禽兽道也。祭祢而不及高祖，非人道也。"⑦ 在张载、程颐等宋儒看来，政治社会身分高低不同，所能立宗庙之数或有不同，这是个人化的，是可以变动的。但无论尊卑高低，庙数多寡，皆必须在宗子的领导下祭祀高祖，这是宗族事务，故不因个人官位爵等而变动。宗族共有、宗子主导的祖先祭祀权和因官爵而获得的个人立庙权必须分离。《丧服》和《礼记》之中的"人亲五属"，就成为他们论证的有力依据，"收族之义，止为相与为服，祭祀相及"是也。这是宋儒宗法理论之中的重要发明。

---

① 张载：《经学理窟·宗法》，《张载集》，中华书局，1978年，第259页。
② 张载：《经学理窟·宗法》，《张载集》，中华书局，1978年，第259页。
③ 张载：《经学理窟·宗法》，《张载集》，中华书局，1978年，第261页。
④ 程颐、程颢：《二程遗书》卷一，《二程集》，中华书局，2004年，第7页。
⑤ 程颐、程颢：《二程遗书》卷一七，《二程集》，中华书局，2004年，第180页。
⑥ 程颐、程颢：《二程遗书》卷二二，《二程集》，中华书局，2004年，第286页。
⑦ 程颐、程颢：《二程遗书》卷一五，《二程集》，中华书局，2004年，第167页。

吴飞以"礼以义起""有服皆祭"来概括程颐、张载之说，是非常允当的。①

不过，张载、程颐虽然强调宗子的身分，重视血缘的作用，但从实质上看，其所论并不同于经典之中的《大传》《丧服小记》的"敬宗"模式。他们是将此"敬宗"理念作为打破高级官僚祭祀特权，赋予士庶祭祀权的工具，而不是真的要严格落实"敬宗"理念，以之建构宗族、组织祭祀。实际上，他们所建构出的是以"敬宗"理念修饰得更为灵活的"贵贵"模式。

无论是"敬宗"还是"贵贵"，建立宗族组织，本质上都是要建立一种层级制度，体现不同等级间的差别。面对宗法久废的现实，单纯强调宗子血缘身分，并不足以赋予其权威地位。张载、程颐对此有清晰的认识，故而在制度设想上，他们并不是简单强调宗子血缘上的嫡长身分，更有意通过多种方式强化宗子的政治、经济优势地位。张载提出，要顺利形成以宗子为核心的宗族组织，"须据所有家计厚给以养宗子，宗子势重，即愿得之，供宗子外乃将所有均给族人。……仍乞朝廷立条，族人须管遵依祖先立法，仍许族人将己合转官恩泽乞回授宗子，不理选限官，及许将奏荐子弟恩泽与宗子，且要主张门户。宗子不善则别择其次贤者立之"②。这就不能不令人疑惑，宗子是因其血缘而为宗族中心，还是因其有权势而为中心了。更关键的是，既然张载允许"宗子不善则别择其次贤者立之"，那血缘身分也就不是获得宗子地位的唯一依据。"贤者"并没有具体标准，"别择"也极易受到其他因素影响。这样一来，血缘之尊就仅是政治、经济优势地位的修饰物，没有政治、经济地位，单凭血缘身分是不能领导宗族的，是以张载也知道"今日大臣之家，且可方宗子法"③。于是，张载所构划的宗法制度，也就极容易变作以取得、保持政治经济地位为核心要务的组织安排。

既然允许"宗子不善则别择其次贤者立之"，那张载、程颐有"夺宗"之论也就不足为奇。张载指出："天子建国，诸侯建宗，亦天理也。譬之于木，其上下挺立者本也。若是旁枝大段茂盛，则本自是须低摧。又譬之于河，其正流者河身，若是径流泛滥，则自然后河身转而随径流也。宗之相承固理也，及旁支昌大，则须是却为宗主。……至如人有数子，长者至微贱不立，其闲一子仕宦，则更不问长少，须是士人承祭祀。"④ "本自是须低摧""河身转而随径流也""及旁支昌大，则须是却为宗主"云云，显然与大宗百世不迁的"敬宗"理念相违背。而"一子仕宦更不问长少，须是士人承祭祀"的结论，又转而以爵等作为确立宗子的标准。这样，其所谓位高爵尊者"不可二宗别统"而当立庙于宗子之家的表述也就只能是一种口号。程子同样提及："立宗必有夺宗法，如卑幼为大臣，以今之法，自合立庙，不可使从宗子以祭。"⑤ 这就承认了族人能够以其显贵而另立宗支。其实，也唯有将强有力者别出原有宗族之外，才能保持宗子在本来宗族之中的核心地位。

① 吴飞：《祭及高祖——宋代理学家论大夫士庙数》，《中国哲学史》2012年第4期。
② 张载：《经学理窟·宗法》，《张载集》，中华书局，1978年，第260页。
③ 张载：《经学理窟·宗法》，《张载集》，中华书局，1978年，第260页。
④ 张载：《经学理窟·宗法》，《张载集》，中华书局，1978年，第259~260页。按：本条材料林鹄以为系程颐之说而误载为张载之言（林鹄：《〈经学理窟·宗法〉与程颐语录》，《中国哲学史》2015年第2期）。考张载、程颐集中相关内容，所论诚非常接近，然细绎其论，似仍有不同，故仍暂归诸张载之言。但无论此为张载之言抑或程颐之言，皆可见"夺宗"之意。
⑤ 程颐、程颢：《二程外书》卷一一，《二程集》，中华书局，2004年，第414页。

可以想见，强势分支独立成宗，那本宗随着时代推衍，会有逐渐衰弱的危险，于是，也就只能"宗法须是一二巨公之家立法，宗法立，则人人各知来处"①。

这样看来，张载、程颐强调"敬宗"理念，根本目的是要抗衡魏晋以来官方礼制中，以官位爵等为标准，压缩士庶祭祀权的宗族祭祀方式，从而在更广泛的范围内建立宗族组织，以普遍的祖先祭祀团结宗人。从宗族组织构划的底层逻辑看，他们虽然以要"敬宗"冲破"贵贵"，实际上只是将"贵贵"的标准拓展、泛化，不拘泥于官位爵等高低，从而能以更灵活、有效、现实的形式组织起以有力者为核心的宗族。这就是以"敬宗"为理念标榜但以"贵贵"为实践内核的宗族理论。

而朱子与张载、程颐的差别也正在于此。朱子虽然继承张载、程颐之说，但在宗族组织形式和宗族祭祀仪式上却意图严格地贯彻"敬宗"理念："祭祀须是用宗子法，方不乱。不然前面必有不可处置者。"②

《家礼》中祠堂祭祖礼的基本格局本之程子，但在制度细节上，朱子尝试重塑"敬宗"理念下小宗互相统属的等级性祭祀。因此，在神龛的设计上："祠堂之内以近北一架为四龛，每龛内置一桌。大宗及继高祖之小宗，则高祖居西，曾祖次之，祖次之，父次之。继曾祖之小宗，则不敢祭高祖，而虚其西龛一。继祖之小宗，则不敢祭曾祖，而虚其西龛二。继祢之小宗则不敢祭祖，而虚其西龛三。若大宗世数未满，则亦虚其西龛，如小宗之制。……非嫡长子，则不敢祭其父。若与嫡长同居，则死而后其子孙为立祠堂于私室，且随所继世数为龛，俟其出而异居乃备其制。若生而异居，则预于其地立斋以居，如祠堂之制，死则因以为祠堂。"③ 这就是说，朱子以为，同一高祖之族人中，仅能有一个兼备四祖的祠堂，其余祠堂或有三祖、或有两祖、一祖，甚至无祖。祠堂中祖先数量的多少，便是宗族中身分等级的明确象征。

因为神龛多"虚位"，族人虽皆得祭祀四世祖先，但其祭祀需要通过参与不同层级小宗子的家祠祭祀来实现。正如《朱子语类》所言："同出于曾祖，便有从兄弟及再从兄弟了。祭时主于主祭者，其他或子不得祭其父母。若恁地滚做一处祭，不得。要好，当主祭之嫡孙，当一日祭其曾祖及祖及父，余子孙与祭。次日，却令次位子孙自祭其祖及父。又次日，却令又次位子孙自祭其祖及父。此却有古宗法意。"④ 简化推之，就是说假如某一族人如仅是继祖之宗子，则需要分别在继高祖之宗子、继曾祖之宗子家参与祭祀之后⑤，才能在自己家中主持祖、父之祭。依此类推，若某一族人四世皆庶，需要依次参与四小宗主导的祭祀，而不得于其家祠中自祭。族人血缘身分不同，小宗的数量也就不同。于是，祭祀活动即是明确族人宗法层级关系的活动。朱子正是要以宗族祭祀的层级化，实现四小宗之间互相统属的宗族组织层级化。

① 程颐、程颢：《二程遗书》卷一七，《二程集》，中华书局，2004 年，第 179 页
② 朱熹：《朱子语类》卷九〇，《朱子全书》第 17 册，上海古籍出版社、安徽教育出版社，2002 年，第 3042 页。
③ 朱熹：《朱子家礼》卷一《朱子全书》第 7 册，上海古籍出版社、安徽教育出版社，2002 年，第 876 页。
④ 朱熹：《朱子语类》卷九〇，《朱子全书》第 17 册，上海古籍出版社、安徽教育出版社，2002 年，第 3052 页。
⑤ 当然，两宗子可能是同一人。

朱子对礼经有充分的认识，于礼文与时俗之别，朱子以为："古人虽有始祖，亦只是祭于大宗之家。若小宗，则祭止高祖而下。然又有三庙、二庙、一庙、祭寝之差。其尊卑之杀极为详悉，非谓家家皆可祭始祖也。今法制不立，家自为俗，此等事若未能遽变，则且从俗可也。"① 不过，因为对 "敬宗" 理念的坚持，朱子并未能 "从俗"。甚至于其宗族理论的疏漏之处，也正在于此。

依据经典，始祖之祭似惟有大宗得行之，故朱子对祭祀始祖的问题始终比较犹豫。他也不太认同始爵者便得为 "别子"，因为这实际上是承认了获得爵位者得以脱离原来的宗族，是以 "贵贵" 冲击 "敬宗"。于是，朱子虽在不同场合言及祭祀始祖并非毫无道理，甚至《家礼》之中也安排有冬至 "初祖"（即始祖）与立春 "先祖" 之祭，但是他似有意回避对 "始祖" "继始祖之宗" 进行明确的解说，并没有明确阐明始祖在其宗族组织中的地位。可是 "祖迁于上，宗易于下"，若没有 "继始祖之宗" 作为核心，随着世代繁衍，同一高祖的宗族内部，必然会形成若干个宗族小集团。在这些宗族小集团之间，"高祖" 已迁，又缺少 "始祖" 作为纽带，也就无法保证小集团之间的凝聚力。

同时，就同一高祖之族人而言，《家礼》的本义是要通过祭祀来强化族人之间的联系，以外在的仪节强化 "敬宗" 的内涵。但就仪节上看，很可能会有相反的效果。在《家礼》模式下，继高祖之宗子身分最尊，可祭祀事务最轻，仅需按照时间举行四时祭祀即可。而与此宗子越疏远之人，反而事务最繁。如前述备有四小宗之族人，一时之祭，需遍助四宗子，一年凡十数祭。这样一来，宗族祭祀本意在合同疏远之族属，实际上却反而使之疲惫不堪。

此外，《家礼》的祖先祭祀是合祭制度，就会出现所祭多为己之疏远之亲的局面。比如，对高祖庶子之后代而言，他们在继高祖之宗家祭祀高祖，同时还要祭祀此宗子之父、祖、曾三代。然此三人非己之正尊，甚至于仅为缌麻之亲，而己之正尊反不能与高祖同享祭祀。这虽然贯彻了 "庶子不祭" 的原则，但并不符合时人的情理，也就不能实现收族的目的，甚至反而会强化不同支派之分别。

正因为如此，从宋以后宗族实践的具体情形来看，《家礼》构划的层级化的宗族架构，因为过于严苛，故而虽影响极广，但却并未得到真正的落实。因此，经过宋儒阐释的 "敬宗" 理念，虽然成为后世建立宗族组织，普遍举行四世祭祀的理论依据，被作为一种意识形态或理念原型而加以强化，但具体实践之中，仍然是泛化的 "贵贵" 原则在发挥主导作用。

三、"扁平化" 的宗族理论

明清官方礼书如《明集礼》《明通礼》《大清通礼》等，多号称依仿《家礼》而定家庙制度，但正如井上彻所言："明朝在以《家礼》祠堂制度为准绳制定家庙制度的同时，摒弃了支撑朱熹祠堂制度的宗法原理。" 这是因为 "明朝的家庙制度只是以官僚本人为对

---

① 朱熹：《晦庵集》卷六四《与潘立之》，《朱子全书》第 23 册，上海古籍出版社、安徽教育出版社，2002 年，第 3123 页。

象，允许其设立祠堂并进行祖先祭祀"①。不过，"明代官方正式的祭祖礼制一成不变，但诸朝的一些祭祖礼制的变动却在社会上起了不小作用"②。宗祠建设逐渐普及，祭及高祖甚至始祖已然成为实践中的习惯做法。③

另外，《家礼》中过于严格的层级化宗族架构，不能适应社会生活的实际要求，也就必然面临学者的改造。

《家礼》层级化的宗族组织和祭祀形式，必然会与"有服皆祭"的理念产生矛盾。随着世代交替，一定会出现"迁祧"的困境。朱子弟子胡伯亮便以此询问："先兄乃先人长子，既妻而死，念欲为之立后。但既立后，则必当使之主祭，则某之高祖亦当祧去否？"④胡伯量所问是"长房出小辈"情境下的祖先祭祀问题。《家礼》模式中，仅有继高祖之宗能在家庙祭四世之祖，其余族人则需在不同层级的宗子家祠完成祖先祭祀。若宗子辈分较族人低，就会出现宗子亲尽当迁之祖，仍在族人四亲之限的局面。此时，宗子家祠已亲尽不祀，族人亲未尽而是否得以祭祀呢？朱子以为："既更立主祭者，即祠版亦当改题无疑。高祖祧去，虽觉人情不安，然别未有以处也。家间将来小孙奉祀，其势亦当如此，可更考之。"⑤可知，在朱子看来，"尊祖敬宗"，则当以宗子为主，宗子不祭，则族人亦不得祭祀。⑥但从民间的宗族实践来看，朱子的观念并没有得到落实，不少宗族组织并没有采用迁祧制度。⑦

于是，当张珮葱以"长房出小辈"的"迁祧"困境向张履祥请教时，张履祥就不再机械地坚持经典明文作言的"庶子不祭"原则，而是提出要"断之以义"："《家礼》祭四世，盖高祖服未尽故也。今皆遵行。若宗法立，而上不能及高祖，则不得已而以义

---

① 井上彻著，钱杭译，钱圣音校：《中国的宗族与家族礼制》，上海书店，2008年，第89~90页。

② 常建华：《明代宗族组织化研究》，故宫出版社，2012年，第31页。

③ 郑振满也指出："宋代以后福建的祭祖与宗祧继承方式，不仅冲决了官方宗法制度的桎梏，而且背离了宋儒宗法伦理的要求。代代设祭，不立宗子，没有贵贱之别和大小宗之别，宗祧继承关系的多元化和拟制化，这是宋以后宗法伦理的基本特征。"（郑振满《明清福建家族组织与社会变迁（增订版）》北京师范大学出版社，2020年，第214页）就上文所论来看，"冲决了官方宗法制度的桎梏"当与张载、程颐等以"敬宗"之理念改易魏晋以降"贵贵"之礼典不无关联。而"背离了宋儒宗法伦理的要求"则或是因为张载、程颐所提出的，最终也只是一个灵活、泛化的新的"贵贵"模式，故而在实践之中，"敬宗"的理念由于没有生长的土壤而极易脱落。

④ 朱熹：《晦庵集》卷六三《答胡伯量》，《朱子全书》第23册，上海古籍出版社、安徽教育出版社，2002年，第3054页。

⑤ 朱熹：《晦庵集》卷六三《答胡伯量》，《朱子全书》第23册，上海古籍出版社、安徽教育出版社，2002年，第3054页。

⑥ 不过，朱子又为族人祭祀此当迁之祖留下空间："大宗法既立不得，亦当立小宗法，祭自高祖以下，亲尽则请出高祖，就伯叔位，服未尽者祭之。""就伯叔位"，则是不于继高祖宗子家祭祀，而另有祭祀之处。

⑦ 林济指出："在明清徽州地区，占主流的仍然是有入无祧的祠堂制度。"这种局面的成因也是多元的，有亲属观念和亲属关系的变化，也有其他因素，比如"祠堂神主与各种捐资方式是有关系的，祠堂神主展现的是缙绅家族及捐资人和捐资门房的祖先谱系，并不能以四世亲祖为限而行祧法"。林济：《明代徽州宗族精英与祠堂制度的形成》，《安徽史学》2012年第6期。

断。"① 在张履祥看来,强调族人对其四世之祖先的祭祀权正是重塑宗法制度的核心要点所在,为此即使有违背庶子不祭的原则也在所不惜。所以,他就对《家礼》模式加以改造。

在《答张珮葱〈泾野内篇〉疑问》之中,张履祥在充分理解《家礼》宗法结构的基础上,吸收吕柟"祧之于彼"之说②,提出:"愚谓所云'祧之于彼'者非他,必宗子之曾叔祖父,及其叔祖父,与叔父也"③。而此三者有先后:"且《家礼》祠堂之制,继曾祖之宗,则不敢祭高祖,而虚其西龛一。继祖之宗,则不敢祭曾祖,而虚其西龛二。继祢之宗,则不敢继祖,而虚其西龛。今将祧高祖于继曾祖之宗,则世次相接,犹之可也,然已非分所当祭。若祧高祖于继祖之宗,及继祢之宗,则曾祖、祖考之主亲未尽者,尚当留于宗子之庙。而继祖者将间一龛,而上祀高祖,继祢者将间二龛,而上祀高祖。揆于事体,亦恐非宜。"张履祥此处的表述不够精当。其文中所称的"宗子"实当指已经亡故的继高祖之宗子,亦即今宗子之父。"祧高祖于继曾祖之宗"的"高祖"是今宗子之父的高祖,"曾祖"则是今宗子之父的族曾祖父,亦即其"曾叔祖父"。对同出一高祖的不同族人而言,其"继曾祖之宗"并不相同,依据朱子《家礼》的模式,继承高祖之庶子的"曾叔祖父"之宗子家祠,"不敢祭高祖,而虚其西龛一"。也正因为"虚其西龛一",将高祖迁祧其中才会"世次相接"。也就是说,高祖之主虽从其嫡系宗子之家庙中祧出,但得以在庶子家庙原有之空位中保留,是以于高祖亲未尽者仍能于其继曾祖之宗之家庙中祭祀四世祖先。而若将高祖之主迁祧入继祖之宗(今宗子之父之叔祖父之宗)与继祢之宗(今宗子之父之叔父之宗),那么此二宗之家祠便会出现"间一龛"(无曾祖位)、"间两龛"(无曾祖、祖父位)的局面,张履祥虽然以为这两种情况"揆于事体,亦恐非宜",但也并不强烈加以禁止。

张履祥的处理实质上是将"长房出小辈"特殊局面下的高祖祭祀权,从原来的继高祖之宗,扩展至于原本无权祭祀高祖的家祠(高祖庶子之后)之中,从而在理论上保证大多数族人都能在这一特殊局面之下仍能祭及高祖。这种改变势必会削弱继高祖宗的祭祀主导权。比如,若高祖有二子,今高祖已出长房之世嫡亲限,而未出庶子之世嫡子亲限,依张履祥说,则高祖之主得以迁祧至于继其庶子之小宗家祠之中。然则此时,其庶子之所有子孙既然已经可以在其继曾祖之宗之家庙中祭祀高祖,又何必再宗继高祖之宗呢?张履祥明白这种处理违反了"庶子不祭"原则,"然则亲未尽而不祭可乎?曰分之所在,君子不敢违也"④。《家礼》宗法结构的核心是通过强调祭祀的特权性、层级性来强化继高祖之宗子的地位,从而建立层级化宗族组织,张履祥的改造无疑是对《家礼》的基础性的挑战。

另外,胡伯量和张佩葱的问题还显示出,没有始祖之祭,只能祭及四世之祖,已迁之

---

① 张履祥:《答张珮葱一》,《杨园先生全集》卷一一,中华书局,2002 年,第 306 页。
② 吕柟:《春官外署语》,《泾野子内篇》卷二六,中华书局,1992 年,第 268 页。
③ 张履祥:《答张珮葱〈泾野内篇〉疑问》,《杨园先生全集》卷一二,中华书局,2002 年,第343 页。
④ 张履祥:《答张珮葱〈泾野内篇〉疑问》,《杨园先生全集》卷一二,中华书局,2002 年,第343 页。

主无着落，就没有办法避免"祖迁于上，宗易于下"所带来的天然的离散力量。所以实践之中祭及始祖是更为普遍的宗族祭祀模式。

不过，从实践中来看，祭及始祖并不是在已经层层统属的宗族组织之中再增加一层，相反，正因为有始祖作为最高、最终的联系纽带，同一高祖之子孙间的统属关系反而可以相对淡化。而陆世仪对《家礼》的改革便正是如此。他指出，以宗子为核心，通过组织宗族祭祀来整合族人是一种有效的手段："宗者所以统一族众，无宗则一族之人涣散无纪，故古人最重宗子。然宗子欲统一族人无如祭法。"但是，陆氏紧接着指出，《家礼》模式虽"详整有法"，但祭祀过于繁复。陆世仪提出："岁始，则祭始祖，凡五服之外皆与，大宗主之。仲春，则祭四代，以高祖为主，曾、祖、考则分昭穆居左右，合同高祖之众，继高之宗主之。仲夏则祭三代，以曾祖为主，祖考则分昭穆，居左右，合同曾祖之众，继曾之宗主之。仲秋则祭二代，以祖为主，考妣居傍昭位，合同祖之众，继祖之宗主之。仲冬，则祭一代，以考为主，合同父昆弟，继祢之宗主之。皆宗子主祭，而余子则献物以助祭。"① 这种处理看似仅是对《家礼》祭祀仪式的简化，以节约花费，方便族人，但其实改动颇为剧烈。《家礼》中四时之祭皆由继高祖之宗发起，以此见"敬宗"之意，但陆世仪简化之后，除了仲春之祭外，继高祖之宗并不主导族人的祭祀。并且，依其说，是高祖每岁一祭，而父则是配祭三次，受祭一次。虽"祖考高曾隆杀有等，一从再从远近有别"，但无疑重视的是近亲的祭祀，而减杀了远祖之祭。② 较之《家礼》，淡化了族人与继高祖之宗之间的联系，强化了近亲之间的团结。

更为重要的变化是，《家礼》是祖先之主共居一祠，同享祭祀，宗子家祠所祭仅及直系祖先。但为了实现隆杀有等，陆世仪所主张的，实为一种遍及直系、旁系先祖的群祀制度。"以高祖为主，曾、祖、考则分昭穆居左右"③，则高祖以下所有先祖同享祭祀。于是，继高祖之宗的家祠，也就成为包括宗族所有先祖神主的大型合祠。这种大型合祠之中，所有先祖只有行辈的差别，嫡庶差异反而不明显。嫡庶差异不明显，那同一辈族人之间就不存在因血缘而获得的权威。宗子也就没有了因血缘而获得的统属性地位，仅成为一种宗族的仪式化象征。

张履祥"祧之于彼"、陆世仪"远近有别"之说，是对《家礼》的内在缺陷进行的补充修订。从效果来看，他们的构想都弱化了继高祖之宗子的核心地位，并不认同以互相统属的"敬宗"模式来建构宗族。而若进一步思考张履祥、陆世仪之说，其关注的重点其实是落在具体的族人，也即祭祀礼的参与者之上的。他们试图保证每一个士庶都能享有四世祭祀之权，都能便捷地以亲疏隆杀祭祀先祖，是一种更为扁平化的宗族结构。这与《家礼》的层级化思路是明显不同的。

————————————

① 陆世仪：《思辨录辑要》卷一〇，《丛书集成初编》第 668 册，商务印书馆，1935 年，第 101 页。

② 陆世仪：《思辨录辑要》卷一〇，《丛书集成初编》第 668 册，商务印书馆，1935 年，第 101 页。

③ 陆世仪：《思辨录辑要》卷一〇，《丛书集成初编》第 668 册，商务印书馆，1935 年，第 101 页。

与张履祥、陆世仪有同样的思路,毛奇龄的宗法论述更为激进。他以为两周宗法制度是特定历史背景的产物,后世根本没有办法再恢复:"宗子之制在春秋时已失传矣,汉宋诸儒茫然不解"①,"以今日而言宗子,不惟阡陌之世不问井地,郡县之代勿议封国,实亦梦中说梦之一事也"②。不过,他并不否认、排斥当时社会上的宗族建设活动,因为这种活动虽多有"俗制",但"以之收族则未尝不可用者"。③

与宋儒标榜"敬宗"不同,毛奇龄明确提出:"古礼最重者贵贵,故祭先之礼,惟贵始得立庙。……其多寡等杀,皆以爵位为升降。"④ 不过,在他看来,以爵等立庙之制必须在世官世爵的环境中才能实现,否则"一人朝进其官则庙立,夕褫其爵则庙毁,不转瞬间,而骤然立骤然毁,岂可为制?"⑤ 所以,毛奇龄以为庶人无官爵,固然不得立庙,但无庙并不表示庶人没有祭祀权:"大夫士祭于庙,庶人祭于寝。今既无庙制,则当依古礼,以堂后之室为寝,使庶人祭于此。"⑥ 虽然依据礼经记载,庶人仅能祭其父,但在今日的实践之中,"追远孝先,不嫌过厚"⑦,"士庶一祭,亦不害上及高祖"⑧。不难发现,毛奇龄所论正和宋儒遥相呼应。他虽将"贵贵"作为宗族建设的核心,但指出时过境迁,不必拘泥。而其"追远孝先,不嫌过厚"之论,其实也就是"礼以义起""有服皆祭"。然则,毛奇龄何以要凸显"贵贵"的理念呢?盖宋儒言"敬宗"意在取消官位爵等对宗族建设的限制,使士庶皆得有宗族,行祭祀。故张载、程颐提倡"敬宗"之论,而仍为宗族的灵活组织保留空间,使泛化的、适应社会实际的"贵贵"模式能被蕴含其中。但"敬宗"之论过于严格,如《家礼》的层级性规定,反而会成为另一种约束,故需要再以"贵贵"之理念冲决之。

毛奇龄吸收程子的观念,以为"木本水源,贵在返始"⑨,认同士庶得有始祖、高祖之祭。但在具体安排上,毛奇龄将父、祖、曾三代之祭祀归为一类,将高祖、始祖之祭别

① 毛奇龄:《辨定祭礼通俗谱》卷二,《景印文渊阁四库全书》第142册,台湾"商务印书馆",1986年,第755页。

② 毛奇龄:《辨定祭礼通俗谱》卷二,《景印文渊阁四库全书》第142册,台湾"商务印书馆",1986年,第755页。

③ 毛奇龄:《辨定祭礼通俗谱》卷一,《景印文渊阁四库全书》第142册,台湾"商务印书馆",1986年,第748页。

④ 毛奇龄:《辨定祭礼通俗谱》卷一,《景印文渊阁四库全书》第142册,台湾"商务印书馆",1986年,第745页。

⑤ 毛奇龄:《辨定祭礼通俗谱》卷一,《景印文渊阁四库全书》第142册,台湾"商务印书馆",1986年,第746页。

⑥ 毛奇龄:《辨定祭礼通俗谱》卷一,《景印文渊阁四库全书》第142册,台湾"商务印书馆",1986年,第747页。

⑦ 毛奇龄:《辨定祭礼通俗谱》卷一,《景印文渊阁四库全书》第142册,台湾"商务印书馆",1986年,第749页。

⑧ 毛奇龄:《辨定祭礼通俗谱》卷一,《景印文渊阁四库全书》第142册,台湾"商务印书馆",1986年,第749页。

⑨ 毛奇龄:《辨定祭礼通俗谱》卷一,《景印文渊阁四库全书》第142册,台湾"商务印书馆",1986年,第749页。

为另一类。于所祭之祖，毛奇龄以为"四亲并祭，特重三亲"①，士庶依据血缘便得以无条件祭祀父、祖、曾三代，并且不必祭祀于宗子家，可于己家设三主②。这可以看作宗族祭祀权力的进一下移和简化。于始祖、高祖之祭这些名义上尊贵，但实际上较为疏远之祖的祭祀，毛奇龄以为"凡家之远祖有官阀、开基与始来此地者设为始祖一祭"③，但是始祖之祭与高祖之祭皆要"待贵者祭之"④。毛奇龄提出，高祖、始祖以及本房先世之贤者，只能用"牌"而不能用主，这正是为了此后有官爵的"贵者"祭祀方便，"庶人嫌于侵贵……因并设高祖一牌，始祖一牌，各藏诸一室，使备荐礼，而后待贵者祭之"⑤。即是"若祭及高祖，则必子之如大夫者始得主之，亲又不敌贵也"⑥。

也就是说，在毛奇龄看来，曾祖以下之祭，是士庶所共有的，而高祖、始祖之祭，则是位高爵尊者方能行之的。毛奇龄以为，这种处理"谓为四亲，而实非四亲，谓为五庙而实非五庙，谓为三代而实不止三代。在下不逼，在上不僭，真酌古准今，审经会礼之至善者也"⑦。

高祖、始祖"贵者"方能祭祀，而父、祖、曾三代，士庶皆得祭祀，且既然已非世官世爵之世，那就不必坚持嫡庶之辨。所以毛奇龄以为"凡祭必以子"⑧，但"子必以长"而不必嫡子⑨，"今封建不立，宗法难明，则只以同父之子为之共祭。一则重父祭，一亦支子不专祭之义也"⑩。是祭祀三代先祖，可于同父长兄家举行，不需要如《家礼》所言依次去各宗子之家。这样看来，毛奇龄的关注重点，是同父昆弟组成的小家族团体，强化的是最亲近之人间的联系。

以同父昆弟小家族团体为中心，那么为了团结这些小家族，毛奇龄别有"宗堂"之制："在通族之长支则另辟前堂之左三间，藏远祖之神位于其中。通祭之以为合宗之礼，

---

① 毛奇龄：《辨定祭礼通俗谱》卷一，《景印文渊阁四库全书》第 142 册，台湾"商务印书馆"，1986 年，第 749 页。

② 据常建华等人的研究，明初尝用胡秉忠说，允许士庶祭祀三代。此制在明清时期已成为部分地区的习俗。毛奇龄这里当是据习俗而立论。

③ 毛奇龄：《辨定祭礼通俗谱》卷一，《景印文渊阁四库全书》第 142 册，台湾"商务印书馆"，1986 年，第 749 页。

④ 毛奇龄：《辨定祭礼通俗谱》卷一，《景印文渊阁四库全书》第 142 册，台湾"商务印书馆"，1986 年，第 749 页。

⑤ 毛奇龄：《辨定祭礼通俗谱》卷一，《景印文渊阁四库全书》第 142 册，台湾"商务印书馆"，1986 年，第 749 页。

⑥ 毛奇龄：《辨定祭礼通俗谱》卷二，《景印文渊阁四库全书》第 142 册，台湾"商务印书馆"，1986 年，第 758 页。

⑦ 毛奇龄：《辨定祭礼通俗谱》卷一，《景印文渊阁四库全书》第 142 册，台湾"商务印书馆"，1986 年，第 749 页。

⑧ 毛奇龄：《辨定祭礼通俗谱》卷二，《景印文渊阁四库全书》第 142 册，台湾"商务印书馆"，1986 年，第 754 页。

⑨ 毛奇龄：《辨定祭礼通俗谱》卷二，《景印文渊阁四库全书》第 142 册，台湾"商务印书馆"，1986 年，第 755 页。

⑩ 毛奇龄：《辨定祭礼通俗谱》卷二，《景印文渊阁四库全书》第 142 册，台湾"商务印书馆"，1986 年，第 757 页。

名曰'宗堂'。"① 此宗堂之中"自始祖以下，高祖以上凡所祧主俱如之，而易牌以为博牌，每一世……为一博牌，次第书此一世祖名于博牌之间"②。此"通族之长支"虽有宗堂，但并不为宗子，"以长支代宗子，其名与实俱不可通"③，毛奇龄只不过是仿宗子之制，使之主持祭祀而已。甚至"长房虽领宗，而其祭三代、荐始祖，则犹之诸房也"④。这就是说，长房之子其一房之私祭也不过只能祭祀其父、祖、曾三祖，其高祖、始祖亦须"贵者"祭祀，这与宗堂合族之公祭有明显的区别。

于是，毛奇龄所构划的宗族模式，就是若干小家族的联合体，彼此之间并不存在统属的关系。所谓的合族也就是这种松散的小家族因为血缘、经济、日常交往等保持较为紧密的关系，而以共同祭祀作为彼此联结的象征。这就是一个非常扁平化的结构了。

既然通族之长不能再逐层统属族人，不居于宗族核心地位，那么主持祭祀的象征性身分也就没必要一定落在其身上。李塨就在毛奇龄说的基础上指出："大宗不可复而族又不可不收，则公祠主祭莫若族长。择行辈年齿高于一族，族众共推者为之。所谓族长也。"⑤ "共推者"可以贤、以贵、以德、以齿，至于宗子，则不过"立阖族长支嫡长于族长后，灌毕，挹长支嫡长主初献礼，不敢忘始祖嫡长也"⑥。

这可以说已经与当时社会上宗族实践的基本情形非常相近了。正如李光地《家祭庙享礼略》所言："是故世变风移，礼以义起，今人家子孙贵者不定，其为宗支也则不得拘支子不祭之文，而惟断以无禄不祭之法。且近世褒赠祖先，固不择宗支授之，褒赠之所加，则祭祀之所及。揆以王法人情，无可疑者。"⑦ 只不过"宗子之法，先王所以尊祖敬宗，联属天下之深意，今虽废，讵知来者之不复兴乎？是故，使禄于朝者执爵奠献，而设宗子之位参焉"⑧。宗子仅仅是维系宗族架构一种象征，宗族的实际主导乃是有真正实力的族长。

经过这样一番改造，"敬宗"的理念原则在清初学者的论说之中退缩、聚焦在小家庭之间的亲亲上。而层级化的宗族组织模型，也逐渐为扁平化的模型所取代，这与宗族建设的实践情形也是相一致的。

———————————————

① 毛奇龄：《辨定祭礼通俗谱》卷一，《景印文渊阁四库全书》第 142 册，台湾"商务印书馆"，1986 年，第 748 页。
② 毛奇龄：《辨定祭礼通俗谱》卷一，《景印文渊阁四库全书》第 142 册，台湾"商务印书馆"，1986 年，第 752 页。
③ 毛奇龄：《辨定祭礼通俗谱》卷一，《景印文渊阁四库全书》第 142 册，台湾"商务印书馆"，1986 年，第 748 页。
④ 毛奇龄：《辨定祭礼通俗谱》卷一，《景印文渊阁四库全书》第 142 册，台湾"商务印书馆"，1986 年，第 753 页。
⑤ 李塨：《学礼》卷四《祭礼》，《丛书集成初编》第 1038 册，商务印书馆，1935 年，第 30 页。
⑥ 李塨：《学礼》卷四《祭礼》，《丛书集成初编》第 1038 册，商务印书馆，1935 年，第 30 页。
⑦ 李光地：《榕村集》卷二一《家祭庙享礼略》，《景印文渊阁四库全书》第 1324 册，台湾"商务印书馆"，1986 年，第 824 页
⑧ 李光地：《榕村集》卷二一《家祭庙享礼略》，《景印文渊阁四库全书》第 1324 册，台湾"商务印书馆"，1986 年，第 824 页。

四、脱离现实的理念整合

在不同的历史背景下，学者于"敬宗"与"贵贵"两种理念有所偏重，并加以改造以塑造自己的宗族模型。但是试图以根本经文通过对文本的深入阐释，将两者整合为一，并以之指导实践的努力也并非没有。

《内则》《曾子问》以及郑玄寓"敬宗"于"贵贵"的论述是初步的尝试。要将《丧服小记》《大传》《王制》《祭法》等体现不同阶段历史事实和学术理念的文献融通为一，并将之落实于实践，无疑是极为困难的任务。甚至于，学者建构的模型越复杂，其与现实的脱节也就越明显。

万斯大《学礼质疑》中有《宗法》八篇，便尝试将"敬宗"与"贵贵"整合在一起。他首先将"别子"在血缘之外附加爵等。"先王之世使以德，爵以功"，所以贤能之别子得以为大夫，而"诸侯之别子亦必为大夫而后得为后世之太祖"，其后世子孙以此别子为始祖，故有百世不迁之大宗。"其为士者只得为祢于其子，而不得为太祖于其后世。故其子孙嫡长继此祢而为小宗。"① 这种附益，将《丧服小记》《大传》之中表述的血缘身分差异的"大宗""小宗"转换为爵等的差异。

可是，依据《王制》《祭法》，爵等的差异便会带来祭祀权力的差别。而大夫不过三庙，士不过二庙，把大宗"百世不迁"，小宗"五世则迁"整合在"大夫三庙，士二庙"结构之中，那就需要论证大夫、士无论政治身分如何，皆得"祭及高祖"。万斯大提出五点依据，但皆难以令人信服②，推求其意，盖不过是本程颐之说，谓"有服皆祭"而已③。为了把"五世迭毁"塞入大夫三庙、适士二庙的框架之中，万斯大更提出合庙之说："盖诸侯庙有五，而大夫庙止于三，则四亲有专庙、合庙之分。士之二庙者，其昭穆如大夫，而无太祖。官师一庙者就中自为昭穆而追其四亲。"④（参见表1）

---

① 万斯大：《学礼质疑》卷二《宗法一》，《景印文渊阁四库全书》第149册，台湾"商务印书馆"，1986年，第450页。

② 如其理由二："再征之于祔礼。《小记》曰：'大夫士之妾祔于妾祖姑，亡则中一以上而祔。祔必以其昭穆。'夫与己同昭穆者，祖也。与祖同昭穆者高祖也，中一以上，则高祖姑矣。祔于高祖姑，则高祖有庙矣。无庙不得祀，宜也。有庙而何以不得祀之乎？"（万斯大：《学礼质疑》卷二《宗法五》，《景印文渊阁四库全书》第149册，台湾"商务印书馆"，1986年，第458页）万氏于此截割、误读材料。第一，《丧服小记》原文作"士、大夫不得祔于诸侯，祔于诸祖父之为士、大夫者。其妻祔于诸祖姑，妾祔于妾祖姑，亡则中一以上而祔，祔必以其昭穆"。《小记》本意意在强调"公子不得祢先君""公孙不敢祖诸侯"，故此处之"大夫士"实特指公子、公孙二类人，绝非如万斯大之论拓展及于所有的大夫、士。第二，大夫、士之高祖有庙和大夫、士得有高祖庙自然是两回事，万斯大于此有意加以混淆。

③ 万斯大：《学礼质疑》卷二《宗法五》，《景印文渊阁四库全书》第149册，台湾"商务印书馆"，1986年，第458页。

④ 万斯大：《学礼质疑》卷二《宗法五》，《景印文渊阁四库全书》第149册，台湾"商务印书馆"，1986年，第459页。

表1　　　　　　　　　　**万斯大四亲专庙、合庙示意表（数字表示世代）**

世代 ＼ 类别	别子为大夫	别子为士
第一代	别子（1）为大夫；无庙	别子（1）为士；无庙
第二代	子（2）立祢庙；一庙	子（2）立祢庙于昭行；一庙
第三代	孙（3）为其父（2）立庙于昭行；二庙	孙（3）为其父（2）立庙于穆；二庙
第四代	曾孙（4）为其父（3）立庙于穆行；三庙	曾孙（3）祔祢（2）于曾祖（1）之庙；二庙
第五代	玄孙（5）祔祢（4）于曾祖（2）之昭；三庙	玄孙（5）祔祢（4）于曾祖（2）之庙；二庙
第六代	来孙（6）祔祢（5）于曾祖（3）之穆，别子（1）被尊为太祖，不迁；三庙	来孙（6）祔祢（5）于曾祖（3）之庙，别子（1）迁祧；二庙

这种庙制非常特殊，显然既无征于经典，亦不合于实情。概言之，万斯大的目的是要将立庙权与祭祀权分配给"敬宗"与"贵贵"，将"敬宗"理念作为祭祀五世之祖的依据，而"贵贵"则决定宗庙数量的差别。他试图用这种方式，整合《大传》与《王制》等经文。

接下来，万斯大就要将这种宗庙格局从诸侯庶子推广及于一般士庶。在《宗法四》中，万斯大先是指出旧注中"别子"含义的多元："郑康成注《小记》指'别子'为诸侯之庶子，注《大传》则兼言来自他国之臣。陈定宇、陈可大因《大传》注，更加起民庶为卿大夫者为三。"[①] 三说之中，万斯大以为"愚取《丧服》传而衷之，则专指诸侯之子者是也"[②]。但是，即便明知别子"专指诸侯之子"为当，万斯大也不得不强为作解，以为"君子之于礼，有推而进者，有放而文者。宗法虽为公子设，而异姓之臣得依此而行，倘亦推而进之，放而文之之意，先王之所不非也"[③]。这其实就是将宗法拓展至"诸侯之子"以外，而及于"起民庶"者矣。

起家于民庶而为大夫者，何以能建立大宗之制度呢？万斯大利用"公子之宗道"加以解说。万斯大以为只有当别子为大夫，其后之正适才能称为大宗，而"公子之宗道"之中又有所谓的"大宗""小宗"，将这两者合并起来，便可对《大传》进行解读。"按《大传》云'公子有宗道。公子之公为其士大夫之庶者，宗其士大夫之适者'，盖谓为庶公子之为大夫士者，皆宗其适兄弟"[④]，这是合于经文的，可是，接下来万斯大说："其

① 万斯大：《学礼质疑》卷二《宗法四》，《景印文渊阁四库全书》第149册，台湾"商务印书馆"，1986年，第456页。
② 万斯大：《学礼质疑》卷二《宗法四》，《景印文渊阁四库全书》第149册，台湾"商务印书馆"，1986年，第456页。
③ 万斯大：《学礼质疑》卷二《宗法四》，《景印文渊阁四库全书》第149册，台湾"商务印书馆"，1986年，第456页。
④ 万斯大：《学礼质疑》卷二《宗法四》，《景印文渊阁四库全书》第149册，台湾"商务印书馆"，1986年，第457页。

宗之也，但适为大夫则礼如大宗，为士也，则礼如小宗。故曰：'有大宗而无小宗者，有小宗而无大宗者，公子是也。'推此而言，大夫之子为大宗，士之子为小宗也，何疑哉？"① 这就是在利用误读进行转化了。《大传》"其士大夫之庶者，宗其士大夫之适者"所论仅仅是嫡庶之间的关系，与爵等无关，万斯大在嫡庶身分之上，附加上了爵等，以大夫、士区别大宗、小宗。公子之大宗是身分、爵等两个要素兼有，而万斯大"大夫之子为大宗，士之子为小宗也"则是彻底抛弃了血缘身分，仅据爵等来定大宗、小宗。其真正目的也由此展现出来——诸侯之别子因血缘身分而生之宗法，被转换为起家于士庶者因爵等而来之宗法。这同样也是一种寓"敬宗"于"贵贵"之中。

于是，在万斯大看来，别子（或起于民庶者）爵等的高低（是大夫还是士）决定了其后世为大宗抑或小宗，以及是否能祭祀始祖。而其后世子孙政治身分的高低，又决定了能够立庙的数量。这就带来新问题：己身为大夫，后世嫡长子孙便得祭祀始祖，保有三庙，固然不会有大宗子因政治社会身分降低而不得祭始祖的问题，但却有政治社会身分提升带来的宗族瓦解的冲击。因为一旦士获得大夫的身分，虽然"及身不得自祭，无他私尊得伸"，但是"在此大夫之后，得尊之为祖，而自为宗"。② 如此一来，便会与张载、程颐"夺宗"之说有同样的问题：宗族之中的强有力者纷纷别为宗派，大宗明存而实亡。万斯大对其论述中的缺陷显然极为清楚："后世人各自私，强凌众暴，坏法乱纪者众，遂至小加大，少凌长……宗法渐失其初，而其制遂不可问矣。呜呼！"③ 故而最终他也就只能将宗法制度的运行寄托于"人心淳茂，各安其分"之上，④ 也就等于宣告将"敬宗"与"贵贵"相结合的尝试失败了。他只能无奈地承认"势因时异，封建之易为郡县，势也，亦时也。宗子之变为族长，势也，亦时也。然则宗法不可复乎？曰唯封建"⑤。其所论虽不无新见与巧思，但终究也只是一种理论上的"复原"，与现实已经完全脱节了。

万斯大的论述具有一定的代表性。宗族理论在他们的解说之中就是一种在"敬宗""贵贵"前提下给定条件的"推演"。越想将两者整合为一，就越需要加以深文周纳，以己意补充经文之未备。万氏之说极为繁复，故罅漏亦颇多。但以下看上去简单明了的论述，也同样与现实脱节。比如乾嘉时期凌廷堪云："天子以别子为诸侯，故云建国。诸侯以别子为卿，故云立家。卿以别子为大夫，故云置侧室。大夫以别子为士，故云有贰宗。士之别子无重可承，故云隶子弟。"⑥ 这样一种高度理想化的对应模式，也就同样只能是

---

① 万斯大：《学礼质疑》卷二《宗法四》，《景印文渊阁四库全书》第 149 册，台湾"商务印书馆"，1986 年，第 457 页。

② 万斯大：《学礼质疑》卷二《宗法六》，《景印文渊阁四库全书》第 149 册，台湾"商务印书馆"，1986 年，第 460 页。

③ 万斯大：《学礼质疑》卷二《宗法六》，《景印文渊阁四库全书》第 149 册，台湾"商务印书馆"，1986 年，第 460 页。

④ 万斯大：《学礼质疑》卷二《宗法六》，《景印文渊阁四库全书》第 149 册，台湾"商务印书馆"，1986 年，第 460 页。

⑤ 万斯大：《学礼质疑》卷二《宗法六》，《景印文渊阁四库全书》第 149 册，台湾"商务印书馆"，1986 年，第 460 页。

⑥ 凌廷堪：《封建尊尊服制考》，《礼经释例》卷八，彭林点校，北京大学出版社，2012 年，第223 页。

一种理念上的建构。

五、结　论

　　"敬宗"与"贵贵"两种理念共存于经典之中，本就是早期宗法制度在新的条件下渐趋解体的产物。作为宗族建设理论的两个基础性理念，后世学者对"敬宗"与"贵贵"的使用也各有目的，具体解说之中既有经学层面的考量，又不乏对现实的关切。

　　针对魏晋以来"贵贵"理念主导的宗族礼制，宋儒有意通过提倡"敬宗"理念，以"相与为服，祭祀相及"的人情天理，解除了官阶职品对宗族建设的制约，为宗族组织的普及提供了理论支持，促进了宗族组织的发展。不过，面对新的社会现实，他们也并不是机械地照搬经文，虽然强调"敬宗"的理念和宗子的核心地位，但仍为灵活进行宗族建设提供了空间。"夺宗"之论以及对"始祖"的祭祀处理，正是他们针对现实做出的调适。故其宗族理论是以"敬宗"为表象而以"贵贵"为内核，虽然这个"贵贵"已经不再与官位爵等绑定，而趋于泛化。

　　宋儒对"敬宗"和"贵贵"的处理，在明清时期有广泛的影响。不过，朱子《家礼》中构想的层级化的宗族组织和层级化的宗族祭祀，虽然被高度推崇，但其实无论是官方礼制，还是民间实践，都并未真的依仿而行。清初学者对《家礼》有针对性的批评与改造，冲决了层级化的"敬宗"理念对宗族建设的约束，再次重申士庶的普遍祭祀权。不同于《家礼》，他们以小家族团体为着眼点，又通过大型合祠的设计，将小家庭团体更为灵活地组织在一起。以长、以贤、以贵而择定的族长，成为宗族事务的实际负责人。这就实现了对宗族模型的扁平化改造，将理论与现实紧密结合起来。而那些尝试将"敬宗"和"贵贵"整合为一的理想化的宗族模式，反而与社会实情距离越来越远，最终退缩为一种理想模型。

（作者单位：武汉大学中国传统文化研究中心）

论《仪礼郑注句读》的体例创新与文本意义*

□　蒋鹏翔

【摘要】 清初学者张尔岐治经以实用、简洁为尚。与前人的《仪礼》学著作相比，其所撰《仪礼郑注句读》（简称《句读》）首创全录郑注并酌加新解的体例，为后来的郑学复兴奠定了基础。《句读》在引用旧注时通过增加强调性符号区分语意主次，又在涉及实践元素时新加注释对行礼细节予以疏通，彰显了书面化的古礼文本在现实礼制中的指导意义。其经文分节的全面精细超越前人，不仅反映了作者对礼书理解之深刻，更在符号应用、推进层级等方面多有发明，使分节这种传统的治经方法在礼学研究中得以发挥更大的作用。作为清代礼学的开山，《句读》在同类著述中刊行次数最多，流传最广，直到清末曹元弼撰《礼经校释》时仍常有暗师其旨趣处，足见《句读》影响之深远。

【关键词】 张尔岐；《仪礼郑注句读》；清代礼学

　　清代《仪礼》学滥觞于张尔岐的《仪礼郑注句读》。与乾嘉以后的同类著述相比，这部成于易代之际的小书文辞简明，体例独特，别有心曲在焉。林存阳、邓声国、潘斌等学者曾先后撰文介绍该书，① 对其成书经过、诠释特点多有阐发，但关于其撰作旨趣、文本细节等问题，似仍有可深究者，故草成此文，以作燕说。

一

　　张尔岐，字稷若，号蒿庵，山东济阳人，生于明万历四十年（1612 年），卒于清康熙十六年（1677 年）。明亡后以处士自居②，却被曾国藩称为"国朝有数大儒"③，《清史

　　* 本文为教育部人文社科青年项目"清代《仪礼》校勘与学术流变研究"（19YJC870010）、湖南省社科基金基地项目"四库馆臣辑校《仪礼》三书研究"（19JD14）阶段性成果。

　　① 林存阳：《张尔岐与〈仪礼郑注句读〉》，《齐鲁学刊》2001 年第 1 期；邓声国：《试论张尔岐的〈仪礼〉诠释特色及其成就》，《江西科技师范学院学报》2012 年第 4 期；潘斌：《明清之际的学风与张尔岐的〈仪礼〉诠释》，《古籍整理研究学刊》2017 年第 3 期。

　　② 济阳县博物馆藏《张尔岐遗嘱》云："吾以诸生久次出学，又以贫病不曾赴京入试。既非太学生，又非生员，只是田野处士而已，吾百年后正当敛以处士之服。"

　　③ 曾国藩：《曾国藩全集·日记》，岳麓书社，1989 年，第 1351 页。

稿·儒林传》《国朝先正事略》《汉学师承记》《清儒学案》皆立专传，足见其影响深远。张尔岐的生平事迹，其《自叙墓志》及各家所作墓表传文记叙已详，毋庸赘述，需要强调的是，他虽然毕生孜孜于经典，① 但治学以实用、简洁为尚，与清代经学家专精考据的主流风气迥然有别。

《蒿庵集》卷二《日记又序》云："十五授《诗》矣，父师董之，有司岁时进退之。顾以多病，日学黄帝《内经》、神农《本草》，下迨《脉诀》《甲乙》《难经》。又以其说近老氏，学老氏，而《诗》废十九。学史矣，因并学《书》《春秋》。父师董之，朋友言议，文章日需之。顾以兴亡之际，感慨不自已，旁及乐府、《选》、近诸体，填辞杂歌之，以澹予心，以平予气，而史又废。是时余力之及时文者，百一耳。又以时重诸子，学诸子。二十六，感友人之说，肆力于时文。时文喜杂引《周礼》《礼记》，学《周礼》《礼记》。己卯，有天日之恸。乡人鲜解礼者，学礼。从俗奉佛，学佛书。其时意有所属，学兵家言。兵家天时最杂，学太乙，学奇门，学六壬，学云物、风角。岁属大祲，酷吏乘时杀人如草，釜量肉，泽量骨，惴惴潜身，不出户庭。日焚香诵《易》，学《易》。学此不成，去而之彼，彼又不可成，彼又有夺彼以去者，不仅彼之夺此也。癸未前学固如此其不一也。迨弃时文、学经史，君父之恨，身世之感，更至递起。自分永弃于时，心仪梅福、申屠蟠、王裒、孙登、陶潜之为人，时时取《老子》及《参同》《文始》之流读之以自遣。杂坐田父酒客间，剧谈神仙、方技、星卜、冢宅不绝口。所谓经与史，名焉存耳，意之所至，乱抽一帙；意之所止，不必终篇。勿论不解，即解亦不忆。"② 这番话虽然是回顾学业的自悔之语，却反映出其治学并无一长期固定的目标，完全根据当时需要而随心变化，于是其学问呈现出两方面的特色：一是强调书本内容与现实需求相结合的可行性，换言之，即如何在现实生活中还原书本内容；一是对一书投入的时间、精力较为有限，不能像传统义疏学那样"不放过经中一字"，更不能穷尽文献泛滥无归。概括言之，便是实用、简洁。

通经致用是一个古老的话题。汉人即"以《禹贡》治河，以《洪范》察变，以《春秋》决狱，以三百五篇当谏书，治一经得一经之益"③，但随着时代发展，文本研读与实际应用日渐背离，到了晚明，经学已陷入"空谈臆断，考证必疏"的境地，经典不仅无从实用，连文本研读都被边缘化。在这样的氛围下，读书务求实用的张尔岐自然属于异类（此精神却与其挚友顾亭林暗合），在他看来，实用远比著述重要："学者苟能席其成业，尊所闻而行所知，上者可至于圣贤，下者亦足以效一官、济一隅、名一善而无难。私谓士生今日，欲倡正学于天下，似不必多所著述，正当以笃志力行为先务耳。"④

治经而求精简，既与博学于文的古训相悖，又不符合传统经学家们训诂诠释不厌其烦的风格。张尔岐的著作率以"说略""节录""节释"为题，如《周易说略》《老子说略》《周易程传节录》，一方面是受客观条件限制，欲广征文献而不可得，另一方面是志不在此。其《日记又序》云："古之君子之为学也，自一年而七年谓之小成，九年谓之大成，非无

① 张尔岐于《周易》《尚书》《诗经》《仪礼》《春秋》皆有专著。
② 张尔岐：《蒿庵集》，齐鲁书社，1991年，第75页。
③ 皮锡瑞：《经学历史》，中华书局，1959年，第90页。
④ 张尔岐：《蒿庵集》，齐鲁书社，1991年，第50页。

利钝，约略具是不甚远也。予十五闻有所为圣人之道者而悦之，今二十年自视犹初也。"明显透露出急于求成的焦虑，但此种言论又不能不让人想起《汉书·艺文志·六艺略》的大序："古之学者耕且养，三年而通一艺，存其大体，玩经文而已，是故用日少而畜德多，三十而五经立也。后世经传既已乖离，博学者又不思多闻阙疑之义，而务碎义逃难，便辞巧说，破坏形体；说五字之文，至于二三万言。后进弥以驰逐，故幼童而守一艺，白首而后能言；安其所习，毁所不见，终以自蔽。此学者之大患也。"① 降及民国，黄侃也说："《十三经注疏》……以上诸书，须趁三十岁以前读毕，收获如盗寇之将至"，"廿岁以上，卅岁以内，须有相当成就，否则性懦者流为颓废，强梁者化为妄诞"。② 因知治经而望速成是古今常法，张尔岐有此念头，不足为奇，其著述力求简洁，自不应简单地以怠懒畏难责之。顾亭林曾致书以"博学于文""行己有耻"相劝，以为"非好古而多闻，则为空虚之学"，张尔岐复之云："弟老矣，于博学已无及，敢不益励其耻以终余年乎"③，已鲜明地体现出后者对于治学路径的主动选择。

二

"明时所谓经学，不过蒙存浅达之流。即自成一书者，亦如顾炎武云：明人之书，无非盗窃。弘治以后，经解皆隐没古人名字，将为己说而已。……五经扫地，至此而极。"④ 在万马齐喑的大环境中，《仪礼》之学尤显没落。《千顷堂书目》"三礼类" 著录《仪礼》注本仅九种（三种不记卷数，疑有目无书），《中国古籍总目》"仪礼·传说之属" 著录明人注本仅七种，其中，陈深的《仪礼解诂》主要节录郑注，鲜有发明；黄润玉的《仪礼戴记附注》"析《仪礼》为四卷，以《礼记》比类附之，其不类者载诸卷首末，又以军礼独缺，取《周官》大田礼补之，及《礼记》载田事者别为一卷，通为笺释"⑤，完全破坏了《仪礼》的原貌；郝敬的《仪礼节解》和朱朝瑛的《读仪礼私记》都是成段的新作诠释，无关郑注。其余各书也乏善可陈。《四库全书总目》以"各抒心得，其弊也肆"形容此阶段的经学，恰如其分。可以说，明人所作《仪礼》注本，缺少的不是"创新"，而是"守旧"，能忠实保留《仪礼》郑注全文者百不一见。

横向对比既不足道，纵向来看，张尔岐对明代以前的《仪礼》学成果继承情况又如何呢？自两晋以来，集解成风，经部尤其如此，于是引用旧注是否赅洽成为衡量新出注本价值的重要标准之一。笔者过去也曾用这种惯性思维去分析《句读》，发现其征引文献涉及贾公彦、陈祥道、朱熹、吴澄、陈澔、徐师曾、李之藻、张凤祥、顾炎武等多家学者，就以为该书与众多经籍注本一样，以集解为尚。事实上，张尔岐撰作《句读》时对待旧注的态度、利用旧注的方法都与传统的集解迥然有别。其态度举要言之：郑注最为重要，地位与经文相当，故全文抄存；贾疏次之，有漫衍之弊，但仍需倚仗，故多加摘录。其余

① 《汉书》卷三〇《艺文志》，中华书局，1962 年，第 1723 页。
② 张晖编：《量守庐学记续编》，三联书店，2006 年，第 11 页。
③ 张尔岐：《蒿庵集》，齐鲁书社，1991 年，第 50 页。
④ 皮锡瑞：《经学历史》，中华书局，1959 年，第 278 页。
⑤ 黄虞稷：《千顷堂书目》，上海古籍出版社，2001 年，第 35 页。

旧注，或虽重要而不见传本，如朱熹《仪礼经传通解》（《句读》自序云："闻有朱子《经传通解》，无从得其传本"），或虽流行而不可信，如吴澄《仪礼考注》，① 或仅有偶尔参考之价值，如陈澔以下诸家，这些注文都只零星见于《句读》中，《句读》自序称"所守者唯郑注、贾疏而已"，良非虚文。有学者因此批评道："《句读》对其他儒经文献的援引不足。此外，由于张氏所占有的历代《仪礼》文献资料十分有限，对历代学者的研究成果吸纳极少，仅仅引用了贾公彦、陈祥道、吴澄等数家之说，同时也引用了顾炎武、李之藻、朱熹等数家学者的少数研究成果，可惜所引条目极少。"② 就《句读》的解经风格而言，固守注疏、鲜及别家应出于作者的刻意安排。我们往往认为注经应该尽可能全面地汇集旧说，但这是今人的看法。《句读》不符合此标准，到底是《句读》的缺点，还是标准的问题，恐怕还需再加考虑。

三

关于《句读》的内容，袁茵的《后记》曾分校勘、分章、句读、引文、按语五方面加以全面介绍。③ 在此试揣摩作者用意，对该书的体例作进一步的分析。

《句读》全书主要包括三个层次的内容：（1）《礼经》及郑注，这是被解释的主体（全文）；（2）贾疏，这是被引用的主体（非全文）；④（3）张尔岐的加工，又分为文字和圈点两类。经文、郑注之后常有〇，〇后的文字，如非标明出处（最典型的是"疏云"），都是张氏新撰按语（可简称为"张注"），也是探讨其礼学时最方便观察的部分，但需注意，《句读》贯串全书的圈点符号同样反映著作者的观点，并使《句读》各部分的内容构成有机结合的整体，其重要性甚至超过张注（张注是偶尔为之的文字片断，符号则可反映作者对经注的全面认识）。

以《句读》的清乾隆八年（1743 年）和衷堂刻本为例，其经文大字单行，注文小字双行，注文包括郑注、贾疏、张注和引用的少量他家注说。经文行间用"。"点断，注文行间用"、"点断。此种统一的符号只能表示最基本的断句，对于阅读《仪礼》这样复杂的文本，其实是不敷于用的，⑤ 但这属于历史局限，不能苛责古人。有趣的是，除了用于断句的"。""、"，注文中还频繁出现表示强调的连续"、"符号，强调性符号不仅用于郑注、贾疏及他家注说，也用于张注自身。⑥ 通过强调性符号的使用，张尔岐可借古人言语

---

① 《蒿庵闲话》卷二云："疑其书殆庸妄者托为之，不然，草庐名宿，岂应疏谬至此。后得《三礼考注序》读之，又取其书与之覆较，遂确然信其非吴氏之旧也。"张尔岐：《蒿庵集》，齐鲁书社，1991 年，第 353 页。

② 邓声国：《试论张尔岐的〈仪礼〉诠释特色及其成就》，《江西科技师范学院学报》2012 年第 4 期。

③ 参见袁茵：《仪礼郑注句读·后记》，张尔岐：《仪礼郑注句读》，广西师范大学出版社，2021 年，以下注引《仪礼郑注句读》皆随文括注"《句读》+页码"。

④ 贾疏以外的旧注，引用极少，无关大局，姑置不论。

⑤ 《仪礼》存在大量短句中频繁切换主语的情况，至少要配合使用逗号和句号，才可能准确表示此类场景切换。

⑥ 表示断句的"、"居于文字右下角，表示强调作用的"、"居于文字右侧中间。这种强调性符号的使用在明代经注本中屡见不鲜，明刻陈仁锡《周礼句解》甚至混合使用多种符号来表示不同层次的强调。

来表达自己观点，无需再作重床迭屋的复述，如《燕礼》经云："士旅酬。"郑注云："旅，序也，士以<u>次序自酢相酬</u>，无执爵者。"后面并无用〇标识的张注，但郑注"次序自酢相酬"六字均加"、"以示强调。① 换言之，在郑注"士旅酬"的三层意思中，作者认为，"次序自酢相酬"是核心内容，关于"旅"的解释和"无执爵者"的推理都是次要的。于是郑玄的注文便折射出张尔岐的看法。强调性符号使得郑注、贾疏等旧注被局部转化为张氏自身的观点，同时在其按语中广泛使用（不仅仅是句末注文，还包括分节语等总结性文字），使之具备轻重层次的分别，如《大射》经云："遂告曰大夫与大夫，士御于大夫。"张注："既请射得命，遂告君以<u>比耦</u>也。"（《句读》第 131 页）"比耦"二字加强调符号，表示此处应注意所告之内容。对于文字力求简洁的《句读》来说，强调性符号的言外之意是至关重要的。

在经文、郑注、张注这三层文本中，最直观的差异是字数上依次递减的趋势。郑注少于经文，尚可说是经学草创阶段的异象，② 张注居然更简于郑注，不能不让人产生好奇之心（此书初名"仪礼郑注节释"，后改名为"仪礼郑注句读"，同样可见其刻意淡化自作新注的态度）。《句读》的多数章节只存经文、郑注，而在用〇引出新注的条目中，也有相当多的内容是引述贾疏。凡此种情况，都意味着张氏认为有注疏已足明经义，毋庸再注，即所谓固守注疏之意，也符合其治经求简求速的风格。那么又是什么情况才值得张氏花力气新加注释呢？

（1）行礼角色，指明具体行礼人。如《燕礼》。

　　经："大夫不拜乃饮，实爵。"郑注：乃犹而也。〇此实爵，当是大夫自酢与之，不使人代。（《句读》第 114 页）经："寡君固曰不腆，使某固以请。""寡君，君之私也。君无所辱赐于使臣，臣敢固辞。"郑注：重传命。固，如故。〇使者重传命戒客，客重使上介致辞。（《句读》第 115 页）

（2）行礼方位，指明行礼位置。如《燕礼》。

　　经："大夫辩受酬，如受实酬之礼，不祭。卒受者以虚觯降奠于篚。"郑注：《大射礼》曰："奠于篚，复位。"〇辩受酬，皆拜受拜送。但实初酬有坐祭、后酬者则不祭为异。云"大夫辩受酬"不及于士也。注引《大射礼》奠觯复位，<u>复门右北面之位</u>。（《句读》第 106 页）

（3）行礼器物，指明礼器性质形状。如《大射仪》。

---

① 张尔岐：《仪礼郑注句读》，北京大学出版社，2014 年，第 113 页。

② 《经学通论》"论郑注三礼有功于圣经甚大注极简妙并不失之于繁"条云："（郑氏）注礼文简义明，实不见其过繁。即如《少牢馈食礼》经二千九百七十九字，注二千七百八十七字，《有司彻》经四千七百九十字，注三千四百五十六字。……皆注少于经。"皮锡瑞：《经学通论》，中华书局，2017 年，第 256 页。

经："大史实八算于中，横委其余于中西；兴，共而俟。"郑注：先，犹前也。命大史而小臣师设之，国君官多也。小臣师退，反东堂下位。《乡射礼》曰："横委其余于中西，南末。"○中形为伏兽，窍其背以置获筹，执之则前其首，设之则东其面，面、首一也。(《句读》第 136 页)

(4) 行礼逻辑，说明仪节用意。如《燕礼》。

经："若以乐纳宾，则宾及庭奏《肆夏》。宾拜酒，主人答拜而乐阕。公拜受爵而奏《肆夏》。公卒爵，主人升受爵以下而乐阕。升歌《鹿鸣》，下管《新宫》，笙入三成，遂合乡乐。若舞，则《勺》。"○升歌不尽《鹿鸣》以下三篇，而但歌《鹿鸣》；下管不奏《南陔》《白华》《华黍》，而管《新宫》；不用间歌，笙入三终而遂合乡乐；又或为之舞，而歌《勺》以为节，皆与常燕异。初既以乐纳之，及作正乐，又有此异节，以其有王事之劳，故特异之也。(《句读》第 116 页)

(5) 行礼细节，补充经注言之未详者。如《燕礼》。

经："遂歌乡乐：《周南·关雎》《葛覃》《卷耳》，《召南·鹊巢》《采蘩》《采苹》。"○乡乐者，大夫士所用之乐也。《乡饮酒礼》云"合乐《周南》《召南》"，谓歌与众声俱作；此歌乡乐，当亦然也。(《句读》第 110 页)

(6) 完善始末，补充介绍相关场合之礼。如《燕礼》。

经："宾坐祭立饮，卒觯不拜。"郑注：酬而礼杀。○对酢之时，坐卒爵，拜既爵，是礼盛也。(《句读》第 106 页)

上述六个方面的张注，概括起来就是谁行此礼、在何处行此礼、行此礼之器物若何、为何行此礼、如何行此礼、与此礼相涉之情况又如何等六类问题，经过张注的说明，《仪礼》所载仪节在现实中的可执行性大大提高，称之为《仪礼》行动指南也不为过。这正是上文所强调的张尔岐治学的实用之风，他读《礼》的目的是解决不知行礼的现实问题，而非传统经学家们追求的字词训诂或义理发挥。明崇祯己卯（1639 年），其父张行素罹兵难，张尔岐欲遵古礼殡葬，但询诸乡人，鲜解礼者，《句读》自序云："读莫能通，旁无师友可以质问。偶于众中言及，或阻且笑之。"书中的实用主义倾向，无疑与作者的这段身世之痛有极大的关系。

四

《仪礼》以繁复著称，无论是为了便于现实施行还是理解文本，将经文划分章节都是必不可少的工作。从唐代贾公彦的《仪礼疏》开始，经学家们就根据各自的见解进行全文分节。杜以恒《贾公彦〈仪礼〉分节探微》《王文清〈仪礼分节句读〉析论》讨论《仪

礼》分节学极为精细，① 文中已多论及《句读》，可惜非其主题，不能深入。笔者所见其
他研究《句读》的论文虽然都注意到分节之事，但所言往往失于笼统，也未惬人意，故
有必要再作探讨。

分节数量的多少，虽然不宜简单地定义为与分节者的礼学水平呈正相关的关系，但分
节越多，至少说明对《仪礼》的理解越精细。根据杜以恒统计的诸家分节总数，唐代贾
公彦《仪礼疏》为 332 节，宋代朱熹《仪礼经传通解》为 413 节、杨复《仪礼图》为
439 节，元代敖继公《仪礼集说》为 480 节，明代郝敬《仪礼节解》为 383 节，清代张尔
岐《仪礼郑注句读》为 522 节、王文清《仪礼分节句读》为 462 节、胡培翚《仪礼正义》
为 542 节，整体明显呈现出上升的趋势。《句读》的分节数超越此前所有的分节方案，仅
略少于时代更晚的《仪礼正义》，但即使是《仪礼正义》也承认："旧本经不分章，朱子
作《经传通解》始分以便读者。至张氏尔岐《句读》本，分析尤详。此书分节多依张
本，而亦时有更易云。"② 换言之，《句读》分节之精细达到了前所未有的高度，这对于
一位生活在易代乱世的作者来说当然是了不起的成就。这也提醒我们，张尔岐对《仪礼》
全书实有极缜密系统的思考，不仅仅是碎片化的零散注释而已。

《句读》的分节除总数增加外，其使用还有特别的旨趣。首先是强调性符号的广泛使
用。如（1）《燕礼》分节语"右公举膳爵酬宾，遂旅酬，**初**燕盛礼**成**"（《句读》第 106
页）。（2）《燕礼》经："主人洗，升，实散，献卿于西阶上"，张注："自此至'降奠于
篚'，主人献卿、又二大夫膳觯于公、公又举膳酬宾若长遂旅酬，**凡三节**。此献卿而酬，
燕礼之**稍杀**也"（《句读》第 106 页）。（3）《大射仪》分节语"右三耦射后取矢，射礼**第**
一番竟"（《句读》第 134 页）；"此下言三耦、众耦释获之射。其在**方射时**者，有命耦，
有三耦取矢于福，有三耦再射释获，有公与宾射，有卿大夫、士皆射，凡五节；其在**射以**
后者，有取矢，有数获，有饮不胜者，有献服不及隶仆、巾车、获者，有献释获者，亦五
节，**射之第二番**也"（《句读》第 135 页）。用较长文字叙述分节题目及内容，用符号标识
少数文字突出作者分节的用意，于是其分节得以兼顾涵盖始末与撮举要点两端，在一定程
度上解决了前人分节节名冗长则湮没主旨、节名精简则词不达意的两难问题。

其次是详考步骤起止。受成书过程的影响，《仪礼》文本不仅繁杂细碎，而且常见重
复。③ 为应付此种复杂局面，不仅要努力增加分节总数，而且需区分分节内部的层次。杜
以恒《贾公彦〈仪礼〉分节探微》将贾疏从较大的节中再划分出的小节称为"二级分
节"，认为此做法"对于后代《仪礼》分节产生了积极影响。清人张尔岐《仪礼郑注句
读》、姜兆锡《仪礼经传内编》、吴廷华《仪礼章句》、胡培翚《仪礼正义》均对《仪礼》
进行不同形式的二级分节，大大提高了《仪礼》分节的层次性和细密程度"。这种多级分
节的原理实与传统目录学的思想异曲同工。目录分级越多，书籍根据属性所归之类别就越

---

① 杜以恒：《贾公彦〈仪礼〉分节探微》，《中国典籍与文化论丛》2019 年第 1 期；杜以恒：《王
文清〈仪礼分节句读〉析论》，《中国经学》第 29 辑，广西师范大学出版社，2021 年。

② 胡培翚：《仪礼正义》，北京大学出版社，2016 年，第 5 页。

③ 参见沈文倬：《从汉初今文经的形成说到两汉今文〈礼〉的传授》，《菿闇文存》，商务印书馆，
2006 年，第 528~530 页。

精确，第二位类比第一分类更先进，第三位类又比第二位类先进。① 《句读》对多层分节的使用，不仅范围更广，而且方法上也有改进。

第一，举一反三，如《大射仪》经："司射适次，袒、决、遂，执弓，挟乘矢，于弓外见镞于弣，右巨指钩弦。"张注云："**此下方及射事**。有三耦不释获之射，有三耦、众耦释获之射，有以乐射，共三番射，亦略如乡射之节。自此至'左右抚之兴反位'，皆言三耦不释获之射：司射纳器、比耦，司射诱射，三耦乃射，射已取矢，凡四节。"（《句读》第 131 页）先列举三番射：三耦不释获之射，三耦、众耦释获之射，以乐射（都可视为一级分节），然后取三耦不释获之射为例，详述其包含的四节（属于二级分节），虽然此处没有再归纳另外两射的二级分节，却能借三耦不释获之射中的四节来模拟推演，"文省而事增"，在控制分节总数的同时提升了全书的二级分节密度。

第二，是推进至三级分节，或可称为"步"。如《燕礼》经："二大夫媵爵如初"，张注："二大夫媵爵，自'阼阶下皆北面再拜稽首'至'执觯待于洗南'，皆与前'二人媵爵'者同也"（《句读》第 107 页）；经："受者如初受酬之礼"，张注："如其自'宾降'至'进受虚爵'也"（《句读》第 113 页）。这些都把经文含糊言之的"如初"落实到具体的步骤，比分节更进一层。又如经："若与四方之宾燕，则公迎之于大门内，揖让升。"郑注："四方之宾谓来聘者也。自戒至于拜至，皆如《公食》。亦告馔具而后公即席，小臣请执幂请羞者乃迎宾也。"张注："告馔具、请执幂等，又《公食》所无。"（《句读》第 116 页）强调郑注所谓的"如《公食》"不包括告馔具等步骤，使引用所指更为明确。从主观上说，这些都只是作者实用学风的延续（辨明步骤才便于行礼），客观上却收到了细化分类的效果（从大节到小节，从小节到步骤）。综上所述，《句读》的分节不仅仅是对前人分节的进一步细化，更是方法、思想上的全面改良。

五

先有现实中的礼典，后有形诸文字的礼书。经过沈文倬先生《略论礼典的实行和〈仪礼〉书本的撰作》的论证，《仪礼》的文本形成晚于礼典实践，今已成为业界共识。张尔岐虽然受限于时代，未及领悟此义，② 但《句读》处处着眼于礼典的施行，其实践主义倾向是显而易见的，而其在文本层面的历史意义，除去前人已申发者外，还有三点值得注意：

第一，《句读》成书以前，《仪礼》郑注长期处于边缘化的位置，不仅信服者寥寥，甚至连完整的文本都很难找到。明正德十六年（1521 年），陈凤梧刻《仪礼》经注本十七卷，是为明人刻《仪礼郑注》之始，其《重刊仪礼序》已云："乃访求郑康成注，日抄

① 王重民《中国目录学史》第三章第八节云："宋代以前的分类表仅能分到两位，从郑樵才分到了第三位类，这是我国分类学史上的一大进步"，但"他的概括综合能力还是有所穷，或者说他仅能发展到第三位，便没有能力再向着第四位类去发展了。……不能再前进一步，是为郑樵的时代和他本人的局限性所限制"的。王重民：《中国目录学史论丛》，中华书局，1984 年，第 149~150 页。

② 《句读》自序称："《仪礼》则周公之所定，孔子之所述，当时圣君、贤相、士君子之所遵行，可断然不疑。"这显然是错误的认识。

月录，积数年而始获其全焉。"虽云"获其全"，实则仍多脱误。① 降及清初，治《仪礼》者依然倾向于敖继公《仪礼集说》而轻视郑注，如乾隆十三年（1748 年），官修《钦定仪礼义疏》，其《凡例》云："惟元儒敖继公《集说》，细心密理，抉摘阐发，颇能得经之曲折，其偶驳正注疏，亦词气安和，兹编所采特多。"② 在这样的大环境下，张尔岐撰作《句读》，成为第一部全录郑注的新注本，对郑学在清代的复兴起到了道夫先路的作用。

第二，有学者认为"（张尔岐）其人不求闻达，故无当时之名，加上当时《仪礼》研究尚未成为风气，故张氏之研究对清初《仪礼》几乎未产生任何影响"③，学术史上的影响程度不易量化，但《中国古籍总目》著录《句读》刻本多达 12 种④，《四库全书》《四库全书荟要》钞本尚不与其列，纵观《仪礼》清人注本，传刻之勤未有过于《句读》者。书籍的付梓次数是衡量市场接受程度的直接指标，从这个角度来看，《句读》对清代《仪礼》学发展的影响不容小觑。

第三，沈文倬先生在《懿斋学述》中历数清代治《仪礼》达到应具水平而又成一家言的学者凡二十家，以清初张尔岐为开山，以清末曹元弼为殿军。⑤ 对比张氏的《句读》和曹氏的《礼经校释》，可以发现二者虽然撰作时间相隔甚远，其旨趣却多有暗合处。两书对《仪礼》经注疏皆采取分层治之的态度，尊经、信郑、择贾；采用精简的"补正式"注释，仅在必要时新作注解，而不求全面系统的疏释全经；强调礼的实践性和可行性，将揆诸情理可通作为校勘经文的重要辅助。张、曹之间横亘着整个清代《仪礼》学史，经历了《仪礼》学多方向多层面的丰富变化，却殊途同归，选择了类似的治经路数。这显然不是巧合，也提醒我们清代经学的发展历程非简单的汉宋之争、繁琐考证所能概括。

《句读》篇幅短小，言简意赅，其体例之革新、文本之分层对后起的礼学家们多有启发。本文所述，止其一端，管中窥豹，权识读书所得，并望方家教正之。

（作者单位：湖南大学岳麓书院）

---

① 杨守敬云："（陈凤梧刊本）唯《乡射礼》'士鹿中'下脱注文耳。然以严州本校之，其他注文亦多脱误。据凤梧自序，盖以钞本上木，宜其所遗失也。"杨守敬：《日本访书志》，辽宁教育出版社，2003 年，第 7 页。

② 彭林：《〈周礼〉主体思想与成书年代研究（增订版）》，中国人民大学出版社，2009 年，第 233 页。

③ 彭林：《〈周礼〉主体思想与成书年代研究（增订版）》，中国人民大学出版社，2009 年，第 230 页。

④ 中国古籍总目编纂委员会编：《中国古籍总目·经部》第 1 册，中华书局、上海古籍出版社，2012 年，第 451 页。

⑤ 参见沈文倬：《菿闇文存》，商务印书馆，2006 年，第 971 页。

黄丕烈影宋抄单疏本《仪礼》价值发覆

——兼论汪士钟影宋刻本之缺憾

□ 杜以恒

【摘要】国图藏黄丕烈影宋抄本《仪礼》抄成于乾隆末嘉庆初，版式、行款、文字一遵原本之旧，新增抄录之误不多，又以"脱简""缺文""断烂""过书"四种红印钤盖于书中各处，辅以朱笔标示，完美展现了底本裂版、烂边、漫漶、墨丁、缺叶、补板、局部剜改之处，是一部存真程度极高的影宋抄本。国图还藏有一部陈揆旧藏残存七卷的影宋抄单疏本，系黄丕烈自其影宋抄本录副而来，但录副时体例不严，体现宋本信息不如原本丰富，还有新增讹误及误改之处，版本价值有限。汪士钟影刻本据天一阁藏顾校本大规模校补宋单疏本所缺文字，且不出校记，严重影响了该本的存真程度。但汪士钟本校改审慎、精准，正确率极高，其文本质量已经大幅超越了漫漶严重的宋刻本。今读《仪礼疏》，若意在版刻，则当以黄丕烈影抄本为据；若意在文本，则宜以汪士钟影刻本为准。

【关键词】《仪礼》；单疏本；黄丕烈；汪士钟；顾广圻

宋刻单疏本《仪礼》于清代亡佚，清中期以来学者研读《仪礼疏》多以清道光间汪士钟艺芸书社影刻宋单疏本为依据。汪士钟本的影刻工作由著名校勘学家顾广圻主持，编校质量极高，历来被视为清代影宋刻本的杰出代表，是《仪礼疏》的通行善本。

然而汪士钟影刻本在存真上存在缺陷，并非完美无缺。在汪本之外，清代尚有两部影宋抄单疏本，均藏于中国国家图书馆。其中一部是黄丕烈士礼居影宋抄单疏本，已收入《中华再造善本》影印出版。黄丕烈影抄本抄写于汪士钟入藏单疏本之前，抄写精工，可补汪士钟影刻本之失，其版本价值不低于汪士钟本。赵万里、乔秀岩、张燕婴等先生已经明确认识到黄丕烈影抄本具有重大价值,① 但已有成果大多点到为止，尚有再讨论的空

---

① 赵万里先生云："黄氏也曾请人把这一《仪礼》单疏残宋本影写过，原版补板一一注明，原本面貌略可窥见，这一本现藏北京图书馆。"乔秀岩先生云："黄抄本对底本字迹模糊之处都有钤印标志，可以推想宋板原貌。"张燕婴先生云："书中则钤印累累，分别标明宋本脱阙断烂隐约之处，亦较汪士钟所谓影宋刻者为近真。"详参赵万里：《古刻名钞待访记》，《文物》1959 年第 3 期，第 17 页；乔秀岩：《文献学读书记》，生活·读书·新知三联书店，2018 年，第 321 页；中华再造善本工程编纂出版委员会编著：《中华再造善本续编总目提要》，国家图书馆出版社，2017 年，第 640 页。

间。另一部影宋抄本是清人陈揆旧藏，已公布书影，目前学界未见专门讨论，其源流关系、版本价值尚不明确。本文以《仪礼疏》卷一、十六、十七三卷的汇校为基础，对黄丕烈影抄本之价值、陈揆旧藏影抄本之源流、汪士钟影刻本之缺憾进行集中讨论，进而推断《仪礼疏》的最佳读法。

一、黄丕烈本影抄体例与黄丕烈、汪士钟递藏单疏本之面貌

《中华再造善本》影印中国国家图书馆藏《仪礼疏》影宋抄本（善本书号 02407）中年代最早的钤印是黄丕烈的三方印记"学耕堂印""黄丕烈印""复翁"，全书末附跋语两篇，第一篇不署姓名，但其中有"国朝朱竹垞作《经义考》云……""余近得宋本《仪礼疏》七帙，适为五十卷，内缺三十二卷至三十七卷"，据此可知该本是黄丕烈请人影抄。书后第二篇跋署"嘉庆五年岁在庚申七月元和顾广圻识"，可知黄丕烈本影抄时间当在嘉庆五年（1800 年）七月之前。黄丕烈影宋抄单疏本自然是在购入单疏本之后，而黄氏入藏单疏本的时间在乾隆五十八年（1793 年）。由此可知黄丕烈影宋抄本抄写时间在乾隆五十八年至嘉庆五年七月之间。

黄丕烈所藏宋单疏本后归汪士钟，汪氏据以影刻，因此黄丕烈影宋抄本、汪士钟影宋刻本所据底本是同一部单疏本印本。黄丕烈本卷前有"校宋刊单行本《仪礼疏》凡例"一纸，对于认识黄丕烈本价值及黄丕烈、汪士钟递藏单疏本面貌具有重要意义，今录于下：

> 校宋刊单行本《仪礼疏》凡例
> 一脱简　凡宋本缺叶名之曰脱简，悉以空白存其面目。
> 一阙文　凡宋本墨钉名之曰阙文。
> 一断烂　凡宋本版坏名之曰断烂，间有他本可据已经写入行间者，仍加钤印，以存缺疑之义。
> 一过书　凡宋本字迹隐约，影写错误，名之曰过书，各标可识之字于每行上方。
> 　　　　　　　　　　　　　　　　　　　　　　士礼居主人识

今检黄丕烈本正文，文字上多钤有红印，印文恰有"脱简""缺文""断烂""过书"四种，可与《凡例》对应。

"脱简"共涉及十三叶，分别是卷六第一、二叶，卷七第六叶，卷十第七叶，卷二十一第四、七叶，卷二十二第九叶，卷四十五第六叶，卷四十六第七、八叶，卷四十七第十叶，卷四十八第五叶，卷五十末叶。各叶均为空白，钤盖"脱简"红印一至三个，钤印位置多在四角。卷三第十叶仅有一"父"字，当亦是缺叶，但没有"脱简"红印。

"阙文"即宋单疏本为墨丁，无文字，黄丕烈本以"缺文"红印标记，全书共计墨丁60 个。

"断烂"指版面残损，从黄丕烈本实际钤盖"断烂"红印处看，"断烂"主要有裂版、版面四周残损、版中漫漶三种情况。

裂版有轻微断裂者，如卷一第八叶 B 面第五至十五行有裂痕一条，卷三第六叶 B 面

第八行至第十五行有裂痕一条。裂版有十分严重者，裂版裂痕较大，贯穿整个版叶 AB 面，涉及卷八第八叶（见图1，此叶大裂版两处），卷九第三、四叶，卷十三第一、二叶，卷十五第十一、十三叶，卷十六第一、二叶，卷十七第二叶，卷十八第十叶，卷二十第五、六叶，卷二十一第二、三、九、十、十一、十二叶，卷二十五第三、七叶，卷二十六第十四叶，卷二十七第二叶，卷二十九第七叶，卷三十第九叶，卷三十一第三叶，卷三十八第五、六叶，卷四十五第一叶，卷四十七第五叶，卷四十九第三、六、十叶，共计三十三叶。黄丕烈本对裂版的还原度非常高，甚至因裂版导致断裂的文字亦原样描摹，如卷十五第十三叶（图2），裂版所及文字大多上下拆分影写，足见黄丕烈本存旧之意。

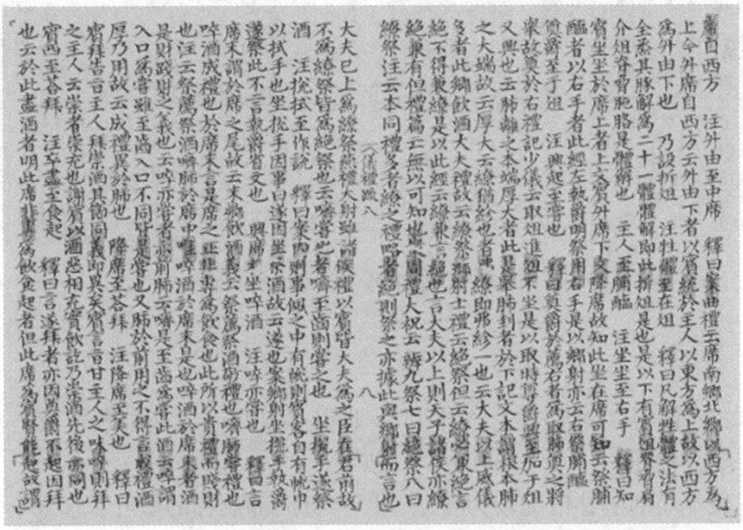

图1　黄丕烈影宋抄单疏本卷八第八叶

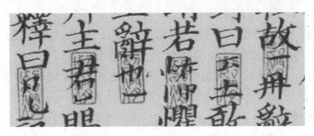

图2　黄丕烈影宋抄单疏本卷十五第十三叶局部

版面四周残损十分常见，较严重者如卷九第六叶，整个版面右上角大块残缺（见图3）；卷五十第九叶版面四角及上下边皆残损。

版中漫漶较为普遍，往往仅涉及版内个别文字。

"过书"指抄手因底本漫漶辨识不清而误抄之字，全书共有292处。

除《凡例》明确提及的"脱简""缺文""断烂""过书"外，黄丕烈本事实上还存在两种影抄体例，一种是"修板"，即在版面右上角以朱笔标"修板"二字；一种是局部剜补的标示，即在版面边缘某块文字区域四角以朱笔加注"⌞""⌟"符号，表示该区域书板曾

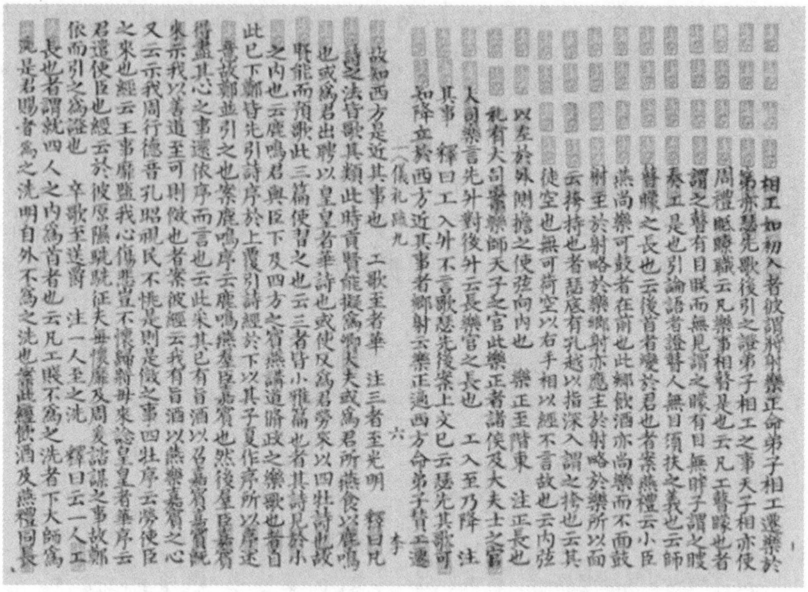

图 3　黄丕烈影宋抄单疏本卷九第六叶

经局部剜补。

　　黄丕烈本之"修板"对应今之"补板"，即整版抽换。之所以断定黄丕烈本所标"修板"即补板，理由有五：

　　（1）黄丕烈本局部剜补情况较为普遍，但含有局部剜补的版叶大多不标"修板"，可知黄丕烈所标"修板"与今日之修板不同。

　　（2）黄丕烈本代表墨丁的"缺字"红印绝大多数位于标示"修板"的版叶，这与墨丁常见于补板的版本学规律吻合。

　　（3）黄丕烈本标示"修板"的版叶版面有不少没有或者仅有较少漫漶、残损之处，这与未标示"修板"动辄大裂版、四周大块残损形成了鲜明对比。

　　（4）黄丕烈本标示"修板"的版叶版心间有与未标"修板"之叶不同之处，如未补板叶版心常见形式是"上短线+上单线鱼尾"，而标"修板"的卷十四第十三叶版心却上下皆有"双短线+单线鱼尾"（见图4），与其余叶均不同。又如标"修板"的卷十第十叶，该叶系此卷末叶，而版心叶码径标作"末"，其余诸卷末叶叶码处均标数码，未有作"末"者。

　　（5）有些标"修板"的叶，内容过少，根本不具有修补的价值，如卷四十一末叶（见图5），算上版心仅有27字，没有局部修补的必要，右上角标"修板"，只能是补板之意。

　　黄丕烈所藏宋单疏本共44卷537叶，其中补板65叶，达到一成以上。需要说明的是，黄丕烈本底本中的补板当非同一批次。首先，补板叶版心形式不尽相同。其次，有的补板叶完全无残损漫漶，有的补板叶则已有漫漶甚至轻微裂版。补板叶内部版心形式、版面状况的差别，只能说明补板并非一批，黄丕烈本底本当是递修之本。

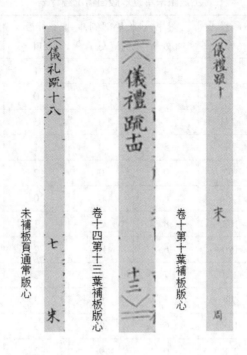

图 4　黄丕烈影宋抄单疏本版心对比图

图 5　黄丕烈影宋抄单疏本卷四十一末叶

为方便总览黄丕烈本所体现之宋单疏本面貌，兹列"黄丕烈藏宋单疏本版面情况统计表"如表 1：

表 1   黄丕烈藏宋单疏本版面情况统计表

卷数	缺文（处）	断烂（处）	过书（处）	局部剜补（处）	补板（叶）	缺叶（叶）	总叶数
1	0	43	4	0	1	0	14
2	1	9	3	0	0	0	14
3	0	27	5	0	3	0	12
4	6	28	5	0	1	0	11
5	3	107	9	0	2	0	11
6	0	75	6	0	0	2	11
7	1	103	8	2	1	1	10
8	2	190	6	10	2	0	9
9	1	278	7	6	2	0	12
10	0	78	5	9	3	1	10
11	0	133	6	0	5	0	13
12	1	228	6	9	2	0	16
13	0	207	4	6	3	0	14
14	0	55	11	0	1	0	13
15	1	167	20	0	3	0	17
16	1	75	9	0	0	0	10
17	1	135	11	8	1	0	11
18	1	51	2	0	0	0	11
19	0	48	9	0	0	0	14
20	0	87	16	0	0	0	13
21	0	242	13	1	1	2	12
22	3	108	10	1	2	1	11
23	1	81	3	0	0	0	12
24	1	169	4	3	0	0	14
25	0	128	1	0	0	0	12
26	0	63	4	0	0	0	14
27	1	137	16	0	0	0	14
28	0	51	3	0	0	0	13
29	0	176	4	0	0	0	9

卷数	缺文（处）	断烂（处）	过书（处）	局部剜补（处）	补板（叶）	缺叶（叶）	总叶数
30	0	113	5	0	0	0	14
31	1	64	1	1	0	0	14
38	1	119	1	0	2	0	15
39	0	59	2	0	2	0	11
40	0	115	5	0	1	0	9
41	0	91	4	7	7	0	14
42	5	137	5	4	7	0	13
43	0	107	2	3	1	0	11
44	3	203	9	2	2	0	10
45	0	225	8	0	1	1	11
46	2	204	5	3	3	2	12
47	2	282	9	4	1	1	10
48	1	132	2	2	2	1	9
49	3	654	12	11	0	0	13
50	17	271	13	0	3	1	14
总计	60	6055	293	92	65	13	537

说明：表中缺文、断烂、过书数量以黄丕烈本实际钤盖红印数量为准，黄丕烈本红印大小相当于正文二字，断烂、过书实际涉及字数较表中数据更多。

从统计结果看，黄丕烈、汪士钟递藏宋单疏本墨丁 60 个，断烂 6000 余处，局部剜补 92 处，补板 65 叶，是一个补修较多、漫漶严重的印本。

此外，贾公彦《仪礼疏》原有五十卷，而黄丕烈影抄本、汪士钟影刻本均仅有四十四卷。黄丕烈本卷前首叶首行"影写宋刻单行本五十卷"下有双行小注"内原缺三十二卷至三十七卷止"，可知黄丕烈、汪士钟递藏宋单疏本原缺六卷，影抄、影刻本缺卷是原本残缺所致。

黄丕烈、汪士钟递藏宋单疏本的刊刻时间可据二本避讳及刻工推断。王锷先生云黄丕烈、汪士钟所据单疏本"'玄、敬、弘、殷、恒、桢、让、桓'等字均不得成字，刻工则有吴春、刘昭、徐荣、俞荣、王寿、张明、高升、徐困、缪恭、马祖、何泽、毛兴祖、毛端、庞知柔、石冒、丁松年、朱六等，其中很多人参加了其他单疏本和八行本的刊刻。可见，汪氏影刻的是南宋翻刻的北宋本"①，张丽娟老师云"刻工有南宋初期杭州地区工

① 王锷：《贾公彦〈仪礼疏〉版本考辨》，《古籍研究》1997 年第 3 期，第 22 页。

人，亦有元代刻工，说明其底本当为南宋刻元修补印本"①，张燕婴先生则指出黄丕烈影抄本刻工"多为南宋中叶杭州地区刻字工人，则其底本已非景德旧修本，至少曾经南宋人修版，甚或为重刻本"②，乔秀岩先生提到"《长泽规矩也著作集》第一卷，有《现存宋刊单疏本刊行年代考》，详考刻工，论定今存《公羊》《尔雅》《仪礼》单疏（《仪礼》即据汪本）均南宋孝宗末年至光宗间刊元修本。所论广博精审，令人叹服"③，李霖老师又详考汪本刻工，对汪本刻工中南宋初、南宋中后期至元代刻工进行了划分，认为南宋"《仪礼疏》之覆刻不应迟至孝宗朝晚期，当在孝宗隆兴、乾道间"，"刻工活动期在南宋中后期至元代，及所有版心有字者，其底本皆南宋中期及元代补板叶"。④ 可见黄丕烈、汪士钟所见宋单疏本是宋刊宋元递修本。

综上所述，我们基本可以断定黄丕烈、汪士钟所见单疏本是一个补修较多、漫漶严重、缺少六卷的南宋刻宋元递修本。

二、黄丕烈本的影抄过程及其误字

黄丕烈《校宋刊单行本〈仪礼疏〉凡例》既题为"校宋刊单行本"，则当是在影抄业已完成后所作校勘工作之凡例。由此观之，黄丕烈本当是先由抄手据宋单疏本影抄，再由黄丕烈或专人校核底本，将因底本漫漶误抄之字钤盖"过书"红印，于天头题写正确文字，并以"缺文""脱简""断烂"红印分别钤盖于底本有墨丁、有缺叶、有断烂之处，且以朱笔于补板叶右上角书"修板"二字，于局部剜补之处则以朱笔画出范围。

上文已统计《仪礼疏》宋单疏本有断烂6000余处，但这些漫漶处在黄丕烈影宋抄本上却大多并不缺字，这些字在抄写时是如何补上去的呢？黄丕烈《凡例》云："凡宋本版坏名之曰断烂，间有他本可据已经写入行间者，仍加钤印，以存缺疑之义。"依此言，底本断烂之处是据"他本"补写。从笔者汇校之卷一、十六、十七来看，黄丕烈本所补之字大部分正确。而黄丕烈本抄补参考的"他本"虽不能确定是何本，但黄丕烈收藏宋单疏本之时，张敦仁注疏本、阮元注疏本、汪士钟影宋刻本等疏文源出宋单疏本的版本尚未产生，黄丕烈本参考的"他本"只能是陈凤梧注疏本系统诸本，很可能是李元阳本、北监本、毛本等通行本。然而在校勘中我们发现黄丕烈本所补断烂之字亦有臆补致误之处，明显没有参考他本，如：

（1）《仪礼疏》卷一："卜筮实问七八九六之鬼神，故以六玉礼耳。"
陈凤梧注疏本、汪文盛本、闻人诠本、李元阳本、北监本、毛本、殿本、库本、

① 张丽娟：《宋代经书注疏刊刻研究》，北京大学出版社，2013年，第248页。
② 中华再造善本工程编纂出版委员会编著：《中华再造善本续编总目提要》，国家图书馆出版社，2017年，第639页。黄丕烈影宋抄本《仪礼疏》提要为张燕婴先生撰写。
③ 乔秀岩：《〈仪礼〉单疏版本说》，《义疏学衰亡史论》，生活·读书·新知三联书店，2017年，第297页。《长泽规矩也著作集》由日本汲古书院于1982年出版。
④ 李霖：《宋本群经义疏的编校与刊印》，北京大学出版社，2019年，第65页。

汪士钟影宋刻本、张敦仁本、阮元本不误,① 黄丕烈影宋抄本"玉"误作"工","工"下有红印"断烂"。

（2）《仪礼疏》卷十五:"释曰:**云**'礼使人各以其爵'者。"

宫内厅藏单疏抄本、陈凤梧注疏本、汪文盛本、闻人诠本、李元阳本、北监本、毛本、殿本、库本、汪士钟影宋刻本、张敦仁本、阮元本不误,② 黄丕烈影宋抄本"云"误作"公","公"下有红印"断烂"。

（3）《仪礼疏》卷十七:"引之者,证**鼓**东西长。"

宋本《仪礼要义》、陈凤梧注疏本、汪文盛本、闻人诠本、李元阳本、北监本、毛本、殿本、库本、汪士钟影宋刻本、张敦仁本、阮元本不误,黄丕烈影宋抄本"鼓"误作"或","或"下有红印"断烂"。

（4）《仪礼疏》卷十七:"大侯尊,**故**使服不氏与一徒居乏。"

宋本《仪礼经传通解》、陈凤梧注疏本、汪文盛本、闻人诠本、李元阳本、北监本、毛本、殿本、库本、汪士钟影宋刻本、张敦仁本、阮元本不误,黄丕烈影宋抄本"故"误作"蔽","蔽"下有红印"断烂"。

（5）《仪礼疏》卷十七:"此则前'遂命三耦取弓矢**于**次'。"

宋本《通解》、宋本《要义》、陈凤梧注疏本、汪文盛本、闻人诠本、李元阳本、北监本、毛本、殿本、库本、汪士钟影宋刻本、张敦仁本、阮元本不误,黄丕烈影宋抄本"于"误作"子","子"下有红印"断烂"。

当然,在某些情况下补字工作确实存在客观困难,如《仪礼疏》卷十七:"注'**反门右北面位**'〇释曰……"

陈凤梧注疏本、汪文盛本、闻人诠本、李元阳本、北监本、毛本、殿本、库本、张敦仁本、阮本均作"反门",黄丕烈影宋抄本"反门"作"反反门",下"反"字下有红印"断烂",汪士钟影宋刻本"反门"作"反及门"。此句为注文起讫语,检影宋严州本、宋本《通解》等宋刻诸本注文皆作"反门右北面位",则疏文起讫语亦当以"反门"为是,仓石武四郎《仪礼疏考正》亦云"'注反及门右北面位','及'字似衍"③。但黄丕烈本、汪士钟本"反门"间均多一字,且黄丕烈本此字处还有"断烂"红印,可知宋单疏本"反门"之间确有一字,且其字形漫漶,在"反""及"之间。汪士钟本作"及"较

① 陈凤梧注疏本编刻于明嘉靖初年,其经、注、释文源出朱熹《仪礼经传通解》,疏文源出宋单疏本。此后明汪文盛本、闻人诠本、李元阳本、北监本、毛本及清武英殿本、四库本皆是祖出陈本的注疏本。张敦仁本则是顾广圻据宋严州本、单疏本文字重新合刻的注疏本,阮本则据张敦仁本重刻。详参张敦仁:《重刻仪礼注疏序》,2017 年浙江古籍出版社版《师顾堂丛书》影印张敦仁本《仪礼疏》卷首;汪士钟:《重刻宋本仪礼疏序》,中国国家图书馆藏汪士钟道光十年（1830 年）《重刻宋本仪礼疏》（善本书号 13684）卷首;廖明飞:《〈仪礼〉注疏合刻源流考》,北京大学硕士学位论文,2012 年。

② 日本宫内厅书陵部藏有一部单疏抄本,仅有卷十五、十六二卷,上有安元二年（1176 年,南宋淳熙三年）中原师直跋。其抄写质量虽不高,但所据犹是宋单疏本原刻,有较大参考价值。详参乔秀岩:《〈仪礼〉单疏版本说》,《义疏学衰亡史论》,生活·读书·新知三联书店,2017 年,第 280~283 页;李霖:《宋本群经义疏的编校与刊印》,北京大学出版社,2019 年,第 66~68 页。

③ ［日］仓石武四郎:《仪礼疏考正》,崇文书局,2018 年,第 171 页。

黄丕烈本作"反"于经义更通，但黄、汪此处皆属臆补，宋单疏本此处原作何字已不可知。

总体来看，黄丕烈本对断烂处的补字正确率尚可，且对部分误抄之字还以"过书"之例校改，又能存断烂处原版面貌，处理可称完善。黄丕烈本还有一些文字没有任何红印标记，不涉及底本漫漶残损的问题，但据宫内厅藏单疏抄本、宋本《通解》、宋本《要义》及经义可证为误字，如：

（1）《仪礼疏》卷一："《周礼》为末，《仪礼》为本。"

宋本《要义》、陈凤梧注疏本、汪文盛本、闻人诠本、李元阳本、北监本、毛本、殿本、库本、汪士钟影宋刻本、张敦仁本、阮本不误，黄丕烈影宋抄本"末"误作"夫"。

（2）《仪礼疏》卷一："衰以表心，绖以表首。"

宋本《要义》、陈凤梧注疏本、汪文盛本、闻人诠本、李元阳本、北监本、毛本、殿本、库本、汪士钟影宋刻本、张敦仁本、阮本不误，黄丕烈影宋抄本"绖"误作"经"。

（3）《仪礼疏》卷一："少而习焉，其心安焉。"

宋本《要义》、陈凤梧注疏本、汪文盛本、闻人诠本、李元阳本、北监本、毛本、殿本、库本、汪士钟影宋刻本、张敦仁本、阮本不误，黄丕烈影宋抄本"焉"误作"为"。

（4）《仪礼疏》卷十六："《司裘》卿大夫下不言士。"

宋本《要义》、宫内厅本、陈凤梧注疏本、汪文盛本、闻人诠本、李元阳本、北监本、毛本、殿本、库本、汪士钟影宋刻本、张敦仁本、阮本不误，黄丕烈影宋抄本"士"误作"七"。

（5）《仪礼疏》卷十六："云'糁侯之鹄方四尺六寸大半寸'者。"

宋本《通解》、宫内厅本、陈凤梧注疏本、汪文盛本、闻人诠本、李元阳本、北监本、毛本、殿本、库本、汪士钟影宋刻本、张敦仁本、阮本不误，黄丕烈影宋抄本"六"误作"云"。

（6）《仪礼疏》卷十六："彼谓人君燕臣子，专其恩惠。"

宋本《通解》、宋本《要义》、宫内厅本、陈凤梧注疏本、汪文盛本、闻人诠本、李元阳本、北监本、毛本、殿本、库本、汪士钟影宋刻本、张敦仁本、阮本不误，黄丕烈影宋抄本"专"误作"尊"。

类似误字尚有不少。然而黄丕烈本之底本宋单疏本已经亡佚，要想确知这些误字到底是宋单疏本原误，还是黄丕烈本影抄时新增之误，需要借助其他旁证，天一阁藏顾广圻校本便是重要参照。

据周慧惠先生研究，① 今天一阁博物馆藏有一部明万历北京国子监刻崇祯重修本，②

---

① 周慧惠：《天一阁藏顾广圻校〈仪礼注疏〉考述》，《文献》2016 年第 1 期，第 70~86 页。

② 本文使用天一阁博物馆"天一阁古籍数字资源"网站公布之顾校本全书彩色书影。

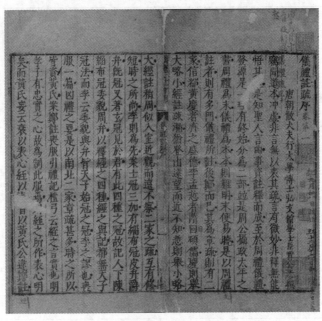

图 6　天一阁藏顾广圻校宋本首叶

顾广圻在此本上校录宋单疏本《仪礼疏》、影宋抄魏了翁《仪礼要义》、杨复《仪礼图》、朱熹《仪礼经传通解》、叶林宗影宋抄《经典释文》、卢文弨《仪礼注疏详校》、沈彤《仪礼小疏》等他本、他书文字（参见图6）。其中宋单疏本校录工作至少有嘉庆四年（1799年）、道光九年（1829年）两次，是顾广圻寓居黄丕烈、汪士钟处时所校。顾广圻"校勘非常细致，通篇用朱笔，不仅将宋本与北监本文字的不同之处一一校出，而且把宋本的异体字、避讳字都誊录到北监本里，甚至将宋本经文的起讫、卷端的结衔、每一卷每一叶每一行的起止均在北监本中一一加以标志，并且标出宋本的卷次、叶码、阙卷、阙叶、修板、烂板。也就是说，顾广圻把宋本所有能用校勘文字表达的全都标注到北监本上，校勘符号统一，指向明确，形成了严密的体例"①。对于北监本疏文与宋单疏本之异文，"宋本是而北监本非，就用朱笔在北监本上径改"，"宋本非而北监本是，顾氏就在异字的右上角以'┕'符号标出，并在该行的地脚注上宋本作某字"，"顾氏对地脚所注的宋本某字进行了二次、三次分析，分析的结果在字的右边标以三种符号来区别：小竖（｜）、小圈（○）、小三角（▷）"，"旁加小圈和小三角的字，汪刻亦作该字；而所有旁加小竖的字，汪刻则全部与之不同"②，由此可知天一阁藏顾校本较汪士钟影宋刻本更能反映宋单疏本原貌。

今将笔者所校《仪礼疏》卷一、十六、十七三卷所及黄丕烈本误字与宫内厅藏单疏抄本、汪士钟影宋刻单疏本、天一阁顾校本、张敦仁注疏本、阮元注疏本等源出宋单疏本的诸本相较，总列表2如下：

① 周慧惠：《天一阁藏顾广圻校〈仪礼注疏〉考述》，《文献》2016年第1期，第73页。
② 周慧惠：《天一阁藏顾广圻校〈仪礼注疏〉考述》，《文献》2016年第1期，第80页。

表2　　　　　　　　　　黄丕烈本卷一、十六、十七误字对照表

序号	卷数	宫内厅本、张敦仁本、阮本、汪士钟本及诸本	黄丕烈本	顾校本
1		《周礼》为**末**，《仪礼》为本	夫	夫
2		衰以表心，**绖**以表首	经	经
3△		函丈之儒，青**衿**之俊	枔	衿
4		**又**《大戴礼·公冠篇》及下	文	文
5		少而习**焉**，其心安焉	为	为
6		其大夫始仕者二十已冠讫，五十**乃爵**命为大夫	九对	九对
7△		郑**云**大夫为昆弟之长殇小功	去	云
8		故《尚书·金**縢**》云"王与大夫尽弁"	腰	腰
9△		又《礼记·**檀**弓》云"君之适长殇，车三乘"	擅	檀
10	卷一	皆尊卑吉凶次第伦**叙**，故郑用之。	叔	叔
11		至于大戴即以《**士**丧》为第四	上	上
12△		故知裳亦积**白**素绢为之也	由	白
13△		大夫裨其**纽**及末	细	纽
14		引之者，证画地识**爻**之法	父	父
15		殷质，言以表明**丈**夫也	文	文
16		席在门中，故知右还**北**行	此	此
17		主人退，宾**拜**辱	候	候
18		宰赞**盖**云主人某为适子某加冠	皿	盖
19		宰**夫**戒，宰及司马	天	天
20		下**文**冠子之时	大	大
21		赞者坐栉、设缅、卒**纮**之类	弦	弦
22△		筮**日**朝服，转相如	曰	日
23△		云"**旦**日正明行冠事"者	且	旦
24△		《司裘》卿大夫下不言**士**	七	士
25		此乏去侯北十**丈**	文	文
26△		云"糁侯之鹄方四尺**六**寸大半寸"者	云	六
27	卷十六	言国君合有**三**面	二	二
28△		即葬下棺碑**闲**重鹿卢之辈	问	间
29△		并两而吹之，今大**予**乐官有焉	子	予
30△		万物成**孰**，粢盛丰备	熟	孰
31△		彼谓人君燕臣子，**专**其恩惠	尊	专

续表

序号	卷数	宫内厅本、张敦仁本、阮本、汪士钟本及诸本	黄丕烈本	顾校本
32		今奠于荐左是不举之处	令	令
33		三曰空首，君荅臣下拜	曰	曰
34△		君荅臣下拜，复不为再拜	后	复
35		臑，若膊、胳、觳之折	胉	胉
36		大师乃东坫，西面北上坐	北	北
37		大夫射参侯，士射干侯	于	于
38△		引"天子服不氏下士一人，徒四人"者	彼	徒
39△	卷十七	西南面扬弓，命去侯	杨	扬
40		故使服不氏与一徒居乏	嚻	嚻
41		自此至"兴，反位"	与	与
42		论取矢设楅	次	次
43△		论取矢设楅	福	楅
44△		云"出于次也，袒时亦适次"者	袒	袒
45△		以此而言，则袒时入次	裎	袒
46		注"倚扑"至"闻之"	朴	朴

　　黄丕烈本《仪礼疏》三卷 46 处误字中，有 27 处误字顾校本所录宋本文字与黄丕烈本同误，这 27 字属宋单疏本原误无疑。46 处中尚有 19 处黄丕烈本误顾校本不误（序号以△标示），当是黄丕烈本抄录时新增误字。但这 19 处误字中有不少是木旁与衣补旁之别（第 3 例）、木旁与手旁之别（第 9、39 例）、木旁与示旁之别（第 43 例）、日曰之别（第 22 例）、旦且之别（第 23 例）等形近之字，顾广圻校勘再细致也未必能全部校出，这 19 字中当有一些是宋单疏本原误而顾广圻未校出者。卷一、十六、十七三卷疏文总字数约 26500 字，即便 19 处黄丕烈本、顾校本不同之处皆属黄丕烈本误抄，其影抄错误率亦不及千分之一，可见黄丕烈影宋抄本文字实能传宋本之真。从 27 处宋单疏本误字中，我们亦可得知宋刊宋元递修单疏本确实存在一些误字，并非尽善。

三、陈揆旧藏影宋抄单疏本考

　　除了黄丕烈本外，中国国家图书馆还藏有一部影宋抄本《仪礼疏》（善本书号 06329），存七卷(卷一、二、三、二十八、二十九、三十、三十一)，系陈揆旧藏。该本尚未受到学界关注，须略加讨论。

　　陈揆本半叶十五行，行二十七字。白口，鱼尾形制不一。版心上时记字数，中记卷叶，下时有刻工。卷一首钤"稽瑞楼""文端公遗书""翁同龢印""翁斌孙印"印，卷二十九首钤"稽瑞楼""文端公遗书""翁同龢印"，卷二十八、卷三十一末钤"稽瑞楼"印。

稽瑞楼是陈揆堂号，文端是翁心存谥号，翁同龢是翁心存第三子，翁斌孙则是翁同龢侄孙，继承翁氏藏书。陈揆有《稽瑞楼书目》，其中著录有"《仪礼疏》七卷，影宋抄，残本，二册"①。光绪三年（1877 年）潘祖荫《稽瑞楼书目序》云："陈子准无子，殁后书亦尽散，吾师翁文端公与子准厚，既恤其身后，以重值收其藏本，仅得三四，散失者已不少矣。"② 据此可知该本最早由陈揆收藏，后由翁心存购得，翁心存之后递经翁同龢、翁斌孙收藏，最终入藏国家图书馆。

黄丕烈本与陈揆本同为影宋抄本，从表面上看有很多相似之处，其中较为明显的是二本在补板叶右上角均以朱笔题"修板"二字，且黄丕烈本钤盖"断烂"红印之字，陈揆本多以朱笔题写，这无疑说明二本之间有极为紧密的联系。笔者将《仪礼疏》卷一黄丕烈本、陈揆本及众本汇校，发现黄、陈二本多有同误之字，如：

（1）《仪礼疏》卷一："郑云：大夫为昆弟之长殇小功。"
宋本《要义》、陈凤梧注疏本、汪文盛本、闻人诠本、李元阳本、北监本、毛本、殿本、库本、天一阁顾校本、汪士钟影宋刻本、张敦仁本、阮本不误，黄丕烈影宋抄本、陈揆影宋抄本"云"误作"去"。
（2）《仪礼疏》卷一："故知裳亦积白素绢为之也。"
宋本《通解》、陈凤梧注疏本、汪文盛本、闻人诠本、李元阳本、北监本、毛本、殿本、库本、天一阁顾校本、汪士钟影宋刻本、张敦仁本、阮本不误，黄丕烈影宋抄本、陈揆影宋抄本"白"误作"由"。
（3）《仪礼疏》卷一："大夫裨其纽及末。"
陈凤梧注疏本、汪文盛本、闻人诠本、李元阳本、北监本、毛本、殿本、库本、天一阁顾校本、汪士钟影宋刻本、张敦仁本、阮本不误，黄丕烈影宋抄本、陈揆影宋抄本"纽"误作"细"。

这些校例中，包括直接源出宋刻单疏本的天一阁顾校本在内的众本均不误，唯黄丕烈本、陈揆本同误，说明黄丕烈本、陈揆本并非分别自宋本影抄，二本之间必然有直接联系。

黄丕烈本与陈揆本均以类似的方式突显补板、断烂等宋单疏本版面状况信息，显然具有一致的体例。黄丕烈本卷前附有黄丕烈亲自撰写的"校宋刊单行本《仪礼疏》凡例"，述说体现原本面貌之法，而陈揆本则无"凡例"，亦无任何序跋。此外，黄本所体现的底本信息远较陈本丰富。陈本朱笔书写断烂处疏文，并无黄本之红印。然黄本、陈本有些疏文是空缺的，空缺之处黄本有时钤盖"缺文"红印表示墨丁，有时钤盖"断烂"红印表示漫漶残损，而陈本则径付阙如，没有任何标记，不能体现某处空白是墨丁还是漫漶残损。且黄本对于因漫漶而误抄之字，皆在误字下钤盖"过书"红印，天头墨笔写正确文字，而黄本过书之字在陈本上并无任何标记、校改，以墨笔题写，与正常疏文无异。简言之，陈本具有的底本信息黄本均有，而黄本具有的底本信息陈本却未必有。结合黄本卷前

---

① （清）潘祖荫：《稽瑞楼书目》，《丛书集成初编》第 39 册，商务印书馆，1935 年，第 101 页。
② （清）潘祖荫：《稽瑞楼书目序》，《丛书集成初编》第 39 册，商务印书馆，1935 年，卷前。

黄丕烈自作之《凡例》，可以断定陈揆本系据黄丕烈本转录而来，并未参考单疏原本，转录时还丢失了不少黄本原有版面信息。

陈揆本在抄录之时，还新增了不少讹误，如：

    （1）《仪礼疏》卷一："幸以去瑕取玖，得无讥焉。"

    陈凤梧注疏本、汪文盛本、闻人诠本、李元阳本、北监本、毛本、殿本、库本、黄丕烈本、汪士钟本、张敦仁本、阮本不误，陈揆本"讥"误作"识"。

    （2）《仪礼疏》卷一："郑注云'及，至也'。"

    宋本《通解》、宋本《要义》、陈凤梧注疏本、汪文盛本、闻人诠本、李元阳本、北监本、毛本、殿本、库本、黄丕烈本、汪士钟本、张敦仁本、阮本不误，陈揆本"至"误作"主"。

    （3）《仪礼疏》卷一："故《燕礼》云'洗当东雷'。"

    宋本《要义》、陈凤梧注疏本、汪文盛本、闻人诠本、李元阳本、北监本、毛本、殿本、库本、黄丕烈本、汪士钟本、张敦仁本、阮本不误同，陈揆本"燕"误作"无"。

陈揆本卷一新增讹误共16处17字，大部分皆如以上三例，系形近误抄，今总列陈揆本卷一新增讹误表如下（见表3）：

表3   陈揆本卷一新增讹误表

序号	黄丕烈本、汪士钟本等诸本	陈揆本	序号	黄丕烈本、汪士钟本等诸本	陈揆本
1	幸以去瑕取玖，得无**讥**焉	识	9	则及远日，又**筮**日如初	人
2	此冠事**稍**轻，故容有不至	相	10	郑注云"及，**至**也"	主
3	筮法，依七八九六之**爻**而记之	文	11	**某**犹愿吾子之终教之也	其
4	**六画**，画六爻	至六	12	主人自为献**主**，群臣助祭而已	圭
5	古文闑为**槷**，阃为蹙	槸	13	谓若宾**及**赞冠，同在上戒宾之内	友
6	**反**与其属共占之	又	14	必于庙**门**者，以冠在庙	明
7	知"右还**北**行就席"者	此	15	故此注取**彼**而言"旦日正明行冠事"也	被
8	以其**丧**礼遽于事	与	16	故《**燕**礼》云"洗当东雷"	无

陈揆本在抄录之时，亦偶有改正黄丕烈本原有讹误之处，笔者所校卷一中共见5例，分别是：

    （1）"衰以表心，**绖**以表首"，黄本"绖"误作"经"，陈本改正。

    （2）"函丈之儒，青**衿**之俊"，黄本"衿"误作"枠"，陈本改正。

    （3）"又《礼记·**檀**弓》云'君之适长殇，车三乘'"，黄本"檀"误作

"擅"，陈本改正。

  （4）"宰**夫**戒，宰及司马"，黄本"夫"误作"天"，陈本改正。

  （5）"云'**旦**日正明行冠事'者"，黄本"旦"误作"且"，陈本改正。

  陈揆本所改当然是符合经义的，但上文讨论黄丕烈本时已经论定黄丕烈本中的不少误字其实是底本单疏本原误，而非黄丕烈本影抄时新增。陈揆本所改这五处中"经""夫"二字乃单疏本原误，陈揆本改正反而更失宋刻本真。陈揆本校正之处本就不多，其中又有误改单疏本原误之字，其校改实难令人满意。

  黄丕烈、陈揆同是乾嘉时期常熟藏书家，黄丕烈年长陈揆十七岁，陈揆旧藏影宋抄本有可能是陈揆请黄丕烈代为抄录。但陈揆《稽瑞楼书目》著录之影宋抄本即仅存七卷，若是黄丕烈应陈揆之请影抄，则不会交给陈揆一个前后卷次不相连的残本。黄丕烈书散后，陈揆作为本地藏书家多有购藏。陈揆旧藏的这部影宋抄本，更有可能是自黄丕烈家购得，可能是黄丕烈据影宋抄本的录副本，与黄丕烈影宋抄原本同为四十四卷。陈揆入藏录副本时，不知何故，仅收得七卷，其余诸卷恐已佚失。黄丕烈影宋抄本抄写于乾隆末嘉庆初，则陈揆旧藏的这部录副本当抄成于嘉庆间。

  综上所述，陈揆旧藏影宋抄本是黄丕烈影宋抄本的录副本，抄成于清嘉庆年间，体现的宋单疏本信息不如黄丕烈影宋抄原本丰富，还在抄录时新增了不少讹误，误改了部分宋单疏本原误之字，又是残缺之本。在黄丕烈影宋抄本尚存全帙的情况下，陈揆旧藏录副之本几乎没有独特的版本价值，仅可在书籍史、藏书史等领域发挥有限作用。

四、汪士钟本之存真与校改

  黄丕烈之后，宋单疏本转归汪士钟艺芸书舍。道光十年（1830年），汪士钟在顾广圻帮助之下影刻宋单疏本。在宋单疏本亡佚的情况下，汪士钟本作为现存最早之影宋刻本，[1] 其忠实于底本的程度自然是使用者最为关心的问题。由顾广圻代笔的汪士钟《重刻序》对影刻原则已有交代：

> 宋每半叶十五行，每行廿七字，修者不等，各仍其旧，缺卷亦然，并卷内缺叶十有三翻，因他本尽割弃所标经注，无由推知也。其卷内正误补脱、去衍乙错数千百处，视迩日诸家约略是同，究不若此次之行幕款仿，尤传景德之真矣。若夫撰定异同，不特出入纷纭，恐致词费，抑复管窥专辄，曷若阙如，悉心寻绎，元文自见云尔。[2]

————————

  ① 汪士钟本有清光绪间泾县洪氏翻刻本，详参乔秀岩：《〈仪礼〉单疏版本说》，《义疏学衰亡史论》，生活·读书·新知三联书店，2017年，第289~292页。

  ② 汪士钟：《重刻宋本仪礼疏序》，中国国家图书馆藏汪士钟道光十年（1830年）《重刻宋本仪礼疏》（善本书号13684）卷首。中国国家图书馆、北京大学图书馆、中科院文献情报中心、天津图书馆等众多藏书机构藏有汪士钟本，中国国家图书馆于官网公布其所藏三部（善本书号13684、A01942、A01947）印本书影，其中唯13684号本有原书刊行内封面，本文因以13684号本为据。

此段文字包含三点重要信息：

（1）汪士钟影宋刻本行款完全遵照宋本原样写刻，缺卷、缺叶不补，一仍其旧。

（2）汪士钟影宋刻本校改文字"数千百处"。

（3）顾广圻认为校勘记文辞繁多，且亦引人困惑，又不能真正使人看到原本全貌，因此影宋刻本不附校记。

一言以蔽之，汪士钟本影原则是不必改及不可改者遵原本之旧，底本有误可改之处则径改不出校。这样的影刻原则，当然难以完整反映底本面貌，也与今人普遍认同的影刻原则不符。

乔秀岩先生在未见国图藏黄丕烈影宋抄本及天一阁藏顾校本的情况下，对汪士钟本存真程度已有所怀疑。乔秀岩先生举出《仪礼疏》卷三一处阮元《校勘记》及张敦仁本与汪士钟本不合之例，认为阮元《校勘记》、张敦仁本更为可信，"汪刻可信而不可全信"①。在《〈仪礼〉单疏版本说》篇末 2013 年补记中，乔秀岩先生据新见天一阁藏顾校本补充了两条例证，进一步证明汪本"乃出顾千里校订，已非底本原貌"②，洵为卓识。

周慧惠先生则对天一阁藏顾校本进行了更深入系统的研究，上文在讨论黄丕烈本时已对周先生大作有所引述。凡天一阁顾校本疏文中右上角有朱笔"⌐"符号，皆是北监本与单疏本疏文有异之处。对应文字地脚朱笔所写文字即宋单疏本异文，其中旁加小竖者，皆是顾广圻明知宋单疏本与北监本不同而从北监本之处。周慧惠先生对这类情况进行了分析，认为汪士钟本对宋本的改动主要有"宋本中非常明显的错字，汪刻予以改动""宋本中有因烂板、修板而产生的讹误阙如，汪刻予以改正补缺""宋本卷末校对诸臣衔名有阙如，汪刻予以补正"三种情况，得出了"顾校本的存在则证明了汪刻依据顾校本改变了宋本原貌"的结论。③

周慧惠先生的研究在乔秀岩先生研究基础上，最终论定了汪士钟影刻本据顾广圻校本校改的情况，堪称确论。但略显遗憾的是，周文撰作之时未得参看国图藏黄丕烈影宋抄本。上文在讨论黄丕烈本时，已经指出黄丕烈本对宋单疏本原貌还原度极高，而顾校本中所记不少汪士钟本校改宋单疏本文字之处，黄丕烈本均未改，可进一步证明汪士钟本校改的事实。

黄丕烈本、汪士钟本卷末均附有校勘者衔名，这一内容不见于任何他本、他书，自然无从直接校补。周慧惠先生亦注意到衔名所在叶问题较多，但考察时仅以顾校本和汪士钟本互相比勘，而顾校本对宋本还原度不如黄丕烈本。今径以黄丕烈本、顾校本、汪士钟本所附衔名相较，以求更直接、直观地观察汪士钟本与宋本原貌差异（见图7）。

从黄丕烈本看，宋单疏本衔名部分漫漶严重，缺字、坏字较多。反观汪士钟本，除了六个墨丁外，衔名部分文字均完整无缺。通过天一阁顾校本可知衔名部分顾广圻多有校补（参见图8）。单疏本衔名部分黄丕烈本、顾校本、汪士钟本异文对照参见表4。

---

① 乔秀岩：《〈仪礼〉单疏版本说》，《义疏学衰亡史论》，生活·读书·新知三联书店，2017 年，第 295~297 页。

② 乔秀岩：《〈仪礼〉单疏版本说》，《义疏学衰亡史论》，生活·读书·新知三联书店，2017 年，第 297~298 页。

③ 周慧惠：《天一阁藏顾广圻校〈仪礼注疏〉考述》，《文献》2016 年第 1 期，第 81~82 页。

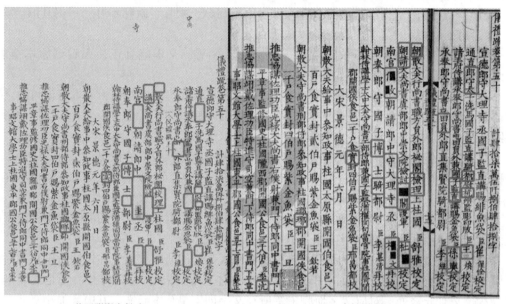

黄丕烈影宋抄本　　　　　　　　　　　　　汪士钟影宋刻本

图7　黄丕烈本、汪士钟本衔名叶

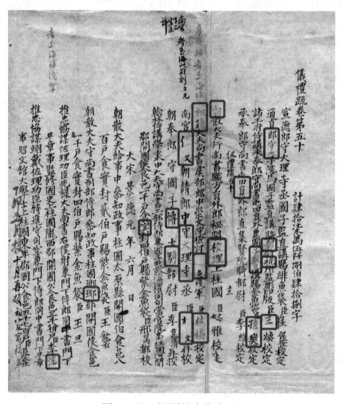

图8　天一阁顾校本衔名叶

表 4　　　　　　　　　　单疏本结衔叶顾校、汪刻文字变化对比表

序号	行数	汪本校补类型	黄丕烈影宋抄本	顾校本	汪士钟影宋刻本
1	2	补缺	通直□□□子洗马	通直郎守大子洗马	通直郎守大子洗马
2	2	补缺	骑□尉□州监雕	骑都尉杭州监雕	骑都尉杭州监雕
3	2	补缺	臣□焕校定	臣王焕校定	臣王焕校定
4	3	补缺	兼国□□讲	兼国子监直讲	兼国子监直讲
5	3	补缺	臣□□校定	臣孙奭校定	臣孙奭校定
6	4	补缺	尚书屯田□外郎	尚书屯田员外郎	尚书屯田员外郎
7	5	补缺	□散大夫	朝散大夫	朝散大夫
8	5	改字	秘阁校理	秘阁校理	秘阁㉘理
9	6	补缺、改字	□讲大夫	朝请大夫	朝请大夫
10	6	补缺	□□护军	□各护军	■阁护军
11	6	补缺	臣□□校定	臣杜镐校定	臣杜■校定
12	7	补缺	南宫□□	南宫人又	南宫（人■）（■又）
13	7	补缺	郎中□□□寺丞	郎中守大理寺丞	郎中守大理寺丞
14	7	补缺	臣□□再校	臣支文再校	臣（木■）（■文）再校
15	8	补缺、改字	国子博士□都尉	国子博士马都尉	国子㉘士骑都尉
16	10	改字	实封四佰户	实封四佰户	㉘封四佰户
17	14	改字	琅琊郡	琅琊郡	琅㉘郡
18	17	补缺	臣李□	臣李沆	臣李沆

说明：表格内符号，□代表空白，■代表墨丁。顾校本中普通文字为顾广圻墨笔誊录结衔原本，加粗加单下画线者是顾广圻朱笔所作校补，加粗加双下画线是顾广圻墨笔所写文字残画，加粗加着重号文字则是顾广圻先以墨笔写残画再以朱笔校补之字。汪士钟本中加圈文字是为突显汪本与黄本、顾校本均不同之字，加括号处意为括号内文字由残画和墨丁组成。

通过表 4，我们可以借助结衔分析汪士钟本"影刻"文字的生成过程：

首先，顾广圻以墨笔自单疏本照式移录结衔部分文字。移录时，有些本已残缺之字仍以墨笔书写，如第 1 例"郎"字，黄丕烈本无此字，顾校本则径以朱笔书此字；又如第 6 例，"尚书屯田""外郎"之间黄丕烈本缺字，顾广圻则径用墨笔书"员"字，第 2、5、13 例亦同。也就是说，顾广圻自宋单疏本墨笔移录原文时，即已隐没了一些宋本缺字信息。而黄丕烈本影写时，则较为谨慎，宁可残缺亦不强补，此是黄丕烈本优于顾校本之处。

其次，顾广圻将宋本残损字之残画以墨笔过录，如第 10 例顾校本以墨笔写残画"各"、第 12 例顾校本以墨笔写残画"人又"，第 14、15 例亦同。顾广圻有时还在墨笔书

残画的同时以朱笔补足残缺部分，如第 3 例"王"字、第 5 例"孙"字，第 8、9 例亦同。顾广圻墨笔所写残画很好地保存了宋刻残损的原貌，而黄丕烈本多不写残画，此是顾校本优于黄丕烈本之处。

再次，顾广圻依据《玉海》对完全缺失的字进行校补，补缺之字以朱笔书写。未能弥补之字，则仍阙如。《玉海》是记载宋刻五经正义、七经疏义刊刻史实最多的文献，顾广圻以《玉海》校补单疏本衔名，可谓得法，其所补多是。

最终，汪士钟本影刻时，先据宋单疏本影写，再依照顾校本中顾广圻朱笔校补进行改动。需要注意的是，汪本有些文字与黄丕烈本、顾广圻校本均不同，如第 8 例"校"作"檢"、第 15 例"博"作"博"、第 16 例"实"作"實"、第 17 例"瑘"作"瑯"，当是刊刻时又进行了一些文字改动、字型统一工作。

也就是说，顾广圻移录衔名、顾广圻校补衔名、汪士钟本刊刻这三个关键环节中，都出现了改动原文的情况。虽然顾广圻凭借极高的校勘水平，校改文字绝大多数都是正确的。但无论校改如何科学、如何准确，也不能掩盖汪士钟影宋刻本衔名部分与所据底本差距较大这一事实。

单疏本结衔部分的文字差异，其实也是全书文字差异的缩影。周慧惠先生认为"顾广圻不仅没有影刊宋本，而且还对宋本进行了大量的有意识地校改"①，良是。今检天一阁顾校本，发现其中有不少顾广圻改动单疏本原文的直接证据，如：

> 《士冠礼》疏："若然，天子、诸侯带绕腰及垂者皆裨之。""带"字，陈凤梧注疏本、汪文盛本、闻人诠本、李元阳本、北监本、毛本、殿本、库本、张敦仁本、阮本与出文同，黄丕烈影宋抄单疏本"带"作"弁"，汪士钟影宋刻本"带"作"并"。天一阁顾校本"带"字地脚朱笔写"弁"字，下又朱笔注云"改'并'"。黄丕烈本及天一阁顾校本地脚朱笔批注均作"弁"，可知单疏本原本"带"即作"弁"。顾广圻在明知单疏本作"弁"的情况下，仍在其校本"弁"字后批注"改'并'"，而汪士钟影刻本确实即作"并"，此是汪士钟本据天一阁顾校本意见改易单疏本原文之明证。

顾广圻校改虽多，却极少出错，笔者所校三卷中，仅有一处可以断定是汪本误刻：

> 卷十六疏："云'前射三日，张侯设乏'。"
> 宫内厅本、黄丕烈本、陈凤梧注疏本、汪文盛本、闻人诠本、李元阳本、北监本、毛本、殿本、库本、张敦仁本、阮本不误，顾校本亦无特别标识，汪士钟本"三"误作"二"，当是无心之失。

据周慧惠先生研究，"汪刻对宋本的改动应该还是很慎重的。在绝大多数情况下，如果没有版本依据，哪怕顾校本认为宋本必误，汪刻也不会轻易改动"②，而"从青春鼎盛

---

① 周慧惠：《天一阁藏顾广圻校〈仪礼注疏〉考述》，《文献》2016 年第 1 期，第 83 页。

② 周慧惠：《天一阁藏顾广圻校〈仪礼注疏〉考述》，《文献》2016 年第 1 期，第 82 页。

的三十岁到学力精纯的六十五岁，顾广圻对《仪礼注疏》的校勘几乎贯穿了他整个学术生涯"①。顾广圻是清代首屈一指的校勘大家，汪士钟本是他长期校经、审慎校改的产物，其文字质量绝佳，实属自然。

学界一般认为顾广圻的校勘理念是"书必以不校校之，毋改易其本来"，在刻书时校异同而不轻改字，然而顾广圻却在校刊汪士钟本时大量校补乃至径改文字，且不撰校记，并在由他代笔的汪士钟《重刻序》中说"若夫撰定异同，不特出入纷纭，恐致词费，抑复管窥专辄，曷若阙如，悉心寻绎，元文自见云尔"，几乎完全否定了校勘记的价值，这显然违背了"不校校之"的校勘原则。笔者认为，顾氏大力校补的主要原因是不校改则宋单疏本不可读。通过黄丕烈影宋抄本、天一阁顾校本，可知黄丕烈、汪士钟递藏的宋单疏本是一部漫漶残损严重的宋刊宋元递修本，断板、烂边、坏字比比皆是，若在影刻时完全照原本上板，则影刻本的可读性会大大降低。而汪士钟在序言中已经明确表明刊行此本的目的是"以饷学子，使数百年来弗克寓目者，今乃可家置一部"。也就是说，汪士钟本刊刻的首要追求是可读性，而非完全恢复宋本原貌。因此汪士钟影宋刻本只能在不影响新版本可读性的基础上，尽量保留宋本面貌。

侥幸流传至清代的宋版书基本都存在程度不同的残损、漫漶，完璧无缺者极少。在根据这些宋版书编刻影宋刻本时，如何处理存真与可读的矛盾，是包括顾广圻在内大部分清代影宋刻本编刻者都要面对的棘手问题。而大部分影宋刻本的制作目的是售卖流通，若一味存真以致影宋刻本可读性不高，则其高昂的制作成本必然难以收回。但若更改过多以致影宋刻本与宋刻原本相去甚远，也会影响影宋刻本的价值。因此，大部分影宋刻本都选择了形式上存真，内容上可读的编刻策略，即在形式上尽量重现宋刻本的行款版式、字体风格、文字排布，但在内容上则优先追求文字的完整与准确。由此观之，顾广圻编刻汪士钟本多有校补，乃至偶有改动宋本误字处，便不足为奇了。

五、结　论

中国国家图书馆藏黄丕烈影宋抄本共四十四卷，系以黄丕烈所藏宋刊宋元递修单疏残本为底本影抄。黄丕烈于乾隆五十八年（1793 年）入藏宋单疏本，其影宋抄本书末附有顾广圻嘉庆五年（1800 年）跋语，可知黄丕烈本抄成于乾隆末嘉庆初。黄丕烈本影抄时版式、行款、文字一遵原本之旧，底本非常明显的讹字，如《金縢》误作《金縢》，亦不改字，径从底本之误，而自身新增抄录之误不多。又以"脱简""缺文""断烂""过书"四种红印钤盖于书中各处，辅以朱笔标示，完美展现了底本裂版、烂边、漫漶、墨丁、缺叶、补板、局部剜改之处。黄丕烈本对宋单疏本行款版式、文字面貌还原度极高，在宋单疏本原本已不可见的情况下，黄丕烈影宋抄本是最可信从的单疏传本。

中国国家图书馆藏陈揆旧藏影宋抄本是黄丕烈自其影宋抄本录副而来，抄成于清嘉庆年间，体例与黄丕烈影宋抄本类似，均以反映宋本原貌为首要追求。但录副本在抄录时体例不若原本严谨，体现的宋单疏本信息不如黄丕烈影宋抄本丰富，还在抄录时新增了不少讹误，误改了若干宋单疏本原误之字，版本价值较低。黄丕烈录副之本原有四十四卷，陈

---

① 周慧惠：《天一阁藏顾广圻校〈仪礼注疏〉考述》，《文献》2016 年第 1 期，第 71 页。

揆自黄家收得录副本时仅得七卷。在黄丕烈影宋抄本尚存全帙的情况下，陈揆旧藏录副本并无独特版本价值。

　　黄丕烈旧藏宋单疏本后归汪士钟，清道光十年（1830年）汪士钟据家藏宋单疏本影刻。汪本影刻工作由顾广圻主持，顾氏在影刻时一反其不改字的校刊作风，据其批校之北监本《仪礼注疏》大规模校补宋单疏本文字，且不出校记。从今藏天一阁博物馆的顾校本看，顾广圻校改审慎、精准，正确率极高。就文字而言，顾广圻校补后的汪士钟本文本质量已经大幅超越了其底本。但顾广圻径改之举无疑对汪士钟本存真程度产生了较为严重的影响，汪士钟本与其漫漶残损严重的底本之间客观上存在较大差别。与其将汪士钟本视作宋单疏本的复制品，倒不如将其视作一个根植于宋单疏本的全新善本。

　　黄丕烈影宋抄本、汪士钟影宋刻本是现存最好的两种单疏本，黄本优长在保存宋本原貌，汪本优长在整饬可读。今人利用单疏本，若以版本研究切入，则当以国图藏黄丕烈影宋抄本为准，参看宫内厅藏单疏抄本、天一阁藏顾广圻校本、汪士钟影宋刻本；若以研读琢磨切入，则可以清道光汪士钟影宋刻本为准，参看宫内厅本、黄丕烈本、天一阁顾校本及张敦仁本。如此方可利用各本之长，得所求之真。

（作者单位：北京大学中文系）

凌曙《礼论》考略*

□ 井　超

【摘要】《礼论》讨论丧礼，以例解经，时引《春秋》，专宗郑玄，成书在凌曙家居读礼之时，约在嘉庆二十三年前不久。此书稿本分为八卷，文章百余篇，存佚不详，仅有两种选本存世。《清经解》所收《礼说》四卷，删改《礼论》文字，选刻七十三篇；《蜚云阁凌氏丛书》所收《礼论略钞》不分卷，选刻《礼论》三十九篇。在篇目上，《礼说》完全涵盖《礼论略钞》，《礼论》百余篇仅保留下来七十三篇；《礼论略钞》书前有五篇序言，颇具价值，而《礼说》没有序言。在文字上，《礼说》与《礼论略钞》皆从《礼论》稿本删改而来，但互有差异。《礼说》删除凌曙富有个人好恶色彩的评述性内容，使其文字更为平和；《礼论略钞》则在原稿上进一步修订文字，协和语句。因沟通不畅，凌曙概不清楚阮元《清经解》所收具体篇目，导致《礼论略钞》三十九篇与《礼说》编选的篇目重合，使《礼论》错失保存更多篇目的良机。

【关键词】凌曙；礼论；礼说；礼论略钞；仪礼

　　凌曙（1775—1829 年），字晓楼，一字子升，江都（今属扬州市）人。国子监生。生于孤露，家贫力学，不假师资，壮而与包世臣、曾燠、洪梧、阮元、江藩、李兆洛、沈钦韩、贵征、刘逢禄、宋翔凤、毛岳生等人交游，学问得常州学派影响，又自成一脉，笃意《公羊》，究心礼学，以礼治《公羊》，以《公羊》治礼。凌曙曾先后两次入阮元幕，为其校辑《经郛》、课子。凌曙乃刘文淇舅父，亲授其业。弟子之中，又以句容陈立较为知名。凌曙勤于撰述，辑著有《仪礼礼服通释》、《礼论》（《礼说》《礼论略钞》）、《春秋公羊礼疏》、《公羊礼说》、《公羊问答》、《春秋繁露注》、《四书典故核》、《群书问答》、《说文考正》等。凌曙家贫，生活左支右绌，晚年卧死董子祠，即便如此，为传己学，仍勉力刻书，生前陆续刊刻《四书典故核》等六种，汇为《蜚云阁凌氏丛书》。①

---

　　* 本文为教育部哲学社会科学后期资助项目 "《玉藻》注疏长编与研究"（18JHQ032）阶段性成果。

　　① 包世臣《国子监生凌君墓表》言凌曙生平学问甚详，《清儒学案》《清史稿》皆有凌曙传记，司马朝军先生《〈国朝治经诸儒〉研究资料汇纂》集中收录凌曙研究资料，详见司马朝军：《〈经解入门〉整理与研究》下，武汉大学出版社，2017 年，第 1004~1009 页。刘建臻先生专门讨论凌曙经学成绩，详见氏著《清代扬州学派经学研究》第三章第七节《专长〈公羊传〉的凌曙》，江苏人民出版社，2018 年，第 252~258 页。万仕国先生撰《凌曙年表》，搜集资料，编为年谱，详见《扬州学研究》，广陵书社，2020 年，第 88~103 页。又万仕国先生辑校《凌曙集》（凤凰出版社，2022 年），分为《正编》《附编》和《附录》，《附录》部分所收《凌曙年表》《平生传记》《题跋提要》《函札题赠》等，有利于了解凌氏生平。

凌曙研究礼学，卓有成绩，《礼论》一书是其代表。此书今无全本传世，《清经解》所收《礼说》、《蜚云阁凌氏丛书》所收《礼论略钞》，皆从《礼论》删改而来。《礼论》如何成书？《礼论略钞》与《礼说》有何联系，有何差异？这些问题，值得研究。

一、《礼论》的成书

凌曙学术研究的核心，一是《公羊》学，一是礼学，贵在能将二者结合进行研究。凌曙研究经典的方式，受包世臣影响，他在《四书典故核·自叙》中说：

> 曙齿且及壮，得识安吴包君慎伯，过从请益，极承劝诱。尝言："吾人为学自治经始，治经自《三礼》始。《三礼》书甚完具，二郑、孔、贾发明其义甚明且密。推人情之所安，以求当于古先圣王制作之源，则莫不有合焉者。然其文深出，其说散见，非细心沉虑，则莫能总其条理，要其指归……"又为论制礼之源，约谓：礼本人情，以即于安。故礼者，治人之律，而《春秋》则其例也。《春秋》之旨，仅存于《公羊》。得何氏阐其说，然后知礼之不可顷刻使离于吾身。故不通郑氏书者，不知何氏之平允；不通何氏书者，不知郑氏之精当也。①

包世臣为凌曙的学术研究指引方向：一则治学先治经，治经先治《三礼》；二则以礼治《公羊》，以《公羊》治礼。凌曙沿着包世臣给定的思路，先撰《四书典故核》以考名物、制度，再于入都为阮元辑《经郛》时从事《春秋繁露注》，后又撰《春秋公羊礼疏》《公羊礼说》《春秋公羊问答》②，复次辑撰《仪礼礼服通释》《礼论》。此乃凌曙一生治学的主要脉络，也是《礼论》一书的生成路径。

在凌曙的所有著作中，《春秋公羊礼疏》和《礼论》最为代表。刘文淇《句溪杂著序》云：

> 近人如曲阜孔氏、武进刘氏，谨守何氏之说，详义例而略典礼训诂。歙金氏、程氏习郑氏《礼》，顾其所著书，往往自立新义，显违郑说。先舅氏愀然忧之，慨然发愤。其于《公羊》也，思别为义疏，章比句栉，以补徐氏所未逮。其于《礼》也，思举后儒之背郑氏者，一一驳正之。惜晚年病风，精力不逮，仅成《公羊礼疏》十一卷、《礼论》百余篇。③

---

① 凌曙：《四书典故核·自叙》，《凌曙集》上册，万仕国辑校，凤凰出版社，2022 年，第 8~9 页。

② 凌曙为《春秋公羊礼疏》所撰《序》称："大抵空言无补，惟实事求是，庶几近之。而事之切实，无有过于礼者。旧疏嫌其阙略，故撰《公羊礼疏》十有一卷，正徐氏解礼之失，破诸儒持论之偏，引据经史，疏通而证明之；复撰《礼论》三十篇，都为一卷。又有绪论，未著于篇而不尽涉乎礼者，撰《公羊问答》二卷。"详凌曙：《凌曙集》上册，万仕国辑校，凤凰出版社，2022 年，第 209 页。按：所谓"复撰《礼论》三十篇，都为一卷"，即《公羊礼说》一卷，与本文讨论的《礼论》不同。

③ 刘文淇：《青溪旧屋文集》卷六，《续修四库全书》第 1517 册，上海古籍出版社，2002 年，第 42 页。

刘文淇为凌曙弟子陈立《句溪杂著》撰序，总结了舅父凌曙的学问，指出他在《公羊》和《礼》方面的贡献，并以《春秋公羊礼疏》《礼论》标榜其学。一般来说，提及凌曙，我们最先想到的是他的《春秋公羊礼疏》，《礼论》却很少被提及。实际上，《礼论》是凌曙晚年著作，是其治礼的精华所在，他对此书颇为看重，晚年病风，仍念念不忘，多方谋求梓行。

凌曙治礼，受包世臣影响①，推崇郑玄，原本《礼》注，《礼论》一书表现得尤为明显。凌曙在道光二年（1822 年）为《礼论》所撰序言中②，阐明了此书的主旨：

> 自郑康成《礼》注既行，后之治礼者，以郑氏为大宗焉。唯王肃好与郑争异。晋武为王肃外孙，故多与王说，以致庙制用王肃之议，而终晋之世，太祖不得正东乡之位，其失岂浅鲜哉！其时儒者，或伸郑以难王，或据王以攻郑。然从郑学者多，《隋书》所谓"礼则同宗于郑氏"也。唐人作《礼》疏，亦专宗郑说，然唐代典礼多违古义。延及宋、元，臆说谈经，如敖氏、郝氏，破道甚矣。近儒知崇汉学，然尚不免改郑君之旧辙，助敖、郝之狂澜。兹故，辨正诸儒之说，而受裁于郑氏云。③

《礼论》主要是对丧礼问题的考论，内容涉及《仪礼·丧服经传》《礼记·三年问》《后汉书·礼仪志》《晋书·礼志》《宋书·礼志》《魏书·礼志》《唐书·三宗诸子传》《宋史·礼志》《唐会要》《通典》《太平御览》《册府元龟》，以及陈祥道《礼书》、敖继公《仪礼集说》、郝敬《仪礼节解》、顾炎武《日知录》、阎若璩《潜丘札记》、徐乾学《读礼通考》、秦蕙田《五礼通考》、万斯大《仪礼商》、万斯同《群书疑辨》、汪琬《钝翁类稿》、吴廷华《仪礼章句》、金榜《礼笺》、程瑶田《丧服足征记》等书，驳斥史传典礼以及宋、元以降，特别是清代诸儒之说，羽翼郑注的特征极为明显。

关于《礼论》的成书时间，《礼论略钞》所载凌曙的三篇序言以及曾燠、毛岳生二序皆未明言，包世臣《清故国子监生凌君墓表》曰：

> 嗣阮公出镇，延君入粤课公子。君时方家居读礼，以丧服为人伦大经，后儒舛议，是非颇谬，作《礼论》百篇，引伸郑义，洎至粤与阮公商榷，删合为三十九篇为一卷。④

---

① 包世臣为凌曙撰写的墓表中称"以君熟于礼，遂劝君治郑氏"，详包世臣：《小倦游阁集》卷二七《清故国子监生凌君墓表》，《续修四库全书》第 1500 册，上海古籍出版社，2002 年，第 661 页。

② 此序撰作时间，早于《礼说》和《礼论略钞》两个《礼论》选本的问世时间，当是凌曙写定《礼论》后所撰的序言。

③ 凌曙：《凌曙集》中册，万仕国辑校，凤凰出版社，2022 年，第 1106 页。

④ 包世臣：《小倦游阁集》卷二七《清故国子监生凌君墓表》，《续修四库全书》第 1500 册，上海古籍出版社，2002 年，第 661 页。按：包世臣所谓"洎至粤与阮公商榷，删合为三十九篇为一卷"不确，删合三十九篇为一卷乃毛岳生所为，详见后文。

据此，《礼论》当作于凌曙入粤阮元幕前，家居读礼，即丁忧之时。凌曙父亲凌士骤卒于嘉庆十一年（1806年），此时凌曙三十一岁，与刘文淇所谓"惜晚年病风，精力不逮，仅成《公羊礼疏》十一卷、《礼论》百余篇"之"晚年"，以及包世臣所谓"嗣阮公出镇，延君入粤课公子，君时方家居读礼"之时间皆不符合，当非凌曙丁父忧之时，而其母亲何时去世，于史无征，凌曙入粤在嘉庆二十三年①，据包世臣之说推断，凌曙母亲至少当在1818年前去世，此书草创完成当在1818年前不久。

书籍出版，无论古今，皆非易事。凌曙主要靠游幕和束脩度日，有余资即刊刻自己著作，以致贫苦不堪。《礼论》撰成以后，刊刻的过程更为曲折，同时也存在遗憾。《礼论略钞》书前有两篇凌曙撰写的《后序》②，较为详细地说明了《礼论》出版前后其人生境遇以及出版的情况：道光五年十二月二十九日，凌曙中风数日，病程凶险，陈逢衡前去探望，凌曙向其诉称自己死不足惜，一念五岁儿子没有养成，二念《礼论》没有出版。虽然陈逢衡回应说筹措刊刻《礼论》，但是凌曙恐怕资金不足，又将书稿写录，呈递给两广总督阮元，阮元后来来信称已将此书删改刻入《清经解》，名曰《礼说》。凌曙后来又在陈逢衡和阮亨的支持下，将毛岳生看定的数十篇总为一卷，名为《礼论略钞》，在扬州筹划刊刻。

凌曙《后序》揭示了两个非常重要的问题：第一，阮元与凌曙，并未当面交流《礼论》刊刻事宜，而是书信往还，凌曙将书稿呈上，阮元回信称删改以后收入《清经解》，如是而已。至于删除了什么内容、更改了什么内容，从《礼论略钞》选入篇目和内容看，凌曙并不清楚详细内情。第二，《礼论略钞》的篇目是凌曙朋友毛岳生选定，文字有所校正。毛岳生道光六年为《礼论略钞》所撰序言称"余尝综核是经，颇思有撰著。既屡辍不就，又学识浅滞，不堪艰苦，甚有愧子升所谓'不能无惑于重轻，无蒙于损益者'也。

---

① 参考万仕国：《凌曙年表》，《扬州学研究》，广陵书社，2020年，第94页。

② 两篇《后序》分别作于道光六年二月二十日和道光六年八月一日，就其内容而言，后者乃前者修订稿，主旨基本一致，文字有一定出入，修改润色痕迹明显，比如二月二十日《后序》曰"客岁十二月二十九日，曙自他归，中途中风，危甚，数日少可。仪真阮君梅叔、江都陈君穆堂过存，曙垂泪而言曰：'曙死何足惜？身后亦不敢累诸友，虽稿葬可也。惟以五龄之子育儿弗克视成立，《礼论》百余篇无由传后为憾耳。'梅叔、穆堂乃慨然曰：'吾当商之诸友，以《礼论》付剞劂，如何？'恐资或不足，复以原稿录正阮伯元宫保尚书，尚书虽为刻入《大清经解》中，然稿本尚夥"（凌曙：《凌曙集》中册，万仕国辑校，凤凰出版社，2022年，第1104页）；八月一日《后序》曰"客岁十二月廿九日，曙以风淫末疾，人事不省，数日乃定。江都陈君穆堂过存，曙垂泪而言曰：'曙死不足惜，身后不必过累诸友，虽稿葬可也。唯以五龄之子育儿尚幼，门祚衰薄，此一线之传，不能视其成立，又以《礼论》未刻，二者为憾耳。'陈君乃慨然曰：'吾当商之于诸友，以《礼论》付梓，何如？'曙叩首称谢，乃以原稿八卷寄呈上宫保尚书、两广制军阮公海正。后得回书，宫保俯念微忱，已将原稿删改，刻入《大清经解》中，此生平之厚幸也"（凌曙：《凌曙集》中册，万仕国辑校，凤凰出版社，2022年，第1105页）。二者相比，只不过在具体细节上有所更动，如将视疾者由阮亨、陈逢衡改为陈逢衡，将阮元刻入《大清经解》一事，增加回信情节，但是整体意思基本没有变化，显然是凌曙道光六年八月一日对是年二月二十日所撰《后序》进行了修改润色，从事刊刻者不察，将原稿和修改稿一并刻出，遂致出现两篇凌曙《后序》。

然辄校正其文，则子升学之邃、论之正，窃以为知之独深"①。

以上两个问题，直接导致了《礼说》和《礼论略钞》内容的差异，以及重复出版和《礼论》其他篇目散失的缺憾，容下文详述。

二、《礼说》与《礼论略钞》的异同

凌曙学术不为人重②，或有言其学者，提及著述，往往将《礼说》《礼论略钞》并列，罕言二书关系。凌曙所著《礼论》有上百篇之多，分为八卷。阮元《清经解》所收《礼说》有七十三篇，分为四卷（卷一三五六至卷一三五九），其中卷一有十七篇，卷二有二十四篇，卷三有十九篇，卷四有十三篇，初印本各卷末有"杭州姚礼对字"，卷一三五九末有"工部都水司郎中临川李秉绶刊"字样。《礼论略钞》仅收有三十九篇，不分卷，凌曙《序》后有"门生句容陈立校"字样，书末有"维扬大东门越城汪耀南书局董刊"字样。

《礼论略钞》刻于道光六年，收入《清经解》的《礼说》虽比《礼论略钞》编定早，但刻成却在道光九年十二月③。如前所述，阮元书信中称将《礼论》删改后刻入《清经解》，但凌曙未必知道删改后所收具体篇目。道光六年二月二十日《后序》，凌曙称"尚书虽为刻入《大清经解》中，然稿本尚夥"④，言下之意，《清经解》所收《礼说》，只是稿本的一部分，因此才有刊刻《礼论略钞》的必要。道光六年八月一日《后序》，凌曙又称"陈君穆堂于三月间，暨阮梅叔先生俯念贫病交攻，内无期功之亲可托，恐曙一旦犬马沟壑，此书就渐湮没已。乃以毛君之所看定者数十篇，都为一卷，名曰'礼论略钞'"⑤，未明言《礼论略钞》与《礼说》的关系。

实际上，如果凌曙见到了《礼说》刊本，欲分辨二者关系，本非难事，将二者篇目和内容进行对校，即可得出结论。因此，我们将《礼说》和《礼论略钞》的篇目进行对勘，制表1如下：

---

① 凌曙：《凌曙集》中册，万仕国辑校，凤凰出版社，2022 年，第 1103 页。
② 杨向奎评价凌曙学术称："论义理无发挥，论考据不精辟，论材料不丰富，唯唯诺诺，虚应故事，很难说他是及格的公羊学家。"详氏著：《绎史斋学术文集·清代的今文经学》，上海人民出版社，1983 年，第 353 页。杨先生对凌曙的学术，至少是公羊学，评价不高，这代表了不重凌曙学问的倾向。万仕国先生通观凌曙著述，以为其学术：第一、考镜源流，注重家法；第二、引礼入《公羊》，不求微言大义；第三、旁通全经，合勘传注；第四、抽绎经例，以例解经；第五、实事求是，不囿成说。表彰凌曙的成就。详万仕国：《前言》，凌曙：《凌曙集》上册，万仕国辑校，凤凰出版社，2022 年，第 16~24 页。笔者阅《礼论》诸篇，亦以为凌曙学术呈现出原本经传、以例解经、羽翼郑注、以《春秋》解礼等特点，此不具论。
③ 参见井超：《阮元严杰交游考略》，《历史文献研究》第 46 辑，广陵书社，2021 年，第 69 页。
④ 凌曙：《凌曙集》中册，万仕国辑校，凤凰出版社，2022 年，第 1104 页。
⑤ 凌曙：《凌曙集》中册，万仕国辑校，凤凰出版社，2022 年，第 1105 页。

表1

篇　　目①	序　　号	
	《礼说》	《礼论略钞》
论齐衰期章父卒然后为祖后者服斩	1	1
论齐衰期章唯子不报	2	
论大功章公之庶昆弟大夫之庶子为母妻昆弟	3	
论大功章大夫之妾为君之庶子女子子嫁者未嫁者郑读	4	
论丧服记夫之所为兄弟服妻降一等	5	
论丧服记宗子孤为殇	6	2
论三年问然则何以至期也疏	7	3
论后汉书礼仪志注丁孚汉仪鼓吹举哀	8	4
论晋书礼志阎丘冲怀帝服杨悼后议	9	5
论宋书礼志为旧君服三年	10	6
论魏书礼志清河王怿驳何休宗人摄行主事而往	11	7
论唐书高宗太子谥为孝敬皇帝	12	8
论宋史礼志为皇后吴氏服齐衰期	13	9
论唐会要惠昭太子庙乐章六	14	10
论唐会要既葬公除	15	11
论通典马融小功章在室者齐衰周	16	12
论通典马融缌麻章庶孙之中殇	17	13
论通典袁准为父后犹服嫁母议	18	14
论通典贺循庶子为后其妻为本舅姑服议	19	15
论通典宋庾蔚之有嫡妇无嫡孙妇议	20	16
论通典贞观十四年魏徵等议	21	
论御览贺述礼统嫡夫人为八妾服	22	
论册府元龟贺循兄弟不相为后议	23	17
论陈氏礼书春秋文公二年纳币	24	
论陈氏礼书问丧鸡斯义	25	
论檀弓从母之夫舅之妻二夫人相为服张子说	26	

---

① 《清经解·礼说》无目录，《礼论略钞》书前拟有目录，万仕国先生整理《凌曙集》，依《礼论略钞》之例，为《礼说》独有篇目拟写篇名，甚便称引，今据以录入。笔者在吸收万先生校改文字基础上，又据上海书店出版社2013年影印本《清经解·礼说》校对顺序及文字一过，改"马晞孟"之"晞"为"睎"字，同时以"大学数字图书馆国际合作计划"网站所揭北京大学图书馆藏《礼论略钞》图像为据，标注《礼论略钞》序号。

篇　　目	序　　号	
	《礼说》	《礼论略钞》
论杂记疏衰皆居垩室不庐陈澔说	27	
论敖继公集说丧服传公卿大夫室老士贵臣	28	
论敖继公集说齐衰不杖期章妇人为昆弟之为父后者服期	29	
论敖继公集说齐衰三月章庶人为国君	30	
论敖继公集说小功五月章为外祖父母	31	
论敖继公集说小功章娣姒妇报	32	18
论敖继公集说丧服记兄弟之子若子	33	
论敖继公集说丧服记谓之兄弟	34	
论敖继公集说丧服记麻之有锡者	35	
论敖继公集说论丧服传未必子夏所作	36	
论郝敬论齐衰不杖期章公妾士妾为其父母	37	
论郝敬论小功章君子子为庶母慈己者	38	19
论盛世佐论斩衰章父为长子	39	
论盛世佐论齐衰三月章长子为旧国君	40	
论读礼通考大功九月章王姬之丧	41	
论万斯大不杖齐衰章孙妇亦如之	42	20
论万斯同既夕礼谓无两处设奠	43	21
论万斯同士虞礼谓飧未必有词	44	22
论万斯同谓三虞即卒哭	45	23
论万斯同吉祭犹未配	46	24
论万斯同杂记附于大夫之昆弟从孙无配食从祖之礼	47	25
论汪琬论丧服传继父同居章更筑宫庙	48	
论汪琬丧礼继母慈母无差等	49	
论顾炎武丧服传昆弟之子若子	50	26
论阎若璩答女子无杖	51	27
论吴廷华斩衰章菅屦者注	52	
论吴廷华大功章大夫之妾为君之庶子女子子嫁者未嫁者注	53	28
论徐乾学驳父卒则为母贾疏	54	29
论徐乾学驳檀弓其叔父也马晞孟说	55	

续表

篇　目	序　号	
	《礼说》	《礼论略钞》
论徐乾学案刘绩三礼图说丧无二斩	56	
论徐乾学驳大功章公之庶昆弟大夫之庶子为母妻昆弟郑注	57	30
论徐乾学案小功五月章君母之父母从母贾疏	58	
论徐乾学案天子服太孙殇	59	
论徐乾学案丧服记宗子孤为殇郑注	60	
论徐乾学案郊特牲古者死无谥郑注	61	
论徐乾学案丧服小记为殇后者以其服服之郑孔说	62	
论徐乾学案徐邈所引公子为母条	63	31
论秦蕙田驳丧服小记慈母与妾母不世祭郑注	64	32
论金榜礼笺小功章君子子为庶母慈己者	65	33
论金榜礼笺阴厌阳厌	66	34
论金榜礼笺丧服小记附于其妻	67	35
论程瑶田丧服经传无失误述	68	36
论程瑶田丧服不制高祖玄孙服述	69	
论程瑶田殇服中从上中从下辨	70	37
论程瑶田殇服中从上中从下辨按语	71	38
论程瑶田练冠易服附殇述	72	39
论程瑶田白虎通释九族义同丧服说	73	

　　就两书篇目而言,《礼论略钞》所有篇目皆在《礼说》之中。根据这一情节,我们推想,凌曙虽知阮元《清经解》并未全部收录,但并不知删除何篇。否则,在刻书如此艰困的情况下,《礼论略钞》不至于全然不顾《礼说》删除篇目。《礼论》稿本今存佚不详,《礼说》七十三篇而外,《礼论》其余篇目下落不明。

　　《礼论略钞》与《礼说》所据稿本一致,然前者为毛岳生编选,后者为阮元编选,二者皆在稿本基础上有所改易。归结起来,有如下不同:

　　第一,《礼论略钞》有曾燠序、道光六年四月毛岳生序、道光二年凌曙序、道光六年二月凌曙后序、道光六年八月凌曙后序,《礼说》无序。凌曙后序称"适海昌陈君受笙、宝山毛君生甫,皆客曾宾谷醧使师署,既以《礼论》请为序首"①,则曾燠序亦当撰于道光六年。这五篇序言对了解凌曙《礼论》的成书以及刊刻情况,特别是凌曙晚年境遇,

──────────

① 凌曙:《凌曙集》中册,万仕国辑校,凤凰出版社,2022年,第1104页。

非常重要。依照凌曙进书时间推算，阮元所得稿本应只有道光二年凌曙序，然《清经解》之《礼说》并未刊刻此序。

第二，《礼论略钞》前有目录，《礼说》则无。《礼论》是一条条论述，如无目录，读者难以称引。《礼论略钞》之目录，每条以"论"字起首，次以对该条论述对象的归纳概括，如"论齐衰期章父卒然后为祖后者服斩"等。《礼说》不加目录，多有不便。

第三，《礼论略钞》与《礼说》相比，有进一步的修订。《论阎若璩答女子无杖》篇，《礼说》作"'若成人妇人，正杖。知者，此《丧服》上陈其服，下陈其人。《丧服》之下，男子、妇人俱列，男子、妇人同有苴杖。又，《丧大记》云："三日，子、夫人杖；五日，大夫、世妇杖。"诸经皆有"妇人杖"文，故知成人妇人正杖也。'《丧服四制》：'妇人、童子不杖，不能病也。'妇人，谓未成人之妇人。经、注言女子杖者甚多，而阎何以云'无杖'也"①，《礼论略钞》作"经、传女子杖者甚多，而阎何以云'无杖'也"②。此条前文已经提到经传中妇人杖及童子妇人不杖之例，《丧大记》部分略有重复，《丧服四制》部分语义相同，故《礼论略钞》删去，甚是。另外《礼论略钞》还有个别字词的改易调整，兹不赘述。

第四，《礼说》删改凌曙富有个人好恶色彩的评述性内容。对校《礼说》和《礼论略钞》相同篇目，可发现一非常有意思的现象，阮元收录《礼说》时，刻意将凌曙对他人特别是清代学者的恶评进行删改。比如《论万斯同杂记附于大夫之昆弟从孙无配食从祖之礼》篇，《礼论略钞》曰"百余年间，问言礼者，则必以万氏为对，而孰意其说之谬，一至于此乎！吾惧其有以惑后进之士，故详论其失耳，非好议先哲也"③，《礼说》删去。《论吴廷华大功章大夫之妾为君之庶子女子子嫁者未嫁者注》篇，《礼论略钞》曰"于是左支右绌、百病丛生。吴氏本不足辨，第就其谬悠之论，申明经义，以告世之妄非郑氏'逆降'之说者"④，《礼说》改为"未可也"⑤。《论程瑶田殇服中从上中从下辨按语》篇，《礼论略钞》"此程氏附会之谈，而郑氏殊不尔也""此真委巷之谈也""臆说""以子之矛，攻子之楯""其用意可谓巧矣"等⑥，《礼说》皆删去。夏修恕《皇清经解序》曰："《皇清经解》之刻，乃聚本朝解经之书，以继《十三经注疏》之迹也"，"大清开国以来，御纂诸经为之启发，由此经学昌明，轶于前代，有证注疏之疏失，有发注疏所未发者，亦有与古今人各执一说以待后人折衷者"⑦，《清经解》的编纂就是为了彰显大清经学之成绩，而凌曙所批评的顾炎武、阎若璩、万斯大、吴廷华、秦蕙田、程瑶田诸人，皆有著作被收录其中，凌曙的批评一定程度上消解了这部大书所标榜的清人经学成绩，因此凌曙这些富有个人好恶色彩的评述性内容被删去也就可以理解。

---

① 凌曙：《凌曙集》中册，万仕国辑校，凤凰出版社，2022年，第1051页。
② 凌曙：《凌曙集》中册，万仕国辑校，凤凰出版社，2022年，第1138页。
③ 凌曙：《凌曙集》中册，万仕国辑校，凤凰出版社，2022年，第1135页。
④ 凌曙：《凌曙集》中册，万仕国辑校，凤凰出版社，2022年，第1140页。
⑤ 凌曙：《凌曙集》中册，万仕国辑校，凤凰出版社，2022年，第1053页。
⑥ 凌曙：《凌曙集》中册，万仕国辑校，凤凰出版社，2022年，第1159页。
⑦ 阮元编：《清经解》第1册，上海书店出版社，2013年，第1页。

三、结　论

凌曙治学，在包世臣的影响下，秉承治学先治经、治经先治《三礼》以及以礼治《公羊》、以《公羊》治礼的思路，形成了以《春秋公羊礼疏》《礼论》为代表的著作。《礼论》共计八卷，文章百余篇，讨论丧礼，根本《礼》注，专宗郑玄，对史传典礼中违背古义之处，以及宋元以来，特别是清人针对郑玄，刻意与其立异之说进行辨正。此书成书在凌曙家居读礼之时，约在嘉庆二十三年前不久，未入阮元两广总督幕之前。

《礼论》稿本今已存佚不详，但是有两种选本传世，二者关系密切，成书情况复杂。阮元主持编纂的《清经解》，有《礼说》四卷，删改《礼论》文字，选刻七十三篇，《蜚云阁凌氏丛书》所收《礼论略钞》不分卷，毛岳生所定，选刻《礼论》三十九篇。在篇目上，《礼说》包含《礼论略钞》，《礼论》百余篇仅保留下来七十三篇，《礼论略钞》书前有五篇序言，颇具价值，而《礼说》没有序言。在文字上，《礼论略钞》与《礼说》虽然都是从《礼论》稿本而来，但是互有差异，《礼论略钞》在原稿上有进一步的文字修订，质量有所提升；而《礼说》则删除了凌曙富有个人好恶色彩的评述性内容，使其文字更为平和，以符应彰显大清经解的主旋律。

（作者单位：南京师范大学文学院）

皇代衣帽亦可以行周礼[*]

——曹元忠《礼议》与清末礼制的修订

□　任慧峰

【摘要】清末礼学馆的设立，给以曹元忠为代表的南菁学人实践其礼学经世之夙愿提供了难得的机遇。在修订《大清通礼》的过程中，曹元忠通过礼学考证与阐发纠正、补定了一系列礼制。在吉礼上，他解决了时人聚讼不决的太庙升祔问题，坚决主张兄弟异昭穆。在冠礼上，他兼采周汉之制，建立了天子冠礼，并秉持"礼之近人情者，非其至者也"的观念，对时制中的不合理之处进行了批驳。在昏礼上，他又从"礼以人情为文"出发，提出皇子亲王应该亲迎、公主下嫁须拜见舅姑等修订意见。曹元忠的《礼议》在当时因与时代风潮不合而未受重视，但其以精深礼学所阐发的礼制意义仍有可以借鉴之处。

【关键词】曹元忠；礼议；礼学馆；大清通礼

有清一代礼学极盛，已是学界共识。张寿安先生曾拈"以礼代理"一说以示乾嘉时期学术趋势之变化，① 但究其实，其风气尚限于精英知识群体内之部分人。虽有个别儒者试图在日常生活中实践古礼，可是离明末清初诸大儒重建社会秩序的理想甚远，② 遑论影响国家礼典之制定了。在此意义上，可以说希冀通过精深之礼学考证复原古礼，进而影响朝廷的制礼活动，最终在世间重现古圣贤之理想秩序，是清代三礼学者的终极目的。

光绪五年（1879 年），宁波知府宗源瀚于甬上建辨志精舍，请礼学大师黄以周（1828—1899 年）定规制，"（以周）尝欲效邹、鲁习礼，性解营造，画古宫室为图，命匠将裁矣，源瀚行视，良久曰：'至矣！所谓发育万物，骏极于天者也。顾皇代衣帽，惧

---

　　* 本文是国家社科基金项目"南菁书院与晚清经学的嬗变"（18BZX072）、国家社会科学基金重大项目"中国传统礼仪文化通史研究"（18ZDA021）阶段性成果。

　　① 张寿安：《以礼代理：凌廷堪与清中叶儒学思想之转变》，河北教育出版社，2001 年，第 7~8 页。

　　② 参［美］周启荣：《清代儒家礼教主义的兴起：以伦理道德、儒学经典和宗族为切入点的考察》，毛立坤译，天津人民出版，2017 年；王汎森：《清初"礼治社会"思想的形成》，《权力的毛细管作用：清代的思想、学术与心态》，北京大学出版社，2015 年，第 36~77 页。

不可以行周礼！' 先生乃罢"①。宗氏之语对清代礼学提出了最严峻的挑战：若皇代衣帽（即清朝舆服等制度）不可以行周礼，则不论礼学如何精深，在经世上终难有落实的可能，这对以黄以周为代表的清代三礼学者来说无疑是沉重的打击。但三十年后礼学馆的建立，黄氏弟子曹元忠、张锡恭、钱同寿、胡玉缙、白作霖等充任纂修，为实现其师之夙愿提供了难得的机遇②，其修礼议礼之思路、成果在曹元忠《礼议》一书之中有集中的体现③。

近年来，学界对清末礼学馆的设立，特别是由此引发的礼法之争多有关注，④ 对于曹元忠礼议、经学的积极意义也有所表彰，⑤ 但尚未注意到其通过修订《大清通礼》在"皇代衣冠"与周礼之间架起桥梁以解决清代礼学研究痼疾的贡献。基于此，本文将以《礼议》一书为中心，分别从吉礼、冠礼、昏礼三个方面分析曹元忠是如何通过礼学考证与阐释沟通古今，以实现其师以学定制之宏愿的。

一、"述往哲之前言，定皇朝之大典"：吉礼难题的解决

宣统二年（1910 年）清廷下诏讨论德宗景皇帝升祔太庙之礼，焦点集中在光绪帝与

———————————

① 章太炎：《太炎文录初编》卷二《黄先生传》，《章太炎全集》（第八卷），上海人民出版社，2014 年，第 221 页。另参王逸明：《定海黄式三黄以周年谱稿》，《新编清人年谱稿三种》，学苑出版社，2000 年，第 56~57 页。

② 光绪三十三年（1907 年），曹元忠代礼部尚书溥良给同为黄以周弟子的林颐山写信，邀其加入礼学馆时说："每与曹生元忠言及元同先生，恨其不及身亲见，早就大暮。……此则博士孙臣改服色于孝文之朝，鲁国曹充立礼仪于建武之世，扬诩盛德，光赞鸿业，所谓国家将有大事，若立辟雍封禅巡狩之仪，幽冥而莫知其原。吾知免夫，奈何深闭固拒，盘桓利居，宁怀宝而迷邦，耻献璞而刖足。弟纵未尝学问，不可教训，独不为圣天子议礼制度乎！"所谓"每与曹生元忠言及元同先生，恨其不及身亲见，早就大暮"，可见黄以周为国家制礼之夙愿早已被其弟子熟知，故曹氏在入馆后才会常常与溥良谈及此事，并用以劝说林氏出山。见曹元忠：《笺经室遗集》卷一四《为宗室玉岑宗伯师与林晋霞大令师书》，王大隆编：《清代诗文集汇编》790 册，上海古籍出版社，2010 年，第 540 页。

③ 《礼议》刊于 1916 年，是曹元忠在礼学馆时议礼文章的汇编，其中也包含了张锡恭、钱同寿、曹元弼等人的意见。书的封面有吴郁生署检，前有劳乃宣、沈曾植、陈宝琛、刘承幹四人之序，后有张锡恭、钱同寿、曹元弼之书与跋。众人均对此书推崇备至，如劳乃宣就感慨道："於戏！坏国丧家亡人，必先去其礼。礼而不去，国虽危，犹可冀其不遽亡。……君之议礼及与余共争礼教于《刑律》，乃独为之于人之所不为、众咻喧豗之日，宜其劳而无功也。虽然，秦焚经籍而儒者藏书于山岩屋壁之间，圣道卒赖之明于万世。今之废礼与秦之焚书奚矣，君之是作，藏之名山，传诸其人，或足为他日拨乱反正之大用也乎？"（曹元忠：《礼议》，《求恕斋丛书》本，民国吴兴刘氏刊本，第 2~3 页）可以说《礼议》集中地体现了清末保守派官僚与学人的礼教思想与文化观念。

④ 关于礼学馆设立前后的历史背景、具体人事及所造成的影响，李俊领在《礼治与宪政：清末礼学馆的设立及其时局因应》（《近代史研究》2017 年第 3 期）一文中有详细的梳理。至于清末的礼法之争，学界研究颇多，可参考梁治平：《礼教与法律：法律移植时代的文化冲突》，广西师范大学出版社，2020 年；李贵连：《1902：中国法的转型》第五章，广西师范大学出版社，2018 年。

⑤ 严寿澂分礼议和经学两部分对曹元忠的《笺经室遗集》一书作了表彰，但多为就事论事的分析，并未关注到曹氏礼议的特征及在礼学史及清代学术史上的意义。见氏著《读曹君直〈笺经室遗集〉》，《中国经学》第 18 辑，广西师范大学出版社，2017 年，第 149~164 页。

同治帝应同昭穆还是异昭穆。当时议者多持前论，"间有主异昭穆者，复不敢以为人后者为之子为言，则进退失据，违失《春秋》之义矣"。升祔为王朝大礼，兄弟昭穆更是难题，要妥善解决殊非易事。曹元忠为此撰写了《德宗景皇帝升祔大礼议》上、下两篇，力主兄弟异昭穆之说，最能体现其以礼学定制度的思考理路。

首先，从溯源流的角度考证兄弟同昭穆之说的由来。曹元忠指出，"考其所谓兄弟同昭穆者，则自晋元帝时贺循始"①。对于前儒附和贺循，以商代盘庚、阳甲兄弟相及之事证兄弟当同昭穆的逻辑，他有犀利的反驳：

> 后世太庙悉从周礼，顾以殷礼行之，可乎？若行周礼而有盘庚、阳甲之事，则武丁之世，阳甲为昭，盘庚为穆，小辛为昭，小乙为穆，其于祖丁、南庚之庙自当迭毁，亦"礼，为人子，事大宗，降其私亲"之义，何为其不然乎？而唐宋诸臣附和其说者，不过因玄宗为睿宗之子，其祔睿宗也自不欲与中宗异昭穆；真宗为太宗之子，其祔太宗也自不欲与太祖异昭穆，姑以循议阿意顺旨耳。②

他指出贺循之所以创兄弟同昭穆之说，"病在以兄弟论君臣，而不知既为君臣即不能复论兄弟"③，这样就在尊尊与亲亲之间划出了明确的界限，从而避免了此前学者许多的争论。

其次，从经学上确立兄弟异昭穆的立论根据。曹元忠主要在经典中找到了两大依据。一是礼学上的。《周礼·冢人》"先王之葬居中，以昭穆为左右"贾公彦疏云："兄死弟及俱为君，则以兄弟为昭穆，以其弟已为臣，臣子一例，则如父子，故别昭穆也。"④《周礼》一书中没有关于兄弟昭穆的明确规定，而贾氏以"臣子一例，则如父子"对兄死弟及俱为君的情况加以疏解，自然得出异昭穆的结论，这对曹氏是最直接的支持，所以他才说："就贾公彦所言，兄弟兆域必异昭穆，庙祧可知。礼家精义，足补经注所未及。"⑤

二是春秋学上的。鲁文公二年，大事于太庙，"跻僖公"，《穀梁传》云："先亲而后祖也，逆祀也。逆祀则是无昭穆也，无昭穆则是无祖也。……君子不以亲亲害尊尊，此《春秋》之义也。"曹元忠将此与鲁国有兄弟相及而共有三十四世相联系加以阐发：

> 《春秋》之义，亲若兄弟，厌于尊尊，必以为人后者为之子矣。而《穀梁》于此发传者，《春秋》之作，所以别嫌防微，绝乱臣贼子之萌也。……自考公、炀公以至昭公、定公，其兄弟相及者，皆一君为一世矣；皆一君为一世，皆兄弟异昭穆矣；皆

———————————————————

① 曹元忠：《礼议》卷上《德宗景皇帝升祔大礼议上》，《求恕斋丛书》本，民国吴兴刘氏刊本，第25页。

② 曹元忠：《礼议》卷上《德宗景皇帝升祔大礼议上》，《求恕斋丛书》本，民国吴兴刘氏刊本，第26页。

③ 曹元忠：《礼议》卷上《德宗景皇帝升祔大礼议上》，《求恕斋丛书》本，民国吴兴刘氏刊本，第27页。

④ 郑玄注，贾公彦疏：《周礼注疏》卷二四，彭林整理，上海古籍出版社，2010年，第818页。

⑤ 曹元忠：《礼议》卷上《德宗景皇帝升祔大礼议上》，《求恕斋丛书》本，民国吴兴刘氏刊本，第28页。

兄弟异昭穆，皆为人后者为之子矣。①

　　这样他就将兄弟异昭穆与为人后者为之子的宗法原则联系起来。不过，反对者也有坚强的证据，《公羊传》成公十五年载鲁国仲婴齐后其兄公孙归父之事，何休注云："弟无后兄之义，为乱昭穆之序，失父子之亲。"② 更重要的是，郑玄对此事的评论也是"兄弟无相后之道，登僖公主于闵公主上，不顺，为小恶也"。③ 对于学海和经神的两大反证，曹元忠的应对是，以《公羊》"讥世卿"之说将天子诸侯与卿大夫区别开来，确定前者可以世而后者不可以，这样就解决了何休的挑战。至于郑玄的说法，他则分为两步解决：先以《王制》"宗庙有不顺者为不孝"郑注"不顺者，谓若逆昭穆"④，指出郑玄评"跻僖公"为"不顺"其实也是主张兄弟当异昭穆的；再别出心裁地说郑玄所谓"小恶"是指兄弟逆昭穆相对于父子逆昭穆之大恶来说的，其前提仍然是承认兄弟相后为父子关系，也就是为人后者为之子，从而使郑说为其所用⑤。通过这样的"贯通"解释，他总结出了春秋学中关于兄弟异昭穆的理路："考诸《春秋》，兄弟异昭穆之义生于为人后者为之子，为人后者为之子生于天子诸侯之继世。"⑥ 可以说，在经学内部，他建立了关于兄弟异昭穆的完整诠释链条。

　　最后，从时制与人情中寻找与古礼相契合之处。光绪本是奉慈安与慈禧之命继咸丰之嗣的，但为证明兄弟有相后之义，曹元忠从光绪为同治服丧规制入手，指出："穆宗毅皇帝崩，德宗景皇帝截发辫成服，居处倚庐，缟素百日，仍素服二十七月。按诸《丧服传》受重者必以尊服服之之义，夫岂有异？"这样就相当于变相地承认光绪也是承同治之嗣了。之后曹氏还着眼人情，认为"自汉至今，太庙之制，帝后同室。若与穆宗毅皇帝同

---

　　① 曹元忠：《礼议》卷上《德宗景皇帝升祔大礼议上》，《求恕斋丛书》本，民国吴兴刘氏刊本，第 34~35 页。

　　② 何休解诂，徐彦疏：《春秋公羊传注疏》卷一八，刁小龙整理，上海古籍出版社，2014 年，第 754 页。

　　③ 陈寿祺：《五经异义疏证》卷上"跻僖公"条，曹建墩点校，上海古籍出版社，2012 年，第 77 页。

　　④ 郑玄注，孔颖达正义：《礼记正义》卷一六，吕友仁整理，上海古籍出版社，2008 年，第 492 页。

　　⑤ 曹元忠论证说："（郑玄）云兄弟无相后之道者，盖谓周礼兄死立子而弟无为后之道。……鲁不得已以兄弟相后，僖公之主自当在闵工之下，乃反升其上，逆昭穆矣。然究以兄弟相后为父子，故其逆昭穆也为小恶，以别于逆父之昭穆为大恶，则不得不先言兄弟无相后之道，明闵僖以兄弟相后而为父子。郑义如此，何尝与为人后者为之子之义相刺谬哉？"曹元忠：《礼议》卷上《德宗景皇帝升祔大礼议下》，《求恕斋丛书》本，民国吴兴刘氏刊本，第 39~40 页。按：曹氏此论实为增字解经，可称得上对郑玄之说的创造性解释了，其实郑玄是主张兄弟同昭穆的，柯劭忞说"郑君以为小恶者，谓止登僖主于闵主上，以兄弟同昭穆也。……郑云'兄弟无相后之道'与'为人后者为之子'义各有当，不得援郑义为明张璁、桂萼辈辩护也"，自是正解。柯劭忞：《春秋榖梁传注》卷八，张鸿鸣点校，中华书局，2020 年，第 220 页。

　　⑥ 曹元忠：《礼议》卷上《德宗景皇帝升祔大礼议下》，《求恕斋丛书》本，民国吴兴刘氏刊本，第 40 页。

处昭位，则于孝哲毅皇后有嫂叔之嫌，度德宗景皇帝之灵必更有蹙然大不安者"①。对于那些不敢在此问题上坚持为人后者为之子之义的群臣，他批评说："遇圣天子议礼之世，正当述往哲之前言，定皇朝之大典，而依违迁就，内愧毋隐之心，进退变化，外惭知礼之目，庸有当于臣子建言之旨乎！"②

综上，曹元忠为解决同治、光绪二帝的昭穆问题，从考源流、明学理、贯时制的角度进行了充分的论证，驳斥了当时主张兄弟同昭穆诸人的理据，也得到了张之洞等人的支持，最后修正了《大清通礼》中的相关制度。

值得一提的是，当时关于宣统帝之父摄政王载沣的舆服规格也是吉礼中争论颇多的焦点，内阁各部院的意见是依照顺治元年所定多尔衮体制为准，但这一清廷旧制存在明显的缺陷，即在衮服、朝带、朝冠等方面有逾制之嫌。为此，曹元忠撰写《摄政王舆服议》，试图从礼学、经学的角度解决这一问题。他的具体思路是："窃谓摄政之事始于周公，宜考周公当时之车服以定摄政王舆服之制。"在服制方面，先以《周礼·司服》"公之服自衮冕而下如王之服"为准，再结合《诗经·豳风·九罭》乃成王迎周公之诗，从而推出其中的"衮衣绣裳"为周公摄政时所服；在车制方面，根据《巾车》"金路，钩，樊缨九就，同姓以封"的规定，再结合《左传·定公四年》祝佗"封鲁公以大路"之语，确定金路乃周公摄政时所乘。不仅如此，他还进一步将《周礼》与清代制度进行了类比：

> 周时天子之下王太子、王子非爵也，故下于天子一等为上公之礼，犹我朝皇帝之下皇太子、皇子亦非爵也，故下于皇帝一等实为亲王之礼。周公用上公之车服，则摄政王即可用亲王之舆服，而后与《典命》所云"摄其君则下其君之礼一等"为能诉合而无间也。③

这一比较很巧妙地找到了清制与《周礼》间的相合之处，也即为清制找到了经典依据。既然摄政王的舆服可以周公为准，那么在当时宣统帝仅四岁无法亲政的情况下，"设有外国君长亲来朝会，在我自当待以君礼，则摄政王相见之时尚宜行权，以尊体制"，即周公辅成王而行天子礼也就可以作为摄政王载沣权行天子礼所效法的对象。这点从经学来说难度不大，曹元忠很熟练地在经典中找到了证据：

> 观于《觐礼》"天子衮冕负斧依"，而《明堂位》于周公亦云"负斧依"，则周公服天子之服矣。《周礼·隶仆》"王行，洗乘石"而《淮南子·齐俗训》于周公亦云"履乘石"，则周公舆天子之舆矣。……然则周公于大朝觐得用天子车服，犹《大

---

① 曹元忠：《礼议》卷上《德宗景皇帝升祔大礼议下》，《求恕斋丛书》本，民国吴兴刘氏刊本，第29~31页。
② 曹元忠：《礼议》卷上《德宗景皇帝升祔大礼议下》，《求恕斋丛书》本，民国吴兴刘氏刊本，第41页。
③ 曹元忠：《礼议》卷上《摄政王舆服议》，《求恕斋丛书》本，民国吴兴刘氏刊本，第44~45页。

诰》注"周公摄政，命大事则权称王"之例矣。是在摄政王临时裁断，而不得以常礼论焉。①

依然是以《周礼》和《仪礼》为准，再佐以其他经典，曹氏很自然地得出了周公可以用天子舆服的结论。至于在经学史上纠葛甚多的周公是否称王问题，他并未做过多考证，而是直接以郑玄注为准，认为周公曾行权称王。② 至此，在摄政王载沣该用何等舆服及其是否可以行权用天子之礼上，曹元忠提出了比较完善的解决方案。

综上，曹元忠对于时人聚讼的兄弟昭穆问题，从溯源流、明礼意和通时制三个方面作了详细的论证，虽然从经学的角度来看，间有不妥之处，但基本还在可接受范围之内，更重要的是，他的论证在经典中形成了较为完整的链条，因此可以视作其议礼的范本。

二、兼采周汉：天子冠礼的补定

先秦礼书中无天子冠礼细节的明文，只在《大戴礼记·公冠》中有"公冠，四加玄冕……天子拟焉"一句可供推想。杜佑《通典》载"或云"颇能代表一般学者的看法："《周礼》虽有服冕之数，而无天子冠文。又《仪礼》云公侯冠礼者，王肃、郑玄皆以为夏末衰乱，篡弑所由生焉，故作公侯冠礼，则明无天子冠礼之审也。"③ 汉魏以降，天子冠礼皆一加元服而已④，尽管杜佑根据《大戴礼记·公冠》和《孔子家语·冠颂》中的只言片语，主张天子亦有四加之冠礼，不过"因秦焚书，遂同荡灭"⑤，此后各朝礼典均无四加之制。至清代，冠婚丧祭人生四礼中，冠礼最为不振，仅为纸上具文，民间虽亦有见，但满洲贵族却未尝一行。⑥ 而到清末宣统帝即位时，这一问题却进入了曹元忠的视野。

光绪三十四年（1908 年）十一月，各部院议奏待宣统帝年长行大婚典礼后再亲政，曹元忠则提议皇帝亲政当从冠礼四加开始：

───────────────

① 曹元忠：《礼议》卷上《摄政王舆服议》，《求恕斋丛书》本，民国吴兴刘氏刊本，第 45～46 页。

② 《尚书·大诰》"王若曰"郑玄注云："王，周公也。周公居摄，命大事则权称王。"这与伪《孔传》"周公称成王命"的说法不同，尽管孔颖达有"惟名与器不可假人，周公自称为王，则是不为臣矣。大圣作则，岂为是乎"的判语，但对曹元忠来说，有《周礼》《仪礼》中的记载为典据，又有郑注为佐证，从经学的角度来说，证明力已经足够了。孔安国传，孔颖达正义：《尚书正义》卷一二，黄怀信整理，上海古籍出版社，2007 年，第 506～507 页。

③ 杜佑：《通典》卷五六《嘉礼一》，王文锦等点校，中华书局，1984 年，第 1572 页。

④ 杜佑：《通典》卷五六《嘉礼一》，王文锦等点校，中华书局，1984 年，第 1573～1576 页。

⑤ 杜佑：《通典》卷五六《嘉礼一》，王文锦等点校，中华书局，1984 年，第 1573 页。

⑥ 关于清代冠礼的实行情况，陈戍国先生只找到郭嵩焘一例（见氏著《中国礼制史（元明清卷）》，湖南教育出版社，2002 年，第 604～607 页），实际上在当时的民间家谱中常有冠礼仪节的记载，见陈建华、王鹤鸣主编，陈秉仁整理：《中国家谱资料选编（礼仪风俗卷）》，上海古籍出版社，2013 年，第 17～57 页。

惟念《昏义》云"夫礼,始于冠,本于昏",与《荀子·儒效篇》云"成王冠,成人,周公归周反藉"之义,皇帝诚宜及时先行冠礼于太庙,依《皇朝礼器图式》所载皇帝常服冠、行冠、吉服冠、朝冠以合四加之制,谒庙而告礼成。至于亲诣太庙,导从宜用皇帝法驾。①

至于此"皇帝法驾"为何,虽于礼无文,但可以依照《通典》所载汉和帝时黄香之颂及《独断》《后汉书·舆服志》中的相关记述,定为金根车,驾六马,建大旆,十二旒,画日月升龙,"而后皇帝冠礼皆合汉制,即皆合于《大戴礼》之制,而非《唐书·礼乐志》'皇帝加元服礼'所能比拟"②。不过,在定皇帝冠服及法驾之前,有一系列关于天子冠礼的礼学问题需要曹元忠解决。

首先,天子是否有冠礼。解决这一问题的切入点是孤子,因为天子和诸侯一般是在其父去世后才能继位,此时天子若行冠礼,身分当为孤子。《大戴礼记·公冠》云:"公冠自为主……其余自为主者,其降也自西阶以异,其余皆与公同也。"王聘珍释"其余自为主者"为后文之"太子与庶子",③ 自是正解,但曹元忠则巧妙地将其与《仪礼·士冠礼》中所载孤子"冠之日,主人纷而迎宾"相联系,推出身为孤子的天子,其冠礼与诸侯同而与士异的结论:"是故天子冠礼同于诸侯,诸侯冠礼同于孤子,天下岂有无父之国,天子诸侯即不能不行孤子之冠礼。《大戴记》依《士冠礼》所言之孤子冠为《公冠篇》也,亦后仓推士礼而致于天子之家法也。"④ 这样,就可以根据《公冠篇》推导出天子冠礼的细节:天子冠在祧庙,自为主人,以六命之卿为宾,飨之以三献之礼,无介,酬宾以币朱锦采四马。当然最重要的是,要有四加之制。

其次,天子四加之冠该如何确定。作为天子冠礼的核心要素,四加之冠历来就有分歧。《公冠篇》中只说诸侯所加之冠乃在士冠三加外再加玄冕,至于天子之冠,仅有语焉不详之"拟焉"二字。《后汉书·礼仪志》载汉制:"仪从《冠礼》。乘舆初加缁布进贤,次爵弁,次武弁,次通天。"⑤ 这里的《冠礼》即《公冠篇》,可见汉代是以《公冠》四加为准而又参以时制的。而《魏书·礼志》引司马彪语为"汉帝有四冠,一缁布,二进贤,三武弁,四通天"⑥,与前说不同。曹元忠认为爵弁为天子哭诸侯之冠,不当用于冠礼;而据《玉藻》"玄冠朱组缨,天子之冠也。缁布冠缋緌,诸侯之冠也"⑦,认为天子不当冠缁布而当服玄冠,则汉代天子四加之冠当为玄冠、进贤、武弁、通天。再考虑到清

① 曹元忠:《礼议》卷上《天子冠礼议下》,《求恕斋丛书》本,民国吴兴刘氏刊本,第53~54页。

② 曹元忠:《礼议》卷上《天子冠礼议下》,《求恕斋丛书》本,民国吴兴刘氏刊本,第54页。

③ 王聘珍:《大戴礼记解诂》卷一三,王文锦点校,中华书局,1983年,第247页。

④ 曹元忠:《礼议》卷上《天子冠礼议下》,《求恕斋丛书》本,民国吴兴刘氏刊本,第49~50页。

⑤ 《后汉书》志第四《礼仪上》,中华书局,1965年,第3105页。

⑥ 《魏书》卷一〇八,中华书局,2017年,第3063页。

⑦ 郑玄注,孔颖达正义:《礼记正义》卷三九,吕友仁整理,上海古籍出版社,2008年,第1198页。

代皇家无汉代冠冕，他又提出了折中之法："后世天子之冠，但当四加以合乎礼，自不必泥缁布、进贤、爵弁、武弁、通天之制也。"① 也就是上文提及的以《皇朝礼器图式》所载之冠行四加之礼。

再次，冠礼是否用乐。《仪礼·士冠礼》无用乐之文，但《左传·襄公九年》载季孙宿之言"君冠，必以裸享之礼行之，以金石之乐节之，以先君之祧处之"。于是东汉以后，如唐代《开元礼》、韦彤《五礼精义》、北宋《政和五礼新仪》、《明集礼》皆有天子冠礼奏乐之文。对此，曹元忠作了细致的辨析。他先是以《周礼·膳夫》和《大司乐》天子饭时举乐的记载，用默证法推导出："一饭之微，其乐犹必详述，岂有冠礼大典反无言及者，可见周时冠礼无乐也。"② 再根据《礼记·曾子问》"取妇之家，三日不举乐，思嗣亲也"之说，指出冠礼不用乐也是因为其中含有"著代"之义："不用乐之义著于昏礼而不著于冠礼者，妇且如此，子更可知。"③ 虽默证之法证明力有限，但从论证本身的完整性来看，曹氏之说是优于许慎的。④

最后，冠礼为何见母不见父。《仪礼·士冠礼》中冠者加爵弁后，"适东壁，北面见于母"，无见父之文。贾疏云："不见父与宾者，盖冠毕则已见也。不言者，从可知也。"⑤ 曹元忠更进一步阐明说："盖冠者礼成见母，有敬告之意焉。……冠者承父命而冠，自不必以礼成告父。"⑥ 但在后世礼书中，如司马光《书仪》、《政和五礼新仪》、《朱子家礼》、《明集礼》中却出现了冠后拜父母之文。对此，曹元忠以精湛的考据学功夫，揭出致误的源头在东晋何祯的《冠仪约制》，并批评说："拜父父起又晋俗也。晋时去汉未远，已不能会先王制礼之意。"⑦ 到唐代，又以为母不必拜子，而易为母起立不拜，宋代遂承而不改。对于这些晋以后的变化，曹元忠总结说：

> 殊未思礼之近人情者必非其至。惟经义重在成人而与为礼，故虽母子亦用《曲礼》"男女相答拜"之义，郑注"妇人于丈夫，虽其子犹侠拜"是也。起立不拜已失礼意，而且冠者取脯为见母也，故母不在则使人受脯。今因见父并见母，亦不取脯，

---

① 曹元忠：《礼议》卷上《天子冠礼议下》，《求恕斋丛书》本，民国吴兴刘氏刊本，第51~52页。

② 曹元忠：《礼议》卷上《冠礼无乐议》，《求恕斋丛书》本，民国吴兴刘氏刊本，第56页。

③ 曹元忠：《礼议》卷上《冠礼无乐议》，《求恕斋丛书》本，民国吴兴刘氏刊本，第58页。

④ 许慎云："人君饭有举乐，而云冠无乐，非礼义也。"仅仅是单纯的类比，而无礼义的阐明。黄以周赞同许说，以为"节以金石之乐，亦惟诸侯大夫父没之礼有然"，其实是对《曾子问》"父没而冠，则已冠扫地而祭于祢"之说的过度引申。见陈寿祺：《五经异义疏证》卷中"公冠有乐"条，曹建墩点校，上海古籍出版社，2012年，第144页；黄以周：《礼书通故·冠礼通故》，王文锦点校，中华书局，2007年，第235页。

⑤ 郑玄注，贾公彦疏：《仪礼注疏》卷二，王辉整理，上海古籍出版社，2008年，第47页。

⑥ 曹元忠：《礼议》卷上《冠礼见母不见父议》，《求恕斋丛书》本，民国吴兴刘氏刊本，第60页。

⑦ 曹元忠：《礼议》卷上《冠礼见母不见父议》，《求恕斋丛书》本，民国吴兴刘氏刊本，第62页。

是再失礼也。……今因见父并见母，亦复易服，是三失礼也。合之见父，则为四失。①

他借用《礼器》"礼之近人情者非其至者也"一语，指出了后世礼书从冠者见父而生出的众多谬误，主张凡是冠礼均应遵守《士冠礼》见母不见父的规定。从冠礼本身来看，可以说照顾到了其所含先秦古义的各方面。

综上，曹元忠通过修订《大清通礼》这个难逢之机，利用深厚的礼学功底，拟定了天子冠礼的各个细节，并从学理上解决了之前各朝礼书中所存在的相关问题，虽然有些主张因与当时习俗相违而难以立刻落实，但其议礼之一贯方法对今天仍有借鉴意义。

三、"礼以人情为文，讵容或阙"：皇家昏礼的修正

《大清通礼》中昏礼的各仪节，在很多方面都与前代不同，更与周礼有异，这些都是曹元忠决意要解决的。如《仪礼·士昏礼》亲迎后第二日妇见舅姑，"若舅姑既没，则妇入三月乃奠菜"，二文之间本无矛盾，② 但在文字上却易启后人疑窦。《礼记·曾子问》"三月而庙见，称来妇也"孔疏引南朝庾蔚之之说云"昏夕厥明，即见其存者以行盥馈之礼，至三月，不须庙见亡者"③，以为妇见姑后则不需三月庙见舅。不过唐代贾、孔诸家并未采用，《开元礼》中亦有皇后庙见礼，至清代，《大清通礼》则中无皇后庙见之文。曹元忠奉敕修订《通礼》，特别指出："以家人礼言之，朝见皇太后者，皇后见于姑；庙见者，皇后见于舅也。礼以人情为文，讵容或阙?"④ 此外，《大清通礼》在公主见舅姑、皇子亲王亲迎上亦有缺憾。因此，他根据先秦礼经，辨析后世礼制，对这些问题都作了较为细致的解答。

在皇后庙见礼上，曹元忠首先指出同治帝大昏时已有庙见之实（即皇帝皇后同诣寿皇殿），不能因清沿明制册立皇后无庙见而于大昏亦无之。由此便造成除皇帝之外他人昏礼皆有庙见的奇特景象，"光绪重修《会典》，于内务府所掌既不载皇帝皇后同诣寿皇殿拈香礼，则礼部所掌《大昏篇》自无皇后庙见礼。由当时纂修诸臣但知依据《通礼》，至《通礼》于品官士庶昏有庙见，皇帝大昏无庙见，诚未之思也"⑤。于是他提出要以《开元礼》为模板，补充皇后庙见之礼。

曹元忠担心"会礼之家易于聚讼"，有皇后庙见礼于古无征之疑，而钩考出其舆服细

① 曹元忠：《礼议》卷上《冠礼见母不见父议》，《求恕斋丛书》本，民国吴兴刘氏刊本，第62~63页。

② 贾公彦疏云："若舅没姑存，则当时见姑，三月亦庙见舅；若舅存姑没，妇人无庙可见。"郑玄注，贾公彦疏：《仪礼注疏》卷六，王辉整理，上海古籍出版社，2008年，第137页。

③ 郑玄注，孔颖达正义：《礼记正义》卷二六，吕友仁整理，上海古籍出版社，2008年，第774页。

④ 曹元忠：《礼议》卷上《皇后庙见礼议上》，《求恕斋丛书》本，民国吴兴刘氏刊本，第67页。

⑤ 曹元忠：《礼议》卷上《皇后庙见礼议上》，《求恕斋丛书》本，民国吴兴刘氏刊本，第71~72页。

节。他以《宋书·礼志》"汉制，皇后法驾，乘重翟羽盖金根车"，结合《周礼·巾车》郑注"王后始来乘重翟"，证明汉制皇后庙见所乘金根车就相当于周之重翟；再通过校正《后汉书·舆服志》"皇后谒庙服，绀上皂下，深衣制"当为"皂上皂下"，结合《周礼·内司服》郑注"从王祭先王则服袆衣，今世有圭衣者，盖三翟之遗俗"，以证汉制皇后庙见服圭衣就相当于周之袆衣。① 至于周时皇后庙见无文这一最根本的难题，曹氏则通过将《曾子问》女未庙见而死不迁于祖庙之说，与《周礼·内竖》"王后之丧迁于宫中则前跸"郑注"丧迁者，将葬朝于庙"互证，曲折地推导出王后当有庙见，可谓用心良苦。

至北宋《政和五礼新仪》，昏礼中又出现了主人主妇引婿与新妇庙见之礼，之后《朱子家礼》《明集礼》《大清通礼》等皆沿之，曹元忠也对此提出了驳正。他先根据《曾子问》孔子之语明确指出"庙见为新妇谒告之礼，必舅姑既没也明矣"；再将新妇庙见与三月祭行相区别，指出后者乃昏礼之常而前者为昏礼之变；最后将庙见与婿见妇父母同视为变礼，总结说："婿见妇父母由不亲迎，为亲迎之变礼；庙见由舅姑既没，为妇见舅姑之变礼，庶几舅姑在无庙见，可以匡谬正俗也。"② 曹氏对《士昏礼》中三月庙见、三月祭行和三月婿见妇父母的理解与分辨非常准确，因而能够清晰地指出后世礼书致误之由。

在解决完关于以上一系列难题后，曹元忠郑重地提出应以《开元礼》为效法的对象。因其有皇后庙见，"尚有周礼之遗意"：

> 夫《开元礼》所以必有皇后庙见者，以为皇后之庙见与皇帝加元服之谒庙礼意相同，故于庙见行礼节次每云"如加元服仪"，以见其意。……皇后之来妇，亦先帝之所不及见，祗见于庙，所以告适妇为舅后也。故必至皇帝谒庙而后加元服之礼成，皇后庙见而后大昏之礼成。③

至于宋人所撰《唐书·礼乐志》中不载其事，是"《开元礼》之用心诚不易知"。他因而发出了这样的感叹："自经秦火，礼文残缺，汉唐掇拾补苴，犹恐未必尽如周礼之旧，以待我圣天子议礼之世，本身而作则。"④

对于《大清通礼》中无皇子亲王亲迎和公主见舅姑之礼的缺陷，曹元忠也从礼经学中给出了明确的意见，即皇子亲王皆当亲迎，公主下嫁亦当拜见舅姑，论证的思路与前节所述其论兄弟异昭穆类似。

---

① 曹元忠：《礼议》卷上《皇后庙见礼议下》，《求恕斋丛书》本，民国吴兴刘氏刊本，第73~74页。
② 曹元忠：《礼议》卷下《昏礼舅姑在无庙见议》，《求恕斋丛书》本，民国吴兴刘氏刊本，第96、100页。
③ 曹元忠：《礼议》卷上《皇后庙见礼议下》，《求恕斋丛书》本，民国吴兴刘氏刊本，第76~77页。
④ 曹元忠：《礼议》卷上《皇后庙见礼议下》，《求恕斋丛书》本，民国吴兴刘氏刊本，第77页。

在亲迎问题上，他首先指出汉叔孙通制礼由于误从左氏"天子至尊无敌"之义而定皇太子无亲迎礼①，《大清通礼》的纂修诸臣又因沿其误而以为皇子无亲迎礼，这些都是没有透彻理解亲迎意义的结果，"夫亲迎之礼成于父命……惟亲迎成于父命而皇帝大昏必非先帝之所及命，是以托始于皇太子纳妃"②。皇帝由于无父命，所以才无亲迎，但在皇太子亲迎之礼上仍可见"托始"之意。曹氏甚至说如果由礼学中的以士礼推于天子言之，那就并不存在什么"天子四海之内无客礼，莫敢为主之义"。之后他考证了诸侯亲迎时的斋戒、授绥，揭示出其中蕴含的礼意："夫御车授绥，亲之至也。先之以玄冕斋戒，又敬之至也。敬慎重正而后亲之，礼之大体，所以立夫妇之义，岂可以诸侯而废之。……后世修礼诸臣乌能以诸侯尚不亲迎为借口哉！故自皇子以至亲王，昏礼必当改从《开元礼》以合礼意。"③ 婿斋戒、授绥乃是昏礼敬、亲之义的体现，不可因爵位而废。可见，曹氏力主皇子亲王亲迎，是以昏礼本身所含的夫妇之义为准，而非迎合清皇室之权力与地位。

在公主见舅姑问题上，唐宋至明的礼典中均有相应之礼，而《大清通礼》独无。曹元忠以经学中比例之法指出："公主之见额驸父母，与皇子之见福晋父母可相比例。……皇子见福晋父母依婿见妇父母，则公主见额驸父母，自当依妇见舅姑，从可知矣。"④ 他又举唐代南平、万寿公主下嫁时行妇见舅姑之事强调"我朝圣德钦明，非唐太宗、宣宗所比，岂有公主见舅姑转不能行哉"，并提示《大清会典》所载道光帝二十一年的谕旨中已经明言公主下嫁时额驸父母屈膝请安"此等礼节殊属不合体制"，只是道光四年时修礼诸臣尚未见到。如果现在不加修订，"将上无以承祖宗家法之善，下无以成王姬肃雍之美。奉敕修礼，反不如开元之能继显庆，政和之能绍治平，在礼馆诸臣何所逃罪"⑤。虽然着眼的是见舅姑礼之家法之善，但其中也包含了对昏礼礼意具有普及型的强调。

此外，曹元忠还对当时昏礼中通行的盖头做了考证。汉魏以降，社会动荡，昏礼简省，六礼悉舍而创拜时之仪，于是始有纱縠幪首之制。新妇至夫家，婿揭纱縠，妇即拜舅姑而昏礼以成。其后拜时渐废，而纱縠幪首之俗则得以延续。《大清通礼》"品官士庶昏篇"皆有"姆为女加景盖首"及"姆脱妇景"之文，⑥ 即承旧俗而来。对此习俗，曹元忠也是从溯源入手，先明了"景"只是新妇出嫁时所罩防尘之衣，⑦ 而非后世的盖首；

① 许慎云："高祖时，皇大子纳妃，叔孙通制礼，以为天子无亲迎，从《左氏》义也。"陈寿祺：《五经异义疏证》卷中"天子亲迎不"条，曹建墩点校，上海古籍出版社，2012年，第146页。

② 曹元忠：《礼议》卷下《皇子亲王亲迎礼议上》，《求恕斋丛书》本，民国吴兴刘氏刊本，第81页。

③ 曹元忠：《礼议》卷下《皇子亲王亲迎礼议下》，《求恕斋丛书》本，民国吴兴刘氏刊本，第86~87页。

④ 曹元忠：《礼议》卷下《公主厘降见舅姑礼议》，《求恕斋丛书》本，民国吴兴刘氏刊本，第88~89页。

⑤ 曹元忠：《礼议》卷下《公主厘降见舅姑礼议》，《求恕斋丛书》本，民国吴兴刘氏刊本，第93页。

⑥ 来保等纂修，穆克登额等续纂：《大清通礼》卷二六，清光绪九年江苏书局刻本，第5页。

⑦ 对于"景"在三礼名物中的问题，黄以周对各家之说有驳正，见《礼书通故·衣服通故三》，王文锦点校，中华书局，2007年，第184页。

再指出如果昏礼有盖首，则无法做到《诗经·魏风·葛屦》所谓的"好人提提，宛然左辟"，汉晋以降此礼流行不过是对民间习俗的沿用。因此在盖首问题上，他拒绝《开元礼》的规定，"知礼之坏于习俗者，固不可不为之坊也"①。相较于对皇子亲王亲迎、公主见舅姑礼的坚持，曹元忠对盖首的反对在礼意上的根据其实是很单薄的，其复古的建议自然也很难落实。

综上，曹元弼在修订《大清通礼》昏礼中的各仪节时，与前述吉礼、冠礼类似，基本都是从礼意出发，辨明后世致误之由，进而提出回归古礼的方案。这些方案并非一味泥古，而是考虑到在名物和仪节上做一些妥协和调整，从而实现皇代衣帽与周礼之间的沟通。

四、余　论

礼学馆诸人耗尽心血修订的《大清通礼》，在后来的世运鼎革中却沦为一堆故纸，常令当时文化保守者扼腕。② 今之学者在评价此事时，则强调《通礼》修订只是细枝末节方面的调整，因礼学馆诸人在当时内外催逼形势下所持有的对礼教消亡的文化焦虑，反而限制了其探索礼治与宪政融通的方式的活力。③ 这从历史现实来说自然可以成立，不过言非一端，各有所当，如果从经学史与清代礼学史的角度来看，以曹元忠为代表的礼学馆诸人殚精竭虑以修礼的努力至少仍有以下几方面的意义：

第一，对礼制本身价值的阐发与提高。上文已提及曹元忠对《礼器》"礼之近人情者，非其至者也"在冠礼制作上的创造性运用及在修订昏礼时力求突破阶层之意。此外他还试图通过修订礼制以提高儒家道统的地位。对于每年春秋经筵开讲之前的传心殿祭祀，他认为不能按照之前的《通礼》定为遣官告祭，而通过阐发《礼记·文王世子》郑注，主张天子御经筵必须亲祭。④ 不仅如此，他还以光绪三十二年（1906 年）祭孔升为大祀为准，提出传心殿祭祀皇帝应当行三跪九叩礼。总之，不论是主张传心殿应天子亲祭还是反对将历代帝王升为大祀，在曹元忠这里，都是希望通过规范礼制来提高儒家道统的地位，这在清代治教合一的氛围下无疑值得表彰。

──────────

① 曹元忠：《礼议》卷下《昏礼加景非盖首议》，《求恕斋丛书》本，民国吴兴刘氏刊本，第 96 页。

② 陈宝琛就感叹说："君于其间抱遗订坠，犹日以制作之大，期诸居摄之周公，且以《新刑律》妨于礼教，断断争之，非所谓鸡鸣不已于风雨者欤？书未卒业，而宝琛有抚晋之命，代以于晦若侍郎。政体既变，侍郎挂衣冠去，馆员亦云散，而委盈尺垂成之书于官寺，其为灰尘，为蠹蚀，无从闻问。"曹元忠：《礼议》，《求恕斋丛书》本，民国吴兴刘氏刊本，第 10 页。

③ 李俊领：《礼治与宪政：清末礼学馆的设立及其时局因应》，《近代史研究》2017 年第 3 期。

④ 从礼学论证的角度看，曹元忠这里采用的是类推法，天子视学乃是观礼，所以可以派有司行事；至于经筵致祭传心殿的对象乃是皇师、帝师、王师、先圣、先师十一位圣贤，理应为天子亲行之事，虽然经典中没有相关规定，但逻辑上应当高于视学，故应亲祭。对于有人提议应将包含皇师、帝师、王师的历代帝王庙也由中祀升为大祀，曹氏明确反对说："不知传心殿所奉皇师、帝师、王师非祭历代帝王，祭先圣先师也，故自明至今皆云行释奠礼，于祭历代帝王庙何与，而欲以大祀请乎？"曹元忠：《礼议》卷上《经筵致祭传心殿礼议》，《求恕斋丛书》本，民国吴兴刘氏刊本，第 21 页。

第二，对礼学与制度互动的启发。三礼学本身的性质，决定了其不可能仅仅为纸上之空言而必须要付之于实践。但在落实时，总难免陷入宗经复古与尊君实用之间的矛盾，而在礼制上多有曲说或附会。① 通过细绎曹元忠议礼的论证方式，可以为此矛盾提供一解决之道：修订礼典、针砭礼俗，须先明礼意，礼意不明则礼制随之而紊；礼意既明，则当通晓历代礼制变化之由，变因不清则难免郢书燕说之弊；礼意明且礼制通，即可根据现实之情形加以改变。至于名物、仪节，皆可有所调整，不必墨守成规。对于今日之礼仪建设来说，则可以进一步考虑礼意是否能够转换，以因应时代之需求。

第三，对"学随术变"传统的纠正。朱维铮先生在概括中国经学史之特征时，特别举此四字以明之。所谓学即经学，术即统治术，意即经学往往会随统治者的意志而发生改变，成为其工具附庸。② 此说影响极大，当然有其坚实的根据，对研治经学极有警醒的效果。但也存在过于偏颇之处，细察礼学馆诸人议礼之主张，可见即使在集权最重之清王朝，在面对有修订王朝礼典以经世的机会时，学者的主要出发点仍然是礼学本身所蕴含的价值与意义。推而上之，尽管在各朝的礼议争论中都有不少曲学阿世之徒，甚至许多时候他们会在王权的支持下占据优势，但总有一些儒者坚守正道，不为所曲。以曹元忠为代表的三礼学者，其议论不仅有一时之价值，在文化上更有永久之意义。

（作者单位：武汉大学哲学学院、国学院）

---

① 阎步克先生对这一问题的抉发最为透彻，见氏著《服周之冕》，中华书局，2008 年，第 13～31 页。

② 朱维铮：《中国经学与中国文化》，《中国经学史十讲》，复旦大学出版社，2002 年，第 13～15 页。

圣贤祠、岳神庙和女生宿舍：近代岳麓书院的空间变化*

□ 战蓓蓓

【摘要】清雍正十一年（1733 年）岳麓书院成为湖南省会书院。经过乾嘉两朝，岳麓书院逐渐进入巅峰时期，空间布局也得以完善。光绪二十九年（1903 年）改制为湖南省高等学堂，民国十五年（1926 年）以岳麓书院为第一院成立省立湖南大学。其间书院布局大致维系，但在空间使用上变化甚巨。例如道光元年（1821 年）在山长欧阳厚均的主导下，专祠之一六君子堂迁移，其旧址改为岳神庙。省立湖南大学时期，包括濂溪祠、六君子堂在内的空间都被用作女生宿舍。本文结合 3D 虚拟重建，揭示书院空间使用与制度、思想发展变化的关联，兼论民国对清遗构的继承与发展。
【关键词】近代；岳麓书院；空间功能；教育改制

清代岳麓书院恢复于顺治九年（1652 年），康熙二十六年（1687 年）获得御赐"学达性天"匾额及书籍，雍正十一年（1733 年）朝廷颁上谕明令兴建省会书院，岳麓书院遂成为湖南省之省会书院。① 乾隆时期省会书院定性为连接中央国子监与地方府、州、县学的"侯国之学"，乾隆九年（1744 年）岳麓书院获御赐"道南正脉"匾额。然而杨锡绂（1700—1768 年）出任湖南巡抚期间，因岳麓书院与省城中隔湘江，于乾隆十一年上疏请重建城南书院于省城内，至此城南隐隐有取代岳麓之势。直至十余年后，湖南巡抚陈宏谋（1696—1771 年）发布《申明书院条规以励实学示》，确立了岳麓书院相较于城南书院的主导性地位。至光绪二十九年（1903 年）十一月，湖南巡抚赵尔巽（1844—1927 年）改岳麓书院为湖南高等学堂，1911 年中华民国成立后，湖南省高等学堂停办。1912 年湖南省都督府都督谭延闿"拟就岳麓书院旧基创办湖南大学"，然此后高等师范（简称

* 本书为 2019 年湖南省普通高等学校教学改革研究项目"数字人文创新人才培养及跨学科导师制研究（166）"、湖南省科技创新计划资助（2022WZ1038）阶段性成果。

① 《嘉庆大清会典事例》亦列城南书院为雍正朝所立湖南省会书院，但据学者考为讹误。详见刘艳伟：《城南书院非雍正年间所设省会书院考》，《历史文献研究》第 40 辑，华东师范大学出版社，2018 年。

"高师"）迁入高等学堂址。1917 年北洋政府停办高师，杨昌济等人建议改高师为大学，而此时公立工业专门学校搬入校舍。直至 1925 年第三次筹备湖南大学，以公立工业、法政、商业三学校及岳麓书院的产业为大学校产。1926 年 2 月 1 日省立湖南大学宣告成立，并于 3 月 9 日举办了开学典礼。对于岳麓书院到湖南大学的历程，学界在制度改革方面多有爬梳，① 然而在整体历史发展背景下分析岳麓书院的实体建筑沿革的研究却较少。本文围绕书院建筑，尤其是专祠在布局及功能上的沿革展开讨论，力图揭示教育空间的发展与思想、文化、政治之间的互动关系。

一、近代岳麓书院空间布局之沿革

清代岳麓书院志及相关地方志中或有遗迹沿革，或有岳麓山图。而岳麓书院具体空间布局，有《（嘉庆）善化县志》和《（光绪）善化县志》学校志中的岳麓书院图（参见图 1、图 2）可考，前者有书院主体及文庙，而后者仅有书院主体。② 咸丰年间（1851—1861 年）岳麓书院受战火影响损毁严重，同治年间由时任湖南巡抚刘崐修复。但从两图看来，嘉庆至光绪年间书院主体的布局变化不大，从书院大门至二门再至讲堂，后连文昌阁，至御书楼，为中轴线。两侧为斋舍，大门左侧为监院。

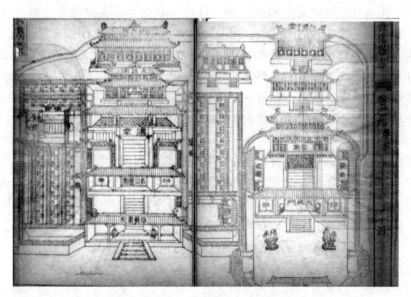

图 1 《（嘉庆）善化县志》岳麓书院图

另，有山长丁善庆（1790—1869 年）所编《长沙岳麓书院续志》（同治六年，1867 年）中《岳麓书院形势纪略》一文，较为详细地记叙了岳麓书院的空间布局：

---

① 谢丰：《晚清湖南书院改制研究》，湖南大学硕士学位论文，2006 年。

② 《（嘉庆）善化县志》卷九"学校"，第 3b~4a 页。《（光绪）善化县志》，卷一一"学校"，第 40b~41a 页。

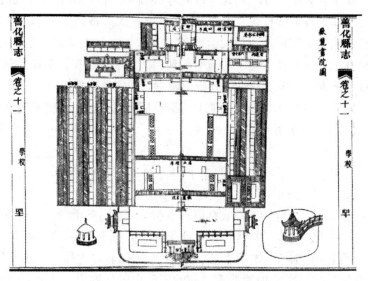

图 2 《(光绪) 善化县志》岳麓书院图

　　堂前为二门，又前为大门，各相去百余步，中间古柏古槐，葱茏茂翳，与监院后紫杨樟，及东西斋院诸花木相映成林。门外为赫曦台，左右莲池，桐梓紫薇参差夹道。讲堂后循拜厅而入为文昌阁，阁高四五丈，奉文昌神像，凡在院诸生获隽者悉得题名其间。阁后稍高为御书楼藏书处……讲经堂之左曰成德堂。讲堂前之东二斋曰进德，曰居业，西二斋曰正谊、明道中、明道后，而进德、居业又分二斋于文昌阁之右，总计斋舍九十有八间……静一堂亦榜于大门左侧之监院内署，皆不欲没其名也。半学斋居讲堂之西，前北向，后南向，院长居焉。①

　　大门至御书楼为中轴线，斋舍在左右的布局不仅仅在清代岳麓书院稳定了下来，也被应用到其他书院中。例如乾隆时期杨锡绂重建于城内天心阁下的城南书院，斋舍在中轴线顶端，而御书楼在侧面（参见图3）。② 然而道光时期城南书院迁回旧址妙高峰，成为全省范围内招生的通省书院，其主体布局为：

　　为门再重，两门之间，迤左为监院署，中为蒙轩，门后为讲堂，堂深六寻，广称之。堂左四斋，曰居业、曰进德、曰主敬、曰存诚。最二斋，曰正谊、曰明道。斋舍各二十，通百二十舍。堂后为书楼，合左最共十楹，山长居之。……规制大备，与岳麓书院巍然并列。③

　　① 《长沙岳麓书院续志》卷之一《岳麓书院形势纪略》，《岳麓书院志》，岳麓书社，2012年，第521~523页。
　　② 《(嘉庆) 善化县志》卷九"学校"，第4b~5a页。《(光绪) 善化县志》卷一一"学校"，第52b~53a页。
　　③ 《重建城南书院碑记》，《城南书院志》卷二，岳麓书社，2012年，第33~35页。

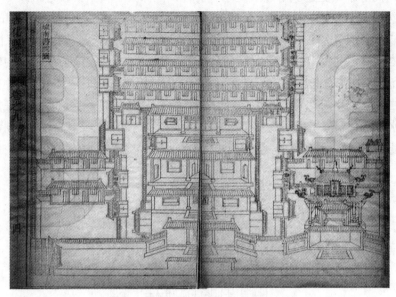

图3 《(嘉庆) 善化县志》城南书院图

根据这段描述，兼参照书院图（参见图4）来看，道光重修于妙高峰下的城南书院，将书楼建于中轴线顶端，斋舍改在两边，监院亦位于大门和二门之间，以与岳麓书院"并列"为标准。

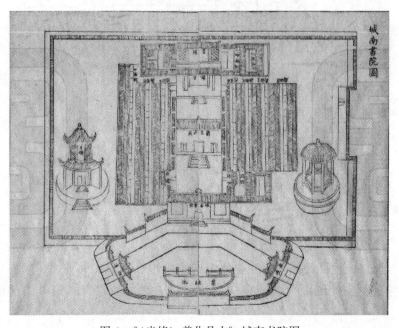

图4 《(光绪) 善化县志》城南书院图

改制后，高等学堂更建了岳麓书院原有斋舍，但保留了其中轴线建筑及专祠。高等师范迁入时依然如此。① 至工专时期，亦有其新建实习工厂、校舍应远离麓山旧址之令。② 20 世纪 80 年代修复岳麓书院时，湖南大学校友、土木系退休副教授蔺传薪根据本人回忆，绘制了 20—30 年代湖南大学的校区平面图（参见图 5）。③ 该平面图上中轴线建筑及专祠部分保留，文庙部分与主体部分打通，并且文庙被用作民办小学，在书院主体的另一侧扩建了一、二、三区及教室、实验室、雨操场等建筑。平面图注释言一、二、三区为男生宿舍，而从湘水校经堂到濂溪祠则为女生宿舍。也就是说，20 世纪二三十年代湖南大学保留了书院中轴线建筑、文庙与专祠等空间，并将这些空间结合于大学的整体功能空间中。

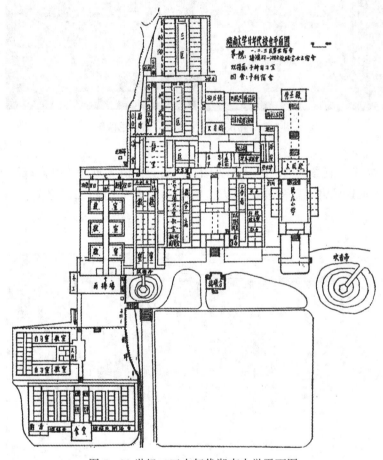

图 5　20 世纪二三十年代湖南大学平面图

自嘉庆至光绪，再至民国，书院主体结构布局相对稳定，中轴线建筑布局基本无变化，作为日常生活空间的斋舍虽经多次重建但其围绕中轴建筑的相对位置也较为稳定

①　朱汉民、邓洪波：《岳麓书院史》，湖南大学出版社，2017 年，第 580 页。

②　朱汉民、邓洪波：《岳麓书院史》，湖南大学出版社，2017 年，第 544 页。

③　《简讯》，《岳麓书院通讯》1982 年第 1 辑。

（参见图 6、图 7）。整体而言，变化较为明显者是书院圣贤祠部分，嘉庆年间四箴亭与六君子堂为单体建筑，位于大成殿后，旁为崇道祠及濂溪祠，再旁为御书楼。而光绪年间崇道祠与六君子堂在文昌阁侧面的小院、四箴亭与濂溪祠位于御书楼侧面。该布局为省立湖南大学所沿用，而功能变化甚巨，故下文重点围绕这部分空间进行探讨。

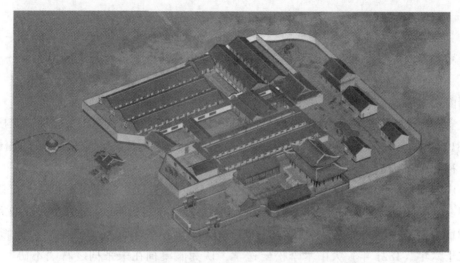

图 6　嘉庆时期岳麓书院虚拟复原（模型截图)①

图 7　民国时期岳麓书院虚拟复原（模型截图）

①　图 6 与图 7 来源于湖南大学建筑学院肖灿教授与本文作者共同指导的本科生毕业设计，由许文禹、张刘斌、赵小会、王雅婷、姜迪鸽等同学共同建模。

二、专祠空间的沿革

康熙时期偏沅巡抚周召南（?）、丁思孔（1634—1694 年）先后修葺书院。《新修岳麓书院志》载李何炜《游岳麓书院记》言：

> 庙后立二十余级，耸室三楹，世宗《敬一箴》、程明道《视听言动四箴》在焉。刻划藉石以不朽，人心其能如石乎？其西为朱张祠，少前为六君子祠。①

清前期文庙后已存刻有《视听言动四箴》《敬一箴》的四箴亭以及朱张祠、六君子堂。② 至乾隆时期岳麓书院四箴亭位于文庙西、祭祀朱张的崇道祠位于文庙南。嘉庆十七年（1812 年），始建濂溪祠于御书楼左侧。③《（嘉庆）善化县志》应该展现了濂溪祠初建时专祠的分布状态。

嘉庆二十三年（1818 年）欧阳厚均（1766—1846 年）任岳麓书院山长后，对该区域进行了一系列改动。首先，他移四箴亭于御书楼之左的"吉地"④，改原在大成殿后的四箴亭旧址为崇圣祠，此举也是受到嘉庆九年（1804 年）各学通行"启圣祠"的影响⑤。嘉庆二十六年（1821 年）大中丞李松云送学，认为濂溪祠在朱张祠之右"不协"，于是将濂溪祠移至新建的四箴亭之左。⑥ 濂溪祠的旧祠又接着被改成了六君子堂。⑦ 处于大成殿后高岗上的原六君子堂。则被改建成了祠岳麓山神的岳神庙。⑧经过欧阳厚均的这番操作，规整了书院及文庙的祭祀空间。自此，大成殿后依次为崇圣祠及岳神庙；而与书院本身关系更加密切的濂溪祠（周敦颐）、四箴亭（二程）、崇道祠（朱张）、六君子堂都更加靠近书院中轴线建筑，体现出了书院主体与文庙祭祀空间的分区。

同治六年《岳麓书院形势纪略》载：

> 阁后稍高为御书楼藏书处。楼左四箴亭，亭左濂溪祠。祠左稍高处与崇圣祠邻者，为陶桓公衫庵。文昌阁之左离数武，为六君子堂，堂左崇道祠，与拜厅左之湘水校经堂，暨山斋旧址，门户相向。

---

① 李何炜：《游岳麓书院记》，《长沙府岳麓志》卷七，《岳麓书院志》，岳麓书社，2012 年，第441~442 页。

② 六君子谓"谓其有功于斯文也"，一般认为是朱洞、李允则、周式、刘珙、陈钢、杨茂元等人。

③ 由于岳麓山地形关系，文庙与岳麓书院均大致坐西向东。《长沙岳麓书院续志》卷四《濂溪祠记》，《岳麓书院志》，岳麓书社，2012 年，第 642~643 页。

④ 欧阳厚均：《移建濂溪祠碑记》，《欧阳厚均集》卷上，岳麓书社，2013 年，第 198~199 页。

⑤ 欧阳厚均：《新建岳麓书院崇圣祠碑记》，《欧阳厚均集》卷上，岳麓书社，2013 年，第 194~196 页。

⑥ 欧阳厚均：《移建濂溪祠碑记》，《欧阳厚均集》卷上，岳麓书社，2013 年，第 196~197 页。

⑦ 欧阳厚均：《改建六君子堂碑记》，《欧阳厚均集》卷上，岳麓书社，2013 年，第 197~198 页。

⑧ 欧阳厚均：《改建六君子堂碑记》，《欧阳厚均集》卷上，岳麓书社，2013 年，第 197~198 页。

圣庙居书院之左，基稍下，殿供圣像及四配像，余皆木主。旁列两庑，中庭种梧桐、松柏多株。大成门外宫墙、泮沼，悉如各州县庙制。由殿后甃石四十余级，上为崇圣祠。祠后又甃石四十余级，上为岳神庙。①

《形势纪略》中专祠的方位由中轴线上的御书楼与文昌阁相参照，而圣庙的相关描述又自成一段，不难看出欧阳厚均对祭祀空间的调整影响到了同治时期对祭祀空间格局的整体理解，即专祠属于书院主体，而文庙大成殿、崇圣祠、岳神庙成另一个体系。《（光绪）善化县志》乃至二三十年代湖南大学平面图中的祭祀空间都符合《形势纪略》的描述，也就是说同治重建及后续建设对书院专祠空间的布局应当没有进行太大的调整。

同治《形势纪略》中与崇道祠门户相向的湘水校经堂，却不见于《（光绪）善化县志》书院图。湘水校经堂为道光十三年（1833年）巡抚吴荣光所建，由欧阳厚均、贺熙龄主持，专课经史，既讲汉学、又讲宋学，乃"斋西隙地建屋一椽"。后吴荣光罢归后，课业即废。而后湖南巡抚毛鸿宾（1811—1867年）又复课，至光绪五年（1879年）迁至天心阁附近城南书院故址②，光绪十六年迁至湘春门并改为校经书院③，光绪二十九年改成德校士馆，光绪三十二年又改为成德学堂④。另有典故，陶侃（259—334年）曾在岳麓山种杉结庵，久废。道光时两江总督陶澍（1779—1839年）因典故建杉庵，同治时期又有重建（重建者不详）。⑤《形势纪略》《（光绪）善化县志》及二三十年代湖南大学平面图位置皆在濂溪祠左。

总而言之，从文献与图像资料结合来看，欧阳厚均改造书院与文庙祭祀空间在原有的纵深布局上，又添加了横向分区。其后，尽管机构与建筑方面都发生了一些变化，但无论是同治重建、清末改制乃至民国成立大学，都比较稳定地将分区的布局延续了下来。然而，值得注意的是，同治起专祠空间功能开始产生变化，《岳麓书院续志补篇》言：

崇圣祠、岳神庙、四箴亭、濂溪祠、杉庵、崇道祠、六君子堂、山斋、校经堂，漏湿、沟水、打扫，有人住归居业，平时归看司。至看守香案，看司、居业斋夫均有责成。⑥

① 《长沙岳麓书院续志》卷一《岳麓书院形势纪略》，《岳麓书院志》，岳麓书社，2012年，第521～523页。

② 郭嵩焘：《重修湘水校经堂记》，《郭嵩焘诗文集》，岳麓书社，1984年，第526～527页。参见张晶萍：《近代"湘学观"的形成与嬗变研究》，智慧财产权出版社，2015年，第92～97页。

③ 《楚南新建校经书院碑记》，《城南书院·校经书院志略》，《湖湘文库》甲第266册，岳麓书社，2012年，第4～6页。参见朱汉民、邓洪波：《岳麓书院史》，湖南大学出版社，2017年，第485～491页。

④ 《学部：奏湘省学堂不合定章，拟令改正折》，《高等教育》，《中国近代教育史资料汇编》，上海教育出版社，1993年，第230页。

⑤ 《岳麓小志》，《岳麓书院志》，岳麓书社，2012年，第788页。

⑥ 《岳麓书院各缺条约》，《岳麓书院续志补篇》，《岳麓书院志》，岳麓书社，2012年，第704～705页。

也就是说，在同治七年（1868 年）该志编纂的时候，书院的专祠部分已经时而有人居住，有人住时归居业斋（斋舍之一）的人员负责日常管理。同时文中提及香案，故专祠应仍有供奉祭祀。光绪年间王先谦所编《谕书院诸生》言：

> 书院进德、居业、正谊、明道四斋，新院东、西二斋，合道乡祠，共为七斋，除附入居业之文昌阁、山神庙、四箴亭、濂溪祠、陶公祠、王公祠、刘中丞祠、崇道祠、六君子堂等处房间较大，或能多住数人。此外，各号前后窗例住二人。①

从其文意看，光绪年间文昌阁、山神庙及各专祠都已经正式附入居业斋，连同其他斋舍一起分配住宿人员，并且因房间较大"或能多住数人"。同治与光绪时期为岳麓书院祭祀空间，尤其是专祠空间成为住宿斋舍的开端。

就清至民国整段时期而言，岳麓书院祭祀空间布局成型于嘉庆年间欧阳厚均的分区规划；而或许亦是此番调整使得专祠更加接近书院中轴线，也拉近了专祠与中轴线两侧的斋舍之间的距离，从同治时期有人居住起，则其空间功能也开始接近斋舍功能，为 20 世纪二三十年代湖南大学将专祠及周边建筑转用为女生宿舍埋下了伏笔。

三、省立湖南大学的建立与专祠空间利用

省立湖南大学的成立并非一帆风顺，尽管从 1912 年起湖南省都督府都督谭延闿就倡议建设湖南大学，但三次筹备方得成功。主要倡议人杨昌济曾在 1913、1914 年撰文《余归国后对于教育之所感》感慨：

> 如此之大学，在英国之三岛有十数处……湖南尚无可以与西洋比较之大学。②

然而也是在 1914 年，源于美国耶鲁大学（Yale University）的雅礼会所办雅礼大学本科在长沙正式成立，并且开始拓宽招生。③ 故杨昌济在 1917 年向湘政府所呈《论湖南省创设省立大学之必要》一文中，专门有一节"省立大学与外人之所立大学"的讨论：

> 或曰：湖南今有雅礼大学，求学不患无门，何必特设省立之大学耶？……夫异国之人，不远万里来华施教，其意非不甚美，无如育才建国之大业，决非他人所能代谋。欲昌民族之精神，当图学问之独立。他人既雅意相助，吾党更不可不努力自谋。沉思远虑之人，当必有所自觉矣。④

---

① 《谕书院诸生》，《岳麓书院记事录存》，《岳麓书院志》，岳麓书社，2012 年，第 719~720 页。
② 杨昌济：《余归国后对于教育之所感》，《杨昌济集》，湖南教育出版社，2008 年，第 50 页。
③ 赵厚勰：《雅礼与中国——雅礼会在华教育事业研究（1906—1951）》，山东教育出版社，2008 年，第 136~160 页。
④ 杨昌济：《杨昌济集》，湖南教育出版社，2008 年，第 236~237 页。

在该文中还专有一节，题为"岳麓与省立大学"：

> 夫高师校址，固前岳麓书院旧址也。岳麓书院，自赵宋建设以来，千有余年，为中国四大书院之一，朱张讲学、流风余韵、千古犹新。且地居长沙对河，远离尘嚣，有山水林园之胜，斯固文人学士修学练神绝好之境地也。高师校舍甚合省立大学之用，图书、仪器历年存积，亦复颇有可观。就此设立大学，开办经费所需不多。①

杨氏阐明了在岳麓书院旧址办省立大学的种种优势。虽然校舍的"合用"乃出于经费这方面考量，但岳麓书院的源流及地理环境显然也是不可忽视的因素。该文引起了一定反响，但是省立湖南大学成立的真正契机，乃 1922 年公布的《湖南省宪法》第 79 条载明："省须设立大学一所。"②《湖南省宪法》源于 1920—1926 年联省自治运动，该运动试图将国家结构改为联邦制，各省高度自治，并各自制定省宪。③ 在联省自治运动中，湖南为先导，因其地处南北交通要冲，为了免于南北政争而急于自治。④ 杜赞奇（Prasenjit Duara）则认为，在这场运动中，省自治的省籍意识与个人自治的民族意识混合在了一起，军队利用了该运动及地方感情来扩大自己的野心。⑤ 在湖南大学的成立上，军阀也体现出了这样的一面，赵恒惕在主政湖南早期（1920 年），曾以创办湖南大学会挪占军费为由，试图撤销湖南大学筹备处。⑥《湖南省宪法》中关于大学一条，乃各方争取之结果，在一定程度上，也是省自治运动中军阀和地方情感制衡的结果。

相对而言，更加代表民族主义的"收回教育权"运动是省立湖南大学成立的又一层重要历史背景。晚清至 20 世纪 20 年代初，政府一直对教会学校采取放任自流的态度。1921 年，中国有 3 所公立大学，5 所私立大学，16 所教会大学。⑦ 1923 年"收回教育权"的口号见于刊物，1924 年"广州学生收回教育权运动委员会成立"，1925 年"五卅运动"爆发，同年 11 月北洋政府教育部颁发《外人捐资设立学校请求认可颁发》，规定教会学校须向政府请求认可，并且校长须为中国人，不得以传布宗教为宗旨，等等。⑧ 如前文所述的雅礼大学，包括相关的雅礼中学、雅礼护校，甚至联通雅礼会与地方合办的湘雅医科大学都于 1926 年年底彻底陷入混乱而后关闭，大多数外籍教师都在接下来几个月撤离了

———————————

① 杨昌济：《杨昌济集》，湖南教育出版社，2008 年，第 234 页。

②《宪制道路与中国命运：中国近代宪法文献选编 1840—1949 上》，中央编译局出版社，2017 年，第 641 页。

③ 严泉：《中国近代社会建构的研究 1912—1927》，团结出版社，2019 年，第 69~70 页。

④ 刘景圈：《北京民国政府议会政治研究》，天津教育出版社，2006 年，第 635~636 页。

⑤ 杜赞奇：《从国家民族拯救历史：民族主义话语与中国现代史研究》，江苏人民出版社，2010 年，第 178~184 页。

⑥ 周秋光、莫志斌等编：《湖南教育史 第 2 卷》，岳麓书社，2002 年，第 614~165 页。

⑦ 王忠欣：《基督教与中国现代教育》，湖北教育出版社，2000 年，第 114 页。

⑧ 孙培青：《中国教育史》，华东师范大学出版社，2000 年，第 398~399 页。

长沙。①

杨昌济多次倡议却屡遭挫败的省立湖南大学，在其去世数年后于 1926 年成立。湖南大学以岳麓书院为第一院，既回应了省自治运动中愈发浓厚的地方情怀，也与"收回教育权运动"中高涨的民族主义产生了共鸣，省立湖南大学基于岳麓书院旧址与遗构，可以说同时代表了地方与民族两个层面的文化身分。然而专祠的空间利用，却是由省立湖南大学成立过程中的一个突发事件而导致的。初创的省立湖南大学于 1926 年 3 月 9 日举行开学典礼，此前一天，省女界联合会、青年妇女学艺社等团体发起十余所女校学生千余人游行示威，要求男女教育平等，湖南大学始招收女生。② 1913 年民国政府颁发《壬子癸丑学制》规定在初等教育阶段男女可同校。1918 年大学男女同校的讨论出现，而直到 1922年 11 月颁发的《学校系统改革案》（壬戌学制）中没有男女区分，女性接受高等教育及大学男女同校方得到了制度认可。③ 但是直至 20 世纪 90 年代，大多数男女同校的大学，空间规划仍受"男女有别"之影响。例如率先推行男女同校的北京大学，女子宿舍四周封闭、自成院落，被称为大学校园中的封闭"修道院"。④ 而在省立湖南大学的作女生宿舍的专祠部分似乎与此隐喻暗合，巧妙地利用了中轴线建筑与男生宿舍隔开，但其向东联通行政区域，向北联通作为民办小学的原大成殿。专祠空间会被辟为与男生宿舍中轴对称的女生宿舍，保持独立又不孤立的空间位置，具有相当的特殊性，又或与晚清即开始的专祠空间斋舍化有一定的延续性。

总而言之，省立湖南大学对专祠的空间利用具有两重性：一者空间本身属于具有地方与民族文化身分象征意义的书院遗构，二者空间功能变化为了女生宿舍。两重利用体现了20 世纪 20 年代地方情怀、民族主义、女权思想在高等教育方面的交织。

四、岳麓遗构作为一种建筑形式选择

值得进一步关注的是，民国时期为数不少的教会大学选择采取仿中式或者中西合璧式的建筑形式。例如华西协和大学的早期建筑兼具中国古典建筑特征与英国都铎建筑特征（参见图 8）。⑤ 再例如前文所述雅礼大学，其早期校长盖葆耐（Brownell Gage）坚持使用中西融合式样建筑，设计师墨菲为此专程前往北京故宫等地察访。⑥

董黎通过横向比较，指出早期教会大学建筑形式的选择与办学方针及科系设立相关。以自然科学与实用工程学领域为主的教会学校（如之江大学、东吴大学、沪江大学）没

---

① 赵厚勰：《雅礼与中国——雅礼会在华教育事业研究（1906—1951）》，山东教育出版社，2008年，第 86~90 页。

② 湖南省教育科学研究院：《湖南教育大事记》，岳麓书社，2002 年，第 168 页。

③ 冯惠敏、覃兰燕：《民国时期的女子高等教育》，俞湛明、罗萍编：《女性论坛》，武汉大学出版社，2007 年，第 29~35 页。

④ 陈晓恬、任磊：《中国大学校园形态》，东南大学出版社，2011 年，第 87 页。

⑤ 董黎：《中国近代教会大学建筑史研究》，科学出版社，2010 年，第 74~81 页。

⑥ 刘亦师：《中国近代建筑史概论》，商务印书馆，2019 年，第 202~207 页。

图 8　华西协和大学怀德堂（1915 年）①

有考虑过融合中国传统建筑主风格。以人本主义教育为教学方针的教会大学，"以高等教育为手段，向中国传统文化提出了严峻挑战"，"无力也无意开设工程学科及自然领域学科，采用中西合璧式样建筑，是作为对中国传统文化的一种实际介入方式"。他进一步指出，"近代在华的西方建筑形态，只有教育类型建筑，呈现了与中国传统建筑形态相适应的现象，而且主要是高等教育层面"，包括与教育关联的医疗建筑。②

　　教会大学采用中西结合的建筑方式，是否真的全然为了挑战中国传统文化，是有待商榷的。事实上，中西融合的建筑样式对教会大学本身而言也是一种创新，例如雅礼大学采取中西融合的决定就在传教士团体中引起了较大争议，对此盖葆耐认为："中国现在被卷入近代化的潮流中，对他们的历史熟视无睹，弃其精华如敝帚。而我们的任务则应教会他们如何在他们悠长的历史和过往上建设未来。"③ 在 19 世纪末至 20 世纪初中国的思想环境中，盖葆耐的观察或许不无道理，中国知识分子全盘否定作为主体文化的纲常名教，以五四时期为代表的 "文化激进主义" 在世界文明史上颇为罕见。④

　　雅礼会关于建筑形式选择的讨论展现出其对中国历史文化的态度，不是古今或中西的取代思维，是发展融合的保存精华。但同时董黎另一个层面上观点得到了印证，在雅礼会的讨论反映出其缘于历史和文化的关怀，确实是一定程度上体现了其偏向人文主义的教育理念。这里说的人文主义教育理念主要是相对于五四时期后高等教育中愈发盛行的实用主义教育理念。⑤

　　而杨昌济在《论湖南创设省立大学之必要》一文中，在 "岳麓与省立大学" 一节紧接着继续讨论学科设置，也展现了其对人本主义教育的思考：

①　大学办公楼。董黎：《中国近代教会大学建筑史研究》，科学出版社，2010 年，第 74 页。
②　董黎：《中国近代教会大学建筑史研究》，科学出版社，2010 年，第 177~180 页。
③　刘亦师：《中国近代建筑史概论》，商务印书馆 2019 年，第 205~206 页。
④　许纪霖、陈达凯：《总论》，《中国现代化史》，学林出版社，2006 年，第 23 页。
⑤　吴洪成：《中国近代教育思潮新论》，知识产权出版社，2016 年，第 165~217 页。

若谓创办理科经费较巨，一时力有不及，则先办文科亦无不可……首先从事于哲学门与本国文学门，固非甚高难行之事也。

……夫哲学者，社会进化之原动力也、人类之行为，多原本于其理想。理想者，事实之母也；理想变化，则事实亦从之而变化。个人必有个人之主义，民族必有民族之精神，欲改革社会，必先改社会之理想。……今日标揭大义，提倡学风，实教育家之责任。

……文学亦与哲学同，大有益于精神之修养。……盖文学者，人类最深之生趣之所寄托也，非此不足以感动性灵，发皇志气。①

并且将这两门学科联系到书院，言：

吾尝谓从前之书院，如校经书院之类，研求经史，撰著辞章，其事实与泰西之文科大学相类。即岳麓书院名贤讲学之时，所集者为高才，所讲者为正学，亦与今日欧洲大学之文科不甚相远。今两者皆废弃，论者有斯文将丧之感焉。设大学文科以承之，固今日之急务也。②

虽然杨昌济讨论了书院传统，其强调的文科建设却不限于本国学科，尤其是哲学，在探讨"民族之精神"时，提倡"改社会之理想"。其科系设置理念不仅仅是从简单的民族主义角度出发，也有人文主义塑造精神和思想的深远考量。相应的，设大学文科以承之的书院教育，也是对其人文主义教育的承袭。

然而 1926 年省立湖南大学成立时，以工商法三个专门学校改组而成，设理工商法四科。1927 年 4 月又撤销湖南大学，惟留理工两部，改名湖南工科大学，7 月停办。1928年恢复，设文理工三科，文科下设四系：中国文学、教育、政治、经济。③不难看出，尽管几经改动，省立湖南大学的科系设置整体偏离了杨昌济的设想，以实用性强的学科为主。也就是说，在建筑上使用了岳麓遗构的省立湖南大学，在教育理念上却更加奉行实用主义。

参照民国时期大学校园形态发展，可以进一步理解省立湖南大学使用岳麓遗构的历史意义。实际上，省立湖南大学的成立恰好处于大学校园形态发展的转折时期。在第一个阶段（1911—1926 年），西方建筑师尤其是前文所述墨菲，在中国传统建筑外貌下注入新的构造和功能。在第二阶段（1927—1949 年），中国第一代建筑师登上舞台，追求"中国固有之形式"，以墨菲"复兴样式"为重要的参照物和示范，明确功能分区，并取法中国传

---

① 杨昌济：《杨昌济集》，湖南教育出版社，2008 年，第 234~235 页。
② 杨昌济：《杨昌济集》，湖南教育出版社，2008 年，第 236 页。
③ 《湖南大学一览》（民国二十二年），《民国教育史料丛刊 956 高等教育·高等教育》，大象出版社，2015 年，第 25~28 页。

统宫殿形式，校园沿中轴线展开，前朝后寝规划校园分区。①

从建筑形式上看，以岳麓书院为第一院的省立湖南大学，书院清代遗构在位置上处于第一院中心，大门至讲堂（东向西）两侧在改制前原为斋舍，北侧原本是斋舍的部分，被用作行政区域，有校长、教务、行政办公室等；南侧成了教学区域。后端中轴线（讲堂至御书楼）两侧皆为宿舍，南侧原本专祠区域为女生宿舍。北侧的一、二、三区为男生宿舍，一区旁静一堂为礼堂。从空间组织而言，的确可以看出其与第二阶段校园形态的可比之处，功能分区相当明确，且行政区在中轴线靠大门部分，宿舍区在讲堂后部分，亦构造出"前殿后寝"之趋势，岳麓遗构在一定程度上充当了"中国固有之形态"，与部分围绕建设的新建筑一起，被赋予了新的构造和功能。

从建筑形式作为媒介这个角度思考，教会大学选择中西合璧式建筑是出于影响与塑造人的思想与精神的人本主义教育理念，并以传教为最终目的。而以省立湖南大学的例子来看，岳麓遗构作为"中国固有之形态"，既是文化象征与符号，同时也成了实用主义教育理念的媒介。事实上，1932 年上任湖南大学校长的胡庶华，以书院旧有朱熹书"忠孝廉节"及欧阳坦斋所立"整齐严肃"八字为校训；同时"教学方面特别注意实习"，又与实用主义思想，尤其是该时期在中国盛行的杜威实用主义教育思想脱不开关系。岳麓的物质与精神遗产在此时符合了民族主义情绪及国民政府党化教育需求，在省立湖南大学都成了实用主义的一种媒介与载体。

五、结　　论

自嘉庆时期，岳麓书院主体已经形成大门至御书楼中轴线上延伸的整体格局。欧阳厚均把专祠迁移到书院主体后部，改文庙大成殿为崇圣祠和岳神庙，自此祭祀区域也有横向分割，同治时期起专祠开始有人居住，光绪时期专祠成为斋舍的一部分。20 世纪 20 年代在地方主义与民族主义运动的影响下，省立湖南大学在岳麓书院旧址与遗构的基础上成立。在同时期女性受教育制度发展和当地女权运动的努力下，专祠区域被用作女生宿舍。在高等教育发展中，二三十年代湖南大学皆以实用学科为主；岳麓遗构作为"中国固有之形式"建筑，成了实用主义教学的媒介与载体。

（作者单位：湖南大学岳麓书院）

---

① 陈晓恬：《中国大学校园形态发展简史》，东南大学出版社，2011 年，第 57~118 页。